嶺南思想家文獻叢書
景海峰 主編

唐伯元集

［明］唐伯元 撰
黎業明 點校

上海古籍出版社

邪說誣民」〔一〕。隨後，又上疏進呈其所註釋之《古石經大學》，謂「如果此本可信，則望刊正舊本之誤。不然，則請遵依高皇格致之解，獨改一條以式多士，其古石經姑付史館，以存一種之書。又不然，則望敕諭天下士子，一遵朱註，不得背畔以從邪，其有輕毀朱熹者，乞照臣前疏所束，以違制論」〔二〕，其旨亦爲反對王陽明。南京兵科給事中鍾宇淳特疏糾之〔三〕。萬曆十三年（一五八五）三月，唐伯元被降職三級，貶爲海州判官，當年秋到任。第二年春，移保定推官，尋擢陞禮部儀制司主事。

萬曆十五年（一五八七）夏，唐伯元告假回鄉省親，其間構築醉經樓，至萬曆十八年（一五九〇）始赴京復職。萬曆十九年（一五九一）春，受命爲皇太子選取宮人，事後上《宮人疏》；秋，

〔一〕《明神宗實錄》第一五九卷，見《明實錄》，第五十四冊，第二九二二頁；另參談遷《國榷》卷七十三，第五冊，第四五〇〇頁。

〔二〕見《醉經樓集》「奏疏附刻」所收唐伯元《石經疏》。

〔三〕鍾宇淳，《明神宗實錄》作「鍾汝淳」，《國榷》作「鍾汝醇」。（《明神宗實錄》第一五九卷，見《明實錄》，第五十四冊，第二九二二頁；談遷《國榷》卷七十三，第五冊，第四五〇〇頁）然而，《明史・唐伯元傳》作「鍾宇淳」。（張廷玉等撰《明史》卷二百八十二《儒林傳二》，中華書局，二〇〇三年，第二十四冊，第七二五七頁）《明史・海瑞傳》、沈德符《萬曆野獲編》則有「給事鍾宇淳」或「南科鍾宇淳」之說。（張廷玉等撰《明史》卷二百二十六《海瑞傳》，第十九冊，第五九三二頁；沈德符《萬曆野獲編》卷十四「四賢從祀」條，中華書局，一九九七年，第三六三頁）兹據《明史・唐伯元傳》作「鍾宇淳」。

任湖廣鄉試考官，入楚；十月，改任尚寶司丞〔一〕。萬曆二十二年（一五九四），服闋復職。不久，陞任吏部文選司員外郎，署郎中事，「佐尚書孫丕揚澄清吏治，苞苴不及其門」〔二〕。秩滿，當推陞太常寺少卿（一説太僕寺少卿），未得命。且當時吏部推補諸疏皆留中，唐伯元遂於萬曆二十四年（一五九六）七月，先後上《請告疏》《再請告疏》，乞回鄉養病。疏中有「乃至數月以來，則有一概留中不答者矣。臺省郎署方面，赴部候補者，動至經歲，多至盈庭。內外官俸，多至逾期，不得遷轉。各邊道事情緊急，無可代庖。賢愚同滯，朝野咨嗟，莫知其解」等語〔三〕，萬曆皇帝覽疏不懌，特允其去。

萬曆二十六年（一五九八）四月廿七日，唐伯元病逝，享年五十八歲。對於唐伯元，《明史·儒林傳》謂其「清苦淡薄，人所不堪，甘之自如，爲嶺海士大夫儀表」〔四〕。

唐伯元著述頗豐，根據唐彬《乞賜易名疏》、周光鎬《明奉政大夫吏部文選司郎中曙臺唐公行略》、郭惟賢《明故奉政大夫吏部文選司郎中曙臺唐公墓誌銘》以及饒鍔、饒宗頤《潮州藝文

〔一〕參談遷《國榷》卷七十五，第五册，第四六六一頁。

〔二〕張廷玉等撰《明史》卷二百八十二《儒林傳一》，第二十四册，第七二五七頁。

〔三〕見《醉經樓集》「奏疏附刻」所收唐伯元《請告疏》。

〔四〕張廷玉等撰《明史》卷二百八十二《儒林傳一》，第二十四册，第七二五七頁。

志》記載，主要有《易註》《禮編》《古石經大學》《銓曹儀注》《陰符經註》《道德經註解》《二程先生類語》《白沙先生文編》《太乙堂草》《采芳亭稿》《愛賢堂集》《醉經樓集》《醉經樓續集》等。然而，其中大多亡佚，現存者有《古石經大學》（附於《醉經樓集》所收《石經疏》後）、《銓曹儀注》（五卷）、《二程先生類語》（八卷）、《白沙先生文編》（六卷，附《白沙先生年譜》《遺事》）、《醉經樓集》（六卷）數種。此外，尚有唐伯元修、梁庚纂《泰和縣志》（十卷，今殘存五卷）。

此次整理之《唐伯元集》，收錄《醉經樓集》《白沙先生文編》兩種文獻。以下分别介紹這兩種文獻的情況。

一、《醉經樓集》

《醉經樓集》六卷，爲唐伯元的文集。現存乾隆十四年（一七四九）刊本（簡稱「乾隆本」）、道光二十九年（一八四九）刊本（簡稱「道光本」）、光緒二年（一八七六）潮州金山書院刊本（簡稱「光緒本」），另存一種清抄本。此外，道光二十七年（一八四七）馮奉初選輯並刊刻的《潮州耆舊集》選録了《醉經樓集》的部分内容，收於其第二十四、二十五卷，題爲《唐選部醉經樓集》。可以視爲《醉經樓集》的一個選本。

朱鴻林先生對《醉經樓集》的版本流變做過詳細的考察〔二〕。據其研究，《醉經樓集》明代刻本今已不存，故乾隆本爲目前存世時代最早的版本。該本六卷，卷一「詩」，卷二「經解」，卷三「序」，卷四「記」，卷五「書」，卷六「雜著」，後附「奏疏附刻」一卷，收録唐伯元所撰奏疏數篇及唐伯元之子唐彬爲其父請求謚典的《乞賜易名疏》。道光本的版式、行款等要素與乾隆本完全相同，二者區别僅在於道光本補充了三篇文章，即周光鎬《明奉政大夫吏部文選司郎中曙臺唐公行略》、郭惟賢《明故奉政大夫吏部文選司郎中曙臺唐公墓志銘》和唐氏後人唐際虞所撰的《跋》。在道光本中，這三篇集爲一卷，題爲「續附刻」，附於全書之末。除此之外，道光本與乾隆本幾無區别。光緒本則是在道光本基礎上翻刻的，其文字有少許改動。因此，道光本、乾隆本、光緒本應屬於同一版本系統。

朱鴻林先生曾整理過《醉經樓集》，以道光本爲底本，點校質量較高。尤其是他爲此集增加了四個附録，收集了唐伯元的傳記、集外文、友人書信、著作目録等大量材料，爲我們研究唐伯元生平思想提供了極大便利。

我們這次重新整理《醉經樓集》，改用澄海市博物館一九九八年影印清抄本爲底本。清抄

〔二〕 參唐伯元著，朱鴻林點校：《醉經樓集》，中華書局，二〇一四年，第一至二十一頁，「點校本前言」。

本所據何本抄寫已不可考。由於抄本有避道光帝諱的情況，故其應爲道光或之後時代所抄。與乾隆本對比，抄本缺失書首兩序、書末唐彬《乞賜易名疏》。同時，抄本也沒有道光本增補的「續附刻」部分。但是，抄本也有其優長之處，如：乾隆本、道光本漫漶之處，抄本均文字完整。此外，抄本内有若干校改文字之批註，有一定的參考價值。

本次整理以汕頭圖書館藏乾隆本、中山大學圖書館藏道光本、廣東省立中山圖書館藏光緒本爲校本。此外，《醉經樓集》中部分文字，又據香港大學馮平山圖書館藏《潮州耆舊集》卷二十四、二十五所收《唐選部醉經樓集》、黄宗羲《明儒學案》卷四十二「甘泉學案六・文選唐曙臺先生伯元」部分選録的唐伯元文字作了校勘。清抄本所缺失的内容，則根據道光本補出。

在點校過程中，除了借鑒朱先生的整理成果外，我們也力圖突出自己的特色。一是比較注重核對經典文字，以保證點校的準確。例如，《醉經樓集》卷六《生母服説》一文，涉及不少古代禮制的内容，我們根據《儀禮・喪服》《禮記・喪服小記》等文獻作了點校。二是在點校過程中，對某些較難確定的問題，根據唐伯元的學術傾向來加以判斷。例如，我們對《醉經樓集》卷二「經解」之「問耻解」中「有道穀，亦足耻」一句異文的校勘，對「易解四」中數個句子的句讀，即是依據唐伯元的學術傾向來定奪。同時，在校勘記中，適當介紹了唐伯元所討論的這些理學、經學問題的學術背景。三是比較重視馮奉初《潮州耆舊集》、黄宗羲《明儒學案》的校勘價值。以上皆旨在盡量減少點校錯誤。

二、《白沙先生文編》

《白沙先生文編》，爲唐伯元編次的明代大儒陳獻章的詩文選集。今僅存一種版本，即萬曆十一年（一五八三）郭惟賢、汪應蛟等刻本。該本六卷，卷一收古體詩、賦、絕句，卷二收律詩，卷三收論、説、贊、銘、序、記，卷四收疏、書，卷五收書，卷六收題跋、墓誌銘、墓表、傳、行狀、祭文，後附陳獻章年譜、遺事。《白沙先生文編》收有數十篇陳獻章集外詩文，不見於傳世的各版本陳獻章文集，文獻價值極高。且其中有大量唐伯元所寫之按語，對我們瞭解唐氏思想頗有意義。故此次一並整理，作為附錄收入《唐伯元集》。

由於《白沙先生文編》别無其他版本，故僅將其收錄的陳獻章詩文原文，以《四部叢刊》影印之嘉靖十二年（一五三三）高簡等刊刻《白沙子》（簡稱「高簡本」）、上海圖書館藏嘉靖三十年（一五五一）蕭世延刻本《白沙先生全集》（簡稱「蕭世延本」）、臺北「中研院」史語所藏弘治九年吴廷舉刻本《白沙先生詩近稿》（簡稱「《詩近稿》」）、武漢大學藏萬曆十二年袁奎刻本《白沙先生遺詩補集》（簡稱「《遺詩補集》」）加以校對。

《唐伯元集》之整理點校，多得朋友之助。中山大學哲學系李辰博士、龔禮茹博士，赴中山大學圖書館、廣東省立中山圖書館等處，協助整理者校對《醉經樓集》道光本、光緒本異文；華南師範大學陳椰君則幫助整理者借閲澄海市博物館一九九八年影印清鈔本《醉經樓集》，並寄贈暨南大學出版社影印本《醉經樓集》。上海古籍出版社的劉海濱、查明昊、黎大偉等先生也爲《唐伯元集》之編輯與出版付出了辛勤勞作。在此一並致以真摯感謝。

限於見聞，陋於學識，本書中的錯漏舛誤在所難免，尚祈博雅君子、大方之家指而正之。

點校者　黎業明

二〇一六年五月初稿

二〇二二年元月修訂

目録

醉經樓集

附録一　白沙先生文編

卷之二……（三一九）

卷之三……………………（三九五）

卷之四……（四四〇）

卷之五……（四九五）

卷之六

附録二

醉經樓集

醉經樓集序〔一〕

李禎撰

夫道至孔子成矣，知後世難於三代也，爰筆六經，詔來許，故六經者明道之書也。經方興而楊墨並呶呫於其時，賴孟子輿氏作，大聲色排決之，令吾道光明天下。吁！功亶偉矣。又寧知楊墨之後，突有佛老之出乎〔二〕？其説閎闊要渺、無復倫紀，亦僭稱曰經，纔一嚏人〔三〕，凡其摶心攝志之衆，匍匐皈依，故其毒之濩也，迄於今千百年不厭，鞠爲世道苦。又寧知佛老之後，復有近世新學之徒出乎？至是不佛老著姓，故吾儒標名；不吾儒其漿，故佛老其餕，而縱横其吻，評唱一語半偈，互混吾道真詮，機鋒所觸，胥天下之知者愚者，驅而皆納諸中，但啜其糟即褫其魄，醺醺終身日富，趑趄躑躅，毒慘以烈，乃殊自奇於世大醒，聖道否剥殆盡，良可懼焉。吾友唐仁卿氏有憂之，自丁亥迄今歲，凡十年來所著，有《醉經樓》一集，曰詩、曰經解、曰序、曰記、曰書、

〔一〕底本無此序，乾隆本、道光本、光緒本有，今據道光本補。
〔二〕「突」，乾隆本作「宊」。
〔三〕「嚏」，原作「醺」，據乾隆本改。

曰雜著，凡六卷。時而歌詠，時而解釋，時而問答，時而鋪衍，無之非是。心何以病道，慧何以傷神，直斟玄酒明水之味〔二〕，力釀經術，俾世之醉經而醒道，勿失吾家「無量不及亂」之初意，意念深矣。吾再復之慁然，竊爲世道一快。嗚呼！今世來裔，亦庶以此俟之矣哉！萬曆丙申秋七月念之二日，友人李禎拜贈。

〔二〕「玄」，原作「元」，據乾隆本改。

醉經樓集序〔一〕

唐若時撰

言者心之聲也。言因心發，亦猶聲隨器出也。金石、絲竹、匏土、革木，爲器不同，而聲亦異焉。故心爲才人之心，則其言必瑰瑋奇麗，可以啓人之幽緘、闢人之靈府，亦足以傳誦於後世而弗衰。若心爲道學之心，則其言必醇正誠樸，可以闡道術、熄邪説、正人心，繼前賢之心傳，樹來學之模範，更足以綱維世教，上下古今於不窮也。是以士君子讀書明道，立言貴乎有本。言有本，則見諸行者必實。夫然，言可也，不言可也。不言則吾之道明，吾之道明，夫何必言也？言則吾之道明，人之道亦明，人之道明，而吾之道愈明，又何必不言也？故阿衡有訓，姬公有誥，武侯之表，陸宣公之奏議，可以言目之乎？不可也，蓋言即道也。言即道，又烏可無言也？吾讀《醉經樓》一集，知先生慨正學之弗昌、懼新説之日熾，毅然以道自任，直接宋儒之源流，而疏瀹決排之，以廣其教於天下，故凡奏疏、辯解、書記、叙説以及雜著，無一不沉酣於六經之津液而去

〔一〕　底本無此序，乾隆本、道光本、光緒本有，今據道光本補。

其糟粕焉。雖片言單詞，無不從個中體貼出來，夫豈矜才尚智者所可同日語哉？亦豈貌爲道學、剿襲陳言者所可同日語哉？今其派孫紹奎欲梓其集以行世，是非懼祖言之弗彰，亦心懷學術之憂，將溥其道于當世，使吾儒共知所宗也。丐余一言以爲序。以余承乏海邑，與紹奎有金蘭之契，兼有同族之誼，雖不敏，實有不能已於言者矣。雖然，先生之學，大儒之學；先生之文，大儒之文，淵深鴻博，又豈余淺識者所能道其萬一哉？乾隆拾肆年，歲次己巳，孟冬中浣，關中後學若時識。

明史儒林傳

唐伯元，字仁卿，澄海人。萬曆二年進士，歷知萬年、泰和二縣，並有惠政，民生祠之。遷南京户部主事，進郎中。伯元受業永豐呂懷，踐履篤實，而深疾王守仁新説。及守仁從祀文廟〔二〕，上疏爭之。因請黜陸九淵，而躋有若及周程張朱五子於十哲之列，祀羅欽順、章懋、呂柟、魏校、呂懷、蔡清、羅洪先、王艮于鄉。疏方下部，旋爲南京給事中鍾宇淳所駁，伯元謫海州判官。累遷尚寶司丞。吏部尚書楊巍雅不喜守仁學，心善伯元前疏，用爲吏部員外郎。歷考功、文選郎中，佐尚書孫丕揚澄清吏治，苞苴不敢及其門。秩滿，推太常少卿，未得命。時吏部推補諸疏皆留中，伯元曰：「賢愚同滯，朝野咨嗟，由臣擬議不當所致，乞賜罷斥。」帝不懌，特允其去，而諸疏仍留不下。居二年，甄别吏部諸郎，帝識伯元名，命改南京他部，而伯元已前卒。伯元清苦淡泊，人所不堪，甘之自如，爲嶺海士大夫儀表。

〔二〕「從」，原作「崇」，據《明史》卷二百八十二《儒林傳一》唐氏本傳改。見張廷玉等撰：《明史》，中華書局，二〇〇三年，第七二五七頁。

醉經樓集卷之一

澄邑唐伯元著

詩類

醉經樓四首

典衣爲沽酒，典地爲栽花〔一〕。小樓新搆就，明歲屬誰家？

種花莫種奇，卜筑何妨拙。客來歸不歸，樓上看明月。

樓前湖水平，樓外四山青。樓中經一卷，堪醉不堪醒。

白晝鶯聲囀，清宵鶴唳過。幾番沉醉後，喚醒興偏多。

〔一〕「栽」，原作「裁」，乾隆本、道光本同，據光緒本改。

又四首

天地何簡易，六經何支離。安得楊子雲，尊酒共樓居？
吾讀稊稗篇，莊生如有悟。糟粕苟不存，吾道在何處？
果哉糟粕矣，煨燼莫疑秦。韋編三絶後，誰是醒經人？
醉經何可當，樓名浪標榜。痴迷復痴迷，前身疑象罔。

醉經樓八景

鏡湖

若將湖比鏡，湖光鏡不如。若比醉中人，脱身墮太虚。

新篁島

誰開湖上島，新篁緑未齊。齊時應囑付，合有鳳來棲。

西湖山

島上樓堪畫，湖山敞畫屏。不有樓居者，歷歷爲誰青？

蘆荻洲

蕭蕭蘆荻邊，載酒趁斜陽。醉來疑作夢，捩柁過瀟湘。

漁滄廟

清夜聞鐘鼓，朝來薦雞黍。廟古不知年，滄浪問漁父。

桃花塢

一塢深復深，見花不見樹。人間可避秦，何必桃源路？

林副使舊宅

林公舊池館〔一〕，橋畔草萋萋。百年歌舞地，閑在夕陽西。

〔一〕「池」，原作「地」，乾隆本、道光本同，據光緒本改。

李家園

春林翠欲流，繁芳發羅綺。前日是張家，今朝又姓李。

自甲申十月至戊子正月

不是憂生不學禪，持來一戒幾經年。塵緣未了尋常事，猶向春風獨自憐。

山居五戒

一戒講學

我曰予賢，人曰予聖。果聖且賢，相悦而靜。況汝之德，未滿鄉里。況汝之道，未行妻子。呶呶嘵嘵，蓋不知恥。

二戒預外事

仁者愛己，義者正己。枉己直人，所濟有幾？匹夫之行，可化鄉人。既明且哲，以保其身。

三戒酬應詩文

賦性太輕，溢道人美。無益於人，且先失己。搜腸刻骨，博潤筆金。可憐多病，老去光陰。

四戒赴席

小席百錢，大席一金。何功何能，爲世所欽？竟日嗛嗛，疏嬾難支。夜深人靜，我讀書時。

五戒對客談時政〔一〕

生逢唐虞，明良岳牧。不學賈生，流涕痛哭。物之不齊，人孰無過？反己責躬，是我工課。

乙酉元日八首 附録

嶺嶠雲山外，征鴻半假真。一從郎署後，四見歲華新。冠蓋迎人嬾，漁樵入夢頻。咄嗟成底事，又伴上林春。

〔一〕「五戒對客談時政」，原作「五對客戒談時政」，乾隆本、道光本同，據光緒本改。

其二

竊禄誰家子，言歸竟不歸。高堂雙白髮，帝里又芳菲。谷送宫鶯曉，煙添御柳肥。斑斕五色在，何處試春衣？

其三

戀闕幾沉吟，爲郎十載深。長瞻惟北斗，欲報愧南金。起草當年事，傳經百代心。況逢端履慶，吾意不須禁。

其四

獻賦慚司馬，逢君喜帝堯。尚疑樽俎意，無補聖明朝。玉律陽方長，春風凍已消。胡兒休牧馬，指日斷天驕。

其五

獻歲饒佳氣，千官向紫宸。誰擎金掌露，最惜嶺頭春。濡滯瞻雲日，艱危報主身。傍人休錯解，張翰憶鱸蓴。

其六

歲改心如舊，間關酌去留。憑將丹扆獻，乞伴赤松遊。桃處人偷顆，桑時鶴送籌。庭闈多勝事，此外復何求。

其七

半生憐學道，苒荏負初心。倏爾經今歲，愀然覺寸陰。一封何潦草，百計是抽簪。異代誰知己，無絃壁上琴〔一〕。

其八

賢聖不同調，行藏合自謀。縱然羣鹿豕，不是慕巢由。時序書間蠹，乾坤海上鷗。青春堪潦倒，吾道在滄洲。

〔一〕「壁」，原作「璧」，乾隆本、道光本、光緒本同，據文意改。

庚寅春三月，始克赴京，至二河留别諸親友，奉和薛舜徵兄見贈之韻

遄發今晨已後期，親知遠送勸行巵。鶯花處處堪留戀，江舸朝朝對别離。晝省幾違高卧枕，班衣重整拜宸墀。孤征此際情多少，漫説君王雨露私。

夜宿藍屋驛不寐，追和白沙先生臺書春晚之句

古驛江頭近釣磯，傷心春事故山違。楊朱正恐當年誤，伯玉寧知四九非。反命敢云恭父命，征衣今又負萊衣。庭槐舊緑稱觴處，留得清陰待我歸。

東林寺逢安大行小范遊天池，不得偕往。是夕至九江，承徐刺史見招，對月次韻寄慨，時四月八日也

若爲邂逅惜芳辰，指點峯頭月色新。對眼忽疑天有路，逢君況是玉爲人。虎溪别去多應笑，馬上看來幾處真。不有風流賢刺史，清光今夜共誰論？

官人行黄梅道中爲役夫述

前歲樹皮盡，去歲草根絶。依舊春來滿地青，荆杞蓬蒿不堪咽。須臾性命倚吴商，妻兒典與一身孑。一身孑，千愁結，迎送官人何足憐，縣庭催租日流血。

送霍年兄之署教靖江

送君此去憶當年，倫霍風流一代傳。家是杜陵天尺五，人從門下魯三千。夜色乍驚南海月，歌聲欲和武城絃。明到蘇湖懷古處，始知吾道寄青氊。

陳都運自都門歸壽其母太夫人八十

八十人間希又希，表閭歲歲映春暉。金花更獻西王母，天上仙郎晝錦歸。

庚寅老母壽日集杜〔一〕

幾迴青瑣點朝班，日繞龍鱗識聖顔。南望青松架短壑，東來紫氣滿函關。一雙白魚不受

〔一〕「庚寅」，原作「唐寅」，乾隆本、道光本同，據光緒本改。

釣，萬丈丹梯尚可攀。何爲西莊王給事，來遊此地不知還？

賤辰承吕維師、徐獻和、李宗誠、曾舜徵、袁季友諸省丈及羅布衣汝存攜酒見過集杜

隱几蕭條戴鶡冠，興來今日盡君歡。尊前柏葉休隨酒，竹裏行厨洗玉盤。奉引濫騎沙苑馬〔二〕，衰顔欲付紫金丹。可憐賓客盡傾蓋，百遍相過意未闌〔三〕。

病中對雪聞諸省丈在假集杜

身欲奮飛病在牀，晶晶行雲浮日光。王生怪我顔色惡，茂陵著書消渴長。晝省香爐違伏枕，芙蓉别殿漫焚香。此時對雪遥相憶，行酒賦詩殊未央。

〔二〕「奉」，原作「拳」，乾隆本、道光本、光緒本同。此句出自杜甫《奉酬嚴公寄題野亭之作》，據改。
〔三〕「闌」，原作「蘭」，據乾隆本、道光本、光緒本改。

十月十一日，同諸僚友集呂鴻臚宅看菊，追次壁間韻二首〔二〕

自是東籬巧傲霜，秋英爛熳艷華堂。白衣似愛陶潛興，青眼從教阮籍狂。此日看花猶帝里，十年起草愧明光。獨憐同舍兼同調，吟得詩成句裏香。

其二

盆滿黄金叢滿霜，錦爲屏障畫爲堂。留連不是因花惱，酩酊原非爲酒狂。羈旅魂驚親舍遠，簪袍晚濫主恩光。月明馬上催扶醉，白玉珂聲漢署香。

假日王駕部冏伯惠到湖綿天池茶，次韻爲謝

彩毫字字拂清霜，兼品題封到草堂。范叔不知寒作假，相如定是渴來狂。蘇湖氣味渾相似，衣馬輕肥倍有光。獨怪朝參疏懶甚，朝朝想像御爐香。

〔二〕「壁」，原作「璧」，乾隆本、道光本同，據光緒本改。

老父壽日次韻

八千椿樹幾凌霜，萱草萱花共北堂。但得堦庭留戲彩，不應詩酒尚佯狂。蟠桃更獻千秋顆，銀燭誰分此夜光。一客燕臺家萬里，幾回温凊待黄香。

病中有懷醉經樓集杜

舊國霜前白雁來，茅齋寄在小城隈。傍人錯比楊雄宅，江上徒逢袁紹杯。萬事糺紛猶絶粒〔二〕，百年多病獨登臺。此身未知歸定處，懷抱何時得好開。

病中書懷寄楊太史貞復兼謝枉顧集杜

武陵一曲想南征，悵望秋天虚翠屏。多病獨愁常闃寂，簿書何急來相仍。楊雄更有《河東賦》，方朔虚傳是歲星。速宜相就飲一斗，山陰野雪興難乘。

〔二〕「糺」，原作「糾」，乾隆本、道光本同，據光緒本改。

魏光禄懋忠自平樂書來兼示見懷之句次韻

似君須向古人求，想見歸懷尚百憂。卜築應同蔣詡逕，春風回首仲宣樓。漁吹細浪摇歌扇，天入滄浪一釣舟。谷口子真吾憶汝，何時更得曲江遊。

大司空曾公見招以病乞改別約集杜

此生已愧須人扶，細學何顒免興孤。豈有文章驚海内，幾回書札待潛夫。尊當霞綺輕初散，酒憶郫筒不用酤。不是尚書期不顧，五陵佳氣無時無。

冬日承少宰王公見招，病不能赴集杜

積雪飛霜此夜寒，強移栖息一枝安。故人情味晚誰似，百遍相過意未闌。盤出高門行白玉，花邊立馬簇金鞍。此時對雪遥相憶，信有人間行路難。

別李中丞維卿兄之楚集杜二首

中丞問俗畫熊頻，況復荆州賞更新。多少材官守涇渭，時有西警之意。早聞黄閣畫麒麟。岸容待臘將舒柳，江縣含梅已放春。此別應須各努力，正思戎馬淚盈巾。

其二

横笛短簫悲遠天，斷腸分手各風煙。不知明月爲誰好，偶觸愁人到酒邊。綉羽銜花他自得，春渚落日夢相牽。短衣匹馬隨李廣，蝦菜忘歸范蠡船。

送姜仲文督學關中

大雅文章孰敢先，《周南》風首《國風》傳。賢關自古雄三輔，憲府於今況少年。名自仙郎高起草，人於講座識含鱣。正是兩階干羽日，即看萬里淨烽煙。

奉和鄒孚如司封雪中見過不值之韻

經歲何曾笑口開，一歌《伐木》一徘徊。自憐幽意今猶古，誰障狂瀾倒復回。字本無奇堪載酒，雪偏乘興負君來。何時更枉論文約，流水高山共舉杯。

積雪燕關凍不開，相逢谷口重徘徊。共傳客有鄒生妙，斗見春隨煖律回。道氣如君誰伴侶，清時鳴鳳欲儀來。黄金賦在須珍重，不用詞臣露一盃。

除夕

殘臘禪房靜，青燈玉漏遲。不眠成隱几，獨酌更支頤。年盡他鄉夜，人過半百時。自憐遊子意，吾道況如絲。

辛卯元日

帝里春回斗柄東，忽驚春事故園同。雲連粵嶠青天外，人在燕關紫氣中。夢裏斑衣常五色，曉來遲日愛初紅。屠蘇強進酬佳節，無奈浮生任轉蓬。

送何侍御謫楚藩司從事，因懷范原易、李克蒼。原易舊守洪都，克蒼先以比部謫楚

不見批鱗今柱史，曾聞製錦舊神君。洪都太守真堪憶，對酒憐才日未曛。何李誰傳二妙并，不應秀句有鄒生。鄒司封孚如。三湘愁鬢時相對，參伍雙懸江漢名。

送何侍御謫官之楚 改代稿

離亭歌管曲新翻，慷慨看君下紫垣。驛路風光收客淚，洞庭波瀾是君恩。乾坤幾見三閭廟，詞賦難招萬古魂。明過湘江回首處，賈生才思不堪論。

送張黄門閲邊

十萬熊羆擁漢官，邊城曉月挂旌竿。螭頭暫借回天力，塞外驚傳落胆寒。見説皇威清海甸，更催飛將斬樓蘭。歸來勒石燕然上，金殿千門立馬看。

送楊太守復補定州

鶯聲出谷柳條新，乍捧除書下紫宸。客裏三刀頻入夢，花前五馬又行春。揮金慷慨承家操，劇郡艱難報主身。來暮喧歌緣底事，去思處處欲沾巾。

九日同諸省丈遊南壇望齋宫，小憩，追次小杜九日登高詩，卻集老杜七言律句

水鳥銜魚來去飛，水精宫殿轉霏微。庭前甘菊移時晚，苑外江頭坐不歸。萬里秋風吹錦水，千家山郭靜朝暉。孤城此日堪腸斷，老大悲傷未拂衣。

寄壽太宰楊公三首

歸來黄髮又經春，聖代休休一個臣。舊履聲高天子聽，新槎浮近海鷗親。可能楊綰爲丞相，忽向明星見老人。嶺上桃花千萬樹，不知何處宰官身。

其二

上下風雲不可從，始知今日有人龍。經餘槖籥玄修祕，歸到關門紫氣重。已藉仙宫羣野鶴，獨愁聖主夢非熊。何當脱卻浮名繫，五嶽峯頭伴赤松。

其三

總爲社稷愛蒼生，疏懶猥承國士名。一飯只今誰吐哺，三台此日望調羹。歌殘白雪何人和，眼看黃河幾度清。惟有祥光南極外，夜深長拱帝星明。

和張黃門玉車舟中晚睡 時出都之明日

旅雁將秋至，鳴蟬入暮清。煙村團野色，鼓吹雜江聲。泛斗槎仙過，侵星館吏迎。五雲雙闕外，去去一關情。

次前韻

白日愁將暮，黃河不肯清。誰邀江月色，閒聽棹歌聲。野鳥高飛去，汀鷗作意迎。伊予慚負汝，相對若爲情。

和玉車見約事竣各便道省覲兼訂復命之期，先此惜别集杜三首

忽漫相逢是别筵，南遊花柳塞雲煙。匡衡抗疏功名薄，張旭三杯草聖傳。萬里秋風吹錦水，一行白鷺上青天。明光起草人所羡，復道重樓錦繡懸。

其二

赤甲白鹽俱刺天，雲安縣前江可憐。路經灩澦雙蓬髩〔一〕，燕蹴飛花落舞筵。萬里相逢貪握手，百壺那送酒如泉。更爲後會知何處，遲日徐看錦纜牽。

其三

高才仰望足離筵，獻納司存雨露邊。顧我老非題柱客，將詩不必萬人傳。思家步月清霄立，肺病幾時朝日邊。朱紱即當隨綵鷁，杜陵韋曲未央前。

過南旺，與玉車遊蜀山湖，湖中逢檀季深、季明二昆仲

採蓮處處雜菱菰，時或維舟隱岸蒲。人在空中山有蜀，天開島外鏡爲湖。魚從舉網皆堪膾，酒自如泉不用酤。仙侶翩翩移向晚，恍疑身世到蓬壺。

〔一〕「髩」，乾隆本、道光本同，光緒本作「鬢」。

七夕過留城四首

旅夜逢秋百感并，絶憐織女渡河清。不堪更泊留城下，煙水茫茫舟自横。

留侯有廟對崩湍，湖水粘天動地還。此夕正逢天女渡，莫教風浪到人間。

乞巧天邊此夕多，乾坤無奈一黄河。赤松不管人間事，黄石書中意若何。

天横碣石拱皇州，自古黄河向此流。試向支機前借箸，漢廷何處更良籌。

蒙城署中即事戲呈玉車

雙雙蝴蝶上花枝，兩兩前身盡可疑。隱几終朝吾喪我，連牀昨夜子爲誰。南飛忽傍三秋雁，老去何妨兩鬢絲。脱卻樊籠便歸去，羅浮山頂又蛾眉。

下蔡鎮夜憩文殊寺〔二〕，聞野歌，有獻胡山人詩者，得江字

十二連城淮水瀧，州來曾是古名邦。煙收萬井月明夜，人坐空山秋滿江。但有梵音存古

〔二〕「殊」，原作「珠」，據乾隆本、道光本、光緒本改。

剎，何須野曲送新腔。忽傳有客題詩句，可是鹿門人姓龐？

過蒙莊

雄辨先生第一流，向來齊物幾時休。錯疑吾道非糟粕，尚憶人呼作馬牛。濠上不知魚是我，夢中誰信蝶爲周。何人牽得玄珠在，許共逍遥物外遊。

八公山謁謝公祠

奄奄江左是何時，能破苻堅百萬師。兩岸煙銷淝水白，數聲鶴唳鬼神知。兒曹大捷偏安日，元老千秋一着棋。聖代即今家四海，倉皇國手可看誰。

渡淮二首

清淮如帶遶，秋色與天長。淝水東西合，韓碑日月光。客心可感慨，王［氣］幾興亡〔二〕。惟見江頭柳，蕭疏伴夕陽。

〔二〕「氣」字原脱，據乾隆本、道光本、光緒本補。

其二

今日長淮好，經過人姓唐。魚龍秋是夜，鴻雁稻爲糧。古渡猶風浪，吾家世子方。漁歌東岸起，酤酒正斜陽。

過大山見老山

蚤發田間道，秋風灑客襟。到關淮地盡，入望楚雲深。老大憐今日，棲遲憶故林。高山何處調，空愧古人心。

棘院中秋對月

紫蓋峯頭月色，鳳凰院裹花香。懷人今夜千里，何處東山草堂。

黄梅道中望五祖峯有懷汪子虚

馬首空濛翠幾重，就中高處若爲宗。平生不厭曹溪怪，今日貪看五祖峯。山逕遥遥連山寺古，白蓮長是白雲封。汪汪生舍無多路，何日相從上祝融。

偶憶亡友王藩甫及姜可叔

穿破是君衣，死了是君妻。中原懷二子，吾友更何疑。

送徐郡侯入覲集杜

秋風此日灑衣裳，楚客惟聽棹相將。南極一星朝北斗，五更三點入鵷行。多病獨愁常闃寂，賢聲此去有輝光。朝覲從容問幽側，珍賜還疑出尚方。

人日采芳亭對雪，即席呈曹長王德履 亭在驗封司

亭外毿毿老樹斜，粉牆飛過樹全遮。天涯剪綵人爲日，署裏含香玉作花。同舍歲深寒自戀，試春衣在酒堪賒。相將退食無多暇，何事山陰訪戴家。

亭中雪甚，有懷舊署趙、孟、顧、鄒諸君子

舞盡瓊花片片輕，斷腸諸子共飄零。白雲封在懸冰鑑，玉署名高自歲星。何處漁簑能待我，幾回鶴淚憶談經。不堪更話當年事，徒倚東西一短亭。

乙未春正月二十三日早，恭遇上御皇極門覲天下來朝諸侯，時有島夷乞封闕下

曉仗春雲擁漢官，忽瞻龍衮欲躋攀。聲稀玉漏聞天語，色醉仙桃識聖顔。萬國山呼依北極，兩階干舞肅南蠻。自憐捧日心猶壯，郎署何妨侍從班。

又

詔選宫人昔奏知，怪來朝講故遲遲。忽逢丹扆垂裳日，正憶天言罪己時。先帝初年真聖主，輪臺一詔更吾師。微臣舊有千秋鑑，卻望調元鼎鼐誰。

大參王如水公復補吾廣

嶺嶠春風動地迴，兒童又報使君來。主恩緑鬢三持節，驛路青山幾見梅。但有夷吾堪重望，何須唐諆浪兼才。紫微垣外中書省，夜夜清光燭上台。

喜用晦至自原易所，尋補襄陽

旅夜清尊復此迴，了無一句笑顔開。況從古越諸山過，曾見新安小范來。舉世更誰能我友，無人識子佐王才。若將治郡論黄霸，異日功名未可猜。

新移芍藥臺上

花臺春爛熳，芍藥可誰同。舊蕊交新蕊，深紅間淺紅。妍堆酣曉露，力困倚微風。開謝尋常事，浮生信轉蓬。

采芳亭喜傳長孺同舍至，共觀芍藥，因話二顧

采采芳亭伴，采芳亦采真。不禁花解語，況對玉爲人。野築明星迴，鶯聲出谷新。忽聞過二顧，飛動更須論。二顧何翩翩，耽玄近可憐。青雲還我貴，白眼好情偏。見面從君過，無書只信傳。寧知花塢裏，吏隱亦逃禪。

大司馬葉丈、大中丞周丈同時被謗，奉留有寄

司馬勳名宇宙間，中丞鎮靜萬人歡。遥傳塞外空貙虎，共説軍中有范韓。篋滿謗書增倚重，天扶明聖惜才難。即看河套天王地，乘勝長驅破可汗。

大司馬丈量移南司空，屢疏乞歸不允，忽報大捷，喜而集杜

聞道河陽近乘勝，初聞涕淚滿衣裳。蒼花不曉神靈意，扶顛始知籌策良。殊錫曾爲大司馬，老儒不用尚書郎。朝廷衮職誰爭補，正想氤氲滿眼香。

司馬丈乞身未允，聞已南歸，集杜遥寄

想見歸懷尚百憂，何時更得曲江遊。十年戎馬暗南國，萬里烽煙接素秋。可念此公懷直道，焉知李廣未封侯。杖藜嘆世者誰子，天入滄浪一釣舟。

周中丞再疏乞歸，自縉紳官軍而下號留不已，集杜郤寄

拖玉腰金報主身，莫云江漢有垂綸。扁舟不獨如張翰，河内尤宜借寇恂。獨使至尊憂社

稷，早聞黄閣畫麒麟。致君堯舜須公等，歸赴朝廷已入秦。

九日與諸曹友同登顯靈宫閣

高閣峻層俯建章，況逢佳節又重陽。秋聲不入遊人耳，紫氣浮來滿帝鄉。髮短更蒼堪帽落，客多同調趁花忙。明年此會知何處，遍插茱萸遍舉觴。

采芳亭承南、羅二長官見招賞菊，集諸曹友爲補重陽之會

大隱於今混廟廊，翩翩同舍共亭芳。深林夕照明棲鳥，曲徑人疑遶洞房。惱殺黄花仍五色，簪看緑鬢賽重陽。誰知玉露凋傷後，更向疏籬作意香。

醉經樓集卷之二

澄邑唐伯元著

經解類

身心性命解

性，天命也。惟聖人爲能性其心而心其身〔二〕。小人不知「天命之謂性」也，故性爲心用、心爲身用。劉子曰：「人受天地之中以生，所謂命也。」孟子曰：「殀壽不貳，修身以俟之，所以立命。」

〔二〕黄宗羲《明儒學案》卷四十二《甘泉學案六》所引述，無「爲能」二字。《甘泉學案六》涉及唐伯元部分見黄宗羲撰，沈芝盈點校：《明儒學案》，中華書局，二〇〇八年，第一〇〇二至一〇二三頁。

道性仁誠解

道無體，性無體，仁無體，誠無體，統之以物爲體〔一〕。外物無道無性、不仁不誠，此吾道與異端之别。

論語解二

《魯論》記夫子之言二十篇〔二〕，至矣。《家語》得其十之七，荀子、劉向、大小戴十之五，莊、列十之三。

《論語》記言嚴謹，不敢增減一字，惟編次頗雜，其義易晦。使編次皆如《鄉黨》一篇，則《論語》可以無解。

〔一〕「統之」，黄宗羲《明儒學案》卷四十二《甘泉學案六》所引述，作「總之」。
〔二〕黄宗羲《明儒學案》卷四十二《甘泉學案六》所引述，無「二十篇」三字。

一貫解

「己欲立而立人，己欲達而達人。」「己所不欲，勿施於人」。孟子曰：「苟能充之，足以保四海。」程子曰：「充擴得去，天地變化，草木蕃。」

川上解

「維天之命，於穆不已」，天行也；「逝者如斯夫，不舍晝夜」，聖人之心純亦不已也。孟子曰：「有本者如是。」程子曰：「其要只在謹獨。」

有是解

「用之則行」，有是以行，見龍也；「舍之則藏」，有是以藏，潛龍也。用而無可行，或所行非所用；舍而無可藏，或所藏非所舍，謂其身行藏則可，謂其道行藏則不可。

與點解

春風沂水，點之誠也；「吾斯未信」，開之誠也。狂者志有餘而誠不足，聖人欲進其不足而裁其有餘，故一嘆、一悦，進之也，正所以裁之也。惜乎點猶未悟。後來解者又從而爲之詞，聖人之意荒矣〔二〕。

克己由己解

仁者以物爲體，安得有己？故曰「克己」。仁者如射，反求諸己而已矣，故曰「由己」。知由己，然後能克己；能克己，然後能復禮。夫學至於禮而止矣。克己未足以盡仁，猶無私未足以盡道。知其解者，宋儒中惟明道一人。

問恥解

有道穀，亦足恥〔三〕；九百粟，不可辭。不行怨欲，可以爲難，而不可以爲仁。聖人雖因憲而

〔二〕「意」，黄宗羲《明儒學案》卷四十二《甘泉學案六》所引述，作「言」。

〔三〕「有道穀，亦足恥」，黄宗羲《明儒學案》卷四十二《甘泉學案六》所引述，作「有道穀，不足恥」。案：《論語·憲問》云：「憲問恥。子曰：『邦有道，穀；邦無道，穀，恥也。』」對於此章，孔安國曰：「穀，禄也。邦有道，當食其禄也。君無道而在其朝、食其禄，是恥辱也。」（何晏撰：《論語集解》，《儒藏精華編》第一〇四册，北京大學出版社，二〇〇七年，第一六一頁）朱熹曰：「穀，禄也。邦有道不能有爲，邦無道不能獨善，而但知食禄，皆可恥也。憲之狷介，其於『邦無道，穀』之可恥，固知之矣；至於『邦有道，穀』之可恥，則未必知也。故夫子因其問而并言之，以廣其志，使知所以自勉而進于有爲也。」（朱熹撰：《四書章句集注》，上海古籍出版社、安徽教育出版社，二〇〇二年，第一七五頁）依孔安國註解，則以作「有道穀，不足恥」爲是；依朱熹註解，則以作「有道穀，亦足恥」爲是。唐伯元傾向朱熹之學，當以作「有道穀，亦足恥」爲是。《明儒學案》卷四十二《甘泉學案六》所引述作「有道穀，不足恥」，恐非。

發，實古今賢者之通患，爲其志不在中庸也〔二〕；賢哉回也，陋巷簞瓢，爲其志在擇乎中庸也。

孔顏樂解

仁者怨乎？曰：怨己。仁者憂乎？曰：憂道。然則如樂何？曰：怨己，故不怨天，不尤人，在邦無怨，在家無怨；憂道，故不憂貧，不憂生，以死生爲晝夜，視富貴如浮雲。

修己解

修己以敬，至於安人、安百姓，皆修己也。易有太極，至於生兩儀、四象、八卦，皆易也。謂敬在修己之中、太極在易之中，則可；謂敬安百姓、太極生兩儀，則不可。

大學中庸解二

《大學》《中庸》，賈逵經緯之說是也。而作書之意，又若以《易》爲經，以《詩》《書》爲緯。蓋惟天爲大，惟學則天，故曰《大學》。惟中乃大，惟庸乃中，故曰《中庸》。《易》曰「大哉乾元」、「君子

〔二〕黄宗羲《明儒學案》卷四十二《甘泉學案六》所引述，無「志」字。

行此四德者」，又曰「天行健，君子自強以不息」，《大學》也；乾之德，莫盛於九二，其曰「龍德而正中者也。庸言之信，庸行之謹」，《中庸》也，此其經也。雜引《詩》《書》，隨處互發，其緯也。《大學》以規模言，其序不可紊；《中庸》以造詣言，其功不可略。

至善解

正己而不求於人之謂善，正己而物正之謂至善。孟子曰「行有不得者，皆反求諸己」，善也；「其身正而天下歸之」，至善也。程子曰「『在止於至善』，反己守約是也」，則合而言之也。

格物解

「物有本末」；「其本亂而末治者，否矣」；「自天子以至於庶人，壹是皆以修身爲本」。《家語》曰：「察一物而貫乎多，理一物而萬物不能亂，以身本者也。」孟子曰：「天下國家之本在身。」

知止止至善解

自「知止而後有定」至「慮而後能得」，始條理也，知至至之也；「在止於至善」，終條理也，知終終之也。知止能得，則近道；止至善，則道在我。

時中解

「君子時中」，擇中庸、依中庸者也；「小人無忌憚」，索隱行怪者也。賢者之過與不及均，而賢者之害尤甚，必至罟獲陷阱乃已。

中庸至善解

「中庸其至矣乎」，是謂至善。「君子依乎中庸，遁世不見知而不悔」，故止於至善。

鳶飛魚躍解

必有事焉而勿正心之謂儒，正心而無所事焉之謂釋。《易》曰：「終日乾乾，行事［也］〔二〕。」程子曰：「『鳶飛魚躍』，與『必有事焉而勿正心』意同。會得時，活潑潑地；不會得，只是弄精神。」

〔二〕「也」字原缺，據黄宗羲《明儒學案》卷四十二《甘泉學案六》所引述補。此語出自《周易·乾·文言》，《乾·文言》亦有「也」字。

道不遠人解

道者，治人之道也。以人治人，雖執柯伐柯，未足爲擬。子思之苦心亦至矣。程子謂「制行不以己，而道猶未盡」，此之謂也。

致曲解

「惟天下至誠能盡其性」，堯舜性之也；「其次致曲」，湯武反之也。《易》曰「逆數」，《禮》曰「曲禮」，逆而後順，曲而後直。聖人之教，爲中人設，張子所謂「善反之，則天地之性存焉」者也。「發而不中，不怨勝己」、「行有不得，反求諸己」，此之謂致曲。

崇禮解

「大哉聖人之道」，三千三百之謂也。禮者，性之德也。道問學，所以崇禮，所以尊德性。

大經解

凡一代皆有一代之大經，堯舜授禪，禹治水，湯武放伐，伊尹放太甲，周公誅管蔡，孔子作

《春秋》，子思述《大學》《中庸》，孟子距楊墨，韓昌黎、程明道闢佛老，其經綸一也。

大本解

「未發之中」不可求，必也格物乎！曰知本、曰知止、曰明善、曰致曲，旨同而名異，至於反身而誠，然後立天下之大本。

獨解

不覩不聞，即「人所不見」，獨也；戒慎恐懼，即「不動而敬，不言而信」，慎獨也。「小人閒居爲不善」，不慎獨也。「無聲無臭」，皆獨之義〔二〕，或以爲贊道，誤矣。

不顯解

「於乎不顯」、「不顯惟德」，詩人贊文王至德也。始乎慎獨，終乎慎獨，學者當儀刑文王也。儒者既於「不顯」爲兩解，無惑乎以慎獨爲漏言。

〔二〕「義」，黃宗羲《明儒學案》卷四十二《甘泉學案六》所引述，作「善」。

天鬼神解

天與鬼神，形而下者也，故言天曰「無聲無臭」，言鬼神曰「不見不聞」。道，形而上者也，自無聲臭，自莫見聞，豈待贊乎？必以無聲臭、不見聞贊道，謂聲臭見聞非道，可乎？爲此解者，欲附於「不生不滅」、「不垢不淨」之旨，不知反爲所笑。

孟子解二

夫子述而不作，羣弟子不敢著書。夫子没，七十子喪，去聖日遠，漸生隱怪。子思子憂其失傳〔二〕，始作《大學》《中庸》；至孟軻氏而異端大起，爭喙者多，始作《孟子》。二子皆不得已而著書〔三〕，吾道既明，無書可著。

《孟子》一書，首尾照應，後先互發，凡有註解，添足畫蛇。

〔二〕「子思子憂其失傳」，黄宗羲《明儒學案》卷四十二《甘泉學案六》所引述，作「曾子、子思憂其失傳」。案：唐伯元以爲《大學》《中庸》均爲子思所作。黄宗羲《明儒學案》所引述，增「曾子」二字，誤。

〔三〕「二子」，黄宗羲《明儒學案》卷四十二《甘泉學案六》所引述，作「三子」。

告子解

孟子闢楊墨，一言而有餘；闢告子，屢言而不足。告子之害，甚於楊墨，至後代始大。

五霸解三

孟子論三王、五伯、諸侯、大夫，則五伯爲二等；論堯舜、湯武、五伯，則五伯爲三等。性之上，反次之，假又次之。假或成真，惡知非有！舉戰國諸侯而無之，是孟子之所思也。夫子論小人中庸，擬於時中君子也。孟子論五伯假之，擬於性之、反之之聖人也。果如註解，是擬人不於其倫矣。

伯者慕道而讓道〔二〕，於道無損；異端賊道而當道，誣民已甚。故鄉愿、楊墨、告子，聖賢皆闢之不遺餘力。獨於五伯，雖小之，不勝其大之；雖斥之，不勝其與之。斥以正志，與以明伐。吾儒之道，得王而信，得伯而尊。〔三〕

〔二〕「慕」，原作「暮」，各本同，據黄宗羲《明儒學案》卷四十二《甘泉學案六》所引述改。

〔三〕「得王而信，得伯而尊」，黄宗羲《明儒學案》卷四十二《甘泉學案六》所引述，作「得王而大，得霸而貴」。

説約解

「博學詳説」，與博文同；「將以説約」，與約禮異。説約者，要約之約，求會道也〔二〕；約禮者，約束之謂，能不畔而已。博學詳説，則禮在其中。「約禮」，與人規矩；「説約」，在人解悟。

好貨好色解

好樂與百姓同，好貨好色與百姓同，即「老吾老以及人之老，幼吾幼以及人之幼」，皆不忍人之政也。或謂孟子姑以引君，毋乃自卑以求用其言乎？外欲無理，外情無性，性理不明，往往如此。

求放心解

仁，人心也，本心也，不可放也。始焉不受嘑蹴之食，此之謂本心；繼焉而受無禮義之萬鍾，此之謂失其本心。失其本心者，放心也。由不爲而達之於其所爲，此之謂由乎義路。由乎義路者，求放心也。心學之説，謂之求心則可，謂之求放心則不可。李延平曰：「『仁，人心也』，

〔二〕「會道」，黄宗羲《明儒學案》卷四十二《甘泉學案六》所引述作「會通」。

孟子不是以心名仁。」羅文莊曰：「延平之見，卓矣。」二子可謂有功於孟子。

立大解

「仁義忠信，樂善不倦，此天爵也」，大也。「既飽以德，飽乎仁義，所以不願人之膏粱文繡也」，立大也。陸氏以立大爲立心，其流之禍，於今爲烈。彼不仁不義、假仁假義、小仁小義，孰非立心？皆可以爲大乎否？

大行不加解

「大行不加」，舜禹有天下而不與者也；「窮居不損」，顏子簞瓢不改其樂者也。程子曰：「泰山高矣，泰山嵿上，已不屬泰山。堯舜事業，只是一點浮雲過目。」非程子不能及此。近代陳氏始發其義，楊、朱二解，胥失之矣。

性反解

「由仁義行」、「仁者安仁」，堯舜性之也；「居仁由義」、「知者利仁」，湯武反之也。性之者不可見，得見反之者可矣；獨復者不可見，得見頻復者可矣。孟子曰：「有意而不至者有矣，未有無意而能至者也。」善夫，揚雄氏之記之也！儒者曰：「凡有所爲而爲者，皆利也。」又曰：「有意爲義，雖義亦利。」率天下而不敢爲仁義，必此之言也。

好名解

太上忘實忘名，其次篤實晦名，其次力實生名。生名者賢，晦名者聖，忘名者天。夷、齊讓國，國與名而俱存；燕噲讓國，國與名而俱喪。彼燕噲非好名者也，若出於好名，必擇其可讓者讓之，不至有子之之亂，固亦名教之所與矣。好名之人，能讓千乘之國，貴名也。

不謂性命解

以性之欲爲性，不知天命之性，是世俗所謂性也；以氣質已定之命爲命，不知受中以生之命，是世俗所謂命也。在世俗則可，在君子則不可。君子者，反本窮源、盡性至命者也，故言性曰善，言命曰天，去此取彼。

寡欲解

「惟天生民有欲」，欲不必無，亦不能無。爲無欲之説者，惑也。聖人中焉，賢者寡焉。寡者，擇其中之謂也。至於中，則一欲不棄，一欲不留，欲我當欲，與人同欲，是謂中和位育之道。

經解凡四

經者，學之具也。學以明道，而《易》具矣；學以理性情、化天下，而《詩》具矣；學以爲帝者師、爲王者佐，而《書》具矣；學以修身、齊家、措之天下，而《禮》具矣；學以驗天應人、明微維分，而《春秋》具矣。其理相通，其義各别。樂無經，非失也，有《詩》在也。樂章存，而器數猶可考也。

經，聖經也。惟聖解聖，惟經解經，羲之畫，文之《彖》，周公《爻辭》，孔子《十翼》是也。惟賢知聖，惟賢知經，子思之《大學》《中庸》，孟子之七篇，程伯淳之《語録》，凡所引是也。解字者，得少而失亦少，註疏是也。解意者，得不償失，今之《章句》《大全》是也。擬經者，勞且僭，而無益於發明，《太玄》《元經》是也。誣經者，淫妖怪誕，侮聖逆天，《［己］易》《傳習録》是也〔一〕。

解經以傳，不如解經以經，合而解則明，析而解則晦〔二〕。故經有一事而前後互發者，有一義

〔一〕「《己易》」之「己」字原缺，各本同，據黄宗羲《明儒學案》卷四十二《甘泉學案六》所引述補。《己易》，宋儒楊簡撰。

〔二〕「析」，原作「折」，乾隆本、道光本同，據光緒本以及黄宗羲《明儒學案》卷四十二《甘泉學案六》所引述改。

而彼此互見者，盡去其傳註，而身體之，口擬之，不得則姑置之，而從他處求之〔二〕，諷詠千週，恍然觸類矣。

無聖人之志，不可解經；讀世俗之書，不可解經。韓子曰「非三代、兩漢之書不敢觀，非聖人之志不敢存」，可爲讀經之法。兩漢近三代，若董仲舒、揚雄、劉向、鄭玄、徐幹，皆其傑然者，其緒論往往可採也。

孝經解二

夫子有言「行在《孝經》」，非世所傳《孝經》也。考《儀禮》，凡禮有經、有記、有傳、有義。今按《小戴·内則》，前一段當爲《孝經》；《曲禮》《雜儀》當爲記；《大戴·本孝》以下四篇，與世所傳唐明帝御制序者，當爲傳義，合之而後《孝經》可考。《内則》自「后王命冢宰」至「賜而后與之」，文字宏密精深，與《十翼》相類，既自别於《儀禮》，又自别於六經，所以爲夫子之《孝經》。

〔二〕「而從」，黄宗羲《明儒學案》卷四十二《甘泉學案六》所引述，作「而後從」。

易解四

六經惟《易》無恙，漢、唐千家傳註，多有可考，不得其解，當一以經文爲據〔一〕。解經之法，以經不以傳，宜合不宜析〔二〕。凡經皆然，而《易》尤甚。今之讀《易》者，未解《繫詞》，先解《爻》《彖》，未辨枝葉，先認根苗，是孔子誣周、文，而周、文又誣伏羲氏也。此析之尤舛〔三〕，而自以其傳代經也。

《易》之《彖詞》《彖傳》《爻詞》《爻傳》，不妨合爲一卦。惟《大象》當自爲一傳，《文言》又當自爲一傳。《大象》者，學《易》用《易》也。《文言》豈惟《乾》《坤》二卦有之，上經八卦九爻，下經八卦九爻，散在《繫詞》者，皆是也〔四〕。合之共爲一傳，不特《文言》爲全書，而上、下《繫》亦自朗然。

〔一〕「一以」，原作「以一」，各本同，據黄宗羲《明儒學案》卷四十二《甘泉學案六》所引述改。

〔二〕「析」，原作「折」，乾隆本、道光本同，黄宗羲《明儒學案》卷四十二《甘泉學案六》所引述作「拆」，據光緒本改。

〔三〕「析」，原作「折」，乾隆本、道光本同，黄宗羲《明儒學案》卷四十二《甘泉學案六》所引述作「拆」，據光緒本改。

〔四〕「散在《繫詞》者，皆是也」，原作「散在《繫詞》，詞皆是也」，各本同，據黄宗羲《明儒學案》卷四十二《甘泉學案六》所引述改。

《易》有文錯者，如「雲行雨施」，當在「時乘六龍」之下是也。有文不錯而句讀錯者，如「後得主」爲「主利」是也。有字不錯而反以爲錯者，「蓋言順也」當作「慎」是也[二]。

乾坤解

天地日月，寒暑晝夜，水火男女，乾、坤之可見者也。極而推之，凡超形氣者皆乾，凡涉形氣者皆坤；凡善皆乾，凡不善皆坤；凡中皆乾，凡過不及皆坤。乾之亢與弱處即坤[三]，坤之順且正處即乾。《易》，逆坤順乾之書，是故逆數。

[二] 由於唐伯元此處表達有省略，其句讀之施加頗爲不易。唐伯元所謂「有文不錯而句讀錯者，如『後得主』爲『主利』是也」，乃針對程頤《周易程氏傳》而言。程頤《周易程氏傳》云，《周易·坤·文言》之「後得主而有常」句，「『主』字下脱『利』字」。（程頤撰：《周易程氏傳》，收於《二程集》，中華書局，一九八四年，第三册，第七一一頁。又參朱熹撰：《周易本義》，收於《朱子全書》，上海古籍出版社、安徽教育出版社，二〇〇二年，第一册，第一五〇頁）唐氏之意似應爲「有文不錯而句讀錯者，如謂『後得主』之『主』爲『主利』是也」。唐氏所謂「有字不錯而反以爲錯者，『蓋言順也』當作『慎』是也」，乃針對朱熹《周易本義》而言。朱熹《周易本義》註釋《周易·坤·文言》之「蓋言順也」句云，「古字『順』、『慎』通用。按此當作『慎』，言當辨之於微也」。（朱熹撰：《周易本義》，收於《朱子全書》，第一册，第一五一頁）唐氏之意似應爲「有字不錯而反以爲錯者，如謂『蓋言順也』之『順』當作『慎』是也」。

[三] 「弱處」，黄宗羲《明儒學案》卷四十二《甘泉學案六》所引述，作「無首處」。

九六解

《易》有用之用，有不用之用。乾元用九，與《河圖》虚中、大衍除一意同。蓋一三五七九皆乾，二四六八十皆坤。乾不用一，用九，用九所以見一也。一者，天則也。五以上始數，皆乾；六以下終數，皆坤。天一始水，地六終之；地二始火，天七終之；天三始木，地八終之；地四始金，天九終之；天五始土，地十終之。坤用六，以大終也。大者，乾也。乾之用處即坤，坤之不用處即乾。用九，以奇偶數分乾坤；用六，以始終數分乾坤，故謂之易。

初上解

初即下，不曰下而曰初，舉初以見終也；上即終，不曰終而曰上，舉上以見下也。初以明本末，上以別尊卑，亦六九之義〔二〕。

〔二〕「六九」，黄宗羲《明儒學案》卷四十二《甘泉學案六》所引述，作「九六」。

始生解

乾元資始，始我者，生我者也；坤元資生，生我者，殺我者也。貪生者爲凡民，甚則夷狄禽獸；知始者爲君子，合德則聖且神。

書解二

帝王之治，本於道是也。而道何本哉？曰本於身可也，曰本於中亦可也。而解者曰心。謂桀紂非心，可乎？帝王之道，在執中而身之，中以立本，而身以表則，故曰「允執其中」，曰「慎厥身修」，互見也。以心爲中，心難中也；以心爲身，民何則矣！開卷之錯，不可不慎。

堯舜皆聖也，堯會生知之全，舜開學知之始，故論道則稱堯舜，論學則斷自舜而不及堯。顏淵曰：「舜何人也，予何人也。」孟子曰：「舜人也，我亦人也。」後有作者，文王似堯，孔子似舜，顏、曾、思、孟、程皆舜之徒也。

詩解四

《詩》始《二南》，樂淑女而歸百兩，坤道也；終《雅》《頌》，純不顯而躋聖敬，乾道也。

《關雎》「秉彝好德」，休休一介臣也，地道也，臣道也，妻道也。德在此，福亦在此，所以爲后妃之德，所以爲《南風》之始，所以爲中聲之寄。君子得之解愠，小人得之阜財。人而不爲《二南》，故猶牆面。

《豳風》《豳雅》《豳頌》，是周家一代元氣。宇宙間萬古元氣，貴者王，忽者亡，惟影響。

《詩》贊文王「不顯」，與天載同，贊其德也；史稱「西伯陰行善」，天下諸侯來朝，稱其時也。具於穆不已之德，又當儉德避難之時，所以愈不顯，又所以愈丕顯，與大舜玄德同。

禮解三

古之學者，學禮而已矣；古之觀人者，觀禮而已矣。三千三百，無一非仁。故典曰天序，禮曰天秩，動作威儀之則曰天地之中。

恂栗威儀，鳶飛魚躍。

《儀禮》中有記〔二〕、有傳、有義，大、小《戴記》中有經，次其序，比其類，禮之大略，可以概覩。

〔二〕「儀禮」，原作「禮儀」，據黄宗羲《明儒學案》卷四十二《甘泉學案六》所引述改。

詳具《禮編》〔一〕。

春秋解三

《春秋》尊夏、尊王、尊天、尊道、扶天綱、立人紀，所以託天子之權、行天子之事。《春秋》責己謹嚴，待人平恕。故夷而夷則夷之，夷而夏則夏之，夷猾夏、夏變夷則誅之。

《左傳》中載冀缺、劉子二段，是三代以前聖人相傳格言，失其姓氏。如《曲禮序》首引「毋不敬」數語，非皋、契、伊、周之徒不能道也。

諸子解附七〔二〕

「養心莫善於誠」，《書》之「作德日休」也。聖人教人，性非所先，《魯論》之「性與天道不可得聞」也。儒者非之，正坐此誤。

〔一〕「禮編」，原作「禮篇」，據黄宗羲《明儒學案》卷四十二《甘泉學案六》所引述改。
〔二〕「諸子解附七」，乾隆本、道光本同，光緒本作「諸子解七附」。

表章《大學》，自韓退之始；表章《中庸》，自徐偉長始；合《大學》《中庸》爲子思經緯之書，自賈逵始。

闢佛老，尊孟子，千百年惟一韓子，其功在吾道，爲漢、唐儒者一人。鄭康成、朱元晦，皆聖門游〔一〕、夏之列，而特起百代之後，事難而功多。鄭師馬，青出於藍；朱去程門未遠，源流各别。

孟子之後一人，非正叔不能至此。然正叔所造，竟讓其兄，夫然後見獨智之難也。張子厚醇正不減正叔，而才次之，然均之可以爲弗畔。周、邵則自爲一家，過則陸，甚則楊，吾不欲論之矣。朱子能解正叔，而間雜乎周、邵，其去明道則已遠，不可不辨。

楊子雲《美新論》、劉靜修《渡江賦》〔二〕，爲千古不白之疑。或曰遜言，或曰僞作，或曰以秦美新，是秦而甚之也；渡江，特不能違也〔三〕，要之違心焉耳矣。詳其語氣，大顛二子，故難語僞。

〔一〕「游」，原作「遊」，乾隆本、道光本同，據光緒本、黄宗羲《明儒學案》卷四十二《甘泉學案六》所引述改。

〔二〕「劉靜修」，原作「劉靖修」，據黄宗羲《明儒學案》卷四十二《甘泉學案六》所引述改。按：劉因，字夢吉，號靜修，元代大儒。其《渡江賦》，載《靜修先生文集》卷二十七。見商聚德點校：《劉因集》，人民出版社，二〇一七年，第四四四至四四九頁。

〔三〕「特」，黄宗羲《明儒學案》卷四十二《甘泉學案六》所引述，作「時」。

雖然，凡售僞未有不假真者。僞乎？僞乎？吾以二子之生平信之也。

國朝正儒莫如薛文清，高儒莫如陳白沙，功儒莫如羅文莊。使三子者不生考亭之後，得遊明道之門，俱未可量。

醉經樓集卷之三

澄邑唐伯元著

序類

湖廣鄉試録序

萬曆辛卯秋，楚當比士，上命臣伯元副科臣應登往試之。録成，臣當有序載末簡。伏念臣起謫籍，濫儀曹，行能淺薄，愧無寸豎以報恩私，兹幸托掄才之義，少酬萬一，何敢無言以諗諸士？乃諸士夙稱楚材，臣即有言，度無能居其意外者。無已，則請與論《易》，可乎？蓋臣嘗讀《易》，至夫子繫乾之二三爻，一則曰「存誠」，一則曰「立誠」，而竊嘆言學者莫辨焉。夫乾之德，聖德也。九二「龍德正中」，爲誠者之聖；九三「重剛不中」，爲誠之之聖。聖不同而學同，學不同而誠同，蓋至於誠則聖且天。夫二與三皆天也，何可及也？乃其論存誠，則始於「庸言之信」；論立誠，則「修詞」之外無他語，又何其寂寥簡實，雖愚不肖可勉而能也。然後知聖以誠修、誠以言立，匪是悉邪也，而忠信隱矣，是夫子之所痛也。

夫學者有大患二：一患無志，有志矣，患不誠。誠與志合，則隨其高下之資，皆可與共學而之道。蓋昔者狂簡，在聖門最號有志，惟是言過高而行不掩，故夫子欲歸而裁之。喟然之嘆，誠與點也，非與其志也，與其誠也。若曰：「點而用世，其上下三子乎？抑進而古之人、古之人乎？」吾不敢知也。點而云云，吾所諒也。不意點平日嘐嘐無當，而一旦自量之審如此，蓋其裁之之意，所以進點也。他日，使漆雕開仕，開曰「吾斯之未能信」，子悅。悅其誠也。蓋亦與點之意也。觀夫子之進點、開，裁狂簡，而學之惟誠、誠之惟言也如是夫！士安可不誠？又安可一言而去誠也？雖然，臣則不敢以苛求於今之士矣。狂簡在聖門稱高第，去中行甚邇，又得聖人而師之，日皇皇學以求至於聖人，然且有行不掩言之病，況今之士習章句、工射策、一於文字之色澤而主司之投也？當此之日，欲令言言皆誠，皆出於行之所掩，是以聖門高弟之難能者，而責今之士以必能，則臣已先自愧矣。傳曰：「君子有諸己而後求諸人。」臣何敢以無諸己者求今日之士？且邇來釋氏之説盛行，學士大夫反驅吾儒以佐之，認精神爲聖真，委載籍於理障。其以藝文自高者，則又土苴六經、唇吻子史，而欲以當不朽盛事。始爲人欺，卒於自欺，士之不誠，宜未有甚於今日者。當此之時，即有大賢君子者出而爲一代之師，或猶未能救什一於千百，況以章句求章句，而取必於一日之遇乎？此臣所不敢也。聖天子敦崇上理、端士習、正人心之令，無歲不下，期與多士更始，而竟未收得士之效，臣竊恥之；而臣又無力以維之，不能有諸己以先之，則臣與諸士均有責焉，而不敢復求於已往也。

臣則以爲立誠請自今日始。蓋人之知能不同，而其大小又異。無小大無不知無不能者，聖人也；大者知且能矣，小者有不知有不能，君子也；不務易知易能，而務難知難能，小人也；不知以爲知，不能以爲能，妄人也；以不必知掩其無知，以不必能掩其無能，妖人也。士即未能盡君子、望聖人，其不甘小人，明甚。奈何爲妄、爲妖，宜士之所共恥也。今諸士稽述天人、進退古今、敷陳理法，則犁然具矣。果執此用世乎？果皆斯之能信乎？能信且用，不足爲士喜；未信且用，不足爲士病，臣所謂自今日始者也。夫知不知，智也；能不能，才也，非誠之謂也。才智勞而誠逸，才智人而誠天，才智有涯而誠無涯。夫一德立而萬善從，勳業文章皆從此出，惟誠爲然。臣願與諸士共勉之。昔人有藏璞者，不知其中美也。大索於肆而不可得，然後以付工人，工人剖而辨價千金，於是始知自寶，而深悔向者之誤。夫既寶矣，何悔爲？諸士誠知自寶而勿爲已往之悔，是亦臣與諸士立誠之初也。

承直郎禮部儀制清吏司主事唐伯元謹序。

醉經樓會序

友必賢與仁歟？其志愈高，其合愈寡，借千載而上、萬國而遥，不可以數數遘。借遘矣，不知我當其人，又未也。以彼遘之難，而我當之又難也。將孑孑而已乎？非也。無羡知音，無憂寡與，隨吾所處，蓋有難遘與當者矣。曾子有言：「親戚不悦，不敢外交；近者不親，不敢求遠。」常誦其言，以爲交遊之法。友人南城王惟一氏，與余相期遠、相得深也。蓋自同舉進士時既十年餘，而來丞吾郡也，乃會余謫官海外。其明年幸蒙召還，又明年始得告省覲，於是復獲與惟一旦夕持觴相過如往時。每及出處沉浮之概，大都惟一猶余也，則又勉勉以毋忘交警之誼。惟一曰：「吾吏於兹，日跂子不至也。吾好與博士李君暹談，其鄉縉紳中，則毛公紹齡、蔡公汝漢、鄒君迪、蔡君德璋、鄭君育漸諸君子者，吾樂親焉。惟兹城東鳳凰塔稱勝最，子記在石。吾將以公暇會諸君子及其他勝處。諸君子辱許余矣，子其毋後。」余謹諾。自是，會或城中，或郭外，或飛閣層樓，或浮屠梵宇，或臺榭臨流，或洞巖秉燭，或密林間幽徑，或平湖上迴峯，或下，或登，或方舟，或椅檻，惟其所適。期或旬餘，或逾月，或經時不舉，或五七日再舉。值景物之既妍，但公私之有便，未嘗辭免。席坐三人，止於四果六肴，湯飯再之或三之，惟時蔬酒茗必具。座中談論品藻，止於經史文章、孝子廉夫、貞臣烈婦，及乎英童樸叟、方外羽客之儔，或雜酒令戲謔，不及時事。飲或巨觴，或小酌，或興劇而頹然，或席罷而矜莊，不必其醉。至於寓意或要眇，寄興或玄抓，名説之不可，竟祕之不能者，則每於會後題詠焉發之。蓋雖不敢慕昔賢之風流，亦可謂極其情之所至者也。夫丞吾郡者衆矣，如惟一者，今所稱賢大夫也。博士斌斌哉，國人所喜得師也。毛、蔡二公，余爲生時習遊也〔一〕。鄒君與余并領鄉書。蔡、鄭二君，有早歲筆研之雅，既近又戚也。孔子曰：「居是邦也，事其大夫之賢者，友其士之仁者。」余誠愧賢與仁，亦何敢過譽今日之同遊以爲高。後代若曰：近也戚也，吾願悦且親焉；誠悦且親，吾道庶矣。而未易言也。夫所謂悦且親，非其外之謂也。竊懼吾之不足以當諸君子也，因諸君子見吾不足，孰謂仁賢不在兹乎！不在兹乎！會起丁亥十有二月，至戊子秋，而惟一有校士省闈之行，博士且上春官，值余醉經樓成，諸君子乃會餞於是，而屬記於余。其樓在城西小西湖上，有小景，見詩中，故不著。

寄聲集序

學何爲？曰：爲道。詩何爲？曰：爲學。詩與學同方乎？曰：否。學北方而詩南方。今

〔一〕「生」字前，《潮州耆舊集》有「諸」字。

之詩與學猶古與？曰：惜也，古兩得而今兩失也。然則可得聞與？蓋吾夫子年十有五而志於學。其論志，曰「志於道」，曰「興於詩」；至於贊詩，往往曰：「爲此詩者其知道乎！」興言志、道言學也。故學不志道，不如勿學；詩而無關吾學也，不詩可也。斯道也何道也？堯舜周孔之道也。古初大聖，多出北方，稟扶輿之正氣，以君師天下、立極萬代。陳良，楚産也，能悦周孔之道，北學於中國，孟子至以豪傑士歸之。蓋北方之學，有自來矣。若夫詩則不然。昔者，舜操五弦，奏南風以薰六合。夫子删王國之風，名曰「二南」。南者，南風之義也。《關雎》寤寐淑女，《鵲巢》於歸百兩，均之舍己求賢，則二南之義其最著者。故有《關雎》而後有《螽斯》，有《鵲巢》而後有《小星》，而《麟趾》《騶虞》應焉。説者謂「唐虞太和，在成周宇宙」，則二南爲之也。斯義也，可以治心，樂善不倦；可以酬物，不忮不求；可以相天下，休休好彦聖。君子得之解慍，小人得之阜財。故子謂伯魚曰：「學詩乎？」又曰：「汝爲《周南》《召南》矣乎？」學先詩，詩先二南，其益宏遠矣。解者不得，從而爲之辭曰：「南者，自北而南也。」其序《關雎》，則又附會於不淫不傷之旨。其義既湮，其詞又下，遂啓儒者矯枉之過。至以后妃之德爲文王求后妃，焉知其流不爲導淫、爲長怨，愈失而愈遠也？此夫子所謂面牆也。

夫學中而詩和，學禮而詩樂，學乾健而詩坤順也。學之弊也，剛不勝慾，宜北而南矣；詩之衰也，温不勝厲，宜南而北矣。南北偏勝，而中和道亡矣。故北人宜南聲也，而學必北；南人宜北學也，而聲必南。吾夫子之惜子路，不云乎？「先王制音，奏中聲以爲節，流入於南，不歸於北，夫南生而北殺也」。乃子路懼而悔，靜思不食，至於骨立。夫子則又喜之曰：「過而能改，其進矣。」夫其惜之也，惜其不南於聲也；其喜之也，喜其能北於學也。夫道有相反而實相［成］者〔二〕，學與詩是也。

郡侯蘄水徐公，楚人也，雖不在南聲；生同文之代，家周孔而户詩書，雖亦不在北學。顧侯以早歲登第，居相里，出相門，初仕令尹而民爭尸祝之。既才且雋，竟不甘受其職拔，沉浮中外二十餘年，而後守吾郡也。或者處此，無論聲不能平，即宿昔所持，幾何不改？乃獨能凝乎其氣，粹乎其容，不見有幾微戚戚於天與人之意。世謂楚人深於怨，而侯無之，今其《寄聲集》可考也。斯不亦兩難乎哉！夫聲生於人心而妙於感人，歸在和樂而已矣。和樂者，無憂無怨之謂也。無憂者，憂在天下國家；無怨者，反求諸己。故無憂無怨者，聲也；有憂有怨者，學也。學不改北而聲不易南，夫是之謂中和。中和者，道也。吾未敢論侯之學，而能知其政；世人未能知侯之政，則請聽其聲，其和樂感人一也。孟子曰：「仁者愛人。」又曰：「仁言不如仁聲之入人深也。」愛人者，學道者也。仁聲者，南聲也。兹侯之所由寄也。

〔二〕「成」字原缺，據光緒本、《潮州耆舊集》補。

龔刺史文集序

文惟古，剽陳言而矜其似，古乎？文惟新，互艱字以飾其奇，新乎？夫文，傳而已矣。不古且新則不傳。如是而爲古且新也，亦不傳。蓋必有所以傳者，顧未易論耳。成弘以來，言文者爭治《左》《國》《史》《漢》，以取榮譽於時，至嘉隆尤甚。余少時，偶讀一二家而喜之，間有論著，人稱能焉。久之，知其文之所謂古且新者，非然也。必如是而後古且新，寧不古不新也。既悔恨不復爲，而亦不復有能文之譽矣。

歲庚辰，移官留曹，得從今嘉興刺史龔大夫後。未幾而大夫擢嘉興以行，同曹君子謬屬贈言，余謝不敏。大夫至嘉興，及朞政成，爲江南第一，而同曹之申督猶未已。然余竟未有言。余之意，謂大夫雅擅作者，如其好尚出於今人，則余言無當也。同曹之督，蓋知余少時之能，而不知今之不能也。以是竟負同曹，而亦無以自白於大夫。今年夏，余以得請南旋，道出大夫治所，承枉江干，坐語移日，因出其生平文集若干卷示余，余拜受而竟業之。撫今追昔，掩卷唏嘘，於是乎甚愧而無以自解。蓋余居留曹既餘四載〔二〕，始謫海外，已乃稍遷畿輔司理，尋還闕下，遲回

〔二〕「餘」，原作「余」，據《潮州耆舊集》改。

郎署，又且逾年。乃大夫以政績尤異，天子錫晏特嘉，不欲奪郡人之嬰兒慕也，懸殊畀以待，大夫暫歸之郡。當是時，大夫之爲嘉興滿六載，而余辱游於大夫七載矣。竊念大夫化行東海，聲實加於上下，爲當今名刺史一人，而余獨偃蹇無益於時，既不能不慨於歲月之邁；及讀其集，則又獨有契於余所云「古且新而能不爲今人，必爲今人而寧不古不新」也。何大夫知余而余不知大夫也！余於是雖欲有愛於言而不可得已。大夫之文無意於傳，而又以屬於非其能如余者，恐愈令今人不好。顧大夫自有所以傳者，無待余言。余之不量而承命，則以明今昔之愧云爾。

雙壽序

福莫盛於名，德莫損於名。故以天下之廣、生人之衆，賢人之生也不地，聖人之生也不世，彼賢且聖，則誠名與福矣，乃其名在身後，其福非一己，雖賢且聖不自知也，況當時之人乎？其較著而爲當世所榮艷，則莫如科名矣。故以天下之廣、生人之衆，士之得與計偕者，約日生一人而止耳；其進而擢高第、官華要，則月不能一人；又進而位樞軸、列公孤，則歲不能一人。其名愈盛，則其生愈難。凡以一人之人而當千萬億人之人者，苟求其自，皆可以卜其先世勤修之德也。獨其所謂勤修者，類庸常而無奇，祕密而不露，即其子孫亦多不能知、不能道。彼其子孫，且以賢智貴倨藐其先人也，則有居暴族里，出毒生靈，既毀前修，且殃後代者，此可以勿論已〔一〕。乃慕名太高之徒，多爲矯行詭説以邀世俗尊己，乘人之敗以自成，掩人之美以自張，惟名之所在而皇皇焉。此其人亦足有聞於後，然視之庸常、祕密之行，何如也？夫道越乎庸常、功滿於祕密而以取名者，皆物情之所忌也。故曰「太上不德，是爲至德；至德無名，是以完名」。君子觀於盛損之間，可以考福矣。

友人許思士氏，世居揭陽，自其尊府先生起家賢科，仕爲東流令尹，致政歸，蓋年六十，而君繼之。比君爲順昌令尹，致政歸，年六十一，而今仲子又繼之。揭之爲邑，文獻望於天下，其父子祖孫舉週甲子而聯名桂籍，獨見君家；而君之子若孫與其諸子姓，又滚滚其方來也。人但知君家之福之盛，而不知所以致此者，其淵源遠而累積深矣。夫求名易，求道難；可大易，可久難。士方未遇時，茹苦嘗艱，不求勝人，惟求勝己。己一勝而道生。世俗之見爲柔懦無能者，乃吉祥之所止也。一都貴顯，輒思上人以明得志，不淫以自汙，則矯以驚俗。二者之清濁雖不同，而均之道所不載。夫道所不載者，其德與福可知也。元及侍東流先生，而與君二十年游好，見君家父子行之官、行之鄉，一如未遇時，油然仁人長者之風，殆托庸常、崇祕密，不欲令世人聞見

〔一〕「勿」，原作「物」，乾隆本、道光本同，據光緒本改。

者，於其昭昭而益以信其冥冥也。冥冥無已，昭昭亦無已。吾見君之家將有月生之人、歲生之人，爲世所榮艷；又將有不地生之人、不世生之人，爲世所不能知者，非一時之名而萬世之名，非君之福而天下人之福也。仲子歌《鹿鳴》，過里壽二尊人，會余校士至自楚也，邑之大夫士見屬一言。《詩》不云乎？「愷悌君子，求福不回。」以爲君壽。

雙壽贈言

凡善之易於謏聞者，非其至也。一技之能，人可指而稱也，多而愈廣矣；一節之奇，人樂傳而誦也，甚而愈溢矣。稱誦，名也。名盛，其於實也浮。浮，善之累也。夫善果爲吾累乎哉？善，天也。彼其爲之者，猶人也。夫善，無能也，無奇也，空其中，同其物，其行己也庸，其自處也下，惕人之所不見，而遜世之所共爭。彼其視天下人皆勝我也，人之視吾歉歉若不足也，烏知其爲善也？夫已不自善而人亦莫得以善我，其於善也，天乎！未有樂乎天而猶希乎人者，亦未有天定而人不勝者。夫善，天而已矣。

友人王用晦，成進士十有二載，始以樂安令滿秩，得封其父如其官、母爲孺人。用晦既稍遷，晉留都司寇郎，又五載，則封公年七十有四而孺人亦七十矣。留都大夫士相率謀所以壽封公若孺人者，使來徵序。君子於此而竊觀天人之際也。蓋封公早歲以諸生治應制家言，尋即棄去，又了不問生人産，孺人克安之佐之，孝養太母備至，封公喜。封公雖以子貴顯，里居簡出，不欲郡縣有司望識顔面。性易以方。無他嗜好，惟好讀書。既老矣，益用自娱，當其欣賞，輒手抄録編次，至累牘盈箱未已。此其所存，必有異乎人者。王氏家於永嘉，稱世德，吾未暇考。然自封公以上，必有厚積不欲人知而人亦不及知者，以封公之今日信之也。從古人家出才子孫，將大其族也，非有累善自其先世不能，然往往於科名貴顯之身而掩之。夫科名貴顯者，固才子孫也，而掩者恒多，大者恒少，則不知其先累之之難也。或知其累之之難，而其所以累者莫得而稱且誦也〔二〕。何則？彼其爲之者，無能也，無奇也，但見爲不足也。人不及知而知之者天也。

元與用晦同舉南宫，同知慕學，其操尚與世齟齬，亦偶相類，至語道理，不苟爲合，而獨諒其志之不安於人也。故夙有所願於用晦。乃用晦當愛日之年，以養志守官，不得承懽膝下，歲時率諸弟子稱觴拜舞堦庭〔三〕，其情最難語解，有似夫元也。輒申是説，期共勉之。夫學，求天知而已矣。況承家法、大前修，在我後之人乎？然元未能定乎天，而欲用晦之盡遺乎人也，用晦未宜

〔二〕「且」，原作「日」，乾隆本、道光本同，據光緒本改。

〔三〕「率」，原作「卒」，乾隆本、道光本同，據光緒本改。

輕信我也。《詩》曰：「無念爾祖，聿修厥德。」

送胡秀才序

上之二年，余始令萬年，邑有胡生以宗者，以童子見，其時已學聲句，能道經生語。其明年，余調泰和，生至泰和。又五年，而余轉官留曹，生又至留都。生之心切切以就余爲幸，而余實無益於生也。生回自留都，始補博士弟子，自是不相聞問者垂十年矣。今年正月，忽一日見生於京邸，余大驚愕，以爲夢中也。京邸非仕宦賈客不到，萬年去京師六千里而遥，生又貧甚，無遊資，其行也無侶伴、無童僕，且當嚴冬凍裂之候，間關匹馬，何爲乎來？意生必有以，而生曰無也。居之邸舍，逾月而告歸。生自問業外，無一他語，始信生之來也，亦泰和、留都之意。聞者以生爲大異，余亦大異生，然竟不知余有何益於生也。聞生早失配，鰥居者多年，有同胞兄一人，讓其産五分之四，歲以教讀佐菽水，以養其父。生家居事多異，類此。間嘗詰生：「不娶，或爲貧也。以非禮之讓讓兄，毋乃非所以愛兄乎〔二〕？設治之以官，兄坐顯慝，其可庇乎？是陷之也。」甚矣，生之好異也！而余又何敢以異處生？蓋嘗讀韓昌黎《答竇秀才書》，近於絶物。及觀

〔二〕「毋」，原作「母」，乾隆本、道光本同，據光緒本改。

近代王新建《送董山人序》，則又誣民已甚。余於生，義不可絶，而又不敢誣也，序以送之。願生勿以異人者異人，而以同人者異人。如有問我者，亦幸勿謂我有異於人也。

學政二篇贈李維卿出撫三楚

學篇曰：夫學，以反己爲要，以修己爲功，以推己爲驗，歸誠其身而已矣。「不怨天，不尤人」、「在邦無怨，在家無怨」，反己也；「庸言之信，庸行之謹」、「不動而敬，不言而信」，修己也；「己欲立而立人，己欲達而達人」、「己所不欲，勿施於人」，推己也。孟子曰「苟能充之〔一〕，足以保四海」，程子曰「充擴得去，天地變化，草木蕃」，此推之説也。學至於能推，庶矣。其或推有不達則如何？反己而已矣。反己如何？如舜而已矣。自古聖賢，不達於家，無如舜，瞽瞍是也。不達於邦，無如舜，有苗是也。負罪引慝，在家何怨？班師振旅，在邦何怨？無怨已歟？曰：非也。無怨而後自怨，自怨而後憤悱生、學問長、大智出焉。故曰「舜其大智也歟！舜好問而好察邇言」，又曰「好學近乎智」。大哉，學問乎！至哉，反己乎！反己無盡，故學問無盡，而修與推亦無盡。必如是然後誠。誠至而不動者，未之有也，舜之若瞽瞍、格有苗是也。故學問之

〔一〕「充」，原作「克」，據乾隆本、道光本、光緒本改。

道，反己而已矣。君子之於反己也，終其身而已矣。孟子曰「君子有終身之憂」，又曰「仁者如射」，則反己之謂也。

政篇曰：儒者有言「古之治者純任道，後之治者純任法」〔一〕，非也。未有離道而法「獨立」〔二〕，亦未有法毀而道獨存者。然則道法今古之辨，何居？曰：古者，道揆於上而法守於下；其在後世，上不信道而下蔑法也。試觀今之天下，猶可謂有法乎？今之官尊權重，出而撫治一方，惟都御史。都御史持三尺，肅百僚，乃諸司相競，道路逢迎，時節慶賀，若交際然者，是賓之也；稟餼常供之外，又爲私交，是貨之也。都御史寄耳目於司道郡守，而司道郡守得以私其所屬，寧負都御史、寧負百姓、寧負朝廷，而獨不忍一吏是背也。官以巡撫爲名，跡不及於境内，吏弊民隱不聞知，而臧否一聽司道，是具位也。巡而騶從供億爲官民苦，不如勿巡也。公費不行，巡按而下，一切取辦州縣〔三〕，是誨之盜也。州縣實徵册籍，十無一二，賦逋訟多，皆由此起，上下相仇，遽稱難治，是誣民也。追徵糧差，志在火耗，每具一獄，而連坐者多至五六人，或十餘人，是不刃而掠也。今之天下，大率類此，猶可謂有法乎？都御史代天子專制一方，諸司有過，其責在我；

〔一〕「儒者有言」，《潮州耆舊集》作「常言」。
〔二〕「獨立」二字原缺，據《潮州耆舊集》補。
〔三〕「辦」，原作「辨」，據光緒本、《潮州耆舊集》改。

一夫不獲，其責在我。今若此，猶可謂執法乎？當事君子似不得不起而更之也。不更不忍，更之而無其方不訓〔一〕。請與諸司約：凡上官所至，以王命臨，自廩給外，一毫不得具供。有司蠹政之尤者，不時論劾，必載道府考詞，不容私庇。夫節用必自公費始，便民必自實徵始。近行條編，非無公費也，上每侵下，而額不定也。司道府州縣，衝僻不齊，當有定額。州縣歲百金，量增至倍而止。司道府歲二百金，量增至倍而止。州縣之獨當孔道者，得如道府之數。撫按額一千兩，過客有廩給，則下程省矣。尊者餽下程，則卑者罷矣。故行公費者，省費者也。州縣之難，在賦與訟，以實徵難也。有能刻書頒守者，急賞以風有位，則在在嚮應。賦清訟簡如是〔二〕，而猶有汙吏，則火耗而已耳，罰贖而已耳。投櫃在官，登簿在官，而拆封付之經收匠作〔三〕；凡羨餘悉充解費，凡轉解悉照原封，則官無染矣。州縣聽訟，應自問斷者，所逮雖多，坐其尤一人而止，則罰亦輕矣。嗟夫，公費革而盡歸驛遞〔四〕，贖金去而盡輸倉穀，必如是而後足國富民，此王政也。今未之能，吾救時焉可也。平居以此責成道府，巡行以此考覈州縣，閭巷細民令得自訴，而時加

〔一〕「更之而無其方不訓」，《潮州耆舊集》作「更之而無方猶不更也」。
〔二〕「賦」前，乾隆本、《潮州耆舊集》有「而」字。
〔三〕「拆」，原作「折」，據文意改。
〔四〕「遞」，原作「遁」，據乾隆本、道光本、光緒本改。

詢訪焉，故耳目不可欺而幽隱畢達，然而法不行者，未之有也。或曰：若子言，則法也，如道何？曰：法者，治人者也；道者，自治者也。本末先後可知矣。吾友李維卿氏之出撫三楚也，責一言於元。維卿氏學道者也，責己必苛而待人以恕。其學與元同。至於恥言而果行，則元不能及。知維卿氏之道者，宜莫如元也。故其於贈行也，畧於道而詳於法。雖然，必法乃見道，必法行乃見學道之功，在三楚矣。子曰：「君子學道則愛人。」何幸於吾友之行親見之！

贈楊比部出守真定序

今之直隸郡刺史，内視京兆，外視方岳，稱大府。而體尤崇，地尤重，幅員尤廣，則莫如真定。異時，大府秩滿，進副臬，或累資至參藩而止。其以高等破例入爲京卿〔二〕，則始自今日比部楊君之行，其重矣哉。夫刺史之難，大都起家郎署，易困以未嘗，不則人與地不相習，五方情俗非其諳也。比部南人，歷守三州，其二居北，最後爲定，所至卓有聲稱。定，真屬也。舊愛在民，弦歌之聲尚盈人耳。今之來也，行在未令，信在未言，入其境則如見里中父老子弟，在比部又何難於真？而余獨謂大府之責與州縣異，州縣養民而已矣，大府則養賢以致之民。真有三十二

〔二〕「入」，原作「人」，乾隆本、道光本同，據光緒本改。

屬，能盡賢乎？端己以標於上，簡其修且良者，而教不能、董不率於下，凡以養之而已矣。吾見世之爲府者，好長厚，曲護所屬，不復問有無澤於閭閻與否；而矯焉者，又暴下短以賈名高，非復朝廷重大府之初意矣。故大府養賢，小府則焉。賢者養，不賢者化焉，夫然後致之民。豈惟致之民，亦以致之君。致之君，是謂以人事君。以人事君，大臣也，是謂大府。

送歐陽生序

余令泰和時，識歐陽生曰篤於諸生中，篤而文，以爲難得。比移官留曹，生以廪生援國子例，居南雍，旦夕從余問業。生困鄉闈久，亦竟不得志於南雍，遂棄去。復補，例得拜郎官，級七品。丙申二月謁選，授關中參軍。參軍即貴，不足以當生才。關中又去生鄉極遠，非所宜之。值余司銓，而令生之之也[一]。余雖愛生，力不足以成生名，而又處之以不宜之之地[二]，蓋兩誤生，意生戚戚於其行也。然生已棄科名如脱蓰矣[三]，何有一官？而若不薄一官也者，其行也，飄然無難色。不爲禄仕，不爲名高，余且不知生所解，況望世人能知生也？生且度關，試

〔一〕「而令生之之也」，乾隆本、道光本同，光緒本作「而令生之處之也」，《潮州耆舊集》作「而令生之之也」。
〔二〕「而又處之以不宜之之地」，乾隆本、道光本同，光緒本作「而又處之以不宜處之地」。
〔三〕「蓰」，《潮州耆舊集》作「屣」。

問關吏，或有昔時望紫氣者乎？爲我問曰：「知我者希，則我貴。道耶？德耶？」倘生之意，亦其然耶？

銓曹儀注序

余初識人事，則聞京師有「一千八百，江東子弟」之謡。蓋當是時，銓曹臺省相與乞官柄國，其值如此，則未嘗不怪世俗之過於貴銓曹也。夫銓曹，貴人者也。貴人者無值。凡有值者，皆貴於人者也。使無值而爲有值，貴人者而至貴於人也，可以觀人，亦可以觀世。其失蓋自禮始矣。自余承乏至署，則已不聞世俗之所貴，而又未見其自貴〔二〕，一爲廊廟喜，一爲職守憂。頗疑國家之制，未曾盡以貴人之柄畀銓曹，而竊焉者冒爲利藪，則又何怪乎人之貴之而至於失其貴也？居久之，搜出掌故，而考據於《諸司職掌》，然後仰見我聖祖建置之意、深長之思。無論太宰禮體殊絶百僚，即以郎官之微，寄之以進退人才大柄，贊太宰而肅羣工，如彼其重也，奈何其不自貴而令人之貴之也？蓋自嘉靖以來，幾於盡棄其籍。官以天名，而體統之褻，至「與諸」司

〔二〕「未見」，原作「未敢」，各本同，據唐伯元《銓曹儀注》卷首所載此序改。見唐伯元撰：《銓曹儀注》，《續修四庫全書》第七四九册，上海古籍出版社，二〇〇二年，第一頁。

等〔一〕，其不至以「值」上下於時〔二〕，亦其遭逢之幸耳。嗟夫！國初儀文之盛，不可復考矣。聊摭其未盡去者，約略而存之，俾同曹君子是訓是程，相與以無忘自貴而不至貴於人也，庶幾其不負國。若曰「貴，官也，非我也」，未有我不貴而能貴官者，我則不官而貴，而況官也。是又所以不負天。天者，我也。知天在我而後能貴我，能貴我而後能貴官，能貴官而後能貴人。傳曰：「思知人，不可不知天。」是謂以天事君，是謂天官。〔三〕

〔一〕「與諸」，原爲兩空格，據乾隆本、道光本、光緒本以及《銓曹儀注》卷首所載此序補。
〔二〕「值」，原爲一空格，據乾隆本、道光本、光緒本以及唐伯元《銓曹儀注》卷首所載此序補。
〔三〕唐伯元《銓曹儀注》卷首所載此序，有落款云：「萬曆丙申春正月人日，澄海唐伯元題於愛賢堂中。」

醉經樓集卷之四

澄邑唐伯元著

記類

潛龍鯊記

南海有巨魚焉，曰潛龍鯊，一曰金龍鯊，魚種而龍者也。戊子春三月，海山漁人網得之，長五尺許，重百觔。其小魚從者數千，至不可網。漁人載潛龍歸，識者過而求貿焉，價一金，弗與也。剖其肉而食之，甘。諸骨皆柔脆。盡食之。惟鱗堅不可食，暵而藏焉。其鱗大者如掌，可爲帶或酒器之飾。小者中雜佩。脊一行，片一十三。腹二行，片如之。兩翅兩行，各片三十。漁人囊其鱗，遊閩越間〔一〕，莫售者。屬余里人見予。予解其囊，諦觀焉，禮款而遺之去。已而思

〔一〕「越」，《潮州耆舊集》作「粵」。

之，蓋有起予者乎！脊一行，腹與翅行各兩者，五行也。天地之數各五也。脊單腹倍，陽奇陰偶，天一地二也。十者天地之成數。天十而餘三，三三則爲九，乾元所以用九也。地二十而餘六，陽進而陰不能也，坤元所以用六也。翅三十者，一月之數也。兩翅合而甲子一週也。總之九十九片，羣龍所以無首，《河圖》所以虛中，大衍之用所以不滿五十也。嗟夫！《易》教也。

平遠縣儒學文廟記

玄鳥降，司徒出，收八卦、六書之精華，敷教遜品，以翊唐虞中天之運，與巨人司農同功。司徒資始，司農資生。《詩》曰：「天命玄鳥，降而生商。」天命，乾道也。又曰：「思文后稷，克配彼天。」配天，坤道也。乾，統坤者也，此教之所自來也。三代之盛，賢聖之君，醇龐之俗，惟商最著，蓋教化之效如此。周之代商也，箕子陳《洪範》於武王，開八百年之天下，周公繫《易》，至以《明夷》六五當之。五，君位也。若曰：道在，亦位也。説者謂商周之際，道在箕子，近矣。吾夫子生於晚周，酌百代，潤六籍，世皆知其集帝王之大成，而不知其家法固爾也；知其爲後王後學慮至遠，而不知天命之也。《春秋》一書，至自處以天而不遑恤罪我，畏天命也。其曰「某也殷人也」，兹生平之微意也。孟子曰：「自有生民以來，未有盛於夫子。」天非厚一姓，厚夫子也；非厚夫子，厚吾道也。語曰「不班白，語道失」，又曰「醫不三世，不服其藥」。嗟夫！毋惑乎天生夫子之難也。孟子之賢，能修其業，尚以地世之相邇自賀，則董仲舒、楊子雲、徐偉長、文中子、韓退之數君子者，生於漢、隋、唐之間，皇皇羽翊吾道，其功顧不偉歟？又況乎尋墜緒、出遺經，若宋之二程與周、張、邵、朱諸君子，不尤偉歟？間嘗爲之論曰：孟子至矣，知孟子者，韓子也；伯淳至矣，知伯淳者，正叔也。其於吾道，又功之功。韓子亞於孟子，亦猶正叔亞於伯淳，其餘可推已。甚矣[一]，任道難，而知道亦不易也。國朝京都郡邑，必有儒學，必有文廟，人士誦法必夫子。其誦法夫子也，非六籍不程，非制書不訓，似乎斯道大明。而求其通大義、知向往，以進於夫子之道，即畿輔以下通都大邑儒紳學士，或未敢當，況五嶺之外草昧新造之邑乎？平固新造邑也[二]。邑成即廟，因材於山，未三十年且圮。萬曆壬辰冬，署博士事何君文偉至，即以白令尹王侯嘉忠。侯慨然爲立削牘上請，而先下其材之可用者。既再請，始得報可，則出公帑所賦賈鐵金百餘新之。不踰時告成，而博士馳使者走千里，求索一言以諗多士[三]。二君之於斯舉，何其果而善成也。夫學猶射也，其望以標，其至以彀，其中以巧。標與彀具，則巧存焉。余既叙夫

[一]「矣」，底本此字被圈出，旁批改爲「哉」字。

[二]「固」，底本此字被圈出，旁批改爲「遠」字。

[三]「求」，底本此字被圈出，旁批改爲「來」字。

子之所以師萬代與後儒之擅其傳者樹之標[一]，而又即二君之果以成者導之彀，至於巧則吾不能言，在善學者自得之耳。十室之邑，必有忠信，其如好學，不如夫子。惟平新造，忠信未漓，其尚知所好哉！望之至之，必自程子始矣。

平湖記

夫名，其生於不得已乎！意而附，不如勿名。夫事，其成於不得已乎！意而因，不如勿事。生焉成焉者之謂聖，附焉因焉者之謂賢。聖，吾師也；賢，吾友也。百工於大匠，射於羿，御於王良、造父，七十子之於仲尼，禹、稷、契、臯、伊、朱、周、召之於堯、舜、湯、文、武，亦各事烈而名高矣，而吾以爲不必然者，何哉？則得已與不得已之説也。彼果不得已，則吾亦不得已，如肌膚性命然。其信且從，彼與己皆不得而知也。其不然者，猶意之也。子使漆雕開仕，開曰：「吾斯之未能信。」夫信之風已下，況未信耶？雖然，玆其所以爲信也。未有不自信而能信人者。彼急於因附者，將以求信天下，而不覺其欺己。己可欺，天下其可欺乎？

吾潮爲郡，左江右湖，而鳳凰山峙其北。當宋盛時，實應「鳳嘯湖平」之讖。湖與鳳之爲靈，

[一]「擅」，原作「擅」，據光緒本改。底本此字亦被圈出，旁批改爲「擅」字。

昭昭也。及於國朝，人文雖朗，猶稍不逮。湖在城西，僅容杯水，若無足爲郡之重輕者。自泰和王公持憲節，開府在郡，既政行人和，歲登，每於公暇遊憩焉。謀諸郡守徐侯，覈籍清界，捐資募工，拓之疏之，橋之堰之，滙其瀰漫而洩其洋溢，出古石刻「平湖」二大字於湖山之下。自是郡人始知郡西有名湖，然猶疑公寄興云爾。未幾，復市城南汙澤二頃，闢爲南湖。復濬西南之濠，深廣倍舊，而東接於大江。夏秋水漲，江與湖平，如虹如帶。冬春之際，江流稍下，獨此西南湖常滿，其餘流足可灌田數十萬。而煙波之浩渺，城郭之雄麗，風氣之含藏，回首鳳山，人間天上。蓋非郡人心思所及，亦非所敢望於公者。殆若或啓之，而若或相之，即公亦不自知歟！公嘗開雙美堂於城北金山絶巔〔一〕，以收江湖之勝，而方舟日裊娜湖上，郡縉紳士常獲從公登臨，題詠盈卷。余雖不得後，然有以知公俯仰之間，無往而不樂民之樂也。郡人亦能知公之樂在民，而不知非公得已也。余以是觀公矣〔二〕。

方上沖年，權相用事，其自署門生，朝齒録，暮要津，有未經識面者。公獨以棘闈拔士，甘處疏逖，其時爲令，竟以高第六載僅入爲西曹郎，而公無不意得也。余頗竊異公，而猶其細也。新

〔一〕「巔」，光緒本作「巓」。
〔二〕「以是」，乾隆本、道光本、光緒本以及《潮州耆舊集》作「是以」。

學之行，吉州爲盛。以羅文莊之辨且修，而不能迴狂瀾於萬一。及余更令吉州，見州之裒然領袖諸君子，未有不極口新學者。顧獨與公入計，及其里中往還數歲，不聞公出一語也。但論吉州人物，必推文莊爲第一人。余雖不欲以失其所因附爲公惜，而亦未敢以卓然者爲公賀，竟未有以定公。由今而觀，殆漆雕開之旨歟！余於是乎慚負公矣。余嘗謂吉州爲天下望郡，此風不止，如吾道何？今觀於公，猶幸而吾言不中也。公謬過信余，常命籌郡政之宜興罷者〔一〕，至於或行或否，必出其中自信，斷斷不苟徇余。嗟夫！此乃公所以信余也。

於是，公晉參知兩浙，行矣。縉紳士謂余知公，首宜有贈，并記盛美。會余抱病者經歲，且禮在不言，山居之戒尚新，而媚人之嫌猶避也。蓋余之不能言者四，烏得贈公？然猶曰：無已，則記，可乎？記亦言也。不規不頌而郡事徵焉，余與士民之情，各有所寄焉，似欲已之不得也。公不苟徇余，余其敢媚公乎？嗟乎！孰能信吾言果不得已乎？公名一乾，徐侯名一唯，俱辛未進士。郡人唐伯元記。

〔一〕「常」，乾隆本、道光本同，光緒本作「嘗」。

壽安寺記

釋氏無壽者相，若爲言壽？釋氏宗苦行，若爲言安？吾聞之矣，有生不生，不生生生。夫壽與安，亦復如是。然則吾儒之道，固有漏歟？《易》之坤言生也，徇生者殃；乾言始也，知始者慶。《易》爲逆坤而作。逆坤者，順乾也，於是乎生生。故曰「易，逆數也」，又曰「生生之爲易」。然則儒亦釋歟？非也。儒生中州，推其道治天下；釋生西土，修其道化彼國。治之者以禮樂文章，化之者以清淨寂滅。如必捐我以就彼，何啻鳥潛而魚飛之反其類也！雖然，安見清淨寂滅之非吾禮樂文章也？吾儒談，尚之者過，而諱之者亦過也。王者如天，以容以育。譬之昆蟲草木，各若其性而又各盡其用。大哉！聖祖之制所以統一萬羣而獨高千古也。

潮之西湖山，舊有寺名淨慧，圮且蔓，不知其年。萬曆癸巳夏，湖山妖起，白日嫋人無數。郡縉紳士以白太守，率父老禱於神而誓之曰：「應且祠汝。」未幾妖熄，擬就其所祠之。及基，而淨慧舊趾隱隱可辨也。則又白太守曰：「神一也，可以祠，亦可以寺。寺守以僧，祠守以役。僧易而役難，從其易便。維兹北去數百武，有巖名壽安，莫知所始，意者待今日乎！請仍寺之而更其名，以明君侯之賜。」太守曰：「善。」歲之九月，諏吉興事，蠲穢剪萊〔二〕，語太守祈神與諸縉紳告遷義塚所撰文字，一時文武官吏、士庶商賈助貲以千計。越二載始告工成，是爲乙未冬季。中爲殿，殿居曹溪。曹溪者，釋而儒，又鄉人也。吾不諱寺，何諱曹溪？況曹溪後爲堂，扁「道當堂」，曹溪語也。其前門，其旁廊。廊之後，右爲僧舍，左爲講堂。講堂者，講經堂也，廠而面南〔三〕，稱勝最。經，儒經也。釋而弗詭吾儒，釋亦經也。山麓飛泉二道，紆迴而繞寺。凡寺中廚者不汲，濯者不臨，沼者不鑿。來遊來觀者，日常百千人，不復聞有言妖者。而唐宋以來巨公卿紀載篆勒，與夫科甲題名，畢露巖壁間。鬱鬱而岡松，青青而堤柳。湖山競麗，人物欣覩，不知神福人與？人福神與？將吾所謂禮樂文章而生生之道與？太守欲禁民樂而不可得，欲不與民同之又不可得也。遂爲之記而祝之：既壽且安，利我邦人。

道當堂記

道無當而官天，天無當而配堯。舜之於堯，猶地之於天；堯舜之於天地，猶天地之於道。

〔二〕「萊」，原作「菜」，乾隆本、道光本同，據光緒本改。
〔三〕「廠」，乾隆本、道光本同，光緒本作「敞」。

經曰：「惟天爲大，惟堯則之。」堯則天，天則道。道無則也，而孰當也？然道不得不降而天，天不得不降而堯。天無地，堯無舜，又將焉用之？夫然後見古聖人之當道也，不得已也。堯以上渾渾，舜以下孜孜，其當道一也。孟子論道則稱堯舜，論學則斷自舜始，此學與道之分，地與天之辨也。當舜之時，瞽瞍欲殺，三苗逆命，舜之視道何如也？人但知克諧以豫，舞干而格，以爲道在舜，不知舜負罪矣，曰「吾不子也」；班師矣，曰「吾不君也」。夫成舜子聖者瞽瞍，成舜君聖者三苗也，兹道之旨也。自舜以下，稱當道者莫如文王、孔子，曰「望道未見」而已矣，曰「何有於吾」而已矣。夫其「未見」也、「何有」也，所以爲道也。何者？道無當也。夫無當則孰能當？惟無敢當者當之。道固如是也。

曹溪之言曰：「常見自己過，與道即相當。」嗚呼！孰謂釋氏而能爲斯言乎？孰謂斯言也而可以釋氏廢乎？曹溪不立文字，獨地王心性最辨且詳〔二〕，而深外夫學坐靜觀、布施供養者，要歸以見性爲宗，一洗禪家之陋，而默有贊於吾儒，殆孟子所謂「逃而歸焉」者乎！《春秋》之義，夷狄而中國則中國之，吾於曹溪亦然。若乃肉鍋近義、安母近仁，若猶不免浮浮然者，得非昌黎氏之云「拘彼法未能入」乎？進此則有氣化之説，勿論可也。或曰：子之言學也，上下千餘年，獨宗

〔二〕「王」，乾隆本、道光本同，光緒本作「正」。

程子，乃猶不忘情曹溪也。毋乃背馳與？曰：程子所惡，儒而釋者也。吾所與，釋而儒者也。儒不儒而釋，又竊釋而以僞儒，乃嘵嘵焉抗顔以當道。過乎非與？吾不欲論之矣。壽安寺在吾潮西湖山麓，而居以曹溪，别自有記。其堂名「道當」，則予竊取之，以明吾不得已而思曹溪之意，以告吾黨之士。嗟夫！余何敢贊道？亦何敢佞曹溪？獨謂斯言也，雖舜、文、孔、孟、程復生，不可易也，即以我爲過可也。

南巖記

名山勝水之間，果足以當儒者之樂乎哉？陋巷可居，牆東可隱。必名山勝水而樂，是樂非我也，外也。未有待於外而能樂者也。且吾聞之，儒者身都宇宙，瞬息千古。居則憂道，出則憂時，惟恐絲毫墮落，有負此生。其於一切外至，窮通奇醜，若浮雲之往來，若寒暑晦明之代謝，尚不自知有憂，況知有樂乎？彼名山勝水之間，諒非其所汲汲也。然今之天下稱勝蹟、耀簡編者，孰非自名公碩夫、幽人羽客之所棲處得意，寄嘯傲而振風騷？傳曰「賢者而後樂此」，由兹而觀，謂儒者所樂不存焉，不可也。

吾郡西湖山之有石屋，舊矣。蓋上而砥，下可筵席坐數十人。大江東來，適與湖會，城中煙樹萬家，郊原之外蘼蕪千里。其環而山者，則獅子、鳳凰諸峯，錯落天外，一一可枕而窺也。屋在山南，又面南也，故曰南巖。倭夷之亂，屋爲丘莽，古篆苔蘚，多不可辨。余與友人章曰慎汝淑氏嘗攜觴其處，徘徊嘆息，至不能禁。約曰：「孰先投閒者主之。」其後應舉、需次，各服一官在四方。余又沉浮中外，不及兹巖者三十餘載，獨時時於懷也。比汝淑乞歸自滇南，會余新解母衰在里〔二〕，語及兹巖，汝淑曰：「敬如約。」即日覈趾剪蕪，鳩材諏吉，重瓦屋於前，畧如石屋制，闌其前而門之。雜植松竹花卉，與山花掩映左右。一時聞而喜助者，自謝太學紹訥以下，各捐貲有差。不逾月訖工，顔其額曰「襟江帶湖」。郡侯徐公一唯大書「南巖」其上，時與僚佐燕憩焉。乃汝淑又穿一徑通絶嶺〔三〕，爲讀易山房，有天門、天池、最高亭、四望臺諸處，語具汝淑自爲記與詩中。發巖谷之幽光，賡《考槃》之餘響。自是遠邇聞之，望之不啻神仙窟宅矣。余竊禄日久，謬懷儒者之憂，既無寸補於時，乃依違不欲舍去，甘讓汝淑以賢者之樂。是汝淑先得之，而余將至於兩失也。於其成也，不可無記。

〔二〕「衰」，《潮州耆舊集》作「喪」。
〔三〕「嶺」，光緒本作「巔」。

崇志樓記

自余客都門，辱遊於瓊臺許君甸南十載矣。其初語余曰：「往者里居，教授里中子弟，里人頗相驩也。好義與禮之家，爲我搆樓一所，顏其額曰『崇志』。樓居士也，士先志也。樓即崇，不足以當士志。姑就里人耳目所及而引之，願先生賡以一言。」余謹諾，未及記，而君請益力。既而别去，居海上，得君書，申前請又若干次。最後擬馳訪於數千里外，不果，則又以書來，曰：「可教教之，不可教絶之。」嗟夫！言不酬、禮不答，夫子不得行於互鄉，況吾鄉人士服君誨化者乎？又況君之爲吾黨惓惓乎？以待吾友不信，以待吾黨不仁，不信不仁，非懦則偷。甚矣！余之無志也。

方今學士，動談一了，瀟灑乎自然之鄉，余既不敢；其藉口一體，招獎後進，如捕亡羊，余又不暇。然謂余無志，則不可。未三十而妄意聞學，過五十而猶有童心，頻復不已，將至迷復。謂余有志，又不可。若余者將奚居焉？無志者今，有志者古。以畏人則庶幾，以畏天則未至。余實未至也，恐非吾黨所樂聞也。孟子不云乎？「羿之教人射，必至於彀」，言志也。又曰「大匠誨人，必以規矩」，言學也。彀滿可與言學，規矩立可與達道。夫規矩則具存矣，執滿彀之志以往，何所不達？達者天也，學者人也。學即達，人即天，然非成章莫至焉。夫成章亦漸之而已矣。

若曰速化，則吾不能。吾聞之也，能而不以告人之謂隱，不能而以告人之謂欺。吾則何敢欺吾黨之士？君其無以爲隱乎！

義阡記

帝王之世，賢而貴且富者合爲一人，故常位乎上；不賢而賤且貧者合爲一人，故常處乎下。上者爲天地、爲父母，下者爲赤子、爲羣生，兩相習而兩相忘也。後世賢者不必貴，貴者不必富，富與貴者又不必賢。於是乎賤貧不賢者，不得沾有餘之賜，而天下始不足。聖人憂之，而逆知帝王之世不可復也，則設爲教曰：凡貴貴人，凡富富人，凡賢聖淑人。夫天非獨厚我而已也。厚我者，厚人者也。我何以能厚人？推人也。故自一命以上，皆可以貴人；自一金以上，皆可以富人；自一德一藝以上，皆可以淑人。量力而施之，篤近而舉之，隨分而足之，如是而已矣。吾獨怪夫今之世不然也，貴者不聞下士，但聞訑訑之聲；富者日高蓄貲，或至肉骨爲路人；惟是機慧辨給之夫，剽竊幻空，往往自居於賢聖以號天下。其説既無益於愚不肖之徒，而其術歸於私利其身，而益以與夫徒然富貴者。夫使聖人之教不明不行也，則世所稱賢者有責焉。

今天下至愚不肖者莫如余，獨竊有憂世之志，而謬爲維世之説：願賢者一意爲己，自然淑人；願貴與富者一意及人，自益貴富。經曰「貧而樂，富而好禮」。樂者足乎己，至貴而至富之謂也；好禮者推於人，賢賢而親親之謂也。斯二者，兩相成者也。夫賤貧固士之常，貴富亦時有之，特不能推耳。推出則賢矣，推廣則大矣，推盡則聖矣。孟子曰：「人皆有不忍人之心。苟能充之，足以保四海。」夫人之所以異於禽獸，與聖賢之分量大小，其不在茲乎？義阡，固及人之一也，不出於時制，而有力者得自爲之，此可推者也。古無義阡，人生則上長養而上終之。後世自長自養，故多不長不養，夭折於非命，歿而無所歸藏者，處處有焉，則義阡不可無於今日也。都人梁鴻臚材、許太醫珊能爲之買其地，在京城之西關十里許，廣四畝有奇，界之樹之，表曰「香山社義阡」，以宅歸人而詔遠邇，蓋可謂有士君子之美行，而得吾維世之説之意者。彼其所尚如此，其無所聞而興起如此，不賢而能之乎？況於聞聖人之教者乎？嗟夫！二君之爲，吾所謂量力者也，二君之力固未可量也。世之力有餘而有愧於二君者，多矣。於其請也，不可以無記。

蒙城縣大興集湖堤記

萬曆辛卯，黄門張君玉車偕余奉比士之命入楚。是秋七月十有八日過蒙城，而次其所謂大興集者。集在縣西南八十五里，界於壽州，其北溝水一帶，有小橋以通旅人。橋之前爲玄武閣，其右有廟，廟後沿溝樹檜柏千株。余與玉車小憩其下而樂之。玉車曰：「是集實勝，而風氣未開。閣之旁，其地尚下，若於溝外濬一小湖以滙長溝之水，而客其土爲長堤其間，他日此集當爲巨鎮。」余曰：「然。」遂召集人曉諭之，集人大喜。詢得溝外可湖處田三畝，玉車出千緡與居民徐本，售以畀集人，而屬之典史陳濟，報邑令共終其事。夫以佚道使民，雖勞不怨，況有先之者乎！況非民社之寄者乎！集人踴躍，當不日而成。邑令谷君文魁，初政有惠聲，必能與民成之，其事固可紀也。《易》曰：「鶴鳴在陰〔二〕，其子和之；我有好爵，我與爾縻之。」玉車名應登，蜀之内江人。

萬花巖三官殿碑記

海州當淮海窮處，其産魚鹽，有大利，歸於估客。其地斥鹵，不可樹藝，其民十七流移，無花木苑囿之觀，無騷人遊士之跡。凡吏於是者，類邑邑以爲不得其所。萬曆乙酉秋，余以謫至，居凡六月。嘗登天馬山，眺孔望亭，訪宋石曼卿讀書處。航海而東，則上青峯巔，俯田横島，而于公孝婦碑在焉。未嘗不心賞境内之勝與古今節義之多，而獨悲其國之瘠且疲也。天馬山之麓多怪石，去州治東里許，余闢而巖之，種花結亭其間，是爲萬花巖，詳見余所爲和歌序。又上其議當路，於州治之西濬鹽河，通商旅。且以次有事於青峯，未暇也。

〔二〕「在」，原作「有」，各本同。按：此語出《周易》「中孚」九二爻辭，據改。

今去海州五載矣，時傳州中方奉旨營河，有客建三官殿在青峯，頗宏麗，遊人常滿。而城中人士又爲小殿於萬花巖之左，以憩遊其巖及取道之青峯者，而道士穆常山居之。於是州中遊觀始盛。凡自遠方至者，但悦是巖之美，而不見是州之可悲也。一日，道士以巖圖及州李生成章書，走三千里至京師請記。余得其狀而躊躇者久之，詰道士曰：「三官神未經見，果福人間歟？既殿於青峯，又殿於兹巖，無傷財歟？遊者多，無煩地主歟？既瑑既雕，愈趣愈巧，無損真歟？兹巖實靈，且以責我，我何辭於兹巖？」道士曰：「不然。自兹巖開、雙殿起，州中與海上之民始欣欣有生意。年來水旱幸不爲災也。今者鹽河通，且永賴州人矣。神歟？人歟？州人以是頌君侯。雖然，必有所以然者，道人不能言，君侯勿言可也。幸爲州人記其大都焉。」會余友張刺史朝瑞有使來自金華，發其書，首述州人語，偶符道士，而同年倪潞仲涑時守淮安，亦以河工竣事報。余嘉道士言能不佞我也，姑次其説，載三官殿碑。

醉經樓集卷之五

澄邑唐伯元著

書類

答孟吏部叔龍書

山居三載，切懷足下，每誦《蒹葭》之句，未嘗不歎伊人在中州也。既抵都門，亟圖裁寄，久未得便，良用耿耿。忽辱翰教，恍然如醒。比開緘，又獲讀其手抄述作若干種，則又若親几席而奉儀顔之爲快，乃知足下之眷眷者，猶夫元也。足下力學篤行，已逼古人，乃其論學也，猶今人也。生今而今，雖賢者不能免也。嗟夫！人與言俱失者無論矣，人與言俱至者又稀矣。與其言過乎人，孰若其人可敬可慕而言有所未至也，則足下是也。況其皇皇不欲自安，雖以元之不肖，猶下問而督之言也，殆顔子若無若虚、擇乎中庸之意乎！元也雖非其人，何敢無詞以對？

伏讀抄中解格物有曰：「通天地萬物而我爲主，推此義也，可以知本，可以格物矣。」贈友人曰：「自求見本體之説興，而忠信篤敬之功緩，遂令正學名實混淆，而弄精魂者藉爲口實。」又曰：「今人好高，只不安分。」爲斯言也，雖賢聖復起，不可易已。乃其要歸，在明心體。其語心體曰：「此心自善，安得有欲？」而於程子「善惡皆天理」與「惡亦不可不謂之性」二者，反疑其僞。此混心與性而一之，蓋近代好高者之言，而尊信心學之過也。竊嘗讀《大易》，至咸、艮二卦，而見聖人諱言心；讀《魯論》至子貢贊夫子，而見聖人罕言性命。惟《書》有之：「人心惟危」，言心也。既曰「危」，安得盡善？「道心惟微」，言性也。既曰「微」，安得無惡？故曰「操則存，舍則亡，出入無時，莫知其鄉」，則危之至也；曰「性相近也」，曰「人之所以異於禽獸者幾希」〔二〕，近且幾希，則微之至也。信斯言也，性猶未易言善，況心乎？然此心性之説也，而未及道也。心性不可言，道可言乎？道與心性，至孟子言始詳，爲告子也。今之天下不獨一告子矣，惜乎世無孟子也。然不可不爲足下一言之，惟裁教焉。

蓋聞之：言學者惟道，道陰陽而已矣；言道者惟天，天陰陽而已矣〔三〕。陽主始，陰主生；

〔二〕「所」，原作「無」，乾隆本、道光本同。按：此語出自《孟子·離婁下》，據改。光緒本及黄宗羲《明儒學案》卷四十二《甘泉學案六》所引述，即作「所」。

〔三〕「天陰陽而已矣」，黄宗羲《明儒學案》卷四十二《甘泉學案六》所引述，作「天道陰陽而已矣」。

陽多善，陰多惡。天且不違，人猶有憾，孰謂善惡非天理乎？陽必一，陰必二。一則純，二則雜。氤氳蕩焉，人物生焉，孰謂惡不可謂性乎？然則《易》言「繼善」、孟子言「性善」者，何也？其本然也。有始而後有生，有一而後有二，此《書》所謂「惟皇降衷」、程子所謂「人生而靜以上不容説」者也。既始矣，焉得不生？有一矣，焉能無二？此《書》所謂「惟天生民有欲」、程子所謂「纔説性便已不是性」者也。然則學何爲？爲善也。陽統陰，陰助陽，則内陽而外陰也，故中故善。陰敵陽，陽陷陰，則内陰而外陽也，故偏故惡。此《書》所謂「精一」、「執中」，程子譬之「水有清濁而人當澄治」者也。然則烏在其能善也？天地間，一切覆載，而必有以處之：以人治物，以華治夷，以賢治不肖，以大賢治小賢，天於是爲至教。君子一身，萬物咸備，而必有以處之：以己及人，以親及疏，以貴及賤，以多及寡，以先知覺後知，以大知覺小知，以有知覺無知，人於是爲法天。此《書》所謂「天生聰明時乂」、程子所謂「天理中，物有美惡，但當察之，不可流於一物」者也。是故惡亦性也，是有生之性，是纔説性之性，性之所必有也，雖物而無異；性必善也，是天命之性，是不容説之性，性之所自來也，雖人而難知。故孟子曰「聲色臭味安佚，性也」，烏可謂無惡也〔二〕？「有命焉，君子不謂性也」，烏得不性善也？

〔二〕「烏可謂無惡也」，黄宗羲《明儒學案》卷四十二《甘泉學案六》所引述，作「性不可謂無惡也」。

性，所同也；君子，所獨也。學爲君子謀，不爲衆人謀。衆人者，待君子而盡性者也；君子者，天生之以盡人物之性，參天地而立三才者也。如何而可不知所自也？是以不謂性也，是以道性善也。言性之精，莫如孟子。繼孟子者，程子也。吁！亦微矣。微故難言。雖然，性猶形而上者，形而上者，雖善猶微。心則形而下矣，形而下者，敢概之以善乎？性具於心，而心不皆盡性；性達諸天，而人不能全天。天人合，心性一，必也大聖人乎！故曰「堯舜性之也」；其次致曲，必反而復，故曰「湯武反之也」；復必自身始，故又曰「湯武身之也」，又曰「不遠之復，以修身也」。性之者不可得矣，得見復焉者可矣；復焉者不可得矣，得見頻復者可矣。位禄壽昌〔一〕，孰不榮羨？食色利名，孰非斧斤？斷之不能，中焉不易，適而好忘，動而多悔，倏忽晦明，毫毛人鬼。夫是之謂心，明是之謂明其心體。

答叔時季時昆仲 二首

諸儀部至，得拜二足下手書，惓惓於心性之旨，而疑元心學誤人之説。夫學非説可明，而足下所求於元者，猶説也。元能爲其説，而不能身有焉，故雖以足下之高明，且謬承夙契，而猶不

〔一〕「昌」，黄宗羲《明儒學案》卷四十二《甘泉學案六》所引述，作「富」。

能無疑，況多望於今世乎！然今世學者則誠希矣，不有足下，更望之誰？聊申其説，可乎？

元舊有《身心性命解》，大約謂：性，一天也，無不善；心則有善不善；至於身，則去禽獸無幾矣。故自性而心而身，所以賢聖；自身而心而性，所以凡愚。是故上智順性，其次反身，故曰「堯舜性之也，湯武身之也」。身之者，反之也，故又曰「湯武反之也」。反身而誠，所以復性。夫學，爲中人而設，非爲上智而設也。學，修身而已矣。然則心居性與身之間，顧不可學歟？曰：性可順，心不可順，以其附乎身也；身可反，心不可反，以其通乎性也。性乾而身坤，性陽而身陰，性形上而身形下，獨心居其間，好則乾陽，怒則坤陰，忽然而見形上，忽然而墮形下，順之不可，反之不可，如之何可學也？危哉心乎！判吉凶，别人鬼，雖大聖猶必防乎其防，而敢言心學乎？

心學者，以心爲學也。以心爲學，是以心爲性也。心能具性，而不能使心即性也。是故求放心則是，求心則非；求心則非，求於心則是。我之所病乎心學者，爲其求心也。心學者之言曰：「學也者，所以學此心也；求也者，所以求此心也。」心果待求，必非與我同類；心果可學，則「以禮制心」、「以仁存心」之言，毋乃爲心障歟？彼其源，始於陸氏誤解「仁，人心也」一語。而陸氏之誤，則從釋氏本心之誤也。足下謂新學誤在「知行合一」諸解，非也。諸解之誤，皆縁心學之誤也。會其全書〔二〕，則自見耳。然則《大學》言正心、孟子言存心，何也？曰：此向所謂求放心也。正心在誠意，存心在養性，此向所謂求於心也。心之正不正、存不存，從何用力？修之身，行之事，然後爲實踐處，而可以竭吾才者也。嗚呼！此子思格物必以修身爲本，孟子立命歸於修身以俟，程子謂「鳶飛魚躍與『必有事焉而勿正心』意同」。寥寥千載，得聖人之傳者，三子也。

又

季時有《心學質疑》一卷，承寄未到。而叔時來教曰：「墨氏談仁而害仁，仁無罪也；楊氏談義而害義，義無罪也；新學談心而害心，心無罪也。」此説似明，不知誤正在此也。仁義與陰陽合德，離之則兩傷，然非仁義之罪也。至於心，焉得無罪？「人心惟危」、「莫知其鄉」，此是舜、孔名心斷案，足下殆未之思耳。

答蔡台甫同年

楚中之有子誠，猶關中之有足下也。同集清署，旦暮相懽，何啻奏塤篪而鳴鸞鳳，況於留都

〔二〕「會」，黄宗羲《明儒學案》卷四十二《甘泉學案六》所引述，作「覽」。

雅致，風氣宜人，尤達人所夙賞者哉？頃者大疏留中，正恐足下怏怏于不行其言。及讀來教，以南曹爲得所，以子誠同署切磋爲有益，憂世樂天，可謂兩造。甚矣！足下似子誠也。吾黨所尚如此，而當路有力者，若爲之悲窮而悼屈然，汲汲欲並振而之雲霄之上，不知吾黨已雲霄之上久矣。今世談學者，大都以佛爲宗，其初猶援以附儒，既則推而高之，反驅而佐之，誠有如足下所痛惜者。足下將作論以正之乎？何止孟子所謂能言距楊墨者！唐有昌黎，宋有明道，千載吾師焉。自非真見世道人心，痌瘝切己，不能同此憤，不能爲此言，願足下勉之。所諭馬君嫉惡太峻、圭角太露，亦其中有所不足，不獨非處世之道，名言也，警發多矣，獨馬君哉？便晤，當爲致惓惓，馬君必有所以報足下。子誠纂有《國朝大政記》，其意甚好，幸足下共爲删潤，以成此書。他日藏之名山，二妙之名，當與鐘阜、石城并永。同袍之光何如！

答梁生

承諭禮變之説，具見高門之厚，而又竊嘆足下所處之難也。夫禮窮則變，變則通。足下今日，非其窮時乎？蓋自大母言，則夫死從子，乃莫大之綱常，不得專制而爲亂命；自次公言，則適子不後，實古今之通禮，不得輕徇以成母愆。二者皆過也。雖然，業已爲之，亦足伸其私矣。如知非義，速已可也。凡事之不可訓與勢之不能行者，一當裁之以義。來書所謂「既不服所繼，又不服所生」，斯言可念。天下豈有無父母之子哉？竊謂爲長公者，於古禮不必後；爲足下者，乃繼禰之宗〔二〕，不當後。祔祖而祀之，令終昆仲之身，悉以其存産爲共祖祭田，庶幾宗廟饗而子孫保之意，亦足以報長公於地下矣。無已，則姑從俗，告於大宗之廟，以令弟易之，私意雖存，去禮未遠。舍此非所敢聞，力疾不次。

答吕憲使叔簡年兄

庚寅夏至之三日，年弟伯元頓首總憲叔簡年兄侍史：此來抵都〔三〕，同袍星散，每思吾兄總憲三晉，去京師數千里，又其官係綱紀表率之地，遽難草草，非若李維卿之居秦、孟叔龍之居洛、顧叔時之居吴，尋常尺素，易以聞問，何緣能飛置一字其側？不意兄之念我猶是也。既惠好音，兼以佳刻種種，連晝夜讀之，使人應接不暇。大都文字其事實，其詞厲，其説委婉，而其術不強世，乃其道則自吾身有者求之，所謂出之有本，而爲之有序。兄之經濟素優，雖其學則然，亦天授也。《鄉甲》一書，弟往爲令時嘗試之，意亦畧近。下有微效而上多笑者，則以分之所居不同，

〔二〕「禰」，原作「禰」，乾隆本、道光本同，據光緒本改。
〔三〕「此」，乾隆本、道光本同，光緒本作「比」。

而在南北之勢異也。順風而呼，登高而望，上有好者，下必甚焉。則兄今日之謂也。乃若《風憲約》内所載「提刑事宜二十款」、「憲綱十要」〔二〕，謂當著爲令甲，永垂不刊。積貯一項，所論三倉丕則〔三〕，弟在官在家皆力行之，今尚共守也。嗟夫！難以多望於今之世矣。往歲弟出京師，聞兄外補之報，嘆惜者久之，若曰監司緩而銓曹急，是其當事者之誤也。今若此，則雖久於銓曹，何以加焉？即按屬之邦未必處處膏澤，而流風遠矣。《刑戒》《儉約》《岱宗語》，俱有關係。《毒草歌》《斬庄行》，何其悲也！約中有稱字古雅之説，何不自吾輩始？毋乃待弟之薄乎？敢敬先之。偶有蕪刻數張，乃臨行時未就之草，附陳請教。伏楮惘然。

啓太宰楊公

去冬，有貴州賫表回，附上啓候，不審嘗徹台炤與否？近侍臺長李公，亹亹誦述閣下，因知此月爲閣下初度之辰，遥瞻東海，可勝祝願！中朝大老，自閣下行後，追慕德業者不少。若李公

〔二〕　吕坤《實政録》卷六《風憲約》載《提刑事宜》五十三款、「按察事宜」二十款，「憲綱十要」列於「按察事宜」之内。故唐伯元此處所述或有誤。見王國軒等整理：《吕坤全集》，中華書局，二〇〇八年，中册，第一〇九〇至一一〇六、一一一六至一一四〇頁。

〔三〕　「丕」，乾隆本、道光本同，光緒本作「刊」。

與今太宰陸公，其尤至者也，若曰：汪洋澄蓄，猶可勉而能也。至於甘恬淡而不令人知，任嫌疑而獨當摇蕩，人已都忘，恩怨盡滅，弘濟時艱，色聲不動，雖古之大臣，何以加焉？自非二公司事之久，見知之深，或未能窺測至是。即元猶愧二公矣。蓋元嘗言：「閣下之道宜相，六年太宰，猶枉其才。」由二公而論，則猶淺之乎爲覩也。歸到林丘，形神逾王，天其有意於斯世斯民也乎！客邸無以爲壽，敬賦短章，聊申私悃，倘賜寵鑒，亦足以知其意之所存。

啓大宗伯沈公〔一〕二首

頃元里居，聞閣下得請而歸也，竊爲閣下喜。既而傳行時言官疏上，幾堅主上勉留之意，去後交章追誦道德，咨嗟嘆慕，溢乎中朝，至今藉藉獨未已也，則又爲世道人心喜。天將有意於吾道乎！後車之期尚早，蒼生之望未孤。如徒然在列而已，即紫閣黄扉、紆金曳玉之榮，何足以易吾林巖一日之樂？況鴻冥鳳舉，表儀一代，其有功聖世亦非渺小。昔賢以退爲進之説，則閣下今日之謂也。元今年五十，而家二尊人俱八十一，高矣，萬萬不宜復出，乃踰期始來，復叨兹乏，閣下必有以知元之何如爲情也。老母安於愛子之在側久矣，即老父初亦甚概

〔一〕「大」，原作「太」，乾隆本、道光本同，據光緒本改。

然，及其屆期，不免爲親友所勸，每用反思，畢竟是反身未誠耳。退既不能，進復何益？閣下已置身煙霞之外，能爲風塵中人籌出處乎？山中搆得醉經樓，有雜作未成帙者三種，敢呈請正。此三年中，獨有相父老立社倉一事，頗有及於鄉人。而近見吕叔簡自陝中見寄《鄉約》，册内載條款稍具，閣下傍花隨柳之暇，倘可一舉行之，爲縉紳有力家倡乎？連年荒歉，遍於中原，及於嶺外。今者大司農告匱而邊警日急，不知神州赤子何從樂生？老臣憂國計不能概釋。然於明農之後，而又勢不足以拯，則隨吾分所得、力所能者，聊一行之，是亦爲政。何如？何如？會有新任汝寧刺史丘君者，元畏友也，熟其人，可以當長者之教，敢代耑人。倘賜回音，無如此便。

又

伏承來教，具知閣下里居有建社儲、崇儉約二事加惠於鄉人。先生之明德，於是乎遠矣！就中社儲尤急，蓋富而後教之意。程子曰：「人各親其親，然後不獨親其親。」況自有德有位者先之，何患寡和也？元近讀《詩》，見《雅》《頌》贊文王至德處，只「不顯」二字反覆而不已，史臣亦謂「西伯陰行善」，皆善名文王者也。惟先生可以當此，願竟爲之。若近代縉紳，一到山林，惟詩酒自娛而已，宜先生之不樂道也。先生動準古人，居常已不愧於妻帑暗室之際〔一〕，至於立朝，垂紳正色，凝然不動，爲善類所倚，則當日之論已定，豈待到今？彼以介且潔窺閣下者，猶外也，非内也。外亦内也，然外者易見而内者難知。病我以難知，猶可以惑人。掩人所易見，何爲？祇自絶耳。夫人豈欲自絶？有以也。尚有之，先生當笑而哀之也。大都此日廟廊之上，縱當路未必事事遂己，惟有修之家、行之鄉，淑世維風，如向所云，則惟我所爲而莫之禁耳。丘壑福分，真未易當，閣下其審於自賀哉！詹侍御乃祖夫人已贈孺人，其子迪已旌爲孝子，其題在十六年，未審贈氏尚可加旌否？容另具報。

啓王大宗伯

往者，元之得請而抵舍也，老母喜甚，即老父亦既安之。忽忽三春，已逾期限，儘有親友勸駕於老父之前，猶勿聽也，則以老母欲愛子之時時懽膝下也。不意有舍甥余生者，先是來獻兩書，不報，則自其鄉拏舟來而請所以。姑應之曰：「吾子之言，一道也。雖然，又一道也。道不同而趨一也。」不對而出，以説老母，老母爲之概然首肯。其委曲未可聞，則知報知老父矣。當

〔一〕「帑」，乾隆本、道光本、光緒本作「拏」。

斯時也，親友哄然，聞之郡邑，餞贐交加，情景頓異，不待老父之督，而不能止也。人生出處，何等大事，乃出於後生兒輩之口，遂爲律令，奇矣！奇矣！自老母二十年前嬰眼疾未愈，邇年彌高，經歲足不下堂，乃行時出繞廊簷，立庭堦，陳説丈夫大義，叮嚀保重，移時未已。蓋此一時，彼一時，乃别來想又不能無悔也。夫有賢父母，則子易爲孝；有孝子，則親易爲慈。若元者，又何道焉？反身不誠，人爵爲貴，退尚未能，進又何補？閣下之愛我猶我自愛也，更何以策勵之，令庶幾有藉，以不貽知己羞乎？山居小樓，妄意舊業，概未就緒。所有雜草一二，輒呈請正。燕磯、牛渚諸勝，有姑蘇趙先生在焉。陶、謝同遊，並富述作。何幸復見，追隨風景乎？

答周濟甫大中丞 二首

方弟之得告抵家也，滿擬庭闈長叨樂事，不惟老母安之，雖老父亦惟其子之聽。及今春限滿且逾也，不惟老父意思頓别，即老母亦惑於六親諛言之入耳，不免促裝就道矣。二親愛子之至，一也。愛之至，則重違其心，不令時懽膝下，豈所欲哉？子意不堅而反諸身不誠也。途來過藍屋驛，有追次白沙先生《臺書春晚》之句云：「古驛江頭近釣磯，傷心春事故山違。楊朱正恐當年誤，伯玉寧知四九非。反命敢云恭父命，征衣忍見負萊衣。庭槐舊緑稱觴處，留得清陰待我歸。」弟之情況可想已。弟一向因循，習染爲祟，曾無奮發，度此半生。今年向老矣，童情如舊，厲風不調，微茫知識，何有於我？蓋上愧賦予，下忝所生，内負初心，外誤知友，自是始有發憤之意焉。持之不倦，尚未敢自謂能爾。辱在至誼，何以策之？四十見惡，五十無聞，頻復不已，將至迷復。倘能竟此以往，雖遠遊，猶可借口於養志，惟兄念之。督撫淮揚，所轄當天下之半，事權得咸且專。方今丈夫用世，即政府六卿，非元輔與天曹，皆弗能當此，臺端其思所以酬際遇哉！來書云云，不敢聞也。《詩》曰：「上帝臨汝，無貳汝心。」敬爲門下誦之。

又

頃從王少宰處，得門下求歸狀與廟廊借重慇懃意頗悉，欲附一書往，無從也。督府位尊，太夫人養備，雖潘輿之奉，不便於此；自公多暇，習靜功深，雖道院之業，不專於此。扃扉堅清之云，何其汲汲也？白沙先生勸人，往往以歸隱爲第一義，固亦有説。然觀聖門，有爲季氏宰者，得與簞瓢大賢同科；明道一生爲小官，而道接孟氏，烏在其高隱也？夫出處亦何常？惟其具在我而已。當行而莫可行，則當藏亦莫可藏，此夫子獨許顏淵之有是也。丈之自許，有是耶？未耶？丈在今日，已非小行，過此又將大行，行耶？未耶？抑所行與其所藏合耶？有不然者，乃世人所謂行，非有是之行也。既無所行，又何所藏？勿汲汲可也，然非丈之謂也。弟道非禄仕，情類絶裾。昔年苦不善學，遂虚半世。近雖悔恨，氣力向衰，聰明日減，擬之於丈，何啻兩失！然猶靦顔在玆者，此情雖故人不能道也。仇心之訓，直是訂頑。非我仇心，似心仇我。習氣童情，時作硬祟。每用體驗，愈覺道心微而人心危也。美厥靈根，何等氣象，真丈所謂深入實際之難者乎！近擬借差過里，緣前此循職掌，有小疏留中，未便題請。早晚計當得之。便道過淮，奉教在邇，附謝不備。

答葉中丞年兄

邊境當急，天子撫髀，廷臣推才望，獨以丈爲海内第一人。或曰：「今日南海再見翁襄敏、龐中丞之風而過之也。」此實宗社之福，豈特同袍之光？乃丈方從西南役報主上，豈意遽更而西北也？議處土夷事宜，貴人躂之，而蜀中狃於目前之便，遂有互異。然識者皆能諒丈之遠慮也。弟曾請教一二大老，或曰：「趣命既臨，當不俟駕。前議既已不果，姑置之。忘己亦忘人也。」或曰：「聞言待罪，臣子之分。即日北來，或未受事而疏，或一面行事而疏，似不可少。然斷斷當速趨上命。」當此之日，國家爲重，身爲輕。必無纖毫礙掛胸中，方得大臣之體。惟吾丈裁之。

寄張洪陽宗伯

頃相逢於帝子閣下也，辱承勤懇，載酒江干。會先生時方營大事，座有談客，未罄欲請。别時曾托范使君原易轉致所求正者，向未之示，故至今在瞻臆也。蓋往山居時，妄擬長往之計，每讀《易》至「遯」，三致意焉。獨於六二柔順而中、志在必遯，如此，則是上諸爻之爲。蓋上諸爻之遯爲二也，二所以致遯也。或曰「二應五，其執之莫説，乃權臣固寵者當之」，似得本旨。乃其係詞甚吉，豈小人而可以當中順耶？若曰二知時欲遯，固留君子，庶幾中順之意，則諸遯君子，非遯所能留，亦何益於濟遯？且《易》不爲小人謀，而小人亦非《易》能謀也。此係主爻，在當路則去留關世道，在閒居則出處爲大節，皆閣下今日與他日之事，而私淑者所願聞，幸賜教焉。閣下讀禮之暇，停雲館中應富述作，一併頒示，尤大願也。山西相公晤間具詢起居，必有裁寄。此老時望逾歸，始知閣下往歲所獨推，乃出於情親意氣之外。使推賢讓能者皆如此，何慮得人難？亦何慮時事哉？此日掖廷隱憂、邊疆大患，二十年來所未有，山中宰相詎能恝然？天欲治平，其具在我，伏惟留念，以副夢卜。不宣。

啓趙宗伯 三首

頃者山居，曾以《周易玩詞》之抄，托友人譚銓部子誠者干瀆左右。其時以傳書者行急，草草達銓部所，而於閣下缺焉。一則謂有事長者，即片字，雖質當敬；一則彼時方爲長往之計，即謬辱閣下夙誼，亦不宜以林壑之經營輕聞大君子居上位者。此意難以述之銓部，故雖囑之致意，而不復其所以。迨其人發，悔之。何者？此猶細人之事君子也，非所以待閣下也。今者別作一番人矣。風塵故態，回首可羞。北山草堂已先笑我，况可聞之閣下？然而復爲此說者，大宗伯王公，舊濫同袍，閣下旦夕嬉處，或抵掌而談古今。志矯行庸之夫有若元者，亦可發一笑也。《玩詞》原所抄本，今既得歸自馮宫翰家，且當時京師一二相知，如李維卿諸君子，因元得此書於閣下處，多嘉發明，抄録頗衆，已報銓部勿録，或者銓部欲得，則以留自觀焉。蓋閣下之寳是書，其澤亦遠矣。銓部書來，具述雅念，統此爲謝。諸未敢多及〔二〕。

又

近有舍親補官之南，上肅啓奉候，且題封矣。適辱枉教至，及諗閣下求歸至情，必欲得請狀，於是乎憫然者久之。蓋往山居時，累聞閣下乞歸矣。私念此日勢難自由而道未宜速，世人之信閣下，固不係乎歸不歸，而閣下一身繫天下之重，亦不係乎所處之近與遠也。留都清議所自出，輦轂之下，相與顧憚而不敢盡干法紀者，恒在焉。然亦有大不然之時。元居留曹四載間，曾兩經矣。自海忠介公後，留都無恙至今，非有大君子與一二同志共維之，欲此風長存，其可得

〔二〕「及」，原作「已」，據乾隆本、道光本、光緒本改。

乎？主上明聖度越，其於閣下禮貌不衰，蓋以忠介公事待閣下也。忠介公其起也不辭，其去也遲遲，世無有疑之者。閣下其肯有所避忌而爲潔身計也？元爲老親，未能行其初願，然不敢以己之不肖願人，獨於閣下處獻忠若此，惟閣下察之。諭及瞿參軍，久擬定交，未遑，自當有報。曾、王、姜三君子者，皆熟遊也。元近曾破戒〔二〕，爲友人王用晦比部贈言，不知此君嘗從遊閣下否？

又

春間，元奉旨選取宮人一節，猥有小疏，内引及世廟遺詔一段，當事諸老皆有忌諱之慮。會銓曹謬有推補至，政府舉以爲言。不意數日間，内閣傳出御札，有「廟享屢遣代行」、「朝講久廢」之説，引咎責躬，直符商王罪己，不特不諱而已。有君如此，其忍負之？閣下精忠，宜在特簡，儀圖世道，似當轉移。以主上至德，真當帝眷卜之，閣下不宜安安而居、遲遲而來也。疏稿附上請正。

〔二〕「破」，原作「頗」，各本同，據文意改。

答李中丞[一]三首

程子表章《大學》，有功聖門，固矣。然格物解誤，則是書雖存，反增一障，可有也，亦可無也。程子雖以窮理爲解，而其心不安，是以其説屢變，而往往有得之言外，故雖可以觀其至，而大義隱矣。自我高皇帝諭侍臣謂「《大學》要在修身」，而古本以修身釋格致，然後直接千載不傳之緒[二]。自是儒臣如蔡蒙引、林存疑[三]、蔣道林、羅文恭、王布衣及先師吕先生，往往能通其義。然徒曰解之云耳，其自學教人之旨不存焉。就中破的者，無如布衣，然不免爲新學所陷，觀其以「心齋」自號自命，又烏在其修身爲本也[三]？總之，張子厚所謂「釋氏以心法起滅天地，不免疑冰」者，無怪其相率而陷於新學也。近讀孫淮海講章，亦既明乎其解，視諸家較備矣，乃其緊要歸明心體，是本其所本而非《大學》之本也，是解一人而學又一人也。嗟夫！新學横，正傳息。不肖之身，又岌岌乎不敢當也。當此之時，乃有先生者，不由師授，不由註解，默契遺旨，先得所

[一]「千載」，黄宗羲《明儒學案》卷四十二《甘泉學案六》所引述，作「數千載」。
[二]「蔡蒙引」、「林存疑」，黄宗羲《明儒學案》卷四十二《甘泉學案六》所引述，分别作「蔡虚齋」、「林次崖」。
[三]「修身」前，黄宗羲《明儒學案》卷四十二《甘泉學案六》所引述，有「以」字。

同，既揭止修〔一〕，又標性善，其於學問源流昭昭乎白黑分，而新學不能混矣。而元又以爲先生設科太廣，門徒太盛〔二〕，自反自修之實尚寡，立人達人之意過多，未免以憧憧感人，猶難語知止而定也。《易》以咸言感，貴其無心；以艮言止，惟止諸身。知止在身，則身以内、身以外，皆無汲汲焉可也。彼謂「明明德在親民」者，以其昏昏，使人昭昭，既以末而爲本；謂「誠己誠物並切」者，方耘己田，遽耘人田，又未免於本末雜施，均之不知本焉耳矣。世未有不知本而能誠其意者也。天之未喪斯文也，既賦先生以明學之獨智，而今又置之於孑孑獨處之居，納之於殀壽不貳之地〔三〕，刊其華，挫其鋭，使之反初觀復，深根固本，殆夫子所謂「尺蠖屈，龍蛇蟄」，藏自安身〔四〕，將駸駸於德盛化神歟！不然，何其所遇之窮至此也？蓋昔者文王、周公窮而演《易》，夫子窮而絶韋編，吾道至今賴之。理以屈而伸，道以晦而明，天之與吾者不偶，其窮我又豈偶哉？因讀淮海而重惜諸君之陷也，故有所願於先生。不審於是爲本之意當否，惟察而教之，幸甚！

〔一〕「止修」，原作「正修」，據黄宗羲《明儒學案》卷四十二《甘泉學案六》所引述改。
〔二〕「太」，原作「大」，乾隆本、道光本同，據光緒本、黄宗羲《明儒學案》卷四十二《甘泉學案六》所引述改。
〔三〕「殀」，原作「妖」。「殀壽不貳」，語出《孟子·盡心上》，據改。黄宗羲《明儒學案》卷四十二《甘泉學案六》所引述作「夭」。
〔四〕「藏自」，黄宗羲《明儒學案》卷四十二《甘泉學案六》所引述，作「藏身」。

又

得差後，滿擬一會。緣前此諸君出京稍遲，而諸老中有言者，以是行期欲早，避嫌欲深。自見堂、辭朝、辭部而外，爲日無暇，坐爽前約，計先生能原也。行時，篋中檢出大教，謂「格致誠正，總是修身工夫，有一無二」，是也。但先生之意，猶指格物爲凡物之物，而鄙意則指爲身與家國天下之物也。雖凡物之物不出身與家國天下，而《大學》所指，則專以身對家國天下，分本末，而凡物不暇言也。故曰「物有本末」，又曰「其本亂而末治者否矣」。格此之謂格物，知此之謂知止〔一〕。先生所謂「萬物皆備，一物當幾」者，是已；所謂「知修身爲本，即知本，即知止，即知所先後」，是已。而止修雙揭之説〔二〕，猶二也。格致義中所謂物者，又不覺其愈遠也。蓋知知本之即知止，而不知知本知止之即物格知至也。羅布衣反己之説，大與鄙見合，而於先生有功。獨其指物亦爲舊説所纏，不知本文明甚。先生姑就其是者推之，可得也。嗟夫！反己至矣。孟子曰「行有不得者，皆反求諸己」，必如大舜號泣旻天、負罪引慝而後可言乎！反己者，天必祐之，況

〔一〕「知止」，黄宗羲《明儒學案》卷四十二《甘泉學案六》所引述，作「知至」。
〔二〕「止修」，原作「正修」，據黄宗羲《明儒學案》卷四十二《甘泉學案六》所引述改。

於人乎？況於鬼神乎？

又

《論語大意》《道性善編》二書，中多到語，能發前人所未發，其有功於孔孟甚大。《大學》本修身，止修身，的矣，一矣。其於格物猶若二之，何耶？伏承尊督，妄有請正。會欲移居，來書暫歸記室，并此謝教。

答王少宰麟泉

夜來有客相過，具知太宰公與選君向來謬念之惓惓，及政府此日之休休，聞之悉矣。魯侯不遇，天實爲之。吾輩所愧者，是惟道德不及先賢。若論遭際，叨幸已多，願勿更饒舌也。南中之賢，宜未有出譚子誠之右，不審當事者能相信否？附啓悚息。

與顧叔時季時

去夏初抵都門，偶於一友人席上問寄奠太安人禮。一時在坐者數人，多雅於二足下，咸約同舉。未幾而維卿兄至自關中，具以語之。維卿曰：「不可。諸君非吾夙遊，吾與君共之可也。」元心義維卿，又重違前約，以是遲迴者累月。久之，前約杳然，而維卿見督不已，其議始定。會維卿有中丞之命，則悉以委元。且戒顓人：「及治具往，但抄稿封值，寄累從者代辦。」此其意足下所知，幸足下選任從，勿負此惓惓也。維卿之且別也，囑曰，共致一柬足下，其自名以友弟稱。元不可，曰：「吾與君皆長也。」曰：「有説乎？」曰：「有。長幼有序，列在大倫。今世不論長少，稱人者概兄，自稱者概弟，此在泛交則可，在吾黨則不可。尋常口號或無妨隨俗，載之書札則非所爲訓也。敝鄉會友，此風猶在。惟少者得以自弟，而長者不得也。惟稱長者曰兄，曰某字，或曰某字兄，即長至二十以上，亦止於稱某字先生，不及少也。至於長者稱少，曰某字，曰足下，或曰賢弟。其自署以名，或曰僕而已矣。其往來柬上，則無長少皆得稱友生。」惟卿曰：「子言是也。」此雖瑣節，關係不細，并附報裁。

與孟叔龍 三首

屢左候晤，不勝飢渴。顧叔時書來，謂程子「善惡皆性、皆天理」之言可疑，與足下深合。此見學問得力處，在吾輩合有此疑，正善學程子者。區區所望，則竟有進於是耳。倘相信未及，仍須且守此疑，程子所謂「守其所有者」是已。高明以爲何如？原易之調誠當，然尚似此兄心事終未白於天下。信乎！人固不易知，知人亦不易也。原易從茲長往可矣，不識當事者尚有意於斯人乎？擬借一差過里，適小价方至，舍中凡百荷庇，頗寬旅懷。旦夕以僧人葺屋，暫移居前巷何，當不誤見枉，奉顔談也。

又

小疏中所引詔書一節，諸老相知者多有忌諱之慮。不意御禮云云，乃知主上英武神聖，度越千古，直與成湯罪己同，輪臺、奉天不足道也。前此擬借一差，未便題請，今爲有力者取去，不免姑待，行止尚未可定耳。會南中寄到舊刻一種，夜來讀之，因憶彼時與諸君理會此書，氣象可想。近來孟浪，虚負歲月，且負友生矣。如何？

又

伏枕來不覺月餘矣。恭聞榮轉，正當政煩，咫尺有懷，總共此抱，有切切欲啓者。元於前月内已向儀曹借差，擬在夏間爲省覲之計。區區私悃，惟知己能深諒之。即未然者，多病之軀，正宜閒局，荷極諸丈相成之雅。若令當事，必損生平。偶聞敝省銓曹之缺，謬有見及者，毋乃傳誤耶？何左右者不爲早止之也？況敝省見有四人，資俸相應，青年偉質，自有堪其選者，豈必求之例外？倘果有之，似當事之計過也。敢以奉懇，并煩轉致孚如諸丈，善爲我辭焉。此日人材一到貴署，比之蓬生麻中。人入之，至視他時氣象大別。新進雋才，正宜作養，毋謂後輩之不如今〔一〕，且僅僅如今也。力疾具啓，不勝祈懇之至。

與諸延之

近聞足下隨學使巡歷，中原文獻，盡屬品題，英雋入彀，吾道之善。但不必令桃李在門，乃爲太公〔二〕。在足下，今日不患門牆無人，只患濫收；不患當路無知己，須防薰膏之誚。彼以同聲同氣相求，則善矣。次而就我爲名，下而竊我爲利，皆當辨别而有道以處之。故愛敬我者，未必盡賢；平平落落，若自疏外者，未必非君子。又有處乎我上而以勢位相陵，居門徒之列而故肆訕侮者。物情事態，無所不有，一切安焉，反我仁且禮焉。能自得師，然後可爲人師。至囑，至囑。儒官多暇，正便讀書。近理會何處，幸示之。季時近聞讀禮，釐其真僞，有弟兄師友之意在家庭也。季籛以信於鄉者行於鄉，誠之所動自别。具能時時相聞否〔三〕？吾黨今日未爲不遇，只患盛名之下難副耳。幸相與念之。

〔一〕「毋」，原作「母」，乾隆本、道光本同，據光緒本改。
〔二〕「太公」，光緒本、《潮州耆舊集》作「大公」。
〔三〕「具」，乾隆本、道光本、光緒本作「俱」。具，通「俱」。

答王用晦

學以修身爲本，近日儘有同聲者。至於好學、力行、知恥，非兼三者，則身未易修，恐知本者亦或未之詳也。適奉來教，謂「學問本末，雖有次第，決非片言可了，古大聖所以詳言博學、致重躬行而罕聞心性者，於是可通其故」，斯言也，得之矣。其云「稍處以默，益務反己」，則正數年來妄意發憤第一義，敬服敬謝。講學有戒，酬應文字有戒，守之舊矣。況文字而至於壽章，則又前代先賢所未有者。雖然，何可以施之足下？逢司馬君實，正自不得不多也。僅脱草〔二〕，惟以子誠同覽正之。足下於學，好矣且真矣。反己一言，盡矣，更不必復顧世人與我同異。佛家印證之説，程子笑之，願足下充此以往。不宣。

答譚子誠

山居復出，出於偶爾，以足踰期，非爲避美缺也。美缺似不必避，況元之賢未至是，乃愛我者推而爲之辭，足下詎可信乎？宗伯趙公謬附夙契，乃前此索抄《易義》，不敢通書，亦欲長守山

〔二〕「脕」，光緒本、《潮州耆舊集》作「脱」。作「脱」，似於義爲長。脱草，猶言脱稿，意指完稿。

居之義耳。若知此出，則何敢無書？即當裁附，爲來使倚馬索報，未及。數日間會有便，不復遲也。《易義》一册，近至都門，得還自馮太史家，今不敢復煩從者，倘已抄録，惟足下留自觀焉。王年伯壽言，業爲破戒成之，及蕪刻一帙、與李先生書謬解一幅，并呈覽正。

與蔡台甫

古今有志之士，得居言路而能直己志，又其氣雄足以將之，詞藻足以發之，伸主威而維國是，寒羣小而懾王公，令學者凛然如見其人而無遺恨也，即史册中亦難其人。若足下當日爲御史所稱是矣。雖經流落，旋復清班。古來盛名之下，率多坎壈，如斯際遇，亦未多得，固知足下之能泰然於今日也。況有譚子誠、郭哲卿諸君子旦夕與遊，曹中多暇，相與講求，養其已至，充所未有，以需大行而酬宇中人士之望，正在今日。足下勉之。

答李于田

三復東魯學政，何其宏而密，委婉而有章也！其最關係者，提調、教官二條，而教官一條尤要。往時，元嘗有贈教官文字一篇，意似互發，覶録請正。恐未可使東魯教官聞之，且未卜尊約行後，痼俗易變作何狀耳。嗟嗟！滔滔靡靡，江河愈下，不獨一事爲然。足下之行事可覩，而其用心亦勤矣。如有用我，執此以往，竊有志焉。今年過半百矣，奈何！奈何！盡付足下爲之可也。山中本不擬出而復出，出而思歸又不敢言歸，擬在三四月借一差以行。間關萬里，豈好爲勞？足下可以諒其心也。都下自李維卿之楚後，舊知雖少，署中一時多君子，足可嬉娱。公暇理會《春秋》、三《禮》，稍有次第，未爲不佳，毋奈鄉關頻入夢耳。《除夕》《元旦》二詩，題在扇頭，足下讀之，得無同此愴悦乎？郭哲卿聞報後過家，須夏初始到。王藩甫報已見。魏懋忠輓詩「邦伯之循良，斯民之三代」，於兹概見藩甫爲不朽、吾黨爲有光矣。連日在暇，來卷未及一觀。觀不觀無預足下，足下之所賴於吾道，較文已哉？君子之居是國也，有聲實在一時，亦有風流在百世，足下必不肯以此易彼，更惟有以進之。萬萬。

答耿學憲

都門一别，幾二十年矣。竊名學道，半世無成，石火電光，餘生有幾？奉讀來書及迪士、課士諸訓，不覺恍然如有失，惘然而不自持也。就中爲己一問，尤深對証。其曰「可珍者此己，可畏者亦此己」，非極玩索、實體驗者未易道，彼中人士亦有解乎？夫可畏者，外之交吾内也；可珍者，内之定吾外也。見可珍則克其畏，見可畏則守其珍，兩相成者也。由責己而舍己，由舍己而推己，則知己矣。微茫之見，不審於明問當否，幸指教焉。莆田有宋肇斯先生，學者也。頃曾以告敝同年汪蔚翔，不審能物色之不？輒此奉聞。

答范原易 二首

往豫章人傳太守開會講學，弟不欲聞也。近讀新刻教言，則皆視學時課諸生語。視學課諸生，提調責也，此自本分矣。豈惟太守有本分？諸司皆有之。吾輩在家在鄉在國，無往無分，分之難盡久矣。不求盡吾分内，而反求多於分外，此會講之風所以盛於今日也。夫分内之與分外，誠僞判然矣。舉世去此就彼者，何不知本也？未有不知本而能誠者，未有不誠而能動者。然則會講何益於人？徒賊誠損己耳。教言中「致曲解」與「經綸大經」，乃從前所未發，其他互有得失處，亦謬評以復來督之意。講解不可謂無益，不可謂非學。反己説約，令爲我用，説之貫通，行之無礙，則其進不可已矣。李維卿兄從弟求觀，欲存筆跡，易以抄本，可見此兄好善之誠。今寄復，仍乞便中更惠刻本爲幸。弟近來始覺發憤，頗見昔賢行年五十之意，恨不得與兄質之。有答孟吏部書，粗有發明，録上請正。倘張宗伯先生問及，并請教焉可也。

又

頃李别駕行時，附去小啓并維卿兄轉寄《首善編》一部。其發之明日，即承手教，及詢來人，知二郎並登賢關，乃值豚兒亦偶僥倖之日，伏增慰喜。大疏中，知出於不得已，而連及者一二，又不得已中之不得已。議者雖多而正氣必勝，則以聖明英斷於上，諸君子維持於下，而兄之平日所操持、一時所激發者，可以質鬼神而信金石，故能獨當衆憤，獨障狂瀾，非人力也。議者之意有三：謂當此驛遞稍寬，仕途稍便之日，及是法令轉嚴，一；權要即應查參，不免累及非權要者，二；經途有司應付，誤及後人接管者，三。惟院長李公以情法二字盡之。其累及與誤及者，見本道執法雖嚴，行法實恕，原無查參之心，而生於一時之倉卒。其用意忠厚，於疏中前序撫按申令、後諱當路逢迎二段見之。李公可謂獨知良工心苦，而吴駕部又能毅爾相成，一二三君子從而贊果之，皆意外也。覆稿委曲，頗非初願，及奉旨乃大暢。凡在相知，共頌天王聖明，燭遐方而超千古也。議者亦有一説，吾輩安敢遂忘自反？爲今日計，所處更難，原任不得不復，撫按不得不交。未盡與錯誤二者，自合引咎以謝世人。不見人非，但知己過，吾兄處此，必有道矣。弟常謂原易愛人如愛己，維卿憂道不憂貧，皆弟所不及。乃此舉類人怪弟刻薄而迂闊者之爲，豈吾道不如是耶？頃送維卿撫三楚序中，正以此意相勖。竊計維卿舉動必與兄同，然尚恐渾厚處又未必如兄，則二兄之負忌于時，使世人畏而吾道孤，皆弟誤之也。如何？如何？

與維卿 三首

署中有三三友者，志士也，久願一見維卿，屢與弟計，候枉顧之日，約爲良晤。顧彼此參商，即吾兩人者已每每不相值，值時又或有不得已事，不能久坐。昨擬從謁先師廟之便，招弟先期偕往，而弟適奉公委，坐負友諾。今定何日能枉駕，使弟先約諸友也，一示之。范原易自江西，孟叔龍自洛陽，各寄有著述來相印證，輒忘愚謬，僭有批評，不審當否？二兄意皆未欲示人，然不可不共兄一覽酌之。宇内寥寥，如二兄者，弟的諒其爲吾道人，雖言論時雜新學，其中必有所未安者，宜兄之當深念也。叔龍書來，説無副本，而原易似亦候得報後，是刻始出，幸善護，以俟畢覽日發回，伏惟留意。弟見兄近時耳目稍雜，一藝之長必收，應制之文尚戀，此雖盛德事，得無妨吾本業乎？弟從前悠悠，近始敢當發憤二字，又幸得吾兄，朝夕期相與以登彼岸，不敢謂年已向衰，徒痛既往，惟兄振之輔之，不勝切切。

又

恭聞太夫人、叔母能至官舍，此迎養之極樂而人子之上願也，兄何爲苦欲求歸耶？「左道弄人」之諭，蓋未之聞。世間未有邪能勝正而可以動心者。乃温旨慰留，特出聖斷，則前此未有之遭，吾輩當何如爲報也？大計大科一疏甚切，而科場尤大關係，但未知覆者能暢其旨否？大抵有孟、鄒二兄在，必互相發明也。沈同知事，前已奉聞，不意復有此疏，知兄必有不獲已處，亦不必該道爲據，但要實見得道理何如耳。京師諸公有大喜此舉者，與兄意見又别，不足爲兄道也。楚中撫按同時請告，似於事體未妥，今崔侍御須明日始上，恨不得一阻之，恐後來與兄同事者未如侍御耳。兄雖居楚，能使朝端嚴憚，吾道不止行于一方，以後求歸之言幸勿出口，惟努力以報主知、以對輿情是望。占授不次。

又

比來，兄因節省之過，遂有誤傳；弟因責善之過，遂有誤聽。夫斯二者誠過也。然無節省之過，不足爲兄；無責善之過，不足爲兄之友。此可多望於世人哉？可以自反，亦可以自慶矣。夫爲國者，奢則示之以儉，儉則示之以禮。兄初至楚時，誠當崇儉，在今日則當崇禮。禮有以多爲貴者，祀聖尊賢、敬老恤孤之類是也；禮有以少爲貴者，津要逢迎、酒席濫觴、貨賂公行之類是也。禮有以舉之莫敢廢者，或因土俗所宜，如古人入鄉問俗是也；禮有不近人情而實爲禮之至者〔二〕，

〔二〕「實爲」，原作「實有」，據黄宗羲《明儒學案》卷四十二《甘泉學案六》所引述改。

如舉國之人皆若狂，而夫子以爲一日之澤是也。凡此處皆有天則〔一〕，不容以意而輕上下之。故凡爲上官者御其所屬〔二〕，有必跪、有必拜、有必揖、有必留茶、有必留飯者，皆禮所生也。在賢者固當破格優之，即庸衆者亦不宜有意裁之。天下賢者少，庸衆者多，若待賢者出於例之外，待庸衆者乃不及於例之内，不惟庸衆者恚怒愧阻，而賢者亦且懼不敢當，恐養育人才之方不如此矣〔三〕。故爲國者必以禮，學道者必愛人。未有不愛人而能化人者，未有不以禮而能愛人者。《書》曰：「爾無忿疾於頑，無求備於一夫。」少有忿疾求備之心，則愛人之心充拓不去矣。夫忿世之與憂世，忿不能之與矜不能，其用心廣狹、規模大小何如也？願兄之念之也。天道先春，人道先仁，一切包涵，處之有道。言不盡意，伏惟省裁。

與鄒孚如

近得御札，讀之令人墮淚，即擬《述懷》一首。忽憶老杜詩云：「生意甘衰白，天涯正寂寥。

〔一〕「凡」，原作「兄」，據黄宗羲《明儒學案》卷四十二《甘泉學案六》所引述、《潮州耆舊集》改。按：朱鴻林先生點校《醉經樓集》，有校記云：「『兄』，諸本相同，疑爲『況』字之誤。」非是。

〔二〕「凡」，原作「兄」，據黄宗羲《明儒學案》卷四十二《甘泉學案六》所引述、《潮州耆舊集》改。

〔三〕「養育」，黄宗羲《明儒學案》卷四十二《甘泉學案六》所引述，作「養畜」。

忽聞哀痛詔，又下聖明朝。羽翼懷商老，文思憶帝堯。叨逢罪己日，灑淚向青霄。」遂不復作。竊料尊意亦同此懷也。元前此擬借便道之差，以是月行，而或以小疏近方留中，慮有忌諱，未便題請，差已具而暫遲。今則可以概然矣，而前差又爲有力者取去。小小進止，固亦有數其間乎！僧人葺屋且完，當復舊寓，俟别有便差，方爲行計。會有人至自南都，帶來《二程類語》《白沙文編》，各以一部奉覽，中有謬評，乃昔年未定之語，并上請正。

答湯儀部

歲内奉到手書，不勝其云樸散爲器而器復歸於樸〔一〕，顧不肖元爲器，而周元孚更爲樸也。諸相知聞之，皆藉藉以爲名言。雖然，元自顧未能爲器，而樸之漓又多，蓋兩失之矣。抑亦可以處於樸不樸、器不器之間乎？足下其許之乎？李文學之至，初擬其爲貴鄉遊學者流也，會抱賤恙，接見稀少，久之始重其爲人，而益嘆服足下善取友，不輕然諾，有合於吾道之誠。彼世之引類招朋，朝僅識面，暮號同志，彼此各藏其心而漫以爲如蘭也者，聞足下之風，亦可愧矣。留京足下宿所耽遊之處，又有譚子誠、蔡台甫、王用晦、蔣大理、張户部諸君子嬉處其間，此時造詣，

〔一〕「不勝其云樸散爲器而器復歸於樸」，各本同，「不勝」後疑有脱字。

肯甘爲六朝人物乎？便，惟有教之。

答朱學憲

往過豫章，宿原易官舍者二日，蓋亹亹述門下也。其曰：「吾吏於兹四載餘矣，于上官中始得一人焉，前中丞餘姚陳先生；近得一人焉，實惟門下。獨不令足下與二先生相從也！」觀原易之言，其爲門下述者又可知。故雖未通尺素，時在胸臆。而原易得相與考德問業其間，竊竊爲原易喜，而深慶吾道之不孤也。《易》之《兑》不云乎？「君子以朋友講習。」夫《兑》，聖人極説之卦也，顧朋友則難言矣。知音者稀，勝會不偶，即門下與原易處，豈能久而不離、悦而不悲？故當原易未拂衣之前，已逆知其有離别之感；不待教至，而知門下懸懸於原易也。原易志在幽棲，去歲已露，今果如願，更又何求？所愧病軀靦顔郎署，無補明時，久負青山之約，今原易早着鞭耳。恭惟門下司命文章，獨當天下學士盛處，而鄉先哲自吴、胡二布衣啓，以至于羅文莊，吾道不絶如綫，必有推擴而昌明之者，願門下勿讓也。夫講習之義，非今人所謂講也。此中講風最著，以原易之賢，猶不免焉，不願門下復然。五帝憲老，三王乞言，古之君子以禮樂相示，豈必講哉？況門下職掌獨專，無行不與，分自難盡，豈暇更設一科？就中示不言之教，樹大觀之準，近而愈遠，漸而不知。有一分真，即有一分益，庶幾學問可以自考。人旋附謝，不覺饒舌。

啓薦主劉公

今之學士稱師，得比於古禮隆崇者，惟座主與薦主爲然。座主無意，而受知文場中，以梯一生之功名富貴，非必宿遊也，非必指授也；薦主以職事相臨，凡在按屬，有嚴憚，有觀法，獎善而教不能，待其政成而後薦典加焉。知我者座主，成我者薦主也。座主以恩，薦主以義。師，義合也。嗟夫！師道之不明久矣。必於近義，其薦主乎！子曰：「以德報德。」又曰：「必也正名乎！」德一而已矣，名則似當有辨。薦主奉天子命，師表百僚，而又拔其尤者報天子，即擬之國子先生、督學使者而以爲師也，於義誠類，然而大賢君子獨竊竊焉避之，曰「王命也，吾何敢私也」，一切謝卻，若弗敢聞，而悠然隆古之風、忘言之象，愈令人師慕而不可得也。況其所謂大賢君子，修之於身，行之於家邦仕宦，猶可以範後修而興百代，而況於及門之士乎！由前則師分尊，由後則師道立，相率而師之，勿辭可也。都下去府上數百里而近，某等雖各羈官守，不得親承杖履之光，而大老儀刑，中朝傾仰，實耳熟焉。乃向缺起居，若甘外於面牆者然，則未嘗不嘆夙昔之遭逢，而愧今日之疏曠也。敬托長公之便，附致興居，伏干俯鑒。

答座主陳公

韓子有言：「山林者，不憂天下者之所能安也。如有憂天下之心，則不能矣。」每誦其言，未嘗不歎賢者所存，與世上功名全別。顧憂則憂矣，其如天下何？即韓子當日已難大行，徒抱先憂，於時何補？雖然，論有唐名人，必居韓子。位不必宰輔，道不必大行，而卓然山斗一時，聲施後世，則不安山林之效也。夫有韓子，雖山林不能晦；然既爲韓子矣，又何必山林以爲高？故至於及門上書，不以爲恥，而後來諸大儒猶不敢輕議其得失，況不至於上書及門者，而可以忘憂天下乎？又可謂天下非一人所能憂也，置之而借山林之高以勝彼乎？元雖不肖，不敢以自安，而亦以願乎當世之大賢君子，不欲其慕虚潔而負明時也。若曰位稍崇矣，不隨時俯仰，則勢不能，因而稍移壯志，遽隳晚節，則進誠不如退之爲愈。然世所稱大賢君子，又斷斷不如是耳。方今負大賢君子之望者，未有過於座主先生，而形神愈旺，壯志愈堅，則其進與退，於天下孰得？於吾道孰得？諒非門牆之士所樂爲諛者。主上明聖，度越千古，有君如此，其忍負之？一意向往，報主匡時，徐俟大行，不勝願望。

答沈叔順

往時范原易爲南昌，滿五載，循例遷去。其名實既加上下矣，在江以南數郡守，則必稱良矣，然猶未見其爲原易也。頃因事忤當路，舉朝鬨然，共惜原易，而後原易之爲原易始見。蓋人心秉彝，千古一日，不屈而常伸，愈屈而愈伸，即不伸，君子猶不以此易彼，況萬萬理之所無哉？足下自信已久，更又何疑？凡有赫赫之名者，必無冥冥之行。《詩》贊文王「不顯」，史稱「西伯陰行善」，何暇與時人較短長？願足下一意以往，爲兩浙二千石立準標，且以愧世之爲巧宦以圖速化者，上以報明時，下以光吾黨，毋令後悔可乎？就中禮行遜出一端，意義亦須理會。蓋待己貴峻，而與人貴厚。有諸己求諸人，未也；躬自厚而薄責於人，未也；正己而不求於人，則庶幾矣。自反而仁而禮而忠，然而不愛且敬者，未之有也。元早年爲令，愧缺此意，望吾同志相與勉之。夫因嚴以用恩則恩流，以道而用情則情溥；以仁人長者之風待天下，則天下亦相率而歸於仁人長者之道。何幸於湖州今日見之。

答倪瀫仲

近東海有道士至，始聞薔薇河竣事，而共誦邦君之爲烈也。東海流瘠，十七流移，此河開，庶幾有生意乎！顧此河費不甚鉅，歷六載而後成，若非仁人在上，幾作畫餅。信乎！任事之難其人也。日録甚好，但太守政煩，又當甚劇，每於宴息之候，能註一行其間否？憶元昔爲令時，尚有餘功親書史，今居閒曹，轉覺少暇，未嘗不驚壯志之日頹也。潞仲更能於此時爲日録之功，是將來任天下大事氣象，景服如何！道士來，報萬花巖平安。因得舊刻，敬以覽正。

答郭夢菊大參

先是，拜《湖北名賢傳》之賜，時知門下獨契蔣先生道林也。蔣先生與先師吕巾石先生，并爲湛門高弟。又曾於《羅文恭集》中得見所解格物説而喜之。及讀門下所爲傳，又其行誼純明如此，則蔣先生在楚中學者當爲國朝一人。又以見湛門諸君子，雖其風動不及姚江，而篤行過之，是亦可以觀二先生。然元之置不復論者久矣。夫學，誠而已矣，其分數不同而明亦因之。孟氏而後，明道誠且明矣，伊川、横渠次之，朱子又次之。江門别傳，蓋出濂溪、堯夫之派，然無愧于誠者也。與其明不足也，寧誠。則薛文清、胡敬齋、羅文莊，其修朱子之業而有功近代者乎！自新學興而學始難言，此元之所以有戒也。反己無功，空言何補？惟是厚意不敢虚辱，輒又冒昧一言，總乞門下指教之。所不敢盡者，見舊刻二編中，附上請正。

答錢侍御

往歲過廬陵，竊耳政聲，則已慕門下，及晤龔憲使、俞客部諸君子，又知門下隱德焉。都中屢承枉教，喜荷切磋，未幾解袂，可勝悵惘？伏讀來教，深慰積渴。至以「執其一説，自謂得道」疑元，此又元之所以慕門下也。夫道之難言久矣。言之難，況於得乎？況不善學道如元者乎？聖門諸子日月至焉，夫子猶不許好學，若元者求一日之至而不可得也，何敢言道？門下之疑元者，是也。乃門下所舉《艮》卦，而歸重於《彖傳》「光明」二字與《大象》「思不出其位」一語，三四讀之，未曉其義，則元疑於其對焉。門下之意，豈不曰「艮其身」未足以盡艮，而「思不出位」其重在思，如《大學》所云致知者耳，此謂光明耶？此義弘深，驟難剖析〔一〕，姑誦所聞一二，而高明採焉。物有本末，而身其本也，致知而不以修身爲本，此致知所以遺格物也，其去《大學》遠矣。身在是則位亦在是，凡思而出位者，不素位而願外，不正己而求人，皆邪思也，以其求止，遠矣。至哉！孟子之言「行有不得者，皆反求諸己」，又曰「殀壽不貳〔二〕，修身以俟之」，皆思不出位之

〔一〕「析」，原作「折」，乾隆本、道光本同，據光緒本改。

〔二〕「殀」，原作「妖」，乾隆本、光緒本同。按：「殀壽不貳」，語出《孟子·盡心上》，據改。黄宗羲《明儒學案》卷四十二《甘泉學案六》所引述亦作「殀」。

說，皆止之說也。不獲其身，不見其人，未易言也；「其道光明」，未易言也。「能慮」、「能得」以後氣象，姑緩理會，且自顧知止、入定何如耳。由反己而修身[一]，由修身而忘己，則庶幾矣。雖然，茲庸語也，而元猶未之能也。近代有心體、道體之說，倘門下奇尚之，則非所敢聞。元惶恐再拜。

啓太倉相公

頃幸叨侍，未既所請，偶有末議，竊比芻蕘，伏惟相公垂察焉。恭惟相公負華夷具瞻之望，際千載一時之遭，而元也疏頑晚進，自謂無可比數，乃過辱殊知，私自慶幸，謬啚爲報[二]，不知所出。竊惟方今事勢，内而有掖廷之隱憂，外而有邊疆之大患，天變於上，人危於下，主上誠明且斷，乃其傾心付委在相公，而天下人士亦僅僅恃相公以無恐，竊計相公密勿論思，塞違昭德，精誠所至，必有銷患微渺，鞏固皇圖，而外人不及聞知者。蓋近讀《籌邊》一疏，可想已。即願效一得之愚，又何能居相公之意外，而仰贊其萬一？

[一] 「修身」，黄宗羲《明儒學案》卷四十二《甘泉學案六》所引述，作「修己」。下句「修身」同。
[二] 「啚」，乾隆本、道光本同，音義同「圖」。

惟是李中丞爲蘇侍御論逮一節，久未得白，雖有臺省交章累牘，與夫撫臣之重、布衣之微、夷使之無知，皆能同聲爲中丞陳乞，而終無以回主上之聽，此亦明時一闕事。聞相公維護亦盡心至矣。主上亦豈忍一中丞，而顧遲回若爾者，其説有二：一則未知中丞處滇南事正可行今日；一則匿名帖子一節難于自明，以致上疑未解，非有他也。試借邊事言之：我兵之乏久矣，彼衆我寡，難以慮敵。今土番怨虜入骨，三娘子與虜王失驩，虜王因聽火酋勾引生事。失賞華人爲虜王謀，妄意天朝而其計不售。凡此皆可疏間，竊爲我用，誠得中丞以夷攻夷之策行之，必有如孟養、蠻莫者出，而繫火酋之頸，制虜王之命，此其經畧可法也。虜騎長驅入我内地數千里，殺戮大將而下不可勝計，而當事者猶傳接報〔二〕，上首功，則無怪課功罪者紛紛之論也。夫莽、捏二川，延袤一帶，皆吾故地，今虜雖出境，尚盤據爲己物，首功何論哉？誠能下明詔，以肅清二川，驅虜盡歸巢穴，然後當事諸臣得以報命。果能如中丞在滇南克復我邊地，則其後先罪過，有無首功俱在所畧，庶當事者知上意向，必思得當以報，而不敢懷苟且一時之安，此其律令宜定也。以夷攻夷，故不血刃而揚威萬里之外；一清邊境，故不課首功而邊臣之績著。然則中丞滇南之事可謂奇勳，而赦一中丞，爲邊臣之勸甚大，主上或能釋然于中丞也。至于匿名帖一

〔二〕「接報」，各本同。接，通「捷」。疑「接報」猶言「捷報」。參《辭源》「接」字條。

節，但得相公一言可辨。蓋前此諸疏，上皆疑其有因而至，前雖以撫臣之言最爲可據，未免置之一例。自非相公平生一介凛凛，素結主知，其誰能無纖毫之疑？故回天之力，似相公又不得不專任其責也。方侍御論中丞時，詎意至此？一陷不測而救章日至，雖侍御心亦不安。爲今日計，姑請照例發遣，以待論定。則侍御之言既行，而中丞亦可免獄中意外之虞以累聖世，似爲兩得之。元於侍御往同官，誠厚；於中丞雖無舊識，而偶成道義之雅〔二〕。然其所以區區若是，非敢爲私于侍御與中丞。在聖明，當及此時以勸邊臣；在相公，當身任所難以對天下。冒瀆尊嚴，皇恐無已。

答臺長李公 二首

昔漢人料七國之變，發速則禍小，發遲則禍大。倘今秋西陲僥倖無事，論者得藉口以終持和議而盡屈羣策，將來之患可勝言哉？則老先生之言，當爲左券矣。夫互市則奇〔三〕，要非長策，況天下事亦未有勢窮而不變者。狃近利以誤遠圖，可惜一；當彼酋叛盟之秋，不爲興師問罪之

〔二〕「成」，原作「誠」，乾隆本、道光本同，《潮州耆舊集》作「承」。據光緒本改。
〔三〕「則」，乾隆本、道光本、光緒本作「即」。

舉，時過則無名，可惜二；歲致虜金繒百萬，且枵軍士之腹以益之，中國財寶有去無歸，非如向者在官、在民、在軍相流轉而存吾内地也，可惜三；國以民爲命，民以財爲命，財竭則民困，民困則國隨之，宋之末路是已，可惜四；主上英武，豪傑奮庸〔二〕，有是君，有是臣，兩不相值以伸堂堂天朝之氣，可惜五。此五可惜者，方今大小九列與臺省郎署中，抱此慮者十七，爲此言者十三，而終無回廟廊之見，亦且奈何哉？緩之，則河套之事成而甘肅不可支矣；急之，則維州之議起而去河北賊反易矣。不知古之大臣斡旋宇宙，弘濟時艱，竟臻厥成而身安名顯，如張留侯、狄梁公、裴晉公諸君子，可復見于今日乎？《書》曰：「同寅協恭，和衷哉！」即虞廷濟濟，能盡寅恭，則自五臣始。即五臣意見，豈無異同，而終屈服至論，則自吾之至誠始。未有誠至而不動者。蓋古大臣之謀國者類如是，何獨于今不然？台光漸遠，回首依依。塵黷清尊，伏增悚息。

又

伏枕多時，向缺候教，聞有大疏留中，莫可稍回聖意否？每憶近事，自是諸老求治太急，又其責望主上過殷，而自責意少。獨不思三代以還，有主上聖明如今日者乎？前此半年間，君相

〔二〕「庸」，乾隆本、道光本同，光緒本作「勇」。

之際，自六部九卿以及邊疆大臣、腹裏尊官，盡舉其職，此何等氣象，而可多得，可易言乎？《書》曰：「天休滋至，惟時二人弗戡。」以政府王公未知此日此時之難也。且以王公素無左右之容，而主上能委以國，其知結雖未必如太倉公，亦自是古今僅覯。今以太倉公所不能得之主上者，而遽望于一旦，近乎《易》之所謂「浚恒貞」矣〔二〕。近得讀其三疏，往往有全晚節之説。王公何人也，肯以全節爲高？此何時也，而暇以臣節爲言哉？甚欲獻一書王公，以病未能，且嫌于輕瀆，不審閣下可轉達此意與否？事雖已往，而聖意天啓，方在躊躇，或者有萬分一之助也。近聞敝省與楚中按君同時疏乞養病，此二君皆臺中當時稱賢也，幸勿輕聽其請，況近日人材，又當重加愛惜，伏惟主張。力疾占授。不莊，悚息。

答陳蘭臺

往事輿論各自明白，亦知大疏必不可已，然一之足矣。文中子曰：「辨，不得已也，其猶兵乎！」況此三君者，皆今之所謂賢人也。惟處丈一事，共言其過。丈之直氣琅琅，不待讀大疏而後知。夫既知之矣，而又急急乎白以重彼之過，則我亦豈盡無過乎？觀部中覆疏與夫奉旨嚴

〔二〕「浚」，原作「後」，各本同。按：此語出《周易》之《恒》卦初六爻辭「浚恒，貞凶，無攸利」，據改。

切，不可謂不知我。然當此之時，正不必令天下人盡謂得在我、失在人也。此《詩》贊文王所謂「不顯惟德」，史稱「西伯陰行善」，正吾輩求天知時也。爲今日計，當即遵旨赴任，料當事者必有以優丈，即不然，而丈之品已定，益以增其高而詔今後乎！再疏萬萬可已。此非元之言，而凡相知者之言也。伏惟裁擇。賤恙新起，未能多及。

與徐客部懋和

李先生所遭不幸，謬附同志，不能爲解，真可自愧！雖然，自公卿而下至於韋布，爲李先生上書者累牘未已，古今患難中君子，有際遇若此其盛者乎？李先生得此，即死有餘榮矣。況主上仁明，千古一見，原不以死得李先生。而李先生未免尚有怨尤之意，此其於「知止有定」、「修身以俟」意得力與否？師生道義，不得辭其責也。有一啓附上，幸爲致之。足下志遠而興高，識端而守介，默默守此，充其未至，何患不及前賢？而猶皇皇於會講一節，何異走日中而避暑也？子曰「爲仁由己」，孟子曰「仁者如射」，李先生常憂學不傳，元但憂無可傳者耳。能爲珠，不患不澤媚；能爲玉，不患不山輝。必如是而後知止，定靜安慮皆從此出。足下以爲何如？

答鄭德進

春間，小价至，及近鄒親眷屬，相晤舟中。兩辱手書，兼黄白之賜，極荷眷厚。乃近書爲雨所濕，不得概讀，只得存者十之三，大抵綱常語也。此關係甚重，烏可輕言？但各家庭闈之際，各有難處處，而爲人子尤難，須得真情，乃可理拆〔一〕。又向來古禮考究欠精，時俗相傳，大半錯舛。如宗法一件，近始得其梗概，而庶子爲生母服，亦尚有可言者，正擬爲此二論，附入家譜，未暇也。然若足下云云，何至相懸之甚乎？夫大閑則不可踰，而恩常掩義，情親禮疏，勿以議禮而至於父子反唇，則家庭中第一要義。每思古人孝友至處，常自居有過之地，如大舜、泰伯、伯夷、叔齊諸君子，但以孝友爲重，天親至性耳。足下以爲何如？

答鄭德涵

手札至，具見人子至情，然稍過矣。賢親常言，長兄遇諸弟甚厚，亦多委曲，獨有此一事似難爲。爲子者如此，則或可諒令兄之心也。頗聞親家當初時方以補官行，雖具聘典，而正始之

〔一〕「拆」，乾隆本、道光本同，光緒本作「析」。

義未備；已而諗其賢淑也，始堅成之。推親家之意，必以德貴，故不可輕。亦或出當時之忙促，然不知禮重正始也。既成之矣，又不及封誥之錫，正位號以詔族黨、臨冢婦，即親家在時，已疑禮體之難。令兄之見亦有説也。賢親愛母，令兄亦愛其母；賢親之繼父也以成志，令兄之繼父也以成志，均之可以勸孝。賢親盡其在我者可也。仁人之於弟，不藏怒焉，不宿怨焉，况於兄乎？想傲象待其兄非禮處，豈可忍？而舜不怨也，此孝之至也。大率家庭之間，恩常掩義而義在其中，情常勝禮而禮在其中。然不可求人責人也，正己而已矣。故曰：「正己而不求於人，則無怨；躬自厚而薄責於人，則遠怨。」必欲求人責人，非但勢不行，正己疏而怨尤起，一未得而兩失之也。願賢親立身行道以顯其父，左右承歡以養其母，恭讓怡怡以友於昆弟，其爲孝孰大焉？孝弟盡之我，是非付之人，禍福聽之天，其所守執約焉？古人事兄如事父，事嫂如事母，至孝也。賢親之可勉者在此，幸念之。惟賢親資美近道，相望甚遠，故不惜詳。惟諒察。

答周時甫

時文與古文原别，近皆反而一變矣。尺寸左、馬，雕刻字句，以爲古文，而索之無謂也，是古而時者也；刊陳詞，究旨歸，機軸縱横，必由己出，雖猶存方體，而意常在員也，是時而古者也。與其古而時，毋寧時而古也。此吾有取於今日之時文也。顧其出之無本而才或有限，不免極力於迎合之工，而亦往往有售者，君子不貴也。讀足下所謂時文，則誠古矣。其形神合而華實俱，倏乎其變而沛然有餘也。意不獨其才則然，非養之深不易至是，信足下之奇於文也。

然吾觀古今才士能文章者，多嘆簿書民事以爲俗，則不宜於官；官其小者，自視常出古人上，恥與塵世爲偶，則不宜于人；人其粗者，將曰天之所以與我盡在是矣，則不宜於學。則是文章之爲累亦不少，可有也，亦可無也。足下深沉而警穎，厚蓄而寡露，友朋推重在彼不在此，則前所言者皆非所以慮足下，然猶願足下若無之也。夫生人易，生才難；生才易，成才難；成才易，大成難。大成非學不可。學則知天與我者，如何方無愧；學則見天下之人皆勝我者，如何方無怍；學則知見在職業難修，如何方盡分，其於大成亦不遠矣。前有小啓，附敝鄉王甌寧君往，内有《爲令四要》，鄙見以爲足下今日學在此，不審到否？又不審足下能不以爲迂否？

來書謂意外呶呶有言，此何足論？君子有終身之憂，無一朝之患，行有不得，反求諸己。夫仁者在己，爲仁由己而已矣。一切毀譽，助我進修；不怨不尤，自有知我。若初至歡虞，其終多吝。此仲尼、子産頌聲所以久而後作也。京中往承寄貺，兹復稠疊，故人何不相知？情深且文，毋乃過歟？需次之苦，初仕難，夙昔既經之矣。但願一意民事，簡畧世情，名世事業，發軔在兹。倘有相聞，素緘爲愛。甌寧君書倘未到，幸從遞中覓之。大抵州縣甚難，火耗罰贖，是最易染者；士民未相信，當路未相知，是最易怨者。不染不怨，自責自修，山川之靈且佑之，況於人乎？惟自萬萬。

答汪吉州

榮履月餘，頌聲未作，在他人則可慮，在足下正是規模宏遠處。此中取譽頗不難，何必足下？所望足下，以純王實意深入士民，不棄時尚，不落時尚，自作主張，則世道有大幸，不特在一郡與一時耳。往元初至吉州時，曾見廬陵鄉先生張公諱子弘者，論吉州人物，謂聞之故老叟兒童公論，似求於貧中〔二〕，若三羅是已。三羅者，皆及第也，而能貧，此言庶幾近之。後因登匡山，有詩云：「王臣既仙去，遺跡山之阿。豈無一代雄，千秋名如何？貧人貧不死，富者空金多。吉州今代盛，人物在三羅。」鄙意謂禮失而求諸野，張先生之言或有據也。乃彼時諸公見此詩，多不滿，姑以俟百世可也。足下謂必於講學中尋人，殆未可草草。吾道自有正氣，世間自有真人，足下平心而徐察之自見，不當以區區一篇之言爲左券也〔三〕。足下喜釋，釋不妨儒，各自成家，正不必混而兩相借耳。白沙有言：「儒與釋不同，其無累一也。」足下蓋有志於是矣，而必尋人於

〔二〕「求於」，各本同，黄宗羲《明儒學案》卷四十二《甘泉學案六》所引述作「求人當於」。

〔三〕「篇」，各本同，黄宗羲《明儒學案》卷四十二《甘泉學案六》所引述作「偏」。

講學，不但無益於儒，恐并其釋意而失之〔二〕。況此邦九邑，講學大半，就其講者士風，如足下所云，亦概覩〔三〕，復可使之轉令盛乎？必以講學尋人，與必以不講學尋人，均之有意。雖然，世必有不講而學、不言而信者，雖未之見，不敢誣天下盡無人也。非高人不敢及此。惟裁察。

答劉方伯 二首

途來，每見張黄門玉車論當今人物，未嘗不盛推門下。及晤李中丞先生，其言猶玉車也。顔儀在對，深愜私衷，獨不得從容扣所欲請耳。往時憶承李卓吾道人寄聲相候之諭，既渡江，因與玉車晤卓吾於大別山上，坐語移時。即其榻所，見几上有卷一軸，乃卓吾與顧尚書公約遊焦山往來書札也。卓吾札云：「何必焦山？必焦山，則焦山重。我既不欲死於婦人女子之手，又不欲死於假道學之手，則何往而不可死也？」讀其詞而壯之。玉車喜，先題數言卷上，以次見屬。惟元之念卓吾，亦猶卓吾相念也，遂發如蘭之説，以應玉車，若曰：「吾輩與卓吾趣舍不同，自當有同者在耳。」乃卓吾怫然，以其言無當也。玉車解不勝。元乃言曰：「世人出處，名與利

〔二〕「釋意」，黄宗羲《明儒學案》卷四十二《甘泉學案六》所引述，作「釋者」。
〔三〕「亦概覩」，黄宗羲《明儒學案》卷四十二《甘泉學案六》所引述，作「亦可概覩」。

而已。出者間或近名，而不勝其利；處者間或爲利，而不勝其名。若名不在山林，利不在廊廟，謂之如蘭，豈不可也？」卓吾顔始稍霽。今其題卷具在，門下一索可觀之。倘所題過當，幸直以一言，敢不勇於受責，以嘉長者之賜！

又

伏枕中忽辱枉書，不覺沉疴之去體也。所承獎借，愧不敢當。而門下所引未能，則實大有訂頑者，不敢以爲誑也。大抵一體與過化，實未易言。近世儒者，動稱一體而侈慕過化，此不可以欺人，止欺己耳。楊子雲有言：「君子忠人，況己乎？小人欺己，況人乎？」爲今之學，未有不欺己者，其原生於以本體求道，而陋聞見、拙踐修耳。高明以爲何如？李道人名震湖澤之上，頗聞其旨主不欺，志在投時〔一〕，可謂獨造。獨其人似過於方外，寡淵默之思，露剛俠之象〔二〕，未言化俗，先礙保身。門下當善成之，勿愈益其僻也〔三〕。夫儒與釋不同，而吾儒之中庸與釋家之平等一也，不審道人亦有味其言否耶？道人因焦太史與門下之雅，謬意不肖，乃不肖亦何敢無以

〔一〕「投時」，黄宗羲《明儒學案》卷四十二《甘泉學案六》所引述，作「救時」。
〔二〕「剛俠」，黄宗羲《明儒學案》卷四十二《甘泉學案六》所引述，作「剛狹」。
〔三〕「勿」前，黄宗羲《明儒學案》卷四十二《甘泉學案六》所引述，有「幸」字。

報道人？惟轉致爲幸。蓋因道人，既以自省，又恐其友與於今世談學者之弊之甚〔二〕，則關係不細耳。道人以一代知音待予，當其時實不解也。别去三年，始悟其意，亦不必復扣道人。

答佘司理

邇來士大夫工於速化之術，一以彌縫世情、諂上諛下爲通才，爲遠器，無論道理何如，即本來稟受偏氣，亦消磨殆盡，猶然世共賢之，而彼亦若自以爲得計者。士風至此，可爲太息。夫理天而氣人，然氣亦所以輔理。自大賢以下，氣皆不能無偏。氣存而理猶有存者，故理失而求之氣可也。并其氣而喪之，且侈然附于非理之理，如世道何？方門下理敝郡時，未能無氣，亦未能無偏。然竊私相謂，今時難得，正如公等，在一方則官邪民害懼，居臺諫則能行我所欲言，不肯顧慕，以媚當路而病公家。所期門下，謬有世道之思焉，而詎知其不果爾？雖然，亦何損於門下也？伏讀來書，引以自訟，其氣王，其語衷，油然沖光，益增敬悚。世有小經挫折即改生平，又有不堪時俗，愈爲白眼以傲當世者，聞門下之風，可以自省矣。夫官何負人？人負官耳。守道守官，其理無二。能求勝己，百順自生。安知今日之失非兩得也？夙承雅誼，敢布腹心，敬謝遠存

〔二〕「友」，黄宗羲《明儒學案》卷四十二《甘泉學案六》所引述，作「反」。

之辱，不備。

辭郡侯見招

屢承寵召，未敢趨命，而又未敢遽白其所以，猥托于小祥以外之權辭，致塵記憶，復叨兹寵，深愧不孝之未能以誠事我邦君也。不孝自經生時，謬志古禮，每讀史至西晉，深惜王、謝風流，禮教陵夷極矣。然而朞功絲竹猶載史書，令人驚異。不知今天下士風，當不止此也，往往爲友人道之。曩出都時，猥辱相知以纂葺《禮經》過督，此日竊不自揣量，妄有事焉，今亦粗有次第。奈向來偷惰之習，兼以多病之軀，自覺叛禮徇俗處多，已不勝其内怍，則焉用經爲？惟有此類一二細節且易守者，猶未敢蕩盡以駭鄉人耳目，以累我邦君一方之風化。伏惟臺端憐而舍之，倘得伏苫塊中，竟業於諸相知所督過者，萬一有所發明，在翁祖曲成之恩，以視前席之賜，其輕重大小何如也？力疾布聞。皇恐皇恐。

醉經樓集卷之六

澄邑唐伯元仁卿甫著

雜著類

湖廣辛卯科程策 二首

問：六經、《語》《孟》，論道者莫詳於《易》《中庸》二書，而諸説同異爲甚，豈道體難言歟？姑舉一二。「易有太極」，語自渾成也，或曰無極，又曰無形，或曰道，又曰心，何耶？「一陰一陽之謂道」，意本完足也，或謂推其所以，或以理氣分，何耶？「於乎不顯」「不顯惟德」，一文王也，或曰顯，或曰不顯，有二耶？「不覩不聞」「人所不見」，同此獨也，或指人，或指己，有別耶？夫道有本體，學有工夫，聖人但言工夫，不貴本體，故性與天道不可得聞。然則《易》《中庸》非歟？「無聲無臭」「不見不聞」，非本體歟？儒者之説，有道體，有性體，有仁體，有心體，或以求放心爲求心，或以立大爲立心，要之本體之意。不知聖人果好以本體示人耶？抑別有解也？其悉以對。

學以明道也，而非以道明道也。以道明道，而道愈不可明，其必有寄道者乎！天地萬物，寄道之物也。人生天地間，爲萬物中之一物，寄道之人也。有是人，則天地萬物在我。天地萬物在我。而道將焉之乎？是故近言之而遠也，約言之而廣也，雜言之而一也。即默無一語，而其意自傳也。何也？道固如是也。不然而索之過玄，愈玄則愈晦；析之過精〔一〕，愈精則愈粗，將以明道，而道愈難言矣。故曰「人能明道，非道明人」〔二〕，此明道之辨也。

六經、《語》《孟》，言道之詳者莫如《易》與《中庸》，姑就明問所及而言其一二。「易有太極」，贊易也。易者，變也。太極者，至善之名，中之謂也。「易有太極」，變而中也。變則無〔窮〕〔三〕，而中不可變，周子曰「無極而太極」是也。而或以無極爲無形，或以道爲太極，又以心爲太極。夫太極即道也，謂心即道可也。太極之無形固也，以無形贊太極可也。蓋不知《大傳》之語自渾成也。「一陰一陽之謂道」，言道也。獨陰不生，獨陽不成，在地爲剛柔，在人爲仁義，

〔一〕「析」，原作「拆」，乾隆本、道光本同，據光緒本改。

〔二〕「人能明道，非道明人」，即《論語·衛靈公》所載孔子語「人能弘道，非道弘人」。清代諸刊本、抄本將兩「弘」字改爲「明」字，恐爲避清高宗弘曆諱。

〔三〕「窮」，原爲一空格，據乾隆本、光緒本補。

故一陰一陽而道立焉，程子曰「中之理至矣」是也，即太極也。或謂道非陰陽，而所以陰陽者爲道；或謂陰陽亦氣，而其理爲道。將理氣爲二乎，爲一乎？孰先乎？孰後乎？蓋不知《大傳》之意自完足也。「不顯惟德」，詩人頌德也，與「不顯之德之純」一也。觀史稱「西伯陰行善」，夫子贊文王至德，而其義可徵矣。或以不顯爲顯者，不知天載即文王也，非詩中之本旨也。「不覩不聞」，《中庸》言獨也，與「人之所不見」一也。觀君子不愧屋漏，小人爲不善於閒居，而獨處可想矣。或以不見屬己者，是求工夫於渺茫也，非體道之實功也。合而觀之，太極也，道也，似言本體也；不顯也，謹獨也，似言合本體者也。然道以陰陽言，陰陽氣也，非本體也；太極以易言，易亦陰陽也，非本體也。道與太極尚無本體之可言，況不顯、謹獨而可以言本體乎？易也，陰陽也，寄道之物也；不顯也，謹獨也，寄道之人也。皆不可以本體言也。然則「無聲無臭」、「不見不聞」非本體歟？子曰「無聲無臭」，天也；「不見不聞」，鬼神也。天與鬼神，形而下者也；道，形而上者也。言天以「無聲無臭」，可也；道之無聲臭也，豈待言哉？天者道之官，而天不足以盡道，故「無聲無臭」非本體也。言鬼神以「不見不聞」，可也；道之不見聞也，又豈待言哉？鬼神者道之用，而鬼神不足以盡道，故「不見不聞」非本體也。非本體而以爲本體，聖人不道也。六經微言，莫過乎《易》，然必即天地、鬼神、人事、象數、卜筮反覆以推明之，而要歸於「不言而信，存乎德行」，聖人固未嘗以本體示人也，故曰「性與天道不可得聞」。何聖人言之之難，而後人言之之易也？毋亦説者之未深考也，是故「逝者如斯夫，不舍晝夜」，則以爲道體矣。然孟子不云乎？「有本者如是，是之取耳」，是本解也。言學貴有本也，有本故不息，而道可幾也。「鳶飛戾天，魚躍于淵」，則以爲性體矣。然程子不云乎？「與『必有事焉而勿正心』之意同」，是本解也。言學貴有事也，有事故勿忘，而道不離也。「立人」、「達人」，言仁體矣，然則「己所不欲勿施于人」，將無同乎？程子所謂「言仁之方，而非便以爲仁」是已。「仁，人心也」，言心體矣，然則以仁存心，非仁無爲，何頓異乎？李延平所謂「孟子不是以心名仁」是已。求放心似求心，而放之義當明也。知「受無禮義」之謂失其本心，則知「由乎正路」之爲求其放心矣。立大似立心，而大之義當識也。知仁義忠信之爲天爵，則知「飽乎仁義」之爲立大矣。凡此皆自解也，而非别有解之謂也；皆以經解經也，而非以我解經之謂也。然則聖人果言本體乎？不言本體乎？聖人非不欲言本體也，本體不可言，雖聖人而不能言也。大匠能與人規矩，而不能與人巧；良醫能授人方書，而不能授人神。六經之設教也，學者之規矩而聖人之方書也。自巧也，何必規矩？自神也，何必方書？自上達者，何必下學？喜談本體者，意蓋如是。然則聖真神解一切皆空，文字六經盡爲疣贅矣，又何必索之過玄而析之至精也〔二〕？噫！亦惑甚矣。是故不患

〔二〕「析」，原作「拆」，乾隆本、道光本同，據光緒本改。

道不明，而患道無寄；不患無寄道之物，而患無寄道之人。仁義之人，寄道之人也。推所欲爲仁，由正路爲義，勿放焉爲心，既飽焉爲大，出而爲源泉混混，動而爲魚躍鳶飛，合德而爲陰陽、爲太極；其近如地，其遠如天，其約在一身，其廣在六合，其變化萬有而不離乎中，與世爲蓍龜、爲山斗，可憲而不可乞言，可乞言而不可盡，必如是而後道明。然要之謹獨至矣。所謂獨，不顯是也，人所不見是也。不求人知，獨求天知，獨行視影，獨枕視衾，獨往視鬼神，獨居視師保，晝驗妻子，夜驗夢寐，如是而已，非必求之無何有之鄉而以爲本體者也。本體之説，蓋自有説，而非吾儒之説也。援而入之，翼而高之，其流必至於去四大、逃倫類、裂冠裳，盡毁中國之教而後已。韓子曰：「舉夷狄之法而加之先王之教之上，幾何其不胥而爲夷也？」此執事未發之意，而愚生之所不敢道者也。

問：周子，中興吾道而楚之鄉大賢也。每教二程，必令尋孔、顔樂處所樂何事，則尋樂當爲學者第一義矣。顧當時程子既引而不發，解者猶謂當自博約、竭才來，然後庶幾得之，則樂何時可尋耶？周子蓋嘗自解矣，曰「見其大則心泰」。夫大可見則樂亦可尋，然則所謂大者何物耶？又其語學聖之要曰「無欲」。不知無欲亦見大、尋樂之意，即近代儒者動稱曾點，謂其樂已見大，然則點之大且樂亦顔子耶？夫士而居長戚戚者，固卑卑無足道，彼漆園之逍遥、竹林之曠蕩，亦可謂大與樂否？果必於大與樂，則孟子所謂「君子有終生之憂」，又何其相戾也？諸士固生長是鄉而願學孔顔者，其尋樂已久，幸著於篇。

樂不可強而生也，亦不可急而求也。聖人之言學也，不曰樂而曰無怨，不曰無怨而曰反己。夫反己者，道之源而樂之所由生也。能反己而後能推己，能推己而後能誠，誠無事矣，樂在其中矣。夫樂何易言？必也無怨乎！無怨何易言？必也反己乎！子曰「上不怨天，下不怨人」，曰「在邦無怨，在家無怨」，則樂之謂也；曰「正己而不求於人則無怨」，曰「躬自厚而薄責於人則遠怨」，則其所以樂之謂也。無怨非樂，而無怨近乎樂也。不反己而求樂，是樂其所樂而非聖人之樂也。知此，則孔顔之樂，周程之尋樂，有可得而言者矣。嘗聞之，孔鑄顔也，言則不違，語則不惰，居陋巷而簞瓢自如，當絶糧而絃歌不輟，非孔樂顔也，而顔亦樂孔；非孔顔相樂也，而孔顔亦自樂其樂。此何以哉？以爲樂貧耶，則聖賢非不近人情者。彼其浮雲富貴，以不義也；如其義，則奚必貧以爲高、以爲樂道耶？則發憤悱，忘寢食，至晚歲而猶三絶韋編，亦步亦趨，苦其絶塵而恨其卓爾也，又何有道之可樂？然則必見大而後樂乎？曰「天下惟道爲大」，大不貴見也。望道未見，所以爲文王；見之，爲仁爲知。故君子之道鮮。凡有見者，非己有也；非己有者，不能樂也。聖人不言，而周子有爲言之也。然則必無欲而後樂乎？曰「惟天生民有欲」，欲不必無也。在我有當欲，可審而安；在人有同欲，可公而共。夫所謂至人無欲者，中之謂也。中者，中節也。無欲而樂不加，有欲而樂不損。聖人不言，而周子有爲言之也。聖人不言，防賢智之奇而慎也」，周子之言，引中人之進而高也。賢者常高而聖人常慎，此立言所以不同而聖賢之分也，其意一也。雖然，樂非爲貧也，而安貧者近之，知命則樂天矣；樂非爲道也，而憂道者近之，「憂道不憂貧矣」；樂不貴見大也，而立大者近之，飽乎仁義則不願膏粱文繡矣；樂不必無欲也，而欲仁者近之，欲仁而得仁，又何怨矣。程子曰：「仁者在己，何憂之有？」凡不在己而逐外，皆憂也。若顔子不憂而獨樂者，仁也。夫知顔子之樂以仁，則仁固難言也，樂固難言也。知仁者在己，則知反己，反己則無怨，而樂常存焉。執事謂程子引而不發，愚謂善發顔子之蘊者，程子也。執事謂必博約、竭才之後而樂可尋，倘所謂「爲仁由己」，非歟？亦愚所未解也。且夫樂與憂相反也，則有以憂爲樂者，懼禽獸草木同歸朽也；義與利貞勝也，則有以義爲利者，知良貴天爵吾性命也；人與己相形也，則有以人爲己者，知天地萬物莫非己也。知憂之樂，知義之利，則知人之己矣。知人之己，則於樂也幾矣。雖然，有人有己，有人己，有己己。知人易，知己難，知人之己易，知己之己難。彼得利則躍躍以喜，失利則戚戚若不可生者，樂在外者也，非己也；入聞吾道而悦，出見紛華而悦者，樂在内外之間者也，非己也。此以人對己而言也，夫人而易辨也。知在己也，而不能責己，是謂棄己，棄己非己也；知責己也，而不能推己，是謂盡己，盡己非己也。此以己對己而言也，夫人而難知也。是故吾之所謂樂者，己之謂也；吾之所謂己者，反與推之謂也。推擴得去，天地變化草木蕃；推擴不去，不足以事父母、保妻子。如之何易言樂也？何敢以不推也？我施愛敬而不答，必其愛敬未至也；我懷忠信而見疑，必其忠信有歉也。如之何易言推也？何敢以不反也？是故推要矣，反先「矣」〔二〕。惟能反，故能推；推不已，故反亦不已。反之不爲不忍，而推之所爲所忍；反之不食嘑蹴，而推之無禮萬鍾；反之怵惕惻隱，而推之火燃泉達；反之庸言庸行，而推之博高厚明；反之暗室屋漏，而推之中和位育。謂君子樂乎？則有終身之憂；謂君子不樂乎？則無一朝之患。嗚呼！焉知憂之非樂，而樂之不在憂中也？善乎！孟子之言曰「反身而誠，樂莫大焉。强恕而行，求仁莫近焉」。反者，反己也；强者，推己也；誠者，實有諸己也。仁亦誠也。樂者，足乎己而無待於外也。反則可賢，推則可大，誠則可聖，樂則可天。誠矣仁矣，何如其樂！反之强之，何如其憂！夫其憂也，乃其所以樂也。儒者不察，但知樂之樂，而不知憂之樂，遂謂春風沂水，見孔顏之大，得孔顏之樂，而夫子與之。使夫子果以大且樂與點，毋乃愈益其狂，而非欲裁而中行之意乎？自是一變而爲漆園之逍遥，再變而爲竹林之曠蕩，高明之士或有慕焉，孔顏之樂遂不可復尋，而爲千古不傳之祕，則豈非徒見樂其所樂之易，而不知吾聖賢之所以樂之難哉？是故學莫貴乎無怨，道莫大於反己，一反己而樂可尋矣。子曰「射有似乎君子，失諸正鵠，反求諸其身」；孟子曰「仁者如射，發

〔二〕「矣」，原爲一空格，據乾隆本、道光本、光緒本補。

而不中，不怨勝己者，反求諸己而已」，又曰「行有不得者，皆反求諸己」；程子曰「『在止於至善』，『反己守約是也』」，皆凡尋樂之旨，而儒者不察也。嗟夫！此乃韓子所謂孔子傳之孟軻，而伊川所謂孟子之後一人者也。

雜説五條

惟賢者能愛人，能惡人，能貴人，能賤人。是故有君之尊，有父之親，望之山斗，畏之神明。其道在，故其權亦在也。苟非其人，雖以王公大人之位，愛人而未必親也，惡人而祇自絶也，貴人而或逃之也，賤人而反成其貴也。

惟不求人知也，而後人知之；惟不求人信也，而後人信之。桃李不言，下自成蹊。望重朝紳，不若信於寒微之友；生徒滿天下，不若使閨門之内與我同心。以古禮待時人，失己；以俗禮待君子，失人；以不古不俗之間待人，失道。

善養名者，不諧俗；善養福者，不近利；善養德者，不貶禮。推此義也，可與造物者遊。

家訓四條

道理所貴者賢聖，可學而能也；世俗所貴者科名，可動而取也。上無志賢聖，下無志科名，徒騁心目之娱以危父母〔二〕，曾守錢虜之不如。

衣帛食肉，以優老也；錦衣肉食，以旌貴也。若分爲子弟，自當布衣蔬食。即生長富貴之家，其御有時，其施有禮，不惟明志，亦以惜福。

吾之身至貴也，以供物之至賤；吾之生有涯也，以從物之無涯，小欲而大惑已。有能求吾所大欲者，渾萬物爲一體，超萬物而長存，此之謂大智。

凡事先求己過，聖功也；不求己過而求人過，大惡也。日月薄蝕，何損太虚？可畏者，惡耳。凡過無心，而惡有心，人鬼之分，上帝臨汝。

《大學》《中庸》四解

《大學》《中庸》，皆子思作也。世人未信石本，特爲言卿書之，以足貫逵經緯之義。

惟天爲大，惟學則天，《易》曰「天行健，君子以自強不息」，大學也。惟中故大，惟庸故大，《易》曰「龍德而正中者也。庸言之信，庸行之謹」，中庸也。夫《大學》《中庸》，《易》教也。「惟天之命，於穆不已」，「上天之載，無聲無臭」，不顯也。不顯者，獨也。「十目所視，十手

〔二〕「騁」，原作「聘」，乾隆本、道光本同，據光緒本改。

所指」，「潛雖伏矣，亦孔之昭」，獨也。獨者，不顯也。夫《大學》《中庸》，《詩》教也。「小人閒居爲不善，見君子而後厭然，則何益矣？」閒居，獨也。「君子之不可及者，其惟人之所不見乎！」人所不見，獨也。故獨非無何有之鄉。《大學》《中庸》，原無二獨。「物有本末」、「知所先後」，是謂物格知至。「齊明盛服」、「非禮不動」，所以修身。「好學」、「力行」、「知恥」，則知所以修身。是謂明善誠身。故修身要且難。《大學》《中庸》，原無二本。

爲令四説

信當路易，信同官難；信巨室易，信小民難。民乎！民乎！果能視如傷、保如子，然而巨室不慕者，未之有也。是謂信友獲上之道。

任官者，當以權要爲冰山，以士民爲泰山。然不可媚下，不可亢上，各有以處之。君子正己以先人，親賢而容衆，行有不得，惟在反己。

自上官而鄉貴、而過客、而細民，一一責望於我，豈能使之無怨？我無怨焉可也。我潔己愛人，盡分而已矣，其實分未易盡。

錢糧詞訟，最是難清；火耗罰贖，最是易染。難清者，勿厭細心，自就條理；易染者，必令分明，人人共見。

愛賢堂書賢不肖等

賢之等：忠誠好善第一，廉以惠第二，能而守法第三。守法得官，廉惠得己，好善得天。不肖之等：陰險第一，欺詐第二，苞苴第三。苞苴害身，欺詐害政，陰險害國。

格物修身講草〔一〕

物有本末，身其本也，家國天下皆末也。未有本亂而末治者。格物者，知修身爲本而已，非修身爲本，是謂知本，是謂知止，是謂知所先後，是謂物格知至〔二〕。故務其本則意誠，不然皆僞也；守其本則心正，不然悉邪也。意誠心正，即可以語修身乎？未也。心雖已正，而身未易修。故無私而不當理者有之；克己而不復禮者有之；知及仁守，莊以涖，而動不以禮者

〔一〕「格物修身講草」，黄宗羲《明儒學案》卷四十二《甘泉學案六》所引述，題作「格物修身解」，附於「醉經樓集解」之末。

〔二〕此數句疑有脱字及衍文。黄宗羲《明儒學案》卷四十二《甘泉學案六》所引述作：「物格者，知修身爲本而已，非修身也。知修身爲本，是謂知本，是謂知止，是謂知所先後，是謂物格知至。」

有之；定靜且安，不慮則不得者有之。故格物者，近道而已。即慮且得，猶難至善。故曰：「好學力行知恥，則知所以修身。」又曰：「齊明盛服，非禮不動，所以修身。」蓋至於禮，然後修身之能事畢矣。雖然，齊家、治國、平天下，豈都無事？「莫知其子之惡」，是縱子；「莫知其苗之碩」，是貪財。未有貪財縱子而能齊家者，未有以暴帥人而興仁讓於國者，未有嫉彥聖、舉不肖、蓄聚斂、好惡拂人性而能平天下者。故節節有次第，節節有工夫，然皆必自修身始。欲修其身，必自格物始。物格而身不修者有矣，未有不格物而能修身者也。格物者，知本也；修身者，立本也。知本，智也；立本，仁也；仁智勇者，勇也[一]。此格物與修身始終之條理也。然則格物如何？在家而家，在國而國，在天下而天下，無巨細，無精粗，將有行，將有爲，凡有行，凡有爲，或爲而不得，或行而不通，一一反己省己、責己舍己，不敢一毫求人責人。不敢一毫求人責人[二]，然後可以求人責人。孟子曰：「萬物皆備於我矣。」又曰：「行有不得者，皆反求諸己。」又曰：「仁者如射，反求諸己而已矣。」是謂格物。能知此義，然後宇宙在手，萬化生身。

[一]「仁智勇者，勇也」，黄宗羲《明儒學案》卷四十二《甘泉學案六》所引述作「仁智合者，勇也」。

[二] 黄宗羲《明儒學案》卷四十二《甘泉學案六》所引述，不重「不敢一毫求人責人」八字。

立後説

友人蕭曰階有弟婦以守節終，而議後者不果，爲著此説。

《禮》：「爲人後者，爲所後父斬衰三年。」《傳》曰：「何以三年也？受重者必以尊服服之。何如而可以爲人後？同宗支子可也。」又曰：「爲人後者，爲其父母服期〔一〕。」《傳》曰：「何以期也？不貳斬也。爲人後者孰後？後大宗也。大宗者，尊之統也，收族者也，不可以絶，故族人以支子後大宗也。適子不得後大宗。」夫惟大宗乃後，惟支子乃後大宗，古禮之不輕後者如此。何後代言後者之紛紛也，得無與古禮悖與？夫子與門人習射，令司馬出爲人後者，得無曰「悖禮之夫，不可與觀德」與？蓋必有説矣。按記禮者曰：「大夫之庶子爲大夫，則爲其父母服大夫服，其位與未爲大夫者齒。士之子爲大夫，則其父母弗能主也，使其子主之，無子則爲之置後。」解曰：父貴可以及子，故大夫之子得用大夫之禮；子貴不可以及父，其父士則不得主也。信斯言也，則置後者，以尊父也。然非大夫則不必後，又以尊君也。在君而君，在父而父，其義一也。一置後而忠孝兼焉者也。記禮者又曰：「丈夫冠而不爲殤，婦人笄而不爲殤。爲殤後者，以其

〔一〕底本「服」字被圈出，旁批改爲「報」字。兹保留「服」字。

服服之。」解曰：不言男子女子，而曰丈夫婦人，則以冠而宜有丈夫之道，笄而有婦德故也。自童汪踦觀之，苟無其道與德，雖殤可也。信斯言也，其人誠賢，雖殤勿殤，仲尼之所與也。婦人許嫁方笄，誠堅婦守，賢者之尤難也。生爲女婦，身繫綱常，何啻執干戈以衛社稷之爲烈？勿殤可也。殤而猶可以勿殤，其不殤者又可知也。是故非大宗不後，禮也。貴而後，賢而後，義也。禮以義起者也，自周公、仲尼以來，未之有改也，非後代之謂也。然則凡貴與賢皆必後與？曰：貴有大小，而貴貴者差；賢有大小，而賢賢者等，禮所生也。賢而無關於世教，雖賢抑未也〔一〕，而況乎不賢也？貴而不足以重輕，雖大猶小也，而況乎不貴也？不貴而貴之者，猶之乎不貴貴；不賢而賢之者，猶之乎不賢賢。於義何居？則利而已矣。利則爭，爭則亂，亂則夷狄禽獸而已矣，是尚可與觀德乎？執斯罪禮，是尚可與議禮乎？有能知夫子命司馬之意，又能知夫子進童汪踦之意，然後通於立後之説，然後知禮之不可一日不明於世也。

〔一〕 底本「未」字被圈出，旁批改爲「末」字。乾隆本、道光本作「未」，光緒本作「末」。茲保留「未」字。

生母服説

先王制禮，首重夫綱[一]。婦人從夫，夫死從子。女子之嫁也，父命之「無違夫子」，從夫之義也；丈夫之冠也，見於母，母拜之，從子之義也。從夫者，貴不敢以敵夫；從子者，賤不得以施子。故禮：父在爲母期，父没然後齊衰三年[二]。凡言母者，嫡母、生母也。繼母如母，尊父之匹也；慈母如母，貴父之命也。曰繼母，則嫡母已不待言；曰慈母，則生母又不待言也。然則孟子謂「王子母喪，其傅爲之請數月」，何也？諸侯禮也，而王在也。請者，請於王也。《禮》曰：「公子爲其母，練冠、麻衣縓緣。既葬除之。」諸侯在，則禮然也。又曰：「大夫之庶子，爲母大功。」大夫在，則禮然也。公子除乎既葬，大夫庶子大功，貴賤之等也。然則諸侯、大夫不在，皆得三年歟？吾未之聞也。《禮》有「餘尊所壓」之文，爲諸侯也。諸侯，君也，尊也。大夫之庶子不言，得擬於士也。若公子與庶子皆繼世而爲諸侯、大夫，則《禮》所謂「父母之喪無貴賤一也」。何者？禮有壓父，無壓母，律之以從子之義，雖嫡母不得以其尊臨諸侯、大夫也。然則《禮》曰

〔一〕「夫」，原作「大」，各本同。然底本「大」字被圈出，旁批改爲「夫」字。兹據改。

〔二〕「齊」，原作「齋」，乾隆本、道光本同。底本「齋」字被圈出，旁批改爲「齊」字。光緒本亦作「齊」。兹據改。

「庶子爲父後者，爲其母緦」，何也？諸侯禮也。何以知其諸侯也？「有死於宫中者，則爲之三月不舉祭，故服緦」，是以知其諸侯也。不爲後，則公子而已，猶不得緦也。諸侯在，以爲後而緦，則諸侯不在，不止於緦，又可知也。然而諸侯之禮，先王不議，蓋慎之也。然非所以論於大夫、士也。大夫以上漸貴，貴則尊尊；大夫以下漸賤，賤則親親。貴貴親親，其義一也。然則祔可乎？吾聞之矣：「士、大夫不得祔於諸侯，祔於諸祖父之爲士、大夫者。其妻祔於諸祖姑，妾祔於妾祖姑〔二〕，亡則中一以上而祔，祔必以其昭穆。」又曰：「妾無妾祖姑者，易牲而祔於女君可也。」祔則仁至，易牲則義盡，仁人孝子之至情也。言士與大夫禮可通也。然則今世士、大夫禮宜如何？曰：今之上卿視古諸侯，其次視大夫，然非世爵也，即簪纓累代，不失爲士庶人之家，約略而用士禮可也。然則適子在，宜如何？禮：士爲庶母緦，爲有子之妾緦；大夫爲貴臣貴妾緦。在夫且然，而況於子？適子有服，何疑于祭？夫禮，古今共之者也。今之祭也以别室，如何？曰：似也。父在可也，上卿可也。不然，非易牲之意，而僭擬國君，且使子爲母壓也。壓則無父，僭則無君。無父無君，不敢以訓。

〔二〕「妾」，原作「諸」，各本同。底本「諸」字被圈出，旁批改爲「妾」字。此所引述，其言出《禮記・喪服小記》，原文作「妾祔於妾祖姑」。兹據改。

灝溪先生墓誌銘

國朝迨宣德間，制科始重，吾鄉先進王公彰以東廣解元登進士第，是歲兩廣惟公一人。王氏之聞于嶺南，自公始。未幾，公之子若孫曰隆、曰冕者，與諸子姓聯名桂籍，又若干人。而隆以孝友著稱，載郡邑人物志。嘉靖辛卯，郡中鄉舉二十三人，成進士者九人，而林公大欽以弱冠及第，爲名狀元，潮之人文於是爲盛。維時灝溪先生在二十三人中，猶少狀元一歲，而學行老成，卓然爲同輩所推，人之期先生也遠，而先生不知也。再屈於春官，即謁選，授浙之建德令。令事瘁，又值倭警，當道倚辦急甚〔一〕，先生以古道持之，不得。請于上官，得改杭州教授。杭州爲浙首郡，先生造士禮士，必出古人。士子得先生大喜，聲名藉甚建德時。而建德去思之碑適至，杭人士又大喜，謂先生古道既效矣。會有津要子弟者，以故嘗，先生不應，其人怒，坐遷教授周府。先生笑曰：「吾道如是，而分如是，而顧不如是乎？」即日東歸。歸不數歲，其子文明又薦于鄉，及見其官至潞南州太守。太守以終養歸，未抵舍而先生之訃聞矣。蓋萬曆丙子二月也，距其生六十有五。

〔一〕「辦」，原作「辨」，乾隆本、道光本同，據光緒本改。

王氏自解元公父子祖孫以來，世崇禮讓，敦修陋朴，里有「三代爲官，不識穿衣喫飯」之謡。族蕃且秀，不聞向人出一語自矜門第。郡中巨姓稱長厚，無踰王氏者。至先生，愈自貶抑，里居蕭然如寒生。與村夫語，如不能出。人有欺之，雖胸中了了，受之怡然。客至舉觴傾倒，都若不省其家有無者。太守年未強仕，即命之仕；太守爲政方有聲，即促之歸。太守俱奉命惟謹。太守歸自潞南，家落殆盡，而太守當之若固然者。意其于消息盈虚之理，耳熟在庭訓，不令聞諸世人耳。先生有弟格，早世。子惟太守一人。孫逢其，庠生，一人。蓋零丁者凡四世，而令孫曾則已四人矣〔二〕。天其大王氏乎！何其勤施而嗇饗也！先生警敏殊絶，讀書一目數行下，爲文章雅雋，不類經生語。憶元兒時，諸父輩從先生遊，歸語其師，多異其人。比長，以姻屬得侍先生，而於太守尤友密，乃嘆所聞特先生之細耳，其大者不易知，先生亦不欲人知也。先生諱樹，字端立，學者稱灝溪先生。祖鑑，庠生；父汝玉，俱有隱德。母盧氏。配杜氏，繼陳氏，又繼鄭氏。三配隨先生合葬，在管壠之西山。有女一，適余生槐，與太守俱陳出。先生處世，無不遜以厚，其於孝婉尤篤。銘曰：

舉世競榮，不量我生。舉世有智，不虞神忌。我何求人，敢不敬人？我未知天，敢不畏天？

〔二〕「令」，各本同，據文義疑爲「今」之訛。

嗚呼先生！得我固然。其中有物，象帝之先〔一〕。

贈安人李氏墓銘

徐安人李氏者，贈主事客部公燧之妻，而余友今祠部員外郎即登君之母也。幼稍讀書，能通《孝經》大義，即歸客部公。會大母李褊心，好督過人，而客部公又剛急不可近，時謂兩難，安人一以和柔承之，未嘗敢有纖毫怨詈見于顔説。相客部公，左右大母，勞楚備至。久之，竟得其歡心。每進大母甘旨，必預遣諸兒，令安饗，稍不樂即長跪請罪，以爲常。大母病，值客部公謁選出，安人視湯藥、掖起臥、除膿穢，一一身爲之，不以令侍婢，大母忘其子之不在側也。大母且殁，祝曰：「吾無以報若，願來世爲若婦。」安人恐懼，謝不敢。客部公好儒術，志在教子，顧十九在外，安人則自督課之，數數爲祠部誦「身體髮膚」、「立身行道」之句。祠部既壯，從李中丞先生遊，爲格物修身之學，安人喜。安人雅不喜佛，惟樂施與。而于奉先隆重，歲時供廟，祭具必整必潔。肅諸子姓，無敢不虔。平居遇族戚妯娌，下至婢僕，皆有恩惠。安人卒，無不哀且念者。嗟夫！方姑之嚴，安人且懼不成爲婦也；方夫之剛，安人且懼不成爲妻也。卒之爲孝婦、爲順

〔一〕「先」，原作「光」，乾隆本、道光本同，據光緒本改。

妻，成教於家，以顯徐氏。人皆誦安人德，而安人不敢知也。雖其天性之美，而夔夔小心如一日，有自來矣。《易》曰「無攸遂〔二〕，在中饋，貞吉」，安人以之；「家人嗃嗃，悔厲，吉」，大母、客部公以之。安人子四：長爲祠部，由癸未進士累今官；次即用，仕爲石城縣典史；次即元；次即亨，早殤。女一，適邑人萬絳。孫凡四男三女。安人卒年五十九，以祠部貴，贈安人。葬在角里之南。銘曰：

惟姑嚴，惟婦孝。惟夫剛，惟妻良。惟孝惟良，惟教則然。惟夫子光，惟安人賢。安人之賢，豈一朝夕？我儀圖之，負罪引慝。能知此者，是謂物格。温温安人，惟學之則。

合奠顧安人

維萬曆十八年，歲次庚寅，冬十二月己巳朔，越十有七日乙酉，巡撫湖廣贊理軍務右僉都御史李禎、禮部儀制清吏司主事唐伯元，謹以清酌庶饈之奠，致祭于誥封太安人顧母□氏之靈曰〔三〕：嗚呼！皇風既遠，醇氣日漓，豪傑之士生於其間，即當代不能數人，千里難遇同聲，況于

〔二〕「攸」，原作「收」，乾隆本、道光本同。光緒本作「攸」。此句出《周易》「家人」卦六二爻辭。兹據改。

〔三〕「母」後一字各本均爲空格。據鄒元標撰《明朝列大夫南京光禄寺少卿涇陽顧公墓誌銘》，顧憲成、顧允成之母姓錢氏，故此字應爲「錢」。

一門之内乎！有文章足以驚世，有節概足以振俗，亦足賢矣，况於卓然以絶學自命者乎！自吾友顧氏叔季者崛起東吴，人知顧氏有二難，而不知凡爲其昆仲者皆猶二顧也。人見其文章節義之高，則以爲二顧賢，而二顧之賢不在兹也。聞昔贈公之存也，雖業儒而薄富貴，雖課子而陋功名，得隱者高蹈，而世未有能知之者。贈公既殁，而安人之督成其子，不敢有加焉。故其朝蓬蓽而夕廟廊也〔二〕，安人不色喜；朝拜官而夕抗疏也，安人不色愠；或赴謫從君，或堅卧依母〔三〕，趣舍不同也，而安人各遂其志；當新學之盛行，澹然無所顧慕，而悠然尋鄒魯伊洛之淵源也，而安人能成其高。則二顧之賢蓋有所自。而安人之後贈公而殁也，獨發其潛德之光，其功在顧氏亦偉矣。天其有意於顧氏也乎！安人其有關於斯世也乎！寥寥千載，吾道如絲，寄奠陳詞，可勝感慨！尚饗。

祭王藩甫文

維萬曆十九年，歲次辛卯，春二月戊辰朔，越有二十日丁亥，友人范淶、唐伯元、孟化鯉等，

〔二〕「廟廊」，乾隆本、道光本同，光緒本作「廊廟」。

〔三〕「母」，原作「毋」，乾隆本、道光本同，據光緒本改。

謹以清酌庶饈之奠，致祭于故中順大夫大名府知府藩甫王先生之靈曰：嗚呼！人生有盡，吾道無窮。無窮者，不待生而存，與天地相終始；有盡者，必隨物而化，雖賢聖不能留。故顔子短而何憾，彭、聃壽而同歸。知死生爲晝夜者，可以語道矣。吾友藩甫，貌肅而氣和，質直而行方，望之知其學道人也。起家司理，晉拜曹郎，出守畿輔之間真定、大名二雄郡。所至廉聲振而惠澤流，赫奕汪深，顯有儒者之效。殁之日，大名人士如哀考妣，藩甫爲不死而吾黨爲有光矣。獨怪龐如藩甫，仁如藩甫，近歲又學養生如藩甫，而壽僅五十，則數不可詰而理有難推者，豈養生之説誤之也？大名人傳言：「方士無狀，殺我仁侯。」是耶？非耶？夫養生固亦有道，而非吾所謂道也；吾道非不養生，而非彼所謂養也。即藩甫所爲不死，已足當乎吾道；雜養生而以爲道，又何益於藩甫？淶等或生而同里，或舉而同年，或學而同師，或官而同舍，不可謂不知藩甫。藩甫平生於得失窮通之際，一切不動念矣，何獨斯之未能信乎？藉不能養生，而反致傷生乎？或者傳之之言過也，或者思藩甫而不得見，悲憤而爲之辭也。就藩甫自名世者，可以爲吾黨之勸；就或人悲藩甫者，可以爲吾黨之師。嗚呼藩甫！其能聽斯言乎？尚饗。

祭鄧編修文

天地之氣，始於西北而盛於東南。惟兹嶺海，應當其會。蓋運有必至而理有固然，古今記載不可誣者。惟太史家雷陽，稱世德。在嘉靖末，太史之父若諸父號雙鳳者，蜚聲五嶺之間，未獲大顯於世。而太史崛起，人皆曰大鄧氏者必太史也，而豈知太史之年止是也？吾鄉邇來甲第稀少，衣冠零落，惟是翰苑未稱乏人，隆萬之際，有劉檢翰、苑庶吉者，皆以清才負時望如太史，而皆不壽。比太史出，人又皆曰「二君不能當，當之者必太史也」，而豈知太史之壽，亦僅僅如二君也？太史生而容貌魁梧，應爲大器；生而宇度謙和，應享遐齡；生而英雋警敏，應早聞道。人方望之以當吾鄉氣運，而天限之年，是不足爲太史惜，而實足爲吾鄉惜。然太史有二子，可望成立矣；有諸父兄弟，能讀書世其家聲矣。吾鄉氣運方至，而太史家多厚積而未盡發，不在太史，安知不在其後之人乎？太史之壽未及顏子，太史之遇過於顏子，然則太史未爲可惜，而吾之所以惜太史者，亦不係乎年也。嗟夫！科名貴顯，賢不在斯。窮達殀壽，又何足論？吾不暇爲太史惜，而恐後之惜太史者，不知太史之所以可惜，則雖壽如彭、耼，亦何能有加于太史？而况太史之不如也？尚饗。

祭李銅陵

嗚呼！自科舉興而賢科重，而甲科尤重。其在吾黨，近而望於嶺表，遠而望於中原，出其途者亦多，如丘文莊、梁文康、霍文敏、翁襄敏、龐中丞諸君子，皆樹勳王家，聲稱華夏，與前代張文獻、崔清獻二公者，並映青史，則誠哉其重矣！乃有陳徵君、海忠介者，舉世震而仰之，以爲天人，尤稱殊絶，而不必盡出於甲科，何哉？由斯而推，布衣果能自貴，豈必青雲？王公而靡特操，同歸草木。此道之常，無足爲怪。今歲，吾潮忽亡其二人焉，其一懷集宗君，其一銅陵李君。懷集賢科，銅陵甲科，皆初仕令尹而年方壯也，皆能使吾潮學士大夫咨嗟洟涕，老者如失其子弟，朋友如失其羽翼，少者如失其依歸。嗟夫！懷集爲清評所畏，似不假於甲科；若銅陵者，衆方因世之所重重之，望之以前輩諸君子，休光罔極，而均之不得竟其至也〔二〕。嗟夫！志願未了，能不傷悲！白雲悠悠，緑水凄凄。萬古如斯，寧有盡期？飄飄長往，羅浮武夷。懷集屬纊之言，幾於道矣。銅陵之意，倘亦如斯乎！尚饗。

題養蒙詩後

善教者漸人而不知，不善者强人以速化。夫漸而不化者有矣，未有不漸人而化者，雖天地、聖人不能違也。可以化不化，可以速不速，吾必以天地、聖人爲不仁。詩歌，先王教人而漸之之術也。古法不傳，而近代之聲時得其遺意，是亦可以興乎！嗚呼！詩難言，其旨遠也。惟旨遠，

〔二〕「至」，乾隆本、道光本同，光緒本作「志」。

故諷詠而動深長之思。諷詠而動深長之思，故能漸。惡其遠也而暴之，彼其意在化，不知於以漸人何如耳。余友新安范原易氏，輯儒先詩五七律絶共一卷，題曰「養蒙」。凡在編，皆教也，其間至與未至，則願觀者以此求之。乃爲題於末簡。

讀炎徼紀聞

今讀《炎徼紀聞》，而嘆田副憲史才，即司馬子長不足多也。田爲王新建里人，叙田州事失策，曲護新建而歸誤于桂學士已甚。所不能諱者，但曰「岑猛實伏誅，而疏言病死；蘇、受大憝漏網，而盛稱其功，此不可解」二語而已。而世之諛新建者，尚以田爲臆詆，恨不火其書。吁！亦過矣。

田州自新建後，兵戈枕藉者十餘年，夷人歸咎官家，至翁襄敏以監軍討安南之故，乃次第削平諸夷，而兩廣始靖。田與監軍同年、同宦、同事，記載詳核，一一如畫。今按其事，新建有大失三，而縱孽幸納賄不與焉。一曰負友。西廣自韓襄毅公後，土官岑猛雄梗一方，都御史潘蕃、陳金共養其驕，盛應期、陶諧爭啗其貲，獨姚鏌抗疏征猛，梟首軍門，即欲乘破竹之勢郡縣田州，何其壯也！乃御史謝汝儀、石金拾小憾，陰壞其事，而監司嚴紘、張邦信輩曲阿御史，遂以守仁代鏌。爲守仁者藉滅其功〔二〕，而可甚其罪乎？今疏岑猛病死，而猛之土目盧蘇、王受挾其子邦相反，反貸而官之，將爲猛報復乎？爲謝、石、嚴、張報復乎？何以見鏌于九原之下也？二曰釀亂。蘇、受擁兵降，不欲受杖。兵譁，守仁幾於不免，賴方伯林富下庭慰止，蘇、受乃帶甲受杖，杖者又田州人也。夷人駭，莫測意指。已又盛稱其功，盧蘇遂號布伯，弑其主邦相。而潘旦、蔡經相繼督府，大率效尤守仁，反誣邦相當殺。於西江土官咸撫膺嘆曰〔三〕：「殺人不抵，弑主無刑，吾輩手足腎腸皆懸僕妾矣。」斷藤峽之役，盧蘇命在翁監軍目中而徑逸之。倘非斷藤之爲烈，於爍仁夫，剪削禍本，不知西廣至今作何狀也。三曰欺君。鏌友可負而君不可負，蘇、受杖可假而功不可假，張、桂二學士可欺而肅皇帝英明不可欺。守仁平生大率類此。當守仁之垂没也，語翁曰：「田州事非我本心，後世誰諒我者？」即守仁已自度其不容於清議。而田之記與其徒尚責張、桂，何其誤也！

乃疵守仁者，輒以幸客王佐、岑伯高索賄一節疑守仁，抑又過矣。謂守仁之智失之幸客，可也；謂守仁掩耳于幸客，則守仁何至於是？惟伯高徵蘇、受萬金丐命，蘇、受力不暇給，倉卒間

〔二〕「藉」，乾隆本、道光本作「籍」，光緒本作「即」。

〔三〕此句各本無異文，「於」字後疑有脱字。朱鴻林先生據文意以爲脱一「是」字。

幾致大變。有十四歲侍兒者夜告守仁，守仁大驚，達旦不寐。爲守仁者即斬伯高以殉衆，豈不琅琅？不然，逐之已晚。顧未幾而土目趙楷謀弑主如蘇、受然者，伯高又納楷賄，從諛守仁，竟遂其弑。復官楷，一方大亂。州人恚恨，曰：「禍我家者天官也。」凡弑主者皆得官，凡與官者皆索賄，此則尤不可解。豈夷人耳目盡可塗乎？安南莫登庸篡主自立，朝議征之，登庸笑曰：「中國土官比比弑逆，數十年無能正法者，而獨慮及吾，何哉？」則守仁經畧田州之明效也。守仁畏蘇、受如虎，畜伯高如兒，不武莫甚，奈何盛談武事？由兹而觀，宸濠之功，或謂賞當亞于伍文定，信矣。余考翁監軍定安南事，時仇咸寧纛麾下王洪、王瀕、文通三人者索登庸賄，翁發其姦，竟不得逞。咸寧以故銜翁。翁晉本兵，幾爲咸寧所中，賴肅皇帝之明得免。嗟夫！一監軍而能發主帥之姦，爲督府而隱忍以悦嬖幸，孰剛孰怯，孰忠孰回，必有能辨之者。

題薛文清抄《易學啓蒙》卷

《易學啓蒙》與《太極圖解》，皆數萬言，乃朱夫子平生極力之書，其尊信周、邵已甚。然《易》與《太極》，至周、邵之説一變，學者因訓詁詳，用工深，入焉而不可返，亦不無時有得失焉。顧以《啓蒙》視《圖解》，則《圖解》可省而《啓蒙》不可缺。何也？理不可詳，愈詳則愈晦，衍數而存之，其可也。文清公之抄録，玉車君之珍重，其意皆在斯乎！

醉經樓集奏疏附刻

從祀疏[一]

南京户部雲南清吏司署郎中事主事臣唐伯元謹奏，爲祀典方新，羣情未定，懇乞聖明仍採諸臣原議，通行天下學宫，以遵祖制，以安人心，以崇正學事。

臣惟國家之氣運係乎士風，人心之邪正關乎學術。洪惟我國家重道崇儒，右文錫極，詔天下郡縣各祀孔子於學宫，所以垂帝王之道於萬世，如揭日月而行天也；頒行六經孔孟之書，一以宋儒朱熹所註爲據，所以明孔子之教於來學，如沿江河而會海也。熹之註解諸書，雖不必一一盡合聖人[二]，要其力學任道，與聖人異者絶鮮。宋儒程頤有言曰：「學者要不爲文字所梏。」故文字雖解錯而道理可通行者，無害也。二百年來，道術有宗，教化有紀，人材輩出，皇風穆暢，

[一]「從祀疏」，《潮州耆舊集》作「争從祀疏」。
[二]「合」，原作「令」，據乾隆本、道光本、光緒本改。

非三代以下可及，熹之功爲多。間有一二任道君子，解經釋傳，時或同異則有之，然未聞有以熹之學爲非是者。

迨正德、嘉靖間，乃有新建伯王守仁者，始倡爲致良知之説，行於江南，而其旨頓異。彼其初意，非欲有異於熹也，但以識太敏、才太高，任道太勇、立言太易，當其談鋒溢出，前無古人，故往往不覺其抵牾於熹；而爲之徒者，推波助瀾，爭高門户，益以疑天下之心，而遂爲敵國。往該浙江撫臣題請祠額，伏蒙皇上錫以「勳賢」之號。夫守仁以道學自名矣，不與儒者之稱，而只曰「勳賢」，天下之人有以知我皇上厚恤勳臣之意，而惟恐其學之有戾於道，或以駭見聞也。又近該臺省諸臣後先疏請從祀，經時累月而不遽定，乃者雖蒙俞允，然伏讀御批，有曰：「操修經濟，都是學問。」夫祀典之所重可知已。必以經濟與操修並言者，天下之人又有以知我皇上念守仁有殊功，則當有殊報，不必其學問之有異同也。大哉皇言！一以勸功，一以正學，所以立天下萬世臣民之極者，至矣。但祀典既新，人情觀望，學術岐路〔一〕，從此遂分。故祭酒張位拳拳以今准從祀布衣胡居仁爲言，而洗馬陳于陛、少詹事沈一貫又欲並祀祭酒蔡清，無非欲全朱熹以安守仁，皆委曲以明其不得已之意。觀其言曰：「恐學者過於信守仁而輕於詆朱子，則守仁豈能一

〔一〕「岐」，《潮州耆舊集》作「歧」。

日安於廟廡之間哉？」又曰：「恐學者謂朝廷尊寵王氏，此重彼輕，則今之進王乃所以斥朱，而道術將從此裂，祖宗表章朱學以爲制考之意，亦從此壞。」甚矣！諸臣之憂深而慮遠也。不知我皇上以諸臣之見，是耶？非耶？夫察之也未詳，則其慮之也不周；見之也未審，則其防之也不預。當此祀典初頒之時，正觀聽移易之始，如其慮之不周、防之不預，使諸臣之憂驗於異時，是我皇上崇賢報功之殊典，適以違正學明道之盛心，豈惟諸臣之憂，亦皇上他日之所必悔也！何也？其察之也未詳，而見之者未審也。皇上深居九重，萬幾之暇，所稽者祖宗訓典，所對者聖賢詩書，所探討者古今帝王治亂興衰之跡。若欲考真儒，上自魯、鄒，下迨濂、洛、關、閩止矣，何暇詳於守仁之學而辨其是與非？及天下之疑守仁者，皇上亦何從而聞且見也？臣是以不避煩瑣，敬爲皇上陳之。

世之訾守仁者有六，而守仁之可疑者不與焉。訾守仁者，一曰道不行於閨門也。臣以爲守仁少負不羈，長多機譎，一旦去而學道，遽難見信於妻子，亦事之常。人見其妻諸氏抗顏而揖門生〔二〕，詬守仁也，遂執以蓋其生平，此未足爲守仁病也。一曰鄉人不信也。臣以爲鄉曲之譽，必其人無子弟之過者，而守仁固不能也。夫老而無述，聖人羞稱，士能聞道，一日千里。況以守仁

〔二〕「諸氏」，原作「朱氏」，各本同。據黄綰《陽明先生行狀》，王陽明始妻諸氏，繼配張氏，因改。

之才之識，而可量乎？人見其議論過高，而言動氣象未見有異於常人；其一二爲之徒者，又多蒙不潔以冒天下之大不韙也，益以暴其短也，而臣以爲抑末也〔一〕。一曰宸濠之功狀疑似也。臣以爲宸濠之不能有爲也，不待守仁而辦也。說者謂其未發既無先事之防，既發又有張皇之狀，蹤跡詭祕，行止支吾，使非吉州忠義、伍守方畧，江藩之變未可知也。道路訛傳，至今不解，其徒又呶呶而爲之辨，故令聽者愈疑。夫朝廷之勸功也，但考其成；君子之論人也，貴成其美。如守仁之功，報之以伯爵誠當，即進而配享於功臣之廟，亦無不可。故曰宸濠之功狀不必疑也。一曰守仁之學禪學也。臣以爲守仁非禪也。夫禪者，泊然一空寂於內，澹然絶慕嗜於其外，彼其道亦有可以治心養性者，使能不屏倫理而自爲一家，君子猶有取焉。若守仁者，機多而智巧，神勞而形疾，儻所謂禪，亦呵佛罵祖之流、竊無修無證之糟粕者耳。而守仁非禪也。一曰守仁之儒霸儒也。臣以爲聖人之道，得王而信，得霸而尊。夫聖人未嘗不與霸也，一匡九合，《春秋》著之特詳，何者？彼固竊聖人形跡之似，而非敢曰我聖人也。如守仁之自處，則已斷然自爲聖人，其徒亦推崇之，躋之顔、曾、思、孟之上矣。是故守仁非霸也。一曰守仁良知之旨弄精神也。夫六經無心學之説，孔門無心學之教。凡言心學者，皆後儒之誤也。是故《大學》言誠意正心

〔一〕「末」，《潮州耆舊集》作「末」。

矣，而必以修身爲本；孟子言存心盡心矣，而歸於修身以俟。君子引而不發，但言工夫，不説本體，故曰「有事焉而勿正心」。此則臣平日之論也。雖然，弊也久矣。苟不至陸九淵「六經皆我註脚」之猖狂，皆有可恕者。此不宜以獨疵守仁，而守仁之可疑，亦不在於弄精神之失也。夫立於不禪不霸之間，而習爲多疑多似之行，功已成而議者不休，骨已朽而忿者愈熾。吁！可以觀守仁矣。

臣未暇論其良知是否，且就其説之自相矛盾者論之。守仁之言曰「心即性也，心即理也，心即道也」，「心之良知是謂聖也」，「心之良知即天理也」，「學者學此心也，求者求此心也」，「靈丹一粒，點鐵成金」，可謂自奇其言矣。然又曰「致其良知以精察此心之天理」，又曰「精察此心之天理以致其本然之良知」。然則良知與天理，爲一乎？爲二乎？曰「佛氏本來面目，即聖門良知」，曰「良知即是道」，曰「至善者心之本體」，似夫知性矣。又曰「無善無惡者心之體」，又曰「無善無不善，性原是如此」。然則人之有性，果善耶？果惡耶？曰「良知生天生地，成鬼成帝」矣，曰「天地無良知，不可以爲天地；草木瓦石無良知，不可以爲草木瓦石」矣，然又曰「良知本體原來無有，人心本體亦復如是」。然則良知之在人，果無耶？果有耶？駁朱註曰「格物者，窮至事物之理也。功夫在窮，實落在理，若上截『窮』字、下截『理』字，但曰至事，則其説難通」，是矣。彼其自爲解則曰「致吾心之良知於事事物物，則事事物物各得其理。致良知者，致知也；

事物得其理者，格物也」。然則致知與格物，孰先乎？孰後乎？守仁之言，後先矛盾而不顧，大率類此。又有問爲奇險之論以反經者。如謂「曾孟非孔顔之傳」，則是顔曾異學也；謂「知即爲行」，則是目足齊到也；謂「明德在於親民」，則是本末先後倒施也；謂「冬可以爲春」，則是陰陽晝夜易位也。又有故爲互混之論以遁藏者。如曰「無善無惡心之體，有善有惡意之動」，不知心體本無，則善惡之名從何生也？曰「不覩不聞是本體，戒慎恐懼是工夫」，又曰「戒慎恐懼是本體，不覩不聞是工夫」，不知本體、工夫從何別也？曰「有心是實，無心是幻」，又曰「無心是實，有心是幻」，不知實與幻、有與無從何定也？蘇秦、張儀，縉紳之所不道也，守仁則曰「秦、儀窺得良知妙用，聖人之資也」。孔子之聖，生民之所未有也，守仁則曰「聖人猶金，堯、舜萬鎰，孔子九千鎰也」，又曰「求之吾心而非，雖其言之出於孔子，不敢以爲是也」。大發千古所無之異論，欲爲千古所無之異人。彼謂不忍操戈而入朱熹之室，不知其操戈而入孔氏之室也；彼謂朱熹之學爲洪水猛獸，不知其自陷於洪水猛獸也。當時，尚書湛若水與守仁至契，亦嘗答吕懷曰：「邇來横議，湯沸火燎，眼中已無堯、舜、禹、湯、文、武、周、孔矣。」尚書張邦奇答唐順之曰：「今之講學者，至於狎侮天地，秤停諸大聖人分兩輕重之類，開闢以來，未有無忌憚若此者。」太常卿魏校答崔銑曰：「自守仁説行，而楊簡逆天侮聖人之書出禍天下，其邪説甚於無父無君。」提學林希元作《四書存疑》，曰：「天地間自來有此妖怪，如許行邪説，至爲無謂，猶有從之者。無怪良知之說惑人也。」夫此四人者，皆世所謂賢人君子，且素重守仁者也，而力詆之若此，是必有大不得已者奪其情也。

且自國朝以來，真儒如薛瑄，已從祀無議矣。從祀之道自任者，莫如今准從祀檢討陳獻章。守仁之徒所推服，亦莫如獻章。今獻章之書具存也，有無忌憚如此者乎？彼爲之徒者，往往推守仁於獻章，而不知其不類也。何以明其然也？彼駁朱熹窮物理之說曰「如求孝之理於親之身，求惻隱之理於孺子之身」，不知熹無是教也。又曰「亭前竹子，窮物不通，七日成疾」，以爲格物誤人，不知熹無是學也。以一心好酒、一心好色爲主一之功，證居敬之失，不知好酒好色不可以爲敬，亦未聞有敬而好酒好色者也。如此之類，欲以病朱熹而愚天下，至指之爲神姦所伏。考獻章之言，有如此者乎？觀其詩曰「吾道有宗主，千秋朱紫陽」，又曰「一語不遺無極老，十年無倦考亭翁」〔二〕。吁！何其尊之至也。守仁之獎借其徒，人人聞道，處處顔曾。如哀主事徐愛之亡曰「汝與顔子同德」，則是顔子在門也；别山人董澐之序曰「進於化也無難」，則是自處已化也；指王畿心意知物善惡俱無之見爲明道、顔子不敢當，則是王畿過於明道、顔子也。臣之郡

〔二〕「十年」，各本同，《潮州耆舊集》卷二十四、二十五所收「唐選部醉經樓集」作「千年」。此語出陳獻章《讀周朱二先生年譜》詩，此句各本文字有異，有作「十年」者，有作「千年」者，亦有作「千言」者。參黎業明編校：《陳獻章全集》，上海古籍出版社，二〇一九年，中册，第八二九頁，正文及校勘記。

人楊氏兄弟僅及門，而一皆稱之爲聞道。此外，又有薛氏兄弟子姪之盛，又有毅然任道數十人之多，則是鄒、魯諸賢不足以當臣一郡也。獎人以所無之善，誘人以僞成之名，枉其心之公，賊夫人之子，惑世誣民，莫此爲甚。考獻章之言，有如此者乎？觀其語李承箕曰：「世卿以歐、蘇人物自期，安能遠到？」其論張詡曰：「廷實是禪矣，但其人氣高，且不可攻。」吁！何其嚴之至也。夫朱註之行久，學士遵爲矩矱，而求其體驗於身心者實少。自獻章以靜入誠養、見大無欲之旨迪人，而學者始知反求諸内，可謂有啓佑之力，然其補偏救弊之言，亦不無時有稍過者。昔程顥有言：「學者須先識仁，仁者渾然與物同體。」當時皆謂發前聖所未發，而朱熹獨謂其太廣而難入。獻章之言曰：「吾能握其微，何必窺陳編？」又曰：「此道苟能明，何必多讀書？」雖出於救末學之弊，而臣亦謂其語意尚須善會。又曰：「誰家繡出鴛鴦譜，不把金鍼度與人。」則極喜程顥與物同體之説。或者病之，又謂金鍼之語不當喻學，而臣則以程顥、獻章各就己所至而言，朱熹之意則爲聖教而發。若乃所引禪語，詩家借用，似無嫌於同辭者。要之，聖人無是也。夫道，中而已矣。教，中道而立而已矣。卑之不可，高之不可。賢者立言，往往不能如聖人大中而無弊也，此聖賢之分也。雖然，不意守仁之好異一至於此也！考胡居仁與獻章同時，同受業於吴與弼者，然尚以獻章之學爲禪，使其生於守仁之日，將不知其指守仁爲何如人也？守仁之學，實從湛若水而興。若水，獻章之徒也。所謂良知，豈能出獻章造悟之内？而生平論著滿車，曾不見掛口獻章一語〔二〕。嗚呼！彼固上薄孔子，下掩曾、孟者，固宜其不屑爲獻章也！或者比而同之，過矣。推守仁之意，生不欲與獻章齊名，殁豈欲與獻章並祀？儻如守仁者而欲議祀典，則必巍然獨當南面，而孔子爲之佐享，如顔、曾、思、孟、周、程，猶得列之廊廡之間，彼程頤、朱熹而下，當迸棄之，不與同中國矣，豈能一日同堂而居也？嗚呼！此皆由守仁自任之太過，雖守仁或亦不自知其至於此也。

臣少時讀其書竊喜，蓋嘗盡棄其學而學焉。臣之里人，亦有以臣將爲他日守仁者。賴天之靈，久而悔悟，始知其自奇智解者，乃工於護短之謀也；其藉口一體者，乃巧於盗名之術也；終日招朋聚黨，好爲人師，而忘其身之可賤也。稍知廉恥之士所不肯爲。於是顔忸怩而心愧畏者累月。是以寧謝交息游，不敢學媒妁之言以奬進人物；寧其中一無所有，不敢高闊其談以駭人驚世。何者？自顧其才非其才，其道不敢道也。昔馬援戒其子姪曰：「杜季良憂人之憂，樂人之樂，吾愛之重之，不願爾曹效之。學而不成，所謂畫虎不成反類狗也。」里婦效顰於西施，其姑見之，曰：「此吾婦也，胡然化而爲鬼也？」是故守仁之學，有守仁之才則可；無其才而效之，不爲狗成則從鬼化。夫人之所以異於禽獸、别於鬼魅者，以其平正明實、守經守禮，雖愚夫愚婦，

〔二〕「見」字，乾隆本、道光本、光緒本無。

可望而知也。今若此，則又何貴焉？然以臣昔日之誤，則天下之爲臣者宜不少也；以臣之迷而後悔，則天下之迷於其説者皆可原也。孔子曰：「天下國家可均也，爵禄可辭也，白刃可蹈也，中庸不可能也。」夫寧學中庸而未至，不欲以一善而成名，君子之所以戒慎恐懼也。負三者之行，索隱行怪，以爲中庸，而欲以淩駕古今，小人之所以無忌憚也。雖然，中庸之難能久矣。如獻章之與居仁，皆學中庸者也，苟求其至，即獻章之誠篤光輝，臣猶未敢輕許，況居仁乎？而又何責於守仁也？若舍中庸而論，則守仁者亦一世之雄而人中之豪傑也。《乞宥言官》一疏，其氣節足尚；江西、廣右之功，其勳名足尚；《傳習録》雖多謬戾，「拔本塞源」之論亦不免借一體以行其私，獨《訓蒙大意》一篇，能道先王之舊，而象祠、文山祠二記與《客座》《諭俗》數語，有可以警發人心〔二〕，其文章足尚。三者有其一，已得祀於其鄉，合之以祀於孔廟，似亦不爲甚過。乃臣之所爲過慮者，亦竊比諸臣之憂耳。諸臣之憂，實天下之人之所同憂，不可不爲之防也。《書》曰：「朕堲讒説殄行，震驚朕師。」又曰：「何畏乎巧言令色孔壬。」孔子曰：「惡利口之覆邦家者。」其論爲邦曰：「遠佞人，佞人殆。」是以共工之流、兩觀之誅，自後世觀之，皆若大遠於人

〔二〕「警」，原作「驚」，據乾隆本、道光本、光緒本改。

情〔二〕，而不知聖帝明王皆急急以正人心爲第一義也。今守仁挾秦、儀之術，薄孔、孟之教，張皇告子、佛氏、楊簡之論，而自謂千古一人。舉世皆知其利口巧言，而擬於讒佞，是大舜、孔子之所畏惡也。

我皇上方隆唐虞之治，崇孔氏之學，而又以祀典寵守仁之功，事雖若可以並行，義不可以不明辨。昔王安石以新學從祀孔廟，未幾楊時爲祭酒，一言而罷。雖於國家大體無損光明，而安石誤國之罪愈著，是非所以尊安石，實所以醜安石也。然猶幸罷之甚速，而濂、洛諸儒之學得行於時，且使爲國史者以是表朝廷納言盛美，爲後代英君誼主之勸。否則，安知後世無孔子者出而作《春秋》，誅姦雄於既死，惜國家之舉動耶？夫安石之心術制行，臣未敢以守仁比也；而守仁之祀，猶安石也。安石之祀，非特其事之過舉，亦由其名之不正。當其時，察之者未詳，而見之者未審也。今守仁之可疑與其可尚，臣已備陳於前，是故無難於察與見者也。伏乞皇上敕下禮部，頒行祀典之日，布告天下學宮，明示朝廷所以祀守仁之意，原自不妨於朱熹，其天下士子敢有因而輕毀朱熹、指爲異端者，以違制論。凡有學守仁者，須學其功業、氣節、文章之美，而不得學其言語輕易之失。又要知朝廷崇賢報功之典，非有悖於正學明道之心。其學朱熹者，亦當

〔二〕「遠」，原作「達」，據乾隆本、道光本、光緒本改。

各遵所聞，而不必復慕守仁爲高致。庶幾士之學道各得其天資、學力之所近，猶人之適國，不妨於千蹊萬徑之殊途，則大賢小賢，其旨並章，報功興學，其事兩得，所以成就聖明之舉動，非小小也。若曰國家報守仁之功，有美謚矣，有爵封矣，又有勑建專祠矣，今孔廟之祀，有之不足加榮，存之適足爲累，旋諭禮官再加詳議，使天下萬世知我聖天子有帝堯舍己之功、成湯不吝之勇，則即此一事，實爲百代帝王之師。但疏遠微臣，未知於國家事體當否，敬述之以備聖裁。蓋臣之心也，而非臣之所當請也。

抑臣又有説焉。方今累聖熙洽，人文宣朗，維皇建極，千載一時，凡茲重典，概宜更定。臣於十哲之内，竊擬進一人焉，有若是已。説者謂宜退冉求於兩廡，姑念其陳、蔡之誼可也。臣於兩廡之内，竊擬出一人焉，陸九淵是已。但守仁既已從祀，無嫌於議論之高可也。若乃周敦頤、張載、程顥、程頤、朱熹五子者，謂當附於十哲之後，一以明學問之源流，一以立吾道之宗主。其國家除已准從祀外，如尚書羅欽順、章懋，侍郎吕柟，太常卿魏校，太僕少卿吕懷，皆篤行信古，守正不回，可爲後進之師；祭酒蔡清，經明行著，無愧漢儒之選，皆當勑祀於其鄉以有待者也。又如贊善羅洪先、布衣王艮，一則江門稽山之稱不辨真假，一則滿街聖人之説附會良知，皆不免雜於新學者，顧其平生行己大概，一以獻章爲師法，故其辭受進退，實有可觀，所當並祀於其鄉者也。臣之論學，不敢不嚴，至於論人，不敢不恕。伏乞勑下禮部，參酌布告之文以安人心，並舉曠世之典以慰人望，則天下萬世斯文幸甚！臣不勝戰慄待罪之至。

石經疏〔一〕

南京户部雲南清吏司署郎中事主事臣唐伯元謹奏〔二〕，爲仰稽祖訓，敬獻遺書，以備聖明採擇事。

臣惟古今學術，具載於書，衆言淆亂，必折諸聖〔三〕。蓋書也者，天錫之以開萬古之羣蒙；而聖人者，又天生之以爲時人之耳目也。六經、《語》《孟》尚矣！而《大學》一書，説者謂古人爲學次第獨賴此篇之存。蓋修齊治平之理，六經、《語》《孟》之階梯在是，豈可緩者？顧近代所傳，只據鄭玄之註，其書原係錯簡。自宋儒程頤、程顥、朱熹尊尚以來，各有定本，而編次互異，頤不能同於顥，熹不同於頤〔四〕，則知熹所定，乃一時之言，其解格物，亦仍頤一端之説，而未嘗遽以爲至當也。豈意正、嘉間，新學頓起，惑世誣民，幸其隙之可乘，極力排詆，至比之爲神姦，爲洪水猛

〔一〕「石經疏」，《潮州耆舊集》作「進石經大學疏」。
〔二〕「雲南」二字，《潮州耆舊集》無。
〔三〕「折」，原作「拆」，乾隆本、道光本同，據光緒本及《潮州耆舊集》改。
〔四〕「不同」，乾隆本、道光本同，《潮州耆舊集》作「不能同」。

獸，反楊墨、佛老之不若。格物一解，既成聚訟，《大學》一書，若存若亡。嗚呼！不有天生聖人如我太祖高皇帝垂大訓於一代之上，其將何所折衷哉？臣請備言其畧，皇上試垂覽焉。程頤格物之訓不一，而朱熹《章句》則獨宗窮理爲解，乃新建伯王守仁駁之曰：「格，至也。物，猶事也。格物者，窮至事物之理。是其工夫在窮、實落在理也。若上截『窮』字，下截『理』字，而但曰至事，則其説難通。」吁！即朱熹復起，必不以人廢言矣。乃守仁又自爲解，則曰：「致良知於事事物物。」而尚書羅欽順又駁之曰：「格其心之物，格其意之物，格其知之物，凡其爲物也三。正其物之心，誠其物之意，致其物之知，其爲物一而已矣。就三物而論，以守仁之解推之，不可通也；以程頤之解推之，猶可通也。就一物而論，雖極安排之巧，終無可通之日。」吁！即守仁倔強亦不復能有辨矣。雖然，程朱之誤，非必其體認之疏也，以錯簡也。然此駁一出，遂生聞者厭惡之心，而因以禍乎程朱之道。守仁之視程朱，如碔砆之於玉也，何可同也？然片言偶中，遂起其徒虛高之念，而因以售其良知之説。是故受錯簡之誤而程朱坐詘，使天下見小而害大者，此一解也；因一駁之是而守仁得伸，使天下從新而畔舊者，此一解也。悲夫！不意學術得失之判，人心邪正之分，其機乃決於此，則不如并其書缺之無弊也，烏在其獨賴此篇之存也？

臣嘗合而觀之，窮理之解，於文義雖稍礙，於學者爲得力，即未敢概於大學之道，要不失爲明善之方，循茲以往，固有殊途而同歸者。若守仁之説，則縱橫莽蕩，泛泛乎莫知所之矣。況朱熹之學，窮理以致其知，則於「致知在格物」之言爲順；守仁謂致良知於事事物物，則是格物在於致知。故爲程朱者有得有失，而爲守仁者兩失之者也。此二説之辨也。然則格物遂爲不可解之書乎？臣往爲諸生時，嘗聞之師太僕少卿吕懷曰：「『物有本末』一節，是格物也。」雖未盡解，私心識之。已而得見尚書湛若水進呈《聖學格物通》，序内述我太祖高皇帝諭侍臣之言曰：「《大學》一書，其要在修身。而《大學》古本以修身釋格致，而曰『此謂知本，此謂知之至也』。」臣乃端默而徐思之〔二〕，正與向所聞符合。竊私自喜，以爲千七百年不傳之祕，其盡在高皇一言矣。蓋「萬物皆備於我」，我亦一物也。事者，物之事也〔三〕。身與家國天下對，而本末繫焉；修身與齊治平對，而終始繫焉。「知所先後」，格之謂也。格，通也。「近道」者，大學之道也。是故修身爲本，即「物有本末」之本；本亂末治，即「物有本末」之本末。故孟子曰：「行有不得者，皆反求諸己。其身正而天下歸之。」其爲義甚明，其爲學甚約，似的然無復可疑者矣。但以鄭本及程、朱定本觀之，其未敢自信者有二：一則置知止能得於格物之前，似乎先深而後淺；一則以儒者學問思辨之功無所容於八條目之内，則《大學》未免爲不完之書，似亦可以姑置也。

〔二〕「端默」，《潮州耆舊集》作「端然」。
〔三〕「事也」，《潮州耆舊集》無「也」字。

又數年，而臣令泰和，而吉安知府張振之者手一卷授臣曰：「此古石經《大學》也。」詢其自，乃從今翰林院庶吉士鄒德溥爲舉人時所寄。其書實臣生平未覩也，隨録一册笥之，竊疑好異者之爲，不復詳其旨趣矣。邇來臣官留曹，讀《易》公暇，曾反覆於象、爻之説，竊疑《大象》類《大學》，《小象》類《中庸》也。會有遺豫章李瓚《經疑》及尚書鄭曉《古言》二書者，各載古石經《大學》，其次序則即吉安所録之書，又述漢賈逵序曰：「孔伋窮居於宋，懼先聖之學不明而帝王之道墜，故作《大學》以經之、《中庸》以緯之。」則《大學》《中庸》皆子思所作，其經緯之義又若《易經》大小《象》然者。夫李瓚，臣不知其何許人。若鄭曉者，端人也，其言必有所據。於是乎竟日觀之不能釋手。因而考其知止能得爲申格物之義，則其序不差；詳其《中庸》爲《大學》之緯，則學問思辨之功不必其備。由是而復繹我高皇釋格致之説，流洽洞貫，若決江河而注之海也。臣以此則歎，千古絶學，續自高皇，聖人生知，真由天授。惜當時廷臣無有能推廣而光大之者，遂使疑以傳疑，窮而生變，而邪説者流得以乘間而行其猖狂無忌憚之私。臣每讀書至此，未嘗不掩卷而三嘆也。向使程朱不爲鄭本所惑，則格物當不至於錯會；使高皇此解舊爲《大學》指南，則如日中天，有明共見，雖邪説亦無所容，即古石經不存可也。乃程朱既仍其誤於前，而高皇之説又不得闡明於後，一經指摘，衆口嘵嘵，使《大學》有開卷之錯，而程朱受誤人之罪，又何怪乎邪説之易以惑人也哉！嗚呼！朱註之失未遠也，如其不爲新學所奪也，臣固可以無論也；新學之行未甚也，如其不爲朝廷所與也，臣亦可以無憂也。今者，守仁祀矣，赤幟立矣，人心士習從此分矣。在朝廷雖曰以祀而報功，在儒生不無因祀而信學。向之延蔓也，止於江南；今之風動也，及乎天下。且皇上以今天下人心何如哉？舉業之士則誦程朱矣，中常之士則誦程朱矣，其高才敏識〔一〕、稍號有志，則無有不驅而之新學者。何者？彼其道可以不學而能，其學可以不行而講，其術利於媒進而捷於取譽。彼其爲之徒者，又方樂其朝及門而暮顔曾也，何苦而不從也〔二〕？間有卓然不惑之士，知非而難舉，雖辨而不詳，反以冒乎學究之誚；其謹愿不言學者，漫無可否，又無益於吾道之重輕。他日駕其説以禍天下〔三〕，皆所謂高才敏識、稍號有志者也，是則可憂也。故程顥曰：「昔之惑人也乘其暗昧，今之惑人也因其高明。」又曰：「人才高明則陷溺愈深。」夫人情之好名也，如水之就下也。邪説之奪正也，自古以爲憂也。今天下人心大率類是矣。執已陳之説則難以服羣心，持無徵之善則難以垂法守。臣抱有遺經，一得之愚，不以此時效芹曝之獻，是忍於下負所學而上負明時也。敬將古石經繕寫一本，畧爲小疏其旁，獻上御覽，

〔一〕「高才」，原作「才高」，乾隆本、道光本同，據光緒本、《潮州耆舊集》改。
〔二〕「苦」，原作「若」，據乾隆本、道光本、光緒本改。
〔三〕「他」字，《潮州耆舊集》無。

伏乞皇上存留一本以備暇豫之觀，其一本乞發下禮部與各儒臣參看〔一〕。如果此本可信，則望刊正舊本之誤；不然，則請遵依高皇格致之解，獨改一條以式多士，其古石經姑付史館，以存一種之書；又不然，則望勅諭天下士子，一遵朱註，不得背畔以從邪，其有輕毀朱熹者，乞照臣前疏所陳，以違制論，則同文之化廣，異學之徒息，道德可一，風俗可同。億萬年之太平，端在是矣。

古石經大學序 附

「《大學》表章，自宋儒始歟？」「非也。韓子《原道》是已。」「其首章，孔氏遺書歟？」「非也。《原道》及夫子必稱經，此獨稱傳，是已。」「然則是書曾子作乎？」「曰曾子作也，『十目所視』，何以云曾子也？」「將意曾子而記門人乎？」「爲之詞者也。」「誰作之歟？」曰：「虞松校刻石經於魏，表引漢賈逵之言曰：『孔伋窮居於宋，懼先聖之學不明而帝王之道墜，故作《大學》以經之，《中庸》以緯之。』則《大學》《中庸》皆子思作也。」曰：「經緯之説，信歟？」曰：「吾讀《易》，竊疑《大學》，《大象》；《中庸》，《小象》也。及見經緯之説，而偶得所同也。是故經緯之説，信也。」曰：「今之所據，鄭玄疏也。玄疏行久矣，近代諸儒毋論，蓋二程、朱子於是乎盡心焉

〔一〕「各」字，《潮州耆舊集》無。

矣。子何據而獨逵之稽也？」曰：「吾稽其傳受而可據也。按史：玄受之馬融、摯恂，而傳之小戴聖。聖所傳，出后蒼、孟卿、高堂生，而非祕府之藏也。逵父徽，與其師杜子春，俱受業劉歆。當漢武時，《周禮》出巖屋間，歸祕府。至成帝朝，歆始表而出之，五家之儒莫見焉。故逵之傳，歆出也。其後逵宦中祕，又著《禮》經傳義詁及論難百餘萬言，爲學者所宗。於時友人鄭衆與逵齊名，俱有解，而馬融推逵最精，逵解故獨行於世，衆解不行，故逵之言可據也。」曰：「二書皆孔思出也，曷二之也？」曰：「析而故完也〔二〕，分而故合也。聖人繫《易》，彖爻不足，而又辭傳也。是故《大學》畧而《中庸》詳，畧者序而詳者理也。可畧而詳，則序淆矣；可詳而畧，則理隱矣。淆與隱，而聖賢之意湮矣〔三〕。是故其二也乃其所以爲一也。」曰：「然則子之知所先後爲格物也，必石經而明歟？」曰：「非也。吾有所受之也。嘗聞之師曰：『物有本末一節，是格物也。』我太祖高皇帝曰：『《大學》一書，其要在修身。而《大學》古本以修身釋格致，曰此謂知本，此謂知之至也。』皆不必石經解也。雖然，猶經解也，如石經則可以無解矣。」曰：「《原道》故遺格物，何也？」曰：「《大學》論學也，《原道》論道也。《原道》重於治人，專責佛老之遺其外；《大

〔二〕「析」，原作「拆」，乾隆本、道光本同，據光緒本改。

〔三〕「湮」，原作「煙」，乾隆本、道光本同，據光緒本改。

學》先於治己，責及管商之遺其内。《大學》者，合内外之學也。夫誠意正心以修身而已矣，格物致知以求誠而已矣。淆與隱，立言者之所憂也。善乎程子之論也！其曰：『有天德便可語王道，其要只在謹獨。』蓋與《原道》互發，而默契乎知本之意。學者能由二子之言以會我高皇格物之解，可與言《大學》矣。」南京户部雲南清吏司署郎中事主事臣唐伯元序。

古石經大學 附

按：魏正始中，詔諸儒虞松等考正五經，衛覬、邯鄲淳、鍾會等以古文、小篆、八分刻之於石，始行《禮記》，而《大學》《中庸》傳焉。松表述賈逵之言曰：「孔伋窮居於宋，懼先聖之學不明而帝王之道墜，故作《大學》以經之、《中庸》以緯之。」

大學之道，大學者，學其大也，自天子達於庶人。在明明德，在親民，在止於至善。古之欲明明德於天下者，明明德於天下，所以親之也。先治其國；欲治其國者，先齊其家；欲齊其家者，先修其身；形色，天性也，修之，踐形立極；不修，違禽獸不遠。夫天下國家之本在身，學至於修身止矣。然身不可以易修也。欲修其身者，先正其心；正心所以正身也。欲正其心者，先誠其意；誠意所以誠身也。欲誠其意者，先致其知，致知在格物。不曰「先」而曰「在」者，明格物即致知也。夫修身之功，至誠意止矣。然誠至難言。物之不格，則以非誠爲誠者有之。故誠意正心者，修身之功也；格物致知者，求誠之事也。以下釋格致之義。

物有本末，萬物皆備於我，我亦一物也。身與家國天下對，故曰本末。事有終始。事者，物之事也。修身與齊治平對，故曰終始。知所先後，則近道矣。知所先後，格之謂也。格，通也。何以言近道？下文詳之。《詩》云：「緡蠻黄鳥，止於丘隅。」子曰：「於止，知其所止，可以人而不如鳥乎？」此「止」，與「止於至善」之「止」，終同初異。知止而後有定，知止，即知本，即知所先後。定而後能靜，靜而後能安，安而後能慮，慮而後能得。慮而後能得，則道其幾矣。必從知止得之，此格物之所以近道也。○知修身爲本，則知止；能修其身，則得止。《易》曰：「知至至之，可以幾也。」《詩》云：「邦畿千里，惟民所止。」止，居也。千里民居，聽訟之難也。此止與知止之止不同。觀釋《詩》之意可見。子曰：「聽訟，吾猶人也。必也使無訟乎？無情者不得盡其辭，大畏民志。」不賞而勸，不怒而威。○身修故也。知此則知本矣。此謂知本。知本即知止，即知所先後。蓋《大學》之教，先自治而後治人。治人莫難於聽訟，聽訟莫難於千里之民居。然惟身修者能之。故曰：知所以修身，則知所以治人。此格物之所以近道也。○上二節，兩引《詩》及夫子之言，又釋以己意，皆言格物近道事，又總言以結之。自天子以至於庶人，壹是皆以修身爲本。其本亂而末治者，否矣。此「本末」即「物有本末」之「本末」，照應了然。○按：誠正而不要諸修身，佛老所爲，空也；齊治平而不先諸修身，管商所爲，雜也。故曰修身爲本。其所厚者薄，而其所薄者厚，未之有也。「躬自厚而薄責於人」，此謂知本，故能明明德於天下。「其所厚者薄，而其所薄者厚，未之有也」，故民不可得而親也。此謂知本，此謂知之至也。

物格而後知至，知至而後意誠，意誠而後心正，心正而後身修，身修而後家齊，家齊而後國治，國治而後天下平。心正而後身修，然必以修身爲本，《大學》之旨可見。

所謂誠其意者，毋自欺也。如惡惡臭，如好好色，此之謂自謙。故君子必慎其獨也。小人閒居爲不善，無所不至，見君子而後厭然，揜其不善，而著其善。人之視己，如見其肺肝然，則何益矣？此謂誠於中，形於外。故君子必慎其獨也。慎獨，即閒居爲善。子曰「居處恭」，至矣。曾子曰：「十目所視，十手所指，其嚴乎？」觀此，則非曾子之書。富潤屋，德潤身，心廣體胖。故君子必誠其意。韓子《原道》引《大學》，止於誠意。程子曰：「有天德便可語王道，其要只在謹獨。」故修身之學，至誠意而止。《中庸》曰「君子之所不可及者，其惟人之所不見乎！」故謹獨之功，至人之所不見而止。○按：《中庸》又有致曲之説，與格物互發，求誠之義益備。

所謂修身在正其心者，身有所忿懥，則不得其正；有所恐懼，則不得其正；有所好樂，則不得其正；有所憂患，則不得其正。忿懥不曰心而曰身者，純乎血氣軀殼之用事。下文所謂「心不在」是也。心不在焉，視而不見，聽而不聞，食而不知其味。顏淵問仁，子曰：「非禮勿視，非禮勿聽，非禮勿言，非禮勿動。」忿懥、恐懼、好樂、憂患，非禮也，身也。勿視、勿聽、勿言、勿動，克己復禮也，修身也。不言正心，而正心在其中矣。○按：釋誠意引曾子，釋修身引顏子，各有攸當。此謂修身在正其心。此只言正修之相因，至《中庸》言行相顧、上下正己及夫子告哀公，論修身始備。

所謂齊其家在修其身者，人之其所親愛而辟焉，之其所賤惡而辟焉，之其所畏敬而辟焉，之其所哀矜而辟焉，之其所敖惰而辟焉。故好而知其惡，惡而知其美者，天下鮮矣。自齊家至平天下，惟是公其好惡，此誠意之旨也。故諺有之曰：「人莫知其子之惡，莫知其苗之碩。」此謂身不修，不可以齊其家。《中庸》言妻子、兄弟、父母，説齊家始備。

所謂治國必先齊其家者，其家不可教而能教人者，無之。故君子不出家而成教於國。孝者，所以事君也；弟者，所以事長也；慈者，所以使衆也。一家仁，一國興仁；一家讓，一國興讓；一人貪戾，一國作亂。其機如此。此謂一言僨事，一人定國。曰一人貪戾，曰一人定國，言齊家本修身也。《康誥》曰：「如保赤子。」心誠求之，雖不中，不遠矣。有本者如是，知修身然後知治人。反諸身不誠，而能心誠求之者，鮮矣。未有學養子而後嫁者也。世儒但知「如保赤子」之説，往往自奇見解，不知無天德者未可以語王道。故治國在齊其家。《詩》云：「桃之夭夭，其葉蓁蓁。之子于歸，宜其家人。」宜其家人，而後可以教國人。《詩》云：「其儀不忒，正是四國。」其爲父子兄弟足法，而後民法之也。「刑於寡妻，至於兄弟」，本在身修。身修，莫大乎威儀。《書》曰：「思夫人自亂於威儀。」劉子曰：「人受天地之中以生，是以有動作威儀之則。」此謂治國在齊其家。《中庸》言舜、文、武、周，説治國始詳。

所謂平天下在治其國者，上老老而民興孝，上長長而民興弟，上恤孤而民不倍。是以君子有絜矩之道也。絜矩是恕之别名。所惡於上，毋以使下；所惡於下，毋以事上；所惡於前，毋以先後；所惡於後，毋以從前；所惡於右，毋以交於左；所惡於左，毋以交於右。此之謂絜矩之道。

絜矩，惟在同民好惡。《詩》云：「樂只君子，民之父母。」民之所好好之，民之所惡惡之。此之謂民之父母〔一〕。同民好惡，惟在親賢。《秦誓》曰：「若有一个臣，斷斷兮無他技，其心休休焉，其如有容焉。人之有技，若己有之，人之彥聖，其心好之，不啻若自其口出，實能容之，以能保我子孫黎民，尚亦有利哉！人之有技，媢疾以惡之，人之彥聖，而違之俾不通，實不能容，以不能保我子孫黎民，亦曰殆哉！」唯仁人放流之，迸諸四夷，不與同中國。孔子譏臧文仲竊位，孟子以蔽賢爲實不祥，故人臣之罪，莫大於蔽賢；君相欲平天下，莫大於用賢。故曰「堯舜之仁，不偏愛人」，急親賢也。此謂唯仁人爲能愛人、能惡人。見賢而不能舉，舉而不能先，命也；智之於賢否也，命也；「君子有性焉，不謂命也」，一个臣是也。見不善而不能退，退而不能遠，過也。是謂庸衆人。好人之所惡，惡人之所好，是謂拂人之性，菑必逮夫身。是當放流而爲天下僇矣。《詩》云：「節彼南山，維石巖巖。赫赫師尹，民具爾瞻。」有國者不可以不慎，辟則爲天下僇矣。以上言貴德，以下言賤貨。不賤貨則不能貴德。

是故君子先慎乎德。即是同民好惡。有德此有人，樂只君子，民之父母。有人此有土，有土此有財，有財此有用。德者本也，財者末也。外本內末，爭民施奪。是故財聚則民散，財散則民聚。《詩》云：「殷之未喪師，克配上帝。儀監于殷，峻命不易。」道得衆則得國，失衆則失國。《楚

〔一〕「母」，原作「民」，據乾隆本、道光本、光緒本改。

書》曰：「楚國無以爲寶，惟善以爲寶。」是故言悖而出者，亦悖而入；貨悖而入者，亦悖而出。《康誥》曰：「惟命不于常。」道善則得之，不善則失之矣。舅犯曰：「亡人無以爲寶，仁親以爲寶。」仁者以財發身，不仁者以身發財。未有上好仁而下不好義者也，未有好義其事不終者也，未有府庫財非其財者也。以上四段，釋《詩》與《書》，言道之得失；釋《楚書》與舅犯，言財不可聚。凡失道皆由聚財。

生財有大道，生之者衆，食之者寡，爲之者疾，用之者舒，則財恒足矣。朱子曰：「足國之道，在乎務本節用，非必外本内末而後財可聚也。」又曰：「此章之義，務在與民同好惡而不專其利。」此説得之。世儒以用人理財並言，誤矣。

孟獻子曰：「畜馬乘不察於雞豚，伐冰之家不畜牛羊[一]，百乘之家不畜聚斂之臣。與其有聚斂之臣，寧有盜臣。」此謂國不以利爲利，以義爲利也。長國家而務財用者，必自小人矣。彼爲善之，小人之使爲國家，菑害並至，雖有善者，亦無如之何矣。此謂國不以利爲利，以義爲利也。竊疑堯舜之道不以仁政，不能平治天下。何《大學》釋平天下累數百言，曾不及此，何也？曰：堯以不得舜爲己憂，舜以不得禹、皋爲己憂，而稷播百穀，契敷五教，皆舉之矣。是故平天下只在絜矩，絜矩只在用賢，故曰「其人存則其政舉」。然非反身而誠，則賢者不用，用者不賢，故曰「爲政在人，取人以身」。夫子告哀公章詳而盡。

是故君子有大道，絜矩。必忠信以得之，驕泰以失之。無忠，做恕不出。堯舜帥天下以仁，而民

〔一〕「伐」，原作「代」，據乾隆本、道光本、光緒本改。

從之；桀紂帥天下以暴，而民從之。其所令反其所好，而民不從。是故君子有諸己而後求諸人，無諸己而後非諸人。此爲治人之責者言也〔二〕。若論自治，必躬身厚而薄責於人。所藏乎身不恕，而能喻諸人者，未之有也。此見修身爲本，以起下文。

《康誥》曰：「克明德。」《太甲》曰：「顧諟天之明命。」《帝典》曰：「克明峻德。」皆自明也。物格知至，知止得止，是謂自明。其本亂而欲末治者，是謂昏昏。湯之《盤銘》曰：「苟日新，日日新，又日新。」日新，從明德之義也。《康誥》曰：「作新民。」新民，從日新之義也。能新民，而後能親民。蓋百姓不親，由五品不遜。人倫明於上，小民親於下矣。是故親民不外明德。謂此節釋親民可也。《詩》曰：「周雖舊邦，其命維新。」維新，亦從前二新之義。是故君子無所不用其極。《大學》言新命，《中庸》言中和位育，道理規模自是如此。時與位俱不論。

《詩》云：「穆穆文王，於緝熙敬止。」爲人君，止於仁；爲人臣，止於敬；爲人子，止於孝；爲人父，止於慈；與國人交，止於信。以上釋至善。下乃言明德、親民、止於至善。《詩》云：「瞻彼淇澳，菉竹猗猗。有斐君子，如切如磋，如琢如磨。瑟兮僩兮〔三〕，赫兮喧兮。有斐君子，終不可諠兮。」如切如磋者，道學也。道者，大學之道也。以道爲學者，道無窮，學亦無窮，學問思辨亦其一事。子曰：「志於道。」○道，言也。

〔二〕「此」，原作「比」，據乾隆本、道光本、光緒本改。
〔三〕「僩兮」，原作「僩分」，據乾隆本、道光本、光緒本改。

學，謂學問思辨也。如是則語焉不詳，恐非聖賢立言之意。如詳之，則《中庸》又不必作矣。要知《大學》學其大者，詳見《中庸》。儒者缺考于經緯之旨，疑其未盡，不得已以窮理代格物耳。如琢如磨者，自修也。「行有不得者，皆反求諸己」；「他山之石，可以攻玉」。瑟兮僩兮者，恂慄也。純亦不已。赫兮喧兮者，威儀也。動容周旋中禮，修身之能事畢矣。有斐君子，終不可諠兮者，道盛德至善，民之不能忘也。道盛，不特近之而已。德至善，則止矣。民不能忘，不待親之而自親矣。《詩》云：「於戲！前王不忘。」蒙上文之辭。君子賢其賢而親其親，從保我子孫來。小人樂其樂而利其利，從保我黎民來。此以没世不忘也。賢親樂利，雖同民好惡之效，必忠信以得之，上文道德盛善者是也〔二〕。故曰修身爲本。○按：此只論大意，至善終不可解，故作《中庸》。「中庸其至矣」，學至於中庸而止矣，故曰止於至善。

今按：《中庸》一書，首尾二章舉其要也。自「君子中庸」至「察乎天地」，釋中庸也。中庸者，至善之謂也。自「道不遠人」至「登高必自卑」，言修身也。妻子兄弟父母，言齊家也。舜受命，武纘緒，周公成德，武、周達孝，爲國以禮，一本於祭祀之誠，言治國也。夫子告哀公「文、武爲天下國家有九經」，言平天下也。言修身而及於治人，言齊治平而及於修身，《大學》之道也。「自誠明」至「純亦不已」，言誠也，體也。自「大哉聖人之道」至「天地

〔二〕「文」，原作「民」，據乾隆本、道光本、光緒本改。

之所以爲大」，言道也，用也。體與用合，故聖曰至聖，誠曰至誠，業曰配天，德曰達天，明德、親民、止至善也。始乎慎獨，終乎慎獨，故曰「壹是皆以修身爲本」、「其要只在謹獨」。《大學》以次序相因言，重本；《中庸》以義理究竟言，詳事。《大學》之序不可亂，《中庸》之功不可缺。《大學》學其大，《中庸》庸其中，此經緯之旨也。《大學》言正心，《中庸》「止言」不著〔一〕；《大學》言誠意，《中庸》止言誠身，修身爲本可見。

如《大學》詳，則《中庸》可無作矣。《大學》不可詳，而《中庸》又不作，則《大學》爲不完之書矣。故一經一緯，其義始備，此子思上接曾子之傳，而下以俟夫孟子者也。

宫人疏〔二〕

禮部儀制清吏司主事臣唐伯元，爲循職掌，宣主德，達下情，兼效一得之愚，以端大本事。

臣惟人君奉天子民，孰不愛民如赤子，惟是高拱清穆之上，故常有《關雎》《麟趾》之意，而不得信於民；小民養君自安，孰不戴君如父母，惟是伏處茅簷之下，故常有怨咨愁苦之聲〔三〕，而不

〔一〕「止言」二字原缺，據下文「《大學》言誠意，《中庸》止言誠身」之例補。

〔二〕「宫人疏」，《潮州耆舊集》作「論選宫人疏」。又：《潮州耆舊集》所收此文，删略頗多。

〔三〕「苦」，原作「若」，據乾隆本、道光本、光緒本改。

得達於君。斯二者，其失不在君、不在民，則臣工當事者之過也。夫人臣爲上爲德，則必承君之意以致之民；爲下爲民，亦必述民之隱以達之君。《詩》曰「出納王命，王之喉舌」，貴宣主德也；又曰「載馳載驅，周爰諮諏」，貴達下情也。必如是，然後君民一體，休戚相關，上下交而世道泰。茲臣分也，臣責也，臣是以不容已於言也。

臣於正月二十二日奉到本堂官劄副，遵旨選取宮人一節，已經本司先行各城兵馬司與錦衣衛及宛、大二縣去後，未報。至二月初二日，又奉本堂官吩咐，發票行催，間密詢訪。蓋由京都無知小民妄傳，此日宮掖之内法令嚴肅，與往時事體大不相同，趨蹌稍錯，動虞咎譴。各家子女，年齡弱少，生長閭閻，豈能諳曉皇家法度？以是家家危疑，人人逃躲。該臣隨傳示各官，遍寫手牌，差役前去守催，并令各該地方總甲人等傳諭：「京城内外居民，毋得輕信浮言，妄生疑畏。方今皇上，明並日月，仁同天地，惟恐覆載中有一民一命不得其所，以傷天地之和，豈於宮掖之内，獨肯寡恩？外間訛傳，皆不可信。況近日所選，其第一義乃爲皇長子册立届期也，祖宗成憲，孰敢不遵？臣子大義，孰敢不恪？」於是轉相傳聞，陸續報到，共得女子二千有奇。臣即會同各該城巡視御史，選取九百有奇。彼因訛言未息，人心疑畏，及至送進諸王館之日，往往汙穢其頭面，殘毀其肢體，以求苟免於一時；其不然者，又觳觫驚怖，神魂辟易，顏容摧損，頓換面貌，委不堪觀。夫懽悦之容與驚恐之狀，其同不同可知也，宜皇上之能洞照也。故雖有九百之多，而中選者不能十之一，亦其固然，無足怪者。及奉旨再選，而臣復蒙本堂官分付，益加諄切。該臣會同各城巡視御史，傳諭各該地方，宣布聖天子慈仁英武，時而霜雪，時而雨露，非可易窺。屆茲册立吉慶大典，凡厥有生，莫不延頸皇仁，思沐帝澤，而況於宮掖之内？但凡官族大姓、軍民人等，俱宜報到，以俟選擇，毋妄猜惑，自悔後時。彼值外間傳聞，近月以來，委果内廷法度稍稍寬平，遠邇相告，頗有喜色，時到女子至六千餘人。臣以此益嘆德之易於感人，而誠之可以動物。帝王之治在於貴德而尚誠，悦近而來遠，臣願皇上之深省驗也。就於本月十三四等日，臣會同各城巡視御史選取，於六千餘人中，只得一千六百九十有四。大抵十歲以上者常二三，十二以上者常七八。稍長者知識漸開，易於教習；幼少者淳龐完具，養於方來。並蓄兼收，皆不可缺也。其選取之意，則以顔儀端莊、神思幽靜，望之知其柔順温良，庶幾詩人所謂「窈窕淑女」者爲主，而不敢求必於全色。夫女之難全色，亦猶士之難全才也。臣之所選，十取其二，及今覆選亦如之，則是二十取一矣。於數已盈，於選已精，臣願皇上之勿求備也。每於選完之日，臣等傳進地方及各子女之父若母，諄諄以皇上一念好生、内廷近日寬恕爲諭。其父若母者或未信臣之言，臣固知我皇上雍雍在宮，和氣薰洽，此三百人者，雖在宮闕之中，無異於室家之樂也。夫樂民之樂，憂民之憂，聖主之盛節也；上宣主德，下達民情，臣子之常分也。臣幸而受事，皇上幸而聽臣，臣分畢矣，臣願遂矣。

而臣又有一得之愚欲獻者，惟是皇長子英齡方茂，豫養宜端，聖學聖修，自今日始。語曰「少成若天性，習慣如自然」，言豫勝也。又曰「丹之所藏者赤，漆之所藏者黑」，言染先也。豫莫急於今日，染莫先於宦官、宫妾之際。程頤爲講官時，建言：「天子方幼，宜選宫人年四十以上者侍左右，所以遠紛華、養德性。蓋老成宫人素閑禮法，素知謹畏，惟以保護爲重，而不敢以逢迎爲悦者也。」臣願皇上採程頤之言，即將見在宫人，選年四十以上，慈惠柔良，小心端慤，爲六尚局中所敬重者，令侍皇長子出入坐卧，保護身體；今次新進諸人，姑令教習，如《周禮》婦學法，教之婦德、婦容、婦言、婦功，聽候皇長子大婚禮成之後，更選入侍，必能維持匡正，養成聖德。異時閨闈之内，有刑於之美，無色荒之失，有貫魚之利，無專席之私，其所關於治本非細。是故宫人不可不慎選也。

臣又聞孝宗皇帝在東宫時，有宦者覃吉侍從，常時陳説《孝經》《論語》大義，及五府六部、天下民情、農桑軍務，以至宦官弄權蠹國情弊。憲宗嘗賜東宫五莊，吉進曰：「天下山河皆主所有，何以莊爲？」竟辭不受。東宫出講，必使左右迎請講官，每曰：「尊師重傅，禮當如此。」説者謂吉之賢，雖儒生不能過；而弘治十八年之太平，吉之功爲多。今内府各監不知其幾，豈無覃吉其人乎？乞行遴選數人，分班更侍，屬之東宫教導官，令如覃吉故事，講習詩書，周旋禮樂；如有不守明訓、冒貢非幾者，東宫官得以奏聞處分，庶幾周公抗伯禽以教世子之意，則前後左右莫非正人，耳目見聞莫非正事，如入芝蘭之室，久而不聞其香。然而聖德不早成者，未之有也。是故宦官不可不慎選也。

臣又聞之〔一〕，教有三：身教爲上，得人次之，講説又次之。夫既有東宫官責專教導於外，而宦官、宫女亦多正人，以維護於内，可謂得人矣，然猶其次也。教必自皇上之一身始。蓋家庭之禮莫非至教，而父子之間自爲師友。古今帝王，未嘗不以身教也。昔我太祖高皇帝諭太子曰：「吾修身制行，汝輩所見。吾平居無優伶暬近之狎〔二〕，無酣歌夜飲之娱；正宫無自縱之權，妃嬪無寵幸之昵；言無偏聽，政無阿私。以此自持，猶恐不及。故與爾等言之，使知持身之道。」大哉皇言！則萬世帝王身教之準已。至我世宗皇帝，赫然中興，神聖莫及，非不可爲萬世子孫法程也。然今讀其遺詔〔三〕，猶若以盡善爲歉，而深以貽謀爲憂。觀其詔曰：「一念惓惓，本惟敬天勤民是務。祇緣多病，過求長生，郊廟之祀不親，朝講之儀久廢。既違成憲，亦負初心。每一追思，惟增愧赧。蓋愆成美，統仗後賢。」甚矣！世宗望道未見之心，其爲聖子神孫慮至遠也。伏願皇上遠念皇祖持身之格言，近體世宗蓋愆之遺詔，一起居，一食息，如對聖賢，如臨師保。非

〔一〕「又」，原作「人」，據乾隆本、道光本、光緒本改。
〔二〕「暬近」，原作「贄近」，乾隆本、道光本同，據光緒本改。《潮州耆舊集》作「近侍」。
〔三〕「今」，原作「令」，乾隆本、道光本同，據光緒本、《潮州耆舊集》改。

必絶情慾也，而求中節；非必無寵幸也，而求不偏。近侍雖不可狎，而慈蓄之意常存；宫禁固當嚴明，而使令之時常恕。春氣漸煖，聖體漸康，時御朝座，時親講幄，接賢士大夫之日多，察古今治亂之機審，内以奠乎蒸黎，外以威乎夷狄，上以遵乎祖訓，下以法乎後昆。夫是之謂身教。伏乞聖明垂察，臣不勝惶恐待命之至。爲此具本親齎，謹具奏聞。

附録

萬曆十九年閏三月十六日，傳内閣聖諭：「朕疾少愈，原朕之痰火致患，生疾成痼。朕食少寢廢，雖常服藥餌，未見瘳愈，以致廟享屢遣代行。朝講久廢，乃左右姦頑之激。病雖暫愈，朕兹又見上天示警，心甚憂懼，反躬省咎，乃知小人之蠱惑，損朕之德行，擅作威福，以長己之姦惡，以致上天震怒，星象垂戒。姦惡小人，今已斥逐矣。因諭卿等知之。」

請告疏

吏部文選清吏司署郎中事員外郎臣唐伯元，爲奉職無狀，憂官成疾，乞恩俯容回籍調理，以全微生，以圖補報事。

伏念臣受氣原薄，攝生又乖，方在壯歲，情慾過度，及於中年，血氣大損。蓋自萬曆二十年丁母氏憂，以尚寶司司丞回籍守制，廬居三載，疾病纏綿。臣當是時，甘爲聖朝廢物，不復萌仕進之念矣。詎意服制方滿，忽接邸報，伏蒙皇上起臣原官，旋改今署，疏賤遭逢，均屬曠典，斯臣至榮之遇，不敢言病者一。舊事，銓臣計資序轉，臣科第雖深，資俸實後，伏蒙皇上不次點擢，大破常規，又臣至榮之遇，不敢言病者二。皇上神聖，卓越千古，大小羣工莫及，先時五六銓臣，多一時海内名士，爲臣畏友，猶不足以佐其下風，往往得罪以去，故此一銓曹也，昔爲要津，今爲畏府。臣才不及諸臣遠甚，而戇不通方過之，荷蒙皇上一切優容，一切不問，蓋從前諸臣所不能得者，又臣至榮之遇，不敢言病者三。自是感激，竭力馳驅，受事以來，日與堂官計議，如何一清銓法，如何一洗積蠹，凡利在百代、害在一時者必行，不敢少貶以徇浮議；凡利在部内、害在部外者必革，不敢姑息以市恩私。幸有堂官主持於上，臣與二三僚衆得以執持於下，若弛若張，若緩若急，其初不免吸吸，久而方定。蓋人情難與慮始，積弊難以頓除。其或思有未合，行有未通，晝夜籌維，寢食都廢，積有日月，乃粗就緒。方將與堂官計議，盡舉天下賢才，以登皇途於上理，少效犬馬於萬一，不自知其勞且病也。奈之何寵厚而福薄，心長而智短，每遇内外員缺，臣度量註擬，具呈堂官，請自上裁。間有奉旨點陪者，知上意獨斷也；有奉旨另推者，知上意慎重也。內乃至數月以來，則有一概留中不答者矣。臺省郎署方面，赴部候補者，動至經歲，多至盈庭。内外官俸，多至逾期，不得遷轉。各邊道事情緊急，無可代庖。賢愚同滯，朝野咨嗟，莫知其解。

竊惟皇上勵精化理，求賢若渴，豈不自愛國家？臣等幸奉奔走，務竭精白，豈敢有所朦朧？然而擬議不當聖心，封章不蒙批答，以致遠邇驚疑，儒紳摧氣。臣等逢人則面赤，捫胸則内愧，上負主眷，下負初心，每與堂官言及此，未嘗不相對而涕零也。臣又惟銓曹之職，堂官總其成於上，臣實專其責於下。今之堂官孫尚書丕揚者，乃舉世所推爲正人君子，而皇上所深信者，蓋已爛熳於奏牘，而鄭重於温綸，斷斷無復可疑。儻有不公不明之罪，非臣而誰？蓋不惟世人責臣，無以自白，即皇上恕臣，亦難自解。以是主恩日深，臣罪日積，曠官之咎愈多，憂官之病愈重。自前月以來，飲食無味，形神枯槁，每懇官代臣奏請，而堂官責臣以大義，諭臣以調攝。又見堂官尚在註籍，不敢言去，不得已扶病進署，勉完選事。至於近日，則暑濕交攻，脾胃愈弱，精神恍惚，足力不支，備詢醫家，必非旦夕可效，而堂官之留臣未已也。痛念臣精誠不足以孚主，進退不足以關忠，際此千載一時之遭，徒令後代有有君無臣之嘆。負恩誤國，罪其何贖？方其未病，尚費支持，今在醫藥，安能自效？不得不自陳於君父之前，伏乞皇上俯從臣請，容臣回籍，得以一意調理，苟延餘息。倘遂生全之幸，敢忘銜結之私？況今堂官已出視事，而臣之選例已滿，是臣乞身之會而請命之秋也。伏乞勅下本部，恩賜放臣，别簡賢能，早充是選，以贊太宰知人之哲，弼皇上平明之治。臣不勝懽躍瞻竚之至。

再請告疏

吏部文選清吏司署郎中事員外郎臣唐伯元，爲病難就列，情非得已，再懇聖慈早賜放歸事。臣夙有脾胃之疾，近因重發，不能進司管事，已於前月二十七日註籍。今月二日疏請，自謂小臣乞恩養病，自是朝廷優恤常典，可以望幸。今候命十日矣，尚猶留中遲遲者，得非以臣尚堪勉就職事乎？而臣内揣病軀，外度事理，萬萬不能。有不得不再瀆天聽者，敢備其始末，爲皇上陳之。臣聞古之爲君者，以愛士爲盛節；古之爲士者，以逃名爲高致。愛士者，搜及巖穴，舉及庫盜，招及他邦，思及異代，往往有生不同時之嘆；逃名者，不見諸侯，不謁天子，入山思深，入林思密，惟恐姓名誤落於人間。斯二者，其事相反，其道相成者也。斯道也，何道也？古道也，非今日之謂也。唐韓愈氏有言：「今天下一君，四海一國，舍乎此則夷狄矣，去父母之邦矣。故士不得志於時者，則山林而已矣。山林者，不憂天下之所能安也，如有憂天下之心，則不能矣。」韓愈氏之言，正今日之謂也。夫仕以行義，不仕則無義；學貴識時，不仕則失時。生今之時，反古之道，臣竊以爲過矣。雖然，今之爲士者，誠不宜以逃名爲高，其在明君哲主，安肯因此而遂賤天下士哉？語有之：「周士貴，秦士賤。」夫士也，皆賤如秦，豈盛世之所宜有哉？《詩》曰：「思皇多士，生此王國。王國克生，惟周之楨。濟濟多士，文王以寧。」貴士也。臣伏覩皇上總攬萬幾之初，首徵海瑞、王錫爵等數十人，一時忠良，録用殆盡，轉圜止輦之風，時時有之，即《詩》所稱古帝王愛士何以加焉！近年以來，則有不然者。自臣居銓曹、閱案牘，查得朝紳在摘籍者幾百人；自去冬至今夏，得罪去者又半百人；近起補赴闕，日久而不得補者，又二十餘人。昔者所進，今不知亡，去者日多，來者日少。皇上之愛士，視初年何如？視古帝王何如？然而朝端諸臣依依於内，候補諸臣依依於外，若鳥之於林，魚之於水，愈固結，愈慕戀，愈不可解者，惟是皇上猶天地也，世間無所逃之天地；皇上猶父母也，世間無不是之父母。生斯世也，爲斯世也，更將焉往？更將焉歸？所望皇上天覆地載，父生母育，使之以禮，待之以恩，官之各因其材，任之各行其志，寛假之各成其名，大者致主匡時，小者展采錯事。皇上不負諸臣，諸臣其忍負皇上乎？孟軻氏不云乎？「夫人幼而學之，壯而欲行之。」况生逢堯舜，孰無江湖懸闕之思？人鮮巢由，難忘塵世功名之想。河清難竢，人壽幾何？壯志易灰，浮生可憫。諸臣心事，臣能知之。而臣又天下之喜功名人也，一念戀主，豈後諸臣，而肯以病請哉？臣惟今之爲士者，與古時異，而臣之所處，又與在廷諸臣異。臣之所以異者，一曰病深不可以易愈。凡人五臟六腑要統於脾，脾虚則臟腑皆虚，醫藥難效。臣之病，脾病也。一曰權重不可以久處。銓司關天下人材進退，恩怨之府，萬口難調。例滿不代，其誰諒之？一曰寵盛不可以過貪。節蒙皇上優容備至，小臣之寵極矣。冒而不止，福過災生。一曰事煩不可以卧理。銓曹夙號要曹，而臣司尤號劇司。如臣賤淺，平居尚慮不支，況能扶病而親百冗乎？凡此四者，皆臣之所有，而在廷諸臣之所無，是以不能從諸臣之末而赴功名之會，伏乞皇上察臣深病，放臣早歸。臣行之後，願皇上修舉初政，登選賢能，以天下才充天下官，以天下人理天下事，是泰運來復之期，而聖德重光之日也。臣俯伏待命，不勝惶恐。

乞賜易名疏〔一〕

［明］唐彬撰

原任吏部文選清吏司郎中贈太常寺少卿臣唐伯元男、廣東潮州府澄海縣廪膳生員唐彬謹奏，爲聖恩沾被，偏瀕海〔二〕，忠魂未揚，比例陳情，萬里叩閽，懇乞天恩，俯賜褒卹易名，以光盛典，以慰泉扃事。

臣父伯元，係廣東潮州府澄海縣人，登萬曆甲戌進士，初選江西萬年縣知縣，調繁泰和縣〔三〕，歷任南京户部郎中，建言謫海州判官〔四〕，起保定推官、禮部主事，主試湖廣，陞尚寶司司

〔一〕此篇底本原無，而乾隆本、道光本、光緒本「奏疏附刻」部分均有，兹據道光本補。
〔二〕「偏瀕海」，各本同。朱鴻林先生云：「詳句法，其後疑脱一字。」詳情有待進一步考證。
〔三〕「泰和」，各本均作「太和」，徑改。下段「泰和」同。
〔四〕「謫」，各本均作「摘」，徑改。

丞、吏部員外，特簡文選司郎中，請告回籍二年，累經薦録，業推少卿，物故。萬曆四十六年，按臣田生金以臣父理學忠節，具題請謚，未覆。天啓三年，特贈太常少卿。伏念臣父學術治行，忠君愛國，廷臣亦既論列，今又刊刻成書，當俟覆實具題。臣查得前吏部郎中顧憲成贈官賜謚，臣父立朝大節，居鄉懿行，實與顧同，至於功垂兩邑，學翼六經，先事抗疏，卒定國本，則竊謂過之，臣所以不能不萬里叩閽，披陳行履，以仰祈寵卹也。

方臣父之令萬年也，申裁冗餉，歲減二千金；導引雙源，灌田數萬頃；嚴淹女之禁，創梳蟲之式，任甫一載，撫臣旌異。其調繁泰和也，搜匿賦八百有奇，代積逋三百以上，卻相沿之例供，絶縉紳之請托，洗灰骨之沉冤，復侵占之縣址，録囚回暵旱，築堤障狂瀾，老稚有「唐青天」之謡，邑乘有《德政編》之刻。六年之内，得薦九次，諮訪二次，考績治行獨最，紀録卓異，此臣父之功垂兩邑者也。擬膺諫銓之選，乃以義絶私交，節抗權相，竟置南部，歷任户部郎中。親校古石經《大學》，註釋大義，進呈請付史館，神宗皇帝嘉納。時議新建伯王守仁從祀，臣父昌言排仁良知之學，其意在於翼朱熹、遵祖訓。奉旨「從祀已定，姑不究」，乃爲異學私黨下石，竟謫海州判官以行，雖有廷臣公論，無奈衆楚附咻，此臣父之學翼六經者也。當神宗皇帝未有三王并封之前，臣父先見，陳言默定國本，非揭顛末，未有能知臣父之苦心宗社者。方臣父之起補儀曹也，尋奉選取宫人之命。事竣，具載請端大本一疏，語意忠凱，末以身教爲獻，内引太祖持身格言、世宗蓋愆遺詔，凛然有古大臣節概，得動聖諭嘉納。凡此一片忠忱，皆圖事前感悟，乘機挽回，至於諸臣罷斥而終收定儲之功，始知神宗皇帝由後思前，不悔心於當時之激烈，而翻譯於疇昔之開導也〔一〕。洎陞天部，特簡銓衡，製籤選之法，一私不行。前後秉選者十餘人，多獲譴責，獨臣父任滿六選，爲本部尚書孫丕揚屢薦卿貳，臣父竟爲親養，連疏懇乞，得完節以歸。生平所著，有《古石經大學註釋》、《禮編》、《易註》、《陰符經註》、《道德經註解》、請告諸疏、《醉經樓集》、《太乙堂草》、《禮曹十二議》、《采芳亭》、《愛賢堂》、《醉經樓續集》、《泰和縣志》行於世。祀名宦於萬年、泰和，祀鄉賢於臣邑臣郡。臣父政跨蒲、密，學補關、閩。諫能格心，雖三黜其身，終俾定一代之國本；道可淑世，四海諸彥〔二〕，已先揭千載之公評。

伏讀崇禎五年九月内，經禮科都給事中張國維、禮部尚書黄汝良等，將年久未謚諸臣先後題請議謚，内稱「謚例五年一舉，然議同聚訟，事等築舍，自辛酉至今已十有二載，而謚典缺如，

〔一〕「翻譯」，各本同。朱鴻林先生云：「『譯』，當是『懌』或『繹』之訛。作『懌』，取悦懌之意，於義似勝。」按：此所論述，乃指唐伯元上《宫人疏》事。唐伯元《啓趙宗伯（三）》云：「春間，元奉旨選取宫人一節，猥有小疏，内引及世廟遺詔一段，當事諸老皆有忌諱之慮。會銓曹謬有推補至，政府舉以爲言。不意數日間，内閣傳出御札，有『廟享屢遺代行』、『朝講久廢』之説，引咎責躬，直符商王罪己，不特不諱而已。有君如此，其忍負之？」據此，朱先生之説可從。

〔二〕「四海諸彥」，各本同。此句对應前文「雖三黜其身」，據文例，「四海諸彥」前恐脱去一字。

實愈久而愈湮，名寖微而寖滅，其於勸世何賴焉」云云。本月十二日奉旨：「謚法有關風勵，依議詳諮確覈，務協公評，不得徇私憑臆，致乖大典，其發單仍勒限報部，毋再稽延，欽此欽遵。」該部即將原發諮訪單册，刊刻成書，分行南北九卿、詹、翰、科、道等衙門諮訪，列臣父姓名於前，謂「係三奉明旨，期在速行」。臣竊思：自題請諮訪，至今又二年矣，而回覆議謚，更杳如也。臣亦猶科臣部臣，有「實愈久而愈湮，名寖微而寖滅」之慮，是以披陳臣父生平略節，萬里叩閽，伏乞皇上軫念孤忠，查照顧憲成例，一體贈卹，賜謚易名，則不惟臣父伯元耿耿忠貞，丕荷照明於聖世，而風一勸百，其裨於世道人心者，亦非淺鮮矣。臣不勝哀籲戰慄惶悚之至。除具本赴奏外，爲此具揭。崇禎七年閏八月日。

醉經樓集續附刻[一]

明奉政大夫吏部文選司郎中曙臺唐公行略[二]

［明］周光鎬撰

隆慶初，余偕計，卒業成均，與盱江鄧汝極、同郡唐仁卿證交，日以學問道誼相切劘。二君者，予所不及也。既予謬通籍，鄧君隱不出，仁卿後三年成進士，遂而于役睽阻[三]。越丙申，予歸自塞上。丁酉，仁卿以銓部得請。則嘆始合中離，既離復合，白首良朋，同戴君恩於湖海丘壑，道其不終負哉！乃戊戌夏，君奄告殂，予驚悼，冒暑雨奔哭，哭盡哀。己亥，厥嗣彬奉大事，屬予布狀，以諗立言者銘。予不敏，顧有成言在，敢忘論述？

君名伯元，字仁卿，世爲澄海仙門里人。曾大父鴻、大父陽，並潛德不仕。父天蔭，封南京

〔一〕本卷底本原無，而道光本、光緒本有。兹據道光本補，並沿用其卷名「醉經樓集續附刻」。

〔二〕民國三年重刊周光鎬《明農山堂彙草》收録此文，題爲「奉直大夫吏部文選司郎中曙臺唐公行狀」。以下據周氏後人一九八三年影印本《明農山堂彙草》校勘此文。

〔三〕「于役」，《明農山堂彙草》作「秖役」。于役，原指出外服兵役或勞役，後泛指出行。以作「于役」爲是。

户部郎。母陳氏，封安人，以嘉靖辛丑十月初五日生君。君生穎異英敏，弱冠補邑庠，廩學官。辛酉，以壁經領鄉薦。暨戊辰未第，乃於邑言曰：「制科業可爲也，獨不有作聖學乎？」於是挈予游北雍，歸而同謁吕太史巾石先生于信州。先生故湛文簡高弟，考君參知公友也。從遊逾月，得聞天人合一之旨，辨證身心性命之微。君獨大領悟，叙先生所著三書本義，梓之。甲戌，予成進士，筮尹萬年。已而，調繁泰和，陞南度支郎。時予在留銓，密邇過從，喜可知也。無何，予一麾入蜀，道白下。邑人爲予指其隄，曰：「某隄，唐君侯所築也。」指其樓，曰：「某樓，唐君侯所建也，裨益我彊圉甚大，而侯無事於我之貲與力也。社倉積貯，雖無歲，民幸不殍。邑有帶徵糧六百餘金〔二〕，郡長以考績徵急，侯爲措處而輸之，民且未之知，而侯不以爲功也，侯其繫我思哉。」予竊識之。大都江之右，萬年稱巖邑，泰則士多有口，乃兩地並尸祝，則其所施之政可知矣。

度支司會計，餉京邑衛，材官士卒稱足食，大司徒樂亭王公大褒許之。暇與友人范原易、汪蔚翔究證學問，日探歷名勝，賞心賦詠。會禮官議崇祀，猥及王文成，遂起而發憤抗疏；又校定古石經，注釋大義，疏請付史館。維時主上聖明，一荷優容，一荷批答，當時知者，咸謂韓、孟復

〔二〕「糧」，原作「粉」，據《明農山堂彙草》改。

出，乃言者起而擿之，于是出倅海州。未幾，擢保定推官。尋擢禮部儀曹，日考索諸郊社宗廟典制。奉旨選宫人，既竣事，具疏請端大本，語意忠凱，間引世宗遺詔，執政者慮有忌諱，君因毅然云：「萬一感悟聖心，即以此獲罪，何憾？」既數日，傳奉御札下閣，語自引咎，時咸謂感悟之力居多。顧事祕不傳，余於君與趙□□宗伯〔二〕、孟叔龍吏部二書知之。無何移病歸，日侍二尊人懽，構小樓於湖海上，扁曰「醉經」，寄蜀命余賦之，蓋取河東「心若醉六經」語也〔三〕。日與狎友尚羊雅歌甚適。再逾年强起，起補原職。辛卯，主湖廣試，其賢書淵湛典正，序以《易》乾德訓諸士立誠用世，樹材之意深矣。方報命，遂轉尚寶司司丞，蓋美選云。無何，聞安人訃，扶服號奔。草土哀毁間，而纂輯《禮經》。服闋一日，就家以故官起，旋改銓部。惟時主上督過銓衡，在事者每每以嚴譴去。君至，攄忠剔弊，虚己憐材，不希指，不激不隨，仕紀肅然。論者謂吾粤入銓曹者，惟君掌選；前後秉銓衡者，惟君不負譴。太宰孫公屢薦其賢，請補太僕卿，旨未下，君兩疏懇陳，許之，則余先從朔方乞歸也。君日以湖山之勝邀予，予戒不入郡，則以詩證遊羅浮，有「不堪回首千秋約，况復從君萬里歸」之句。無何，訃音至矣。

〔二〕「趙」下二字底本爲墨釘。
〔三〕「若」，原作「者」，據《明農山堂彙草》改。

嗟嗟！君至是耶〔一〕？無亦海邦之運式微，何斯道之厄乃爾！今用世者，或爲位崇，或爲名高；爲學者，或以講德著，或以修辭稱。名位儻然爾，立言、立德兼之者，難矣。君出宰則所至血食，爲郎則直躬抗疏，憂道不憂名也。銓衡秉政，立躋卿貳，乃累疏乞身，豈其計崇階厚爵者比？其發爲文章，根極理道，融會性命，程伯子所謂修辭立誠是也。至其規詆新學，立論異同，始于人不能無疑，久之旨趣昭晰，人尤灑然從之。其諄諄辨難者，爲衛道計，非得已也。蓋其學師聖而不師心，信經而不附註，尚奇義而不事勦説。於諸子獨嗜河東，諸儒獨宗明道。今之江門、信州，皆其所師事也者。友善則李司馬維卿、孟吏部叔龍、顧吏部叔時、范觀察原易，余不佞猥辱臭味也者。論著則予告有《醉經樓集》，予寧有《禮編》《易註》，在署有《太乙堂》《采芳亭》稿，其他如《白沙文編》《二程類語》，皆其所彚次也者。君之學如是，亦可信而足傳矣，藉令天假之年，所造又可勝量？乃年僅五十有八，惜乎見其進，未見其止也，傷哉！

初令泰時，余從兄以謁選道白下，嬰疾。疾革，君以余故，視如手足，假郵館以視含殮。又二年，余年友王君一益計偕，亦旅卒其地，君視之一如視余伯氏也。此蓋官中所避忌，君乃當變而義益敦如此。君恒餘俸，盡歸封君，立産以均二庶弟，居讓安，業讓腴。惇惇以禮主訓，以義

〔一〕「至」，《明農山堂彚草》作「止」。作「止」，於義爲長。

化俗，以躬行爲族里率，以故卒之日，知與不知，靡不哀而悼之。配王安人。六丈夫子：椿，娶許郡丞尚靜女，早卒；彬，邑庠生，娶鄭方伯旻女；椿、彬，安人出也。棐，庠生，娶陳憲副志頤女；彩〔一〕，聘楊通判應試女；概，聘推官趙時舉女孫；梁，聘郎中翁思佐女；側室毛氏出也。女二：一適知州鄭國士子璋，邑庠生；一許孝廉蔡德璋子。孫男：宗哲，聘鄭鴻臚宗僑女；宗浩，則余男畀之次女許之；一尚幼。諸其履歷世次如此。余故哭君有九章，有誄言，兹不具載，幸而立言者，采而擇焉。

萬曆己亥，時仲秋朔，廷尉氏友人國雍周光鎬頓首拜撰。〔二〕

明故奉政大夫吏部文選司郎中曙臺唐公墓誌銘

〔明〕郭惟賢撰

余年友唐仁卿捐館垂六年矣。其子廩膳生員彬，持其父執大廷尉周耿西公狀，繭足馳温陵山中〔三〕，泣稱卜葬有期，徵余銘。余嘉其孝，且念仁卿於同袍中稱莫逆交，不敢以不文辭。

〔一〕「彩」，《明農山堂彙草》作「栗」。

〔二〕《明農山堂彙草》所收此文無此落款。

〔三〕「温陵」，原作「温陸」。按：郭惟賢，字哲卿，號希宇，福建晉江人。明人專以晉江爲温陵，參《辭源》「温陵」條。唐伯元編次《白沙先生文編》，其校梓者名單當中，有「温陵郭惟賢」。因改。

按狀：君諱伯元，仁卿其字，世居澄海仙門里人。先曾大父鴻、大父陽，並有隱德；父仙峯公天蔭，以仁卿累封南京户部郎中；母陳氏，累封安人。仁卿生而穎異，日誦數千言，弱冠補博士弟子員，旋廩庠生。辛酉，以壁經登鄉薦。戊辰落第，奮然謂周公曰：「令今持筆而稱雕龍，遂一掛名南宮，學如是止乎？夫安身立命，自有聖學可爲耳。」乃偕之信州，謁學呂巾石公，呂故湛文簡公高弟也。從遊逾月，得聞天人合一之旨，身心性命之微言，豁若素悟，隨爲叙其所著三書，梓行於世。

甲戌，成進士，授江西萬年令，余授清江。時撫臺楊震涯公以水利特旌君伐。無何，調繁泰和縣，與余同隸湖西分部。余於仁卿有臭味之合，然其築堤建樓，舉鄉約，設社倉，悉心規畫，行古之道而振民之功，則余殊愧不如，而當途亦有不盡知，仁卿視之泊如也。歲辛巳，稍遷南計曹，余亦叨官南臺，交相切劘，如同官湖西時。迨余以封事謫丞江山，而仁卿與同年新安范原易祖餞江干，贈詩慰勉。余再入白下，猶得執鞭弭相後先，仁卿謬謂余之根器誠樸，可以入道，及聞闡發聖學之緒論，宛若啓蒙訂頑日左右也。公暇同輯有《白沙文編》《二程彙語》，仍親校古石經，註釋大義，疏請於朝，付史館，得俞旨。先是，朝議以王文成公從祀，議既協，仁卿獨昌言排之，不知者或謂仁卿墨守顓門，黨同伐異。乃知者謂爲羽翼紫陽，有中行獨復之見，雖謫判海州以去，名益駸駸起矣。尋量移保定理官，擢禮部儀曹，日考證郊社宗廟諸典制。會選掖庭宮人，既竣事，上端大本疏，援祖宗遺訓，語其忠懇，旁觀者咸爲齰舌，仁卿獨曰：「萬一聖衷感悟，即獲罪，何憾？」既數日，而上降密札内閣，慨然引咎，君有力焉。旋以疾乞歸，侍二尊人，孝事甚歡，構小樓於湖上，取河東「心若醉六經」之義，扁曰「醉經」。再逾年，起補原官。辛卯，主廣湖試，入彀者號稱得人，程式盡剗禪學，根極理要，文體焕然復歸於正。方報命，隨轉璽丞，適聞母安人訃，奔守苫次，哀毀如禮，因纂輯《禮經》。服闋，即家拜原官，旋改銓曹，歷轉選郎。璽丞揀選，在近年蓋異數也。時上方督過銓曹，獲譴者相踵，君甫任事，虚心搜羅，選公登明，惟恐中外之有留良也。乃有以先後建言諸君子未獲進用爲惜，不知此固仁卿日夜所拊心者，冀時有待耳。即《請告疏》固諄諄乎其言之矣。粤東士紳秉選者自君始，而數年中遂即丐身去國，以永終譽者，自仁卿外，指亦不以一二屈。大宰孫立亭公屢推轂，君請回鄉疏留中，而君浩然兩懇歸。記君出國門，余以佐臺入都，猶得一握手道故而别，而詎意永别哉？

嗟嗟！士大夫多哆口譚學，以儒自命，疇有如君之志在復古而措注建明自真學問中來者？跡其兩邑惠政，尸祝至今，庶幾哉！與召、杜爭烈矣。觸時對事，有功斯道，惟是朱、陸異同，自昔已然，要以俟後之君子，當有定論。昔司衡鏡，既公且平，會得盡行其志，銓次忠良，山巨源、裴叔則之鑒，可勝述哉！諸所論著，若《醉經樓集》《〔禮〕編》〔二〕《易註》《太乙堂》《采芳亭集》，

〔二〕「禮」字原缺，據唐彬《乞賜易名疏》、周光鎬《明奉政大夫吏部文選司郎中曙臺唐公行略》相關記載補。

皆沉酣成一家言。倘天假之年，俾出而盡究其用，即不究其用而究其學，所就未可量。卒之日，風雷大作，有足異者，第先封君之逝，亦足悲矣。

君生於辛丑十月初五日，卒於戊戌四月念七日，享年五十有八。配王安人。男六：椿，娶郡丞許公尚靜女，蚤卒；彬，邑學生，娶方伯鄭公旻女；俱王安人出。棐，庠生，娶副憲陳公志頤女；彩，庠生，娶別駕楊公應試女；概，聘司理趙公時舉孫女；梁，聘曹郎翁公思佐女；側室毛氏出。女二：一適州守鄭公國仕子邑庠生璋；一適孝廉蔡公德璋子。孫男三：宗孔，聘鴻臚鄭公宗僑女；宗浩，聘大理寺卿周公光鎬孫女，即所謂耿西公也；一未聘。孫女一。擇地於豐政都大勝卧龍之原，將以日月奉柩就穴。余既誌之，而爲銘。銘曰：

世之趨也，學儒非儒。惟公篤志，蚤探玄珠。所至尸祝，口碑載塗。正學一疏，言危身孤。士論不泯，功在翼朱。溪石渠宋，辨別鵝湖。聖道於天，見者各殊。論久自定，異户同趨。一蹶隨奮，毀不滅名。召拜尚璽，旋揀銓衡。精心簡汰，仕路肅清。急流勇退，芥視塵纓。家有著書，朝有芳聲。業有後昆，兆有佳城。嗚呼！斯惟卧龍之岡，而在吾友仁卿之塋。

賜進士第、嘉議大夫、都察院左副都御史協理院事、前左右僉都御史奉敕巡撫湖廣等處地方提督軍務、兩京府丞、南京河南道監察御史、吏部考功司郎中、年眷弟郭惟賢撰文。

跋

［清］唐際虞撰

仁卿公，際虞八世祖也，事具詳《明史·儒林》本傳。著有《醉經樓集》，乾隆己巳，八世孫紹奎始梓行於世。道光癸未，際虞補弟子員，當道諸鉅公暨鄉先生知公有是集，就際虞索觀，時鋟板點畫已模糊。丁未，姪廷珍補弟子員，時際虞已注籍訓導，念此後秉鐸不知何地，懼祖德之弗克述而先芬之弗克誦也，命廷珍就鋟板，悉心檢校，而剥蝕壞缺已逾其半，因思拾其殘而補其闕。檢舊篋所藏，得明周大廷尉光鎬所撰《行略》、郭大中丞惟賢《墓誌銘》二篇，叙次紀述較《明史》爲詳，因附梓於集後，俾世世子孫守而勿替，而當世儒林君子亦資以考證云。時道光己酉年孟冬月，八世孫際虞謹識。

附録一

白沙先生文編

白沙先生文編序

朝列大夫南京國子監祭酒後學瓊臺王弘誨撰

先生生宣正成弘間，當一代文明之會，其學近宗濂洛而遠遡乎洙泗之源，不言而信，無位而尊，盡當世而宗仰之，爲國朝名儒第一。余少向往焉，學而未暇。歲壬午，移官留都，友人唐仁卿氏時時相過，講論先生不輟，而惜夫世未有能知其深者。余于是益爲恍然，竊自悔恨，以爲學先生晚也。仁卿氏之言曰：「吾年十五六，隨長者後，誦説江門夫子，頗知嗜慕。及取其書讀之，于應制無當也，置之。既舉于鄉，好爲古文詞，又取其書讀之，于剽麗無當也，置之。已而再上春官不第，從燕趙吴越間得聆師友之訓，歸而妄意于學問也，然後能稍繹其書，則見其有言必依乎道，有行必概乎教，無所用于今而亦不必于用，殆孟氏子所謂立命者歟！而吾之年垂三十矣。雖然，如其言也，藩籬欲固，孰與夫忘名之爲高也；積累欲深，孰與夫徑造之爲便也；自然立教，孰與夫曲意誘引者之興起後生也；許可必嚴，孰與夫姑爲獎借者之張皇吾道也。出者愈奇，與者日衆，吾固難以彼而易此也。嗚呼！言道術者不宗孔氏，吾必以濂洛爲卑卑，使濂洛而無叛于孔氏也，則若先生者，固拙勝而道存者也。何者？誠也。世儒術非不工，風非不動，不免自處過高，而其歸與不及等。何者？誠有所不足也。蓋自先生之學出，而敦慤粹美者愧其智，慧辨雄拓者愧其仁。仁智合而誠不離，則道歸焉耳。夫道之難明久矣，何疑先生？而吾與若固先生之鄉人也，謂吾不能而不以望于人，則其罪愈大。吾將有事焉。」甚矣！仁卿氏之言有警于余也。于是總其集中撮其有關于問學之大者，得詩與文若干，共爲六卷，稍次第之，題曰「文編」，而增補年譜其後。乃侍御晉江郭君，計部廣安姜君、休寧范君、孟津王君，儀部婺源汪君，則共捐貲以付工人，閱兩月訖工。其書播在學士經生，而先生之道復著。間嘗竊論先生之學淵以博，不可端倪，學先生者但立吾誠以往，毋論高下大小，各能成章以見于世。觀當時從遊諸子與夫聞風私淑之徒，若年譜可據。已而，或者猶疑其流爲禪，胡不引往事觀之也？余既喜仁卿氏之言能發我之所欲，而又嘉諸君之與仁卿氏同志也，故述仁卿氏之言，以諗諸君及夫海内知慕之士，使明先生之道人人可師，學先生者亦惟其誠而勿貳，而尤願諸君與仁卿氏共勉之，庶幾切磋之義，以光前修，毋若余然，而徒抱後時之悔也。萬曆癸未歲臘月之朔。

白沙先生文編目録

一卷

二卷

三卷

四卷

白沙先生文編卷之一

後學澄海唐伯元　編次
廣安姜　召
休寧范　淶
孟津王　价
温陵郭惟賢
婺源汪應蛟　校梓

四言古詩

示黄昊

誦此語十餘年不省，近見王汝止氏語録引此，贊云：「白沙此語，便是宇宙在手，萬化生身。」〔一〕

高明之至，無物不覆。反求諸身，欛柄在手。

〔一〕《白沙先生文編》中小字部分，作仿宋體者爲唐伯元之按語，作宋體者爲陳獻章之自注。

題畫松泉爲張別駕吉

水流石間，生兩松樹。洗耳掛瓢，無此佳處。幸逢堯舜，那無巢許？明志耳。

撥悶

雖欲從而末由，其憂如此。

久病在牀，展轉莫舒。我欲觀化，有握其樞。人有善願，天必從之。我病幾時，我念西馳，我行趦趄。如饑思食，如寒思衣。動惟厥時，匪亟匪徐。魚躍鳶飛，乃見真機。天豈不知？天偶遺之，吾將尤誰〔一〕？我聊任之，撥悶以詩。

與民澤

聖人之學，惟求盡性。性即理也，盡性至命。理由化遷，化以理定。化不可言，守之在敬。有一其中，養吾德性。

〔一〕「尤誰」，原作「誰尤」，據高簡本、蕭世延本改。

示湛雨

有學無學，有覺無覺。【旁批】凡自多者，皆其中不足也。千金一瓠〔二〕，萬金一諾。於維聖訓，先難後獲。天命流行，真機活潑。水到渠成，鳶飛魚躍。德山莫杖，臨濟莫喝。萬化自然，太虚何說。繡羅一方，金針誰掇？

五言古詩 五言古乃晉魏以後一人，唐宋未見倫擬。

試太學，和楊龜山此日不再得詩 邢祭酒云：「龜山不如。」聞者皆以爲真儒復出。

能饑謀藝稷，冒寒思植桑。少年負奇氣，萬丈摩青蒼。夢寐見古人，慨然悲流光。吾道有宗主，千秋朱紫陽。說敬不離口，示我入德方。義利分兩途，析之極毫芒〔三〕。聖學信匪難，要在用心臧。善端日培養，庶免物欲戕。道德乃膏腴，文辭固粃糠。俯仰天地間，此身何昂藏。胡

〔二〕「瓠」，原作「瓢」，據高簡本、蕭世延本改。

〔三〕「析」，原作「折」；「芒」，原作「茫」，據蕭世延本改。

能追逸駕〔二〕，但能漱餘芳。持此木鑽柔，其如磐石剛。中夜攬衣起，沉吟獨徬徨。聖途萬里餘，髪短心苦長。及此歲未暮，驅車適康莊。行遠必自邇，育德貴含章。邇來十六載，滅迹聲利場。閉門事探討，蜕俗如驅羊。隱几一室内，兀兀同坐忘。那知顛沛中，此志竟莫强。譬如濟巨川，中道奪我航。顧兹一身小，所繫乃綱常。樞紐在方寸，操舍決存亡。胡爲漫役役〔三〕，斵喪良可傷。願言各努力，大海終回狂。

自策示諸生

賢聖久寂寞，六籍無光輝。元氣五百年，一合又一離。男兒生其間，獨往安可辭。邈哉舜與顔，夢寐或見之。其人天下法，其言萬世師。顧予獨何人，瞻望空爾爲。年馳力不與，撫鏡嘆以悲。豈不在一生，一生良遲遲。今復不鞭策，虚浪死勿疑。請回白日駕，魯陽戈正揮。

〔二〕「逸駕」，蕭世延本作「軼駕」。

〔三〕「漫」，蕭世延本作「謾」。

冬夜 二首

長夜氣始淒，木綿被重裘。端坐思古人，寒燈耿悠悠。是時病初間，背汗仍未收。學業坐妨奪，田蕪廢鉏耰。高堂有老親，遍身無完紬。丈夫庇四海，而以俯仰憂。口腹非所營，水菽吾當求。明旦理黄犢，進我南岡舟。

我從省事來，過失恒十九。喜怒朝屢遷，言爲夕多苟。平生昧慎獨，即事甘掣肘。孔子萬世師，天地共高厚。顏淵稱庶幾，好學古未有。我才雖鹵莽，服膺亦云久。胡然弗自力，萬化脱樞紐。頹顏無復少，此志還遂否？歲月豈待人，光陰隙中走。念此不成眠，晨星燦東牖。

厓山看大忠祠豎柱，阻風，七日後發舟，用舊韻

青青奇石草，上有牛羊躅。洶洶崖門水，遠帶湯瓶山名。緑。浮雲散孤嶼，初日明村曲。言歸輒風濤，無乃疑張陸。遲遲重遲遲，畏此波心木。漁人植長木於波間，置罾，俗呼爲罾戙木，觸之能覆舟。

太極丸春 爲一峯題湖西八景之一。

天城列兩儀，其中位太極。山名。不悟名象生，焉知畫前《易》？伏羲古已亡，圖書久晦蝕。

寄語山中人，妙契在端默。

夢觀化，書六字壁間曰「造物一場變化」夭壽不貳矣。

孔子曳杖歌，逍遥夢化後。我夢已逍遥，六字書在牖。聖愚各有盡，觀化一遭走。問我年幾何，春秋四十九。死生若晝夜，當速何必久？即死無所憐，乾坤一芻狗。

貪泉

藜藿可養生，柏棺可送死。瓦礫是黄金，貪泉亦清泚。飲水心不易，豈獨夷齊爾？山鬼笑儂家，儂家笑山鬼。

藤蓑 二首

一蓑費幾藤，南岡礪朝斧。交加落翠蔓，制作類上古。吾聞大澤濱，羊裘動世祖。何如六尺蓑，滅蹟蘆花渚。舉俗無與同，天隨夢中語。今夜不須歸，前溪正風雨。

新蓑藤葉青，舊蓑藤葉白。新故理則然，胡爲浪忻戚？扁舟西浦口，坐望南山石。東風吹新蓑，浩蕩滄溟黑。須臾月東上，萬里天一碧。安得同心人，婆娑共今夕。

漫題

日月逝不處，奄忽幾華顛。華顛亦奚爲，所希在寡愆。韋編絶《周易》，錦囊韜虞絃。飢飡玉臺霞，渴飲滄溟淵。所以慰我情，無非畹與田。【旁批】先生二孫名。提攜衆雛上，啼笑高堂前。此事如不樂，它尚何樂焉？東園集茅本，西嶺燒松煙。疾書澄心胸，散滿天地間。聊以悦俄頃，焉知身後年？仕者必期通，隱者必期高。麋鹿或可羣，肉食安可饕？聖人履中正，白首濟川舠。悠悠荷簣者，果識聖心勞？浮雲馳白日，黍稷生蓬蒿。飯蔬食飲水，曲肱謝遊遨。汶上去不顧，陋巷貧絶交。徒聞武城宰，割鷄以牛刀。

感劉琨與盧諶事

越石信英臣，子諒亦文雅。生遭晉運微，奔走風塵下。晉陽嘯明月〔二〕，胡雛夜回馬。并州困石勒，從事爲别駕。成敗非所論，吾憐鑿坏者。

〔二〕「嘯」，高簡本、蕭世延本作「笑」。

和陶 一十二首 音響渾似陶，而格調更恢廓，以兼子美耳。

歸田園

我始慚名羈，長揖歸故山。故山樵采深，焉知世上年？是名鳥搶榆，非曰龍潛淵。東籬采霜菊，西渚收菰田。游目高原外，披懷深樹間。禽鳥鳴我後，鹿豕遊我前。泠泠玉臺風，漠漠聖池煙。閒持一觴酒，懽飲忘華顛。逍遥復逍遥，白雲如我閒。乘化以歸盡，斯道古來然。

高人謝名利，良馬罷羈鞅。歸耕吾豈羞，貪得而忘想〔一〕。今年秋又熟，讙呼負禾往。商量大作社，連村集少長。但憂村酒少，不充儂量廣。醉即拍手歌，東西卧林莽。

近來織畚徒，城市售者希。朝從東臯耕，夕望西巖歸。貧婦業紡績，燈下成歲衣。但令家温飽，不問我行違。

移居

萬金論買鄰，千金論買宅。豈不念子孫，而以營朝夕？長揖都會里，來趨白沙役。壤地何

〔一〕「忘想」，蕭世延本作「妄想」。

必廣，吾其寄一席。鄰曲彌樂今，園林尚懷昔。吾志在擇善，無然復離析。留連晡時酒，吟詠古人詩。夕陽傍秋菊，采之復采之。采之欲遺誰，將以贈所思。所思在何許，千古不同時。四海倘不逢，吾寧獨去兹？願言秉孤貞，勿爲時所欺。

九日閒居

無錢撫秋菊，向夕涼風生。誰爲白衣者，頗識江州名。映杯碧水淨，曜日丹葩明。天際雁孤去，草根蟲一聲。荏苒委時節，徘徊閲年齡。興來發長歎，意盡還一傾。儉德苟不慙，厚禄安可榮？白首希高賢，清謡渺遺情。人生亦易足，何必勤無成。

和劉柴桑，寄袁道，見懷一峯之意

當年臺城會，執手多踟躕。四海一爲别，寒暑逝不居。遠意屬羅浮，舉頭望匡廬。胡然金牛谷，奄忽成丘墟。蜕骨歸復土，靈衿存爲畬。庶幾百代下，攀駕以忘劬。袁侯西江英，好德眼中無。尺素每欲近，十年不作疏。磨劍患不快，快則隨所須。永願磨此心，恢恢快劍如。

和郭主簿，寄莊定山

青松出喬木，遥望十里陰。少年不結友，歲暮懷同襟。同襟問爲誰，定山攜一琴。悠然一鼓之，不辨古與今。在昔經江東，多士予所欽。論文一觴酒，惟我與子斟。豈意千載下，復此聞《韶》音！我病不出户，何時還盍簪？茫茫宇宙内，與子契其深。

贈羊長史，寄遼東賀黄門欽

此心自太古，何必生唐虞？此道苟能明，何必多讀書？寂寂委山澤，于于來京都。斯人各有分，彼此何能踰？杪秋風日清，呼兒理肩輿。聊爲玉臺遊，言笑誰與俱？屈指意中人，一坐一踟躕。歸來看四壁，四壁光如如。聖道日榛塞，誰哉剪其蕪？之子久不見〔二〕，吾生何以娱？常恐歲月晚，況與音問疏。申以《伐木》章，一日三卷舒。

飲酒

木犀冷於菊，更後十日開。清風吹芳香，芳香襲人懷。千回嚥入腹，五内無一乖。雖靡鸞

〔二〕「之子」，高簡本、蕭世延本作「夫子」。

鳳吟，亦有鷦鷯棲。昔者東籬飲，百榼醉如泥。那知此日花，復與此酒諧。一曲盡一杯，酩酊花間迷。赤脚步明月，酒盡吾當回。

庚子歲九月中於西田穫早稻〔一〕

遲明向南畝，疏星在簷端。夫出婦亦隨，無非分所安。道旁往來人，下車時一觀。問津津不知，仰視飛鳥還。邏苗遠峙夕，濯足荒溝寒。吾惜耦耕好，焉知世路難。伐鼓收西畬，黄雲被江干。聊用代糟糠，作粥歡賓顔。鄰叟攜兒來，戲嬉松下關〔二〕。齊聲鼓腹謳，永謝攢眉歎。舊註云：「西涯先生嘗讀此篇，曰第四句不類。蓋予嘗自疑者，今不欲改之，以見西涯之不苟也。」

懷古田舍

君子固有憂，不在賤與貧。農事久不歸，道路竟徒勤。青陽動芳草，白日悲行人。沮溺去千載，相知恒若新。出門轉窮厄，得已聊一欣。甘雨濡夕畛，繁花幕春津。獨往亦可樂，耦耕多

〔一〕「庚子」，《陶淵明集》原詩題目作「庚戌」。見逯欽立校注：《陶淵明集》，中華書局，一九九五年，第八四頁。

〔二〕「戲嬉」，高簡本作「嬉戲」。

近鄰。百年鼎鼎流，永從耕桑民。

製布裘成，偶題寄黎雪青

海布剪黄雲，嶺綿裝白雪。製爲道人衣，方直無周折。吾老不出門，躬耕慕冀缺。黄昏披此裘，坐望梅村月。美人遺我酒，小酌三杯烈。半酣發浩歌，聲光真朗徹。是身如虚空，樂矣生滅滅。雪青事佛。

紫菊一首，寄林時嘉

嚴霜百卉枯，三徑挺秋菊。緑葉明紫英，微風遞寒馥。芳情謝桃李，雅望聯松竹。懷哉種花人，杳在江一曲。遺我盎中金，南牕伴幽獨。時無續《騷》手，憔悴誰當録？且脱頭上巾，茅柴今可漉。

感鳥

有鳥不知名，皎然閨中清。育雛止庭竹，衆鳥不敢凌。暮雨銜蟲歸，喚雛雛不應。以翼覆雛宿，夜久巢屢驚。小僕極殘忍，不眠伺東榮。扳巢襲其母，母去巢亦傾。一雛墮地死，二雛尚呷嚶。平明視竹根，羣蟻正經營。子弱母護之，無母何以生。嗚呼號者誰〔一〕，宛有雌雄情。入簾逼我枕，爲我再三鳴。此鳥初來巢，卑卑近前楹。我無害鳥心，人謂此鳥靈。終焉失所托，此禍將孰懲？吾甚愧此鳥，感之欲需纓。呼奴撻其背，流血非所矜。再拜謝此鳥，此意何由平！

築室

辛勤結吾廬，經始算一一。廣狹更度量，卑高在平秩。堂以備薦享，閣以邀風日。前樹貞節門，後治渭川室。四垣謝粉飾，牡蠣高爲胃。仰瞻勢微峻，其間僅容膝。既以儲簡編，猶堪斂袍笏。是年秋在仲，筮日欣得吉。良友交助余，衆工告易畢。把酒對梅花，浩歌新突兀。

秋興

西風振庭木，虚堂夜蕭蕭。攬衣起步月，歸雁雙飄飖。天地豈予獨，知音不可招。冥心祈有合，悵望空雲霄。

〔一〕「嗚呼」，高簡本、蕭世延本作「嗚嗚」。

盛時不得意，衰老徒傷悲。志士曷爲爾，載籍多見之〔二〕。翹首面崑崙，白龍有遺池。振衣一千仞，高詠秋風誰？

海上有一士，來往不知年。或就胥靡飯，或投上方眠。游處各有徒，孰謂世情然。飲酒不在醉，弄琴本無絃。借問子爲誰，得非魯仲連？

觀自作茅筆書

神往氣自隨，氛氲覺初沐。聖賢一切無，此理何由矚？調性古所聞，熙熙兼穆穆。耻獨不耻獨，茅鋒萬莖秃。

八月二十四日颶作，多溺死者

坐忘一室内，天地極勞攘。顛浪雷殷江，流雲墨堆障。高田水滅頂，别塢風翻舫。人塊本無心，縱横小兒狀。江門三兩詩，饒舌天機上。

〔二〕「載籍」，原作「在籍」，據高簡本、蕭世延本改。

正月二日雨雹 是日雨水節。

雨水不雨水，雨雹胡乃然。小者如蓮實，大者如彈丸。仍聞隔江言，有雹大如拳。吾君古帝堯，神功格皇天。雹往而霰來，無乃爲豐年。後二日，雨霰。

五日雨霰 二首

北風卷長雲，晨光坐來滅。映空絮忽飛，誰謂越無雪？

元氣塞天地，萬古常周流。閩浙今洛陽，吾邦亦魯鄒。星臨雪乃應，此語非謬悠。

望羅浮

山大必有靈，土高豈無異？翠浮幾千丈，日月東南翳。我尋五岳來，未問仙家事。絶頂望九州，衡山正西峙。

寄題嚴州嚴先生祠壁

既上桐江臺，復弄桐江釣。不食桐江魚，不怕嚴光笑。衣巾人笑儂，羊裘終未了。堂堂范公碑，今古稱獨妙。

曉枕

天地無窮年，無窮吾亦在。獨立無朋儔，誰爲自然配？春陵造物徒，斯人可神會。有如壽厓者，乃我之儕輩。永結無情遊，相期八紘外。

龜山夜月

萬古此龜山，萬古此明月。開簾望龜山，岱宗固無別。但恐山多雲，風吹亂人睫。龜山先生有解《程氏遺書》，中間『堯舜事業』一段［可］疑〔二〕，借此以正其謬耳。

題心泉 助長害甚於忘。

夜半汲山井，山泉日日新。不將泉照面，白日多飛塵。飛塵亦無害，莫弄桔槔頻。

〔二〕「可」字原缺，據湛若水撰《白沙子古詩教解》所引述陳獻章此詩自註補。見孫通海點校：《陳獻章集》，附録一《白沙子古詩教解》，第七八一頁。

答張内翰廷祥書，括而成詩，呈胡希仁提學

古人棄糟粕，糟粕非真傳。眇哉一勺水，積累成大川。【旁批】有明誠、誠明之異。亦有非積累，源泉自涓涓。至無有至動，至近至神焉。發用玆不窮，緘藏極淵泉。吾能握其機，何必窺陳編。學患不用心，用心滋牽纏。【旁批】王汝止曰：「『吾能握其機，何必窺陳編』，先生之意有在，學者須善觀之。孔子時中，正在韋編三絕。」本虛形乃實，立本貴自然。戒慎與恐懼，斯言未云偏。後儒不省事，差失毫釐間。寄語了心人，素琴本無絃。

代簡答羅一峯殿元

臺城一揮袂，忽忽星週五。路永消息斷，年深別離苦。思君髮爲白，始白數莖許。今晨對書尺，白者不可數。先生天下士，詎肯顧衡宇？悵望曹溪約，獨與光也語。一峯約會南華，不至。

題冷菴 江西僉憲陳琦自號。

舉世好近熱，子獨畏之猛。投身向壑雪，永謝白日影。玉壺貯清冰，秋露滴金井。是以冷自勝，于世非絶屏。假令務絶屏，過與近熱等。我以道眼觀，天下方首肯。寒暑兩推移，正中太

和境。寄語菴中人，不熱亦不冷。

贈林汝和通判

在昔黄金臺，與子初周旋。萍蓬忽相失，不見垂十年。昔爲禮曹官，今摇慶陽鞭。常聞太華峯，峻絶峙中天。雅志在登陟，矯如孤鵠騫。適來南海旁，問訊滄洲廛。語舊未終日，棲棲有所牽。丈夫重出處，富貴如浮煙。行則爲在田，止則爲在淵。勞勞夫何爲，贈子千金言。

贈陳秉常 四首

遠色霽初景，清風振遥林。子來入我室，弄我花間琴。正聲一何長，幽思亦已深。願留一千歲，贈子瑶池音。

黍稷雜萑葦，邪思亂正性。人爲一鹵莽，諉曰天之命。白日朝出東，須臾復西暝。良時誠可惜，逝矣悲莫競。

大舜卷婁之，莊周竟奚取？人生貴識真，勿作孟浪死。誰能去中土，僦舍朝鮮里？白首金石交，視我南川子。

我否子亦否，我然子亦然。然否苟由我，於子何有焉？人生寄一世，落葉風中旋。胡爲不自返，濁水迷清淵。

病中寫懷，寄李九淵

出門見齋顔，十日不一逢。以我腹中滿，憶君頭上風。頭風尚可炙〔二〕，腹滿何由通？受氣我亦薄，況乃疾病攻？五十去始衰，三四謝春冬。鬢顔倏已凋，血氣少復充。客來索我書，穎秃不能供。茅君稍用事，入手稱神工。以兹日衮衮，永負全生功。長揖謝茅君，安静以待終。

和梅侍御見寄　梅意必説一峯。

飛蓋凌滄溟，高臺拂朱鳥。乾坤一水浮，日月雙輪繞。塵埃紛局促，正坐眼孔小。景山千丈松，慰我冰雪皎。萬里一春風，東西逐驟裹。故人子羅子，仙鶴歸華表。暮雨江門舟，含悽問封草。假令鮑叔在，一士亦不少。誰云越臺近，舉目河山杳。冥冥白沙塢，雲煙共昏曉。

〔二〕「炙」，高簡本、蕭世延本作「灸」。

送李劉二生還江右，用陶韻

夜聞桂樹芳，晨起山鳥喧。客從遠方來，歷我階西偏。手持諸侯書，徵會在匡山。我願結其人，遂往不復還。滯形宇宙内，俛仰獨何言？中年見二子，楚楚西江英。問訊徐蘇李〔一〕，千年有餘情。開樽對溟月，高歌亦心傾。胡爲別我去，感此秋蛩鳴。贈處各有言，慨然盡平生。「李」，或作「里」。

題萬碩司訓風木圖 詩意勉以大孝，不徒養耳。

把君風木圖，識君風木心。賢者不易貴，遠者寧務今。嗟哉鼎與茵，充足時所欽。

讀林緝熙近詩，時緝熙典文衡閩中，欲便道還家，數夕前嘗夢見之，故有是作

言笑不可親，中宵馳夢想。君行幾千里，道路輕閩廣。忽見囊中詩，區區謝官長。深淵或

〔一〕「李」，蕭世延本作「里」。

遺珠，努力試一往。微官亦何事，感激章欲上。行止各有時，姓名忌標榜。此言誰爲傳，聊以慰俯仰。

將如外海看山，先寄道傍諸友

吾衰何所如，俯仰在一席。舍旁有小水，相望渺南北。靜久動乃宜，住多行亦得。朝往暮南還，路旁事舊識。故人邀我飯，半餉吾未惜。東老對回公，神仙無惡客。

贈世卿

采菊復采菊，嚴霜下庭木。豈無桃李顔，畏此天地肅。落落枝上英，未傷飡者獨。持贈楚人歸，投之江魚腹。

青青牆下竹，冬後色如是。燦燦月中花，歲寒香不匱。新知語未足，遠別情難置。獨上江門舟，北風日淩厲。

進亦人所憂，退亦人所憂。得亦人所憂，失亦人所憂。【旁批】學杜「東川有杜鵑」。所憂非憂道，所憂其可留。所憂非憂貧，所憂其可休。古來嚮道人，能辨憂所由。去去淩九霄，行行戒深溝。敬此之謂修，怠此之謂流。

元神誠有宅，灝氣亦有門。神氣人所資，孰謂老氏言。下化囿其跡，上化歸其根。至要云在兹，自餘安足論？

可以參兩間，可以垂萬世。聖人與人同，聖人與人異。堯舜於舞雩，氣象一而已。大者苟不存，翩翩竟奚取？老夫嘗用力，兹以告吾子。文字費精神，百凡可以止。一落永不收，年光建瓴水。

上上崑崙峯，諸山高幾重？望望滄溟波，百川大幾何？卑高入揣料，小大窮多少？不如兩置之，直於了處了。

容珪輓〔一〕

師友道久衰，窮鄉無可者。是非真妄間，彼此不相假。所適一以偏，較然見趨舍。滔滔復滔滔，風俗日益下。珪也何所之，終身在陶冶。

有懷世卿

仙鶴去不歸，黄鸝向人語。空館忽相思，雲山杳何許？出門望東海，默默空延竚。月出潮

〔一〕「容珪輓」，高簡本、蕭世延本作「輓容珪」。

復來，鳴橈下滄渚。

時雨日夕來，郊原藹新緑。白雲被重崖，下映寒塘曲。情結竹上言，魂消井邊躅。三年隔瀟湘，書至不可讀。

伏枕廬山下，春懷慘不舒。哀絃久去耳，風韻今何如？灼灼花自媚，嚶嚶鳥相娱。高臺夕流盼，古道行人疏。

煩囂謝人境，抱膝山臺居。奈此枝上鳥，交交春雨餘。少年耳目冗，衰老不能虚。安得魯連子，從之泛江湖？

送劉方伯東山先生

未别情何如，已别情尤邈。豈無尺素書，遠寄天一角？江門卧煙艇，酒醒蓑衣薄。明月照古松，清風灑孤鶴。

示李孔修近詩

昔别秋未深，今來歲方晏。吾衰忘筆硯，月記詩半板。或疑子美聖，未若陶潛淡。習氣移性情，正坐聞道晚。爲我試讀之，如君當具眼。

蔣韶州書至，代簡答之

相别何悠悠，梅花十寒整。音塵中斷絶，窅若墮深井。忽枉尺素書，開讀喜不定。庾嶺秋正高，揚旌下松逕〔二〕。君才足理郡，韶民日延頸。古來水火喻，子産功在鄭。歲計諒有餘，願聞下車令。

讀張地曹偶拈之作

拈一不拈二，乾坤一爲主。一番拈動來，日出扶桑樹。寂然都不拈，江河自流注。濂洛千載傳，圖書乃宗祖。昭昭《聖學篇》，授我自然度。

寄李子長

仙城李子長，髮短不及寸。家有覓栗兒，時無郭元振。經年斷往還，使我勤問訊。寧知造化心，天地無情盡。

〔二〕「逕」，高簡本、蕭世延本作「徑」。

再贈周文都

十年兩别君，一别一回老。問藥朱陵遊，吾兹恨不早。平生憂樂心，相對各傾倒。遠别望眼昏，浮雲不堪掃。

寄賀柯明府 此是先生古詩中獨長者，其題又云「寄賀」，惓懇世教如此。

夷狄犯中國，妻妾淩夫君。此風何可長，此恨何由申！仲尼憂萬世，作經因感麟。往者宋元間，適逢大運屯。仰天泣者誰，屈指張陸文。臨事誠已疏，哀歌竟云云。一正天地綱，我祖聖以神。缺典誰表章，厓山莽荆榛。寥寥二百年，大忠起江濆。慈元廟繼作，爛映厓山雲〔二〕。近者陽江尹，一念何精勤！作祠比厓山，兩廟存三仁。大封赤坎墓，昭昭愜衆聞。深悲魚腹冷，一躍海門春。厓海風波隔，陽江面目新。自然聲氣應，坐使風俗淳。短卷心先賀，神交夢每親。琢詞告萬世，老病敢辭君？

〔二〕「厓」，原作「崖」，高簡本、蕭世延本作「厓」，且本詩上文亦有「厓山莽荆榛」句，兹據改。本詩下文「作祠比厓山」句之「厓」字同。按：此指位於廣東江門的厓山，其地建有紀念南宋殉國之楊太后的慈元廟及紀念文天祥等殉國宋臣的大忠祠。本集中有大量的「厓」「崖」混用，以下不再一一出校。

偶得寄東所

知暮則知朝，西風漲暮潮。千秋一何短，瞬息一何遥！有物萬象間，不隨萬象凋。舉目如見之，何必窮扶摇？

登高未必高，老脚且平步。平步人不疑，東西任四顧。豈無見在心，何必擬諸古？異體骨肉親，有生皆我與。失之萬里途，得之咫尺許。得失在斯須，誰能别來去。明日立秋來，人方思處暑。

和羅服周對菊見寄

春來苦不早，春去常願遲。嗟哉造化機，萬物安得知？歲晏菊始吐，鮮鮮在東籬。不汙桃李塵，永續徵君詩。

得何時矩書

良友惠我書，書中竟何如？上言我所憂，下述君所趨。開緘讀三四，亦足破煩紆〔一〕。丈夫

〔一〕「煩紆」，原作「煩汙」，兹據《遺詩補集》改。煩紆，意謂心情煩悶雜亂。

立萬仞，肯受尋尺拘？不見柴桑人，丐食能歡娛？孟軻走四方，從者數十車。出處固有間，誰能別賢愚？鄙夫患得失，較計於其初。高天與深淵，懸絶徒嗟吁。

題民澤九日詩後

我思陶長官，廬山一杯酒。世遠道彌光，歲歲此重九。酒中有歌者，劃然金石奏。謂從秦漢下，藩籬士夫口。藩籬苟不顧，其中更奚有？寥寥二千載，長夜不復晝。俛仰宇宙間，孤光映疏柳。民澤長者言，藩籬自茲厚。茲晨偶拈出，以洗薄俗陋。

七言古詩 歌行附

除夕呈家兄

去年除夕色未槁，今年除夕兄已老。小弟朱顔不如昨，但説窮通無醜好。山中茅屋二十年，日月逝矣如奔川。兄弟五男并二女〔二〕，啜菽飲水同炊煙。慈母年高白髮少，二十孀居憂未

〔二〕「二女」，高簡本、蕭世延本作「四女」。

了。眼前黄口那得知，爭覔梨栗相喧炊。我年未老筋力衰，耒耜即付大頭兒。童牛生角禾登壠，爲我且給通家縻。

別蒼梧，席間呈謝大參、段都閫

蒼梧城中三日雨，曉坐肩輿辭兩府。參西藩者謝大夫，枉與段侯同出祖。麻衣搭颯濫西席，對坐一文兼一武。三人相逢豈易得，一金便作華筵主。酒酣擁蓋回仙亭，立馬蒼茫別容與。

聽李深之説緑護屏聖池歌

天風吹斷雲冥冥，陰崖露滴池水清。牧童投竿蛟龍怒，空山白日雷霆驚。好事何人解尋覔，李生爲我言歷歷。安得健步上崢嶸，萬里直見滄波横。更憑猛手碎嵯峨，一徑密遶青松多。池旁是我安樂窩，近者青松遠滄波，紅塵溷溷如吾何？

贈陳冕

南有滄溟水，北有崑崙山。我屋正在溪山間，瞻望不遠行實難。白雲朝暮常漫漫，桃花欲開梅又殘，問君此去何時還？

行路難

潁川水洗巢由耳，首陽薇實夷齊腹。世人不識將謂何，子獨胡爲異兹俗？古來死者非一人，子胥屈子自殞身。生前杯酒不肯醉，何用虛譽垂千春？

修外海赤泥嶺墓作

赤泥岡頭封馬鬣，生荆死竹無日月。晚生曾孫賤又劣，仰首蒼天淚流血。載鉏入山日已決，北風吹我篙櫓折。悲鳴中夜聲嗚咽，曉踏荒山馬蹄熱。開榛伐樹功務捷，指揮羣僕口喋喋。須臾豁見天然穴，高下山川甚蟠結。西南諸峯青不絶，東北漫漫海波貼。向來淺土悲滅裂，再掘又恐靈氣洩。復以玄石置墓碣，永示雲來千萬劫。人生貴賤那可必，下山復作兒女別。

釣魚，效張志和體

紅蕖風起白鷗飛，大網攔江魚正肥。微雨過，又斜暉，村北村南買醉歸。

秋雨書事，寄黄叔仁

嶺南氣候殊中土，七月初窮乃無暑。樹杪晝蒙密密雲，簷前夜滴絲絲雨。忽聞海上長風生，卷入寒城翳鐘鼓。東舍今晨母斂兒，西鄰昨夜夫葬婦。人間生死不可期，慟哭蒼生奈何許。

憫雨，寄叔仁

去年無雨穀不登，今年雨多種欲死。農夫十室九不炊，天道胡爲乃如此！自從西賊來充斥，一十九年罷供億。科徵不停差役多，歲歲邊江民荷戈。舊債未填新債續，里中今有逃亡屋。安能爲汝上訴天，五風十雨無凶年。

自伍光宇墓還，登蓬萊絶頂

故人墳前澆我酒，白日欲西回馬首。嶝危道險不可躋，下馬長鬚扶兩肘。三步一噫五步停，引吭出舌肺腸鳴。此時平地慮顛躓，仰首十丈梯崢嶸。以手捉僕肩，以足踏崖頸；躋攀欲上分寸難，又恐飜身落深阱。山北鳴鵂鶹，山南叫軥輈；豺虎伏莽狐狸遊，天地滚滚令人愁。小童魚貫上復休，絶頂始得巖巒幽，開顔一望隘九州。弱水涓涓扶桑樛，中覆一杯滄溟流。穹然青者吾羅浮，神仙葛白俱蜉蝣。湖西先生去十秋，五羊詩客徒淹留。數公陳迹或可搜，死者已矣吾何憂。後來諸生繼前修，努力莫倦蓬萊遊。

有鶴，寓懷先友丁彦誠邑宰

有鶴獨睨臨江樓，雪衣迥映江天幽。問爾莫是蘇耽流，蘇耽一去三千秋〔一〕。人間膏火不可留，欲往從之嗟無由。鶴聞我言九回頭，欲去不去增綢繆。四野無雲風颼颼，矯翮萬里須臾周，顧我欲下非丁侯。

答惠菊

玉臺山中冬酒熟，玉臺氤氲聞紫菊。香帆帶雨來山家，九尺一莖紛天葩。主人持酒向花笑，坐下無花詩不妙。近者擊壤歌二千，菊花之音如響泉。陳村老人植菊手，玉蘂金華光照牖。世人有眼不識真，愛菊還他晉時人。一瓢酩酊廬山下，萬乘之君不得臣。

〔一〕「三千」，高簡本、蕭世延本作「三十」。

題梁先生芸閣 此詩比之「燈下」、「雙睫」，語較斟酌。

聖人與天本無作，六經之言天注脚。【旁批】好過象山。百氏區區贅疣若，汗牛充棟故可削。世人聞見多尚博，恨不堆書等山岳。舍東丈人號芸閣，高坐松根自鳴鐸。摳趨童子慎唯諾，口授心傳爲小學。《孝經》《論語》時參錯，子史平生盡拈卻，寄以斯名聊自謔。講下諸郎頗淳樸，誰敢作嘲侮先覺？讀書不爲章句縛，千卷萬卷皆糟粕。野鳥晝啼山花落，舍西先生睡方着。

題馬默齋壁

屋後青山屛翳合，簷前緑樹煙花匝。主人閉門履不納，跏趺明月光遶榻。客來問我笑不答，但聞山鶯啼恰恰。橙橘盈園野芳雜，門外一江深映閣。四時八風誰管押，煙飛霧走龍騰甲。拙者孤舟持酒榼，成化十年甲午臘。

偶得

衡山西遊何時還，暫寄漁簑水石間。又恐風吹江日殘，扁舟打落蘆花灣，教兒且築大雲山。

可左言，贈憲府王樂用歸瑞昌〔一〕

可可可，左左左，費盡多少精神，惹得一場笑唾。【旁批】語雖警俗而圭角太露，恐是聞王歸報而作，非贈語也。百年不滿一瞬，煩惱皆由心作。若是向上輩人，達塞一齊覷破。歸來乎青山，還我白雲滿座。莫思量，但高卧。

贈左明府考績之京

六十花封一高要，高要得公當不小。阿衡事業世豈知，天下經綸此中了。百里萬里大小同，語默出處非殊調。君今考績赴天官，我只弄我江門釣。

〔一〕「憲府」，《白沙子古詩教解》作「僉憲」，康熙四十九年何九疇刻本《白沙子全集》作「憲副」。按：（雍正）《江西通志》卷七十二「人物」載：「王相，字樂用，新昌人，成化進士，授御史，未幾以親老歸養，林居二十餘年，與羅一峯、張東白、莊定山爲友，一峯往來尤密。弘治間膺薦復起爲御史，陞廣東僉事。」可知王樂用名王相，曾任廣東按察司僉事。明人稱各省按察司僉事爲「僉憲」。故可知作「僉憲」義較優。

力疾書慈元廟碑記

北牕一榻羲皇前，青燈碧玉眠三年。慈元落落吾所憐，兩崖山高青閣天。崖門之水常涓涓，一碑今爲東山傳。虚言不扶名教顛，久病江湖落日前，嗚呼此意誰與言？

六月十夜枕上

歲歲與年年，幾見春秋過枕前。有時自放春風顛，堯夫《擊壤》歌千篇。大醉起舞春風前，碧玉不知今幾年。望望衡山眼欲穿，世卿兹來何延緣？

枕上

江門水上廬山顛，蒲團展卧羲皇前，洗手一弄琴無絃。江門之水常淵淵，月光雲影江吞天，安得古今名家如劉文靖、莊定山題一言？洞視千古如浮煙，江門水與銀河連，又何必栖栖向釣魚臺上來打眠？夫然後信性氣果江湖行藏動星象，同符羊裘老子未化之迹、可見之形以爲曠世之賢，而思齊其賢也耶？

示諸生

江門洗足上廬山，放脚一踏雲霞穿。大行不加窮亦全，堯舜與我都自然。大者便問躍與潛，守身當以藩籬先。世間膏火來熬煎，市朝名利相喧填。百年光景空留連，丈夫事業何由宣？昔者緑鬢今華顛，嗚呼老去誰之愆？

贈黎申，兼呈克修梧州

蒼梧夜雨連牀，廬阜冬帆獨送〔一〕。夢中彩筆子須投，海上黄雲我當種。短歌送子子合知，無病呻吟何足諷！

王樂用僉憲江門看病，别後賦此

木葉吾衣草吾屨，鳥解唱歌花解舞。天際虹橋萬丈高，袖裏青蛇三尺許。破帽衝開華頂雲，西望衡山久延佇。堂堂名教天命之，六六洞天誰是主？五羊城中老法星，日昨江門看病去。

〔一〕「送」，高簡本、蕭世延本作「透」。

賦

湖山雅趣賦

丙戌之秋，余策杖自南海循庾關而北涉彭蠡，過匡廬之下，復取道蕭山，泝桐江，艤舟望天台峯，入杭觀于西湖。所過之地，盻高山之漠漠，涉驚波之漫漫，放浪形骸之外，俯仰宇宙之間。當其境與心融，時與意會，悠然而適，泰然而安，物我於是乎兩忘，死生焉得而相干？亦一時之壯遊也。迨夫足涉橋門，臂交羣彥，撤百氏之藩籬，啓六經之關鍵。于焉優游，于焉收斂；靈臺洞虛，一塵不染；浮華盡剥，真實乃見；鼓瑟鳴琴，一回一點。氣藴春風之和，心游太古之面。其自得之樂，亦無涯也。【旁批】當時太學，未必盡然，先生居之，便自佳境。出而觀乎通逵，浮埃之濛濛〔一〕，游氣之冥冥，俗物之茫茫，人心之膠膠，曾不足以獻其一哂，而況於權爐大熾，勢波滔天，賓客慶集，車馬駢填！得志者揚揚，驕人於白日；失志者戚戚，伺夜而乞憐。若此者，吾哀其爲人也。嗟夫！富貴非樂，湖山爲樂；湖山雖樂，孰若自得者之無愧怍哉？客有張璟者，【旁批】不知何許人。

〔一〕「逵」，高簡本、蕭世延本作「達」。

聞余言，拂衣而起，擊節而歌曰：「屈伸榮辱自去來，外物於我何有哉？爭如一笑解其縛，脱屣人間有真樂。」余欲止而告之，竟去不復還。噫！斯人也，天隨子之徒與！振衣千仞岡，濯足萬里流。微斯人，誰將與儔？

止遷蕭節婦墓賦

昔兵戈之攘兇盜兮，孰倀倀而握之符？號令紛其不一兮，汩珠玉于泥塗。抹之亂之，執兵之徇而慾兮，胡寧知恥而畏誅？若美人兮，宗廟之瑚。毋我即帶兮，毋我捫袪；毋我執手兮，手可斷而不可汙。奮犬豕之罵以冒刃兮，貌凜凜其若蘇。死則快兮，生安用諸！嗟此烈婦兮，彼丈夫弗如。丁侯爲縣兮，德教用敷；表貞塚兮，營祭畲。行路嗟歎兮，揭聲教於海隅；蠢茲弗畏兮，託日者以爲誣。欲改封以自便兮，動有識之長吁；匪今侯之繼軌兮，隳四尺其奚辜。我將告外史兮，筆之于書。

潛軒賦

仰青天兮飛鳶，俯深淵兮潛鱗。一皆囿於形氣兮，或升或降；抑孰爲之主宰兮，乃一屈而一伸。反之吾身以求其端兮，初不外乎動靜。非潛養以立其本兮，又焉察乎紛綸。蓋誠之不可掩兮，發雷聲於淵默。斯暗室之不可以或欺兮，達斯道於無垠。有天德者可以語王道兮，夫固繫乎慎獨。奉先哲之格言兮，有體用先後之相因。彼功業之塞乎天地兮，文章昭於簡策。賴此以爲根柢兮，至化而至神。惟乾之初九兮，不易乎世。苟有得於斯兮，固當韞櫝以自珍。以斯道兮覺斯民。亢之有悔兮，孰與初之勿用？彼龍蛇之蟄兮，以存厥身。

五言絶句

讀《易》偶成

南乎不可北，東乎不可西。自從孔孟來，君子恒處睽。

隨筆 六首

苟能深積累，豈患無高譽？如何世中人，甘心鐵爐步？
一歲十四衣，一日兩盂飯〔二〕。真樂苟不存，衣食爲心患。

〔二〕「盂」，高簡本作「杯」，蕭世延本作「盃」。

人不能外事，事不能外理。二障佛所言，吾儒寧有此？斷除嗜欲想，永撤天機障。身居萬物中，心在萬物上。小雨閉空齋，青青竹映堦。道人終日靜，一枕到無懷。子美詩之聖，堯夫更別傳。後來操翰者，二妙少能兼。

曉枕偶成 二首

采義非采薇，食薇不食粟。遥遥望西山，千古嗟我獨〔一〕。西北多奇峯，雲深杳難認。漢廷無謀臣，黄綺皆真隱。

覺後

馬圖不出河，鉛刀不割癡。上下幾千年，揜卷一沾衣。

〔一〕「嗟我」，高簡本作「嵯峨」。

漫筆

幅巾是秀才，袈裟是和尚。伎倆人共知，長篇事標榜。

夢後作

幻迹有去來，達觀無古今。長嘯人不聞，山風吹蘿襟。
楊柳餘朽株，梧桐但疏陰。小卧不出門，不知秋已深。

對竹 三首

竹色上牆多，南薰緑幾何？時無分付處，野鳥自來歌。
牕外竹青青，牕間人獨坐。究竟竹與人，元來無兩個。
北風卷頑雲，陰晴安可卜？海月出漸高，獨照南牕竹。

清風巖，爲羅一峯題

聲從竇中來，可以塞天地。借問采薇人，便知風動處。

太極涵虚，爲饒鑑賦

混沌固有初，渾淪本無物。萬化自流形，何處尋吾一？

曉起

冬眠不覺曉，開門見白雲。雲中何所有，童子兩三人。

梅花

水陸花無數，南枝愛殺人。遥持一盃酒，江上酹花神。

雨後

久雨妨行樂，花前望玉臺。人間見花樹，不似玉臺開。

對酒

放歌當盡聲，飲酒當盡情。門前烏桕樹，夜半子規鳴。

紀夢

一別三十年，相逢不相識。骨肉爲路人，春風淚沾臆。

題畫

金籠鎖鸜鵒，山木縱斑鳩。巧拙知誰是，天機不自由。
髮與疏梅白，身將寡鶴親。孤山殘雪夜，清絶凭欄人。

曉起

老不愛春華，一籬孤負花。胡爲聒我枕，稚子打朝鴉。

題扇面畫

風檣拗欲折，五月瞿塘過。何如此庵中，終日抱膝坐？

偶題扇面

一夫眉正揚，一夫髮盡禿。日暮船不歸，前江風拔木。

洗竹

一洗一回疏，相將洗到無。客來莫問我，北壁有團蒲。

對酒用九日韻

秋花新氣味，秋月舊襟期。獨唱花前曲，閒傾月下巵。
行年三十許，已卜入山期。處處開花逕，牀牀是酒巵。
飲酒何必多，醺酣以爲期。不辭亦不勸，三巵或五巵。
作詩尚平淡，當與風雅期。如飲玄酒者，器用瓦爲巵。

觀羣兒釣 二首

羣兒齊弄釣，其一偏多遇。餘三未得手，投竿來上樹。

仰面看垂釣，失脚墮危石。若是謫仙人，水中眠亦得。

訪客舟中

船頭酒多少，船尾閣春沙。恰到溪窮處，山山枳殼花。

代簡答方伯彭公 二首

大賢望於人，往往非獨守。難將一人意，滿足天下口。
氤氳復氤氳，東君欲放春。梅花何太早，早報越城人。

感事漫述，與王樂用

士而未聞道，未免爲物撓。卓哉安心人，外事若無好。
舍己莫委命，從人莫登山。嗚呼羅一峯，逐善如轉圜！

贈陳護、湛雨 二首

説到忘言處，無詩可贈君。許將臨别意，一點落黃雲。

君若問鳶魚，鳶魚體本虚。我拈言外意，六籍也無書。

贈鄺筠巢

山中一夜秋，老屋居然别。丈人不飲酒，共坐看明月。

贈范能用

阮籍見孫登，只聞孫登嘯。針在繡不傳，繡傳針不妙。

贈李克常

桃花被東岸，江水日日深。贈君豈無言？亦有花水吟。

贈雷少尹還汀州

桔槔滿天地，抱甕古來難。哦松非俗吏，哦松不在山。

送黃希顔之太平推官

有官五馬後，無官百揆前。不將前後看，須着有無言。

贈張叔亨侍御

天下元無事，勞勞我有心。相攜沙上語，山月二更深。

送劉宗信還增城

山到鐵橋西，青天一角低。送君高處望，天與帽簷齊。

雨後示劉宗信、林時嘉 二首

一雨變新凉，炎埃洗除盡。廬山昨夜燈，已照劉宗信。
秋來亦淫潦，日月閟其光。乾坤丈夫事，千古空堂堂。

張克修別駕約遊羅浮

重疊四百峯，鐵橋在何處？莫將別駕來，同到飛雲去。

張克修別駕遷梧州守，來別白沙，贈之

少年恣行遊，老病徒拘綴。送君今夜心，還到蒼梧去。

題顧通府集古倡和卷後

滿眼珠玉光，高才極雄騁。對之不敢言，稚子來弄影。出《化書》。

梅下有懷世卿 余家舊藏有真蹟，集不載。

我見梅花愁，人見梅花悅。去歲梅發時，持醪與君別。

九日

霜前淡淡花，瓢内深深酒。今日陶淵明，廬山作重九。

同俗不同俗，山盃映秋菊。仍聞席上歌，不是人間曲。

九日懷麥岐，時往江東未返，用前韻

茱萸何處酒，勝日與君期。漁翁歌獨釣，江月夜明巵。

送李子長往懷集，取道謁張梧州

不聞端别駕，敬士如子長。問道蒼梧下，登歌刺史堂。

六言絶句

周鎬送白菊乞詩

陶令黄金遶舍，君家白玉滿園。千古清風盧阜，幾叢細雨江門。
微醉不須酩酊，半開莫待離披。安得季芳與語，相思欲寄一枝。
白菊偏宜素髮，青山只對蒼顔。嚥罷秋香滿腹，風吹不到長安。

漫興

風洒數莖白雪，月臨一丈青筇。餘事歸詩卷裏，殘年放酒杯中。
景斜瓦碗方食，日晏柴門未開。五柳前身處士，一瓢今日顔回。
晨光沼上魚戲，夕陽村邊鳥來。東鄰小兒識我，一日上樹千回。
翠煙緑樹歌鳥，青水紅蕖浴鷗。笑問五湖范蠡，風濤何處扁舟？

贈陳聰還莆

縕袍不妨學道，絶穀可以求仙。相府胡爲慢士，紙田自有豐年。
青錢不滿杖頭，雪繭徒勞兔穎。相逢浪勸歸耕，實欠蘇秦二頃。

七言絶句

先生詩律必從《洪武正韻》，其夙心也。間或用古韻或叶韻，如《詩經》然，一洗諸家拘韻之陋。

初晴

初晴樓上燕飛飛，樓下歌人白苧衣。一曲未終花落去，滿林啼鳥送春歸。

贈釣伴

短短蔞蒿淺淺灣，夕陽倒影對南山。大船鼓枻唱歌去，小艇得魚吹笛還。

訪山家次韻

清泉煮蕨愛山家，夜飲西崖望月斜。澗底白雲留不住，半隨紅雨落天涯。

題畫

茅簷秋颭酒旗風，舟入蒹葭月半籠。醉睡不知家遠近，醒來依舊五湖東。
寒山鐘近不成眠，人在姑蘇半夜船。何處明朝正堪望，吴王宫苑草芊芊。

絶句

牆角經春卧短笻，千秋塔骨不如公。科頭坐轉茅簷日，閒看蛛絲蕩午風。

夜過三洲巖讀濂溪題名，示諸生

山容寂寞紅葉老，江月照耀青天高。題名夜半尋周子，秉炬相隨愛爾曹。

歇馬大徑山

數家煙火隔林塘，一樹寒花晚自香。黄葉塚頭聊歇馬，鷓鴣聲裏近斜陽。

古有所思

采采紅芳日欲斜，盈盈珠淚落天涯。東風忽攪籬前樹，惱亂春愁不爲花。

落花

落花半落流水香，鳴鳩互鳴春日長。美人别我在江浦，欲來不來空斷腸。

清曉

清曉有人來款扉，風吹衫袖白披披。昨宵雨打山牕破，莫怪先生下榻遲。

喜生姪

兩翁筋力少翁衰，竹杖先堪付若兒。只恐暮年詩更逸，出門須背錦囊隨。

新設紙帳軒中

如雲白紙罩方牀，翠簟眠穿我固當。世到葛天終不遠，先生枕外即羲皇。

喜雨

滿眼珠玉不足珍，甘雨一洒萬家春。昨日蒼頭木洲至，又道木洲饑殺人。

先子忌日作

生來只見山頭土，祭諱惟聞月下螢。五十四年天頗定，諸孫羅列拜成行。

讀鱷魚文　近有一友力詆昌黎文章，余舉是詩，一座皆笑。又見一友云：「昌黎少氣節，東坡安可以百世師許之？」余應之曰：「東坡豈少氣節者？」其人默然。

刺史文章天下無，海中靈物識之乎？可憐甫李生人世，不及潮州一鱷魚。別本一云「如何皇甫兼逢吉」，此當是後改者。

食蜆

家住東南蜆子村，小鐺風味勝侯門。眼前下筯非無處，芹曝猶堪奉至尊。

社中

桑林伐鼓酒如川，秋社錢多春社錢。盡道昇平長官好，五風十雨更年年。
社屋新成燕子來，山丹未落野棠開。三三兩兩兒童戲，弄水扳花日幾回。
社酒開顔一百家，春風先動長官衙。東君也解遊人意，紅白交開樹樹花。長官當指丁侯。
社日年年會飲同，東原西埭鼓鼕鼕。無人不是桃花面，笑殺河陽樹上紅。

秋江唤渡

何處渡頭風浪喧，隔波仙境似桃源。瘦藤倦向人間去，唤得船來便上船。

春寒

清明天氣如初臘，雨脚雲頭枉是春。堦下荼蘼開自晚，不隨紅紫怨東君。

木犀枝上小鵲

翠裙白領眼中無，飛上木犀還一呼。乾坤未可輕微物，自在天機我不如。

春中雜興〔一〕

春寒著莫絮袍輕，遊走何山更乞晴。夜夢髯翁作人拜，安知不是白龍精？
小雨如絲落晚風，東君無計駐殘紅。野人不是傷春客，春在野人杯酒中。

〔一〕「春中雜興」，《詩近稿》、蕭世延本作「春中雜詩」。

香煙裊入袖中蛇〔一〕，讀《易》山齋日未斜。領取乾坤分付意，扶留生耳木犀花。

對菊

花開無酒醉江濱，莫笑人間破葛巾。廬阜長官歸未得，看花還共去年人。
日日狂歌菊澗濱，花神應識玉臺巾。西風爲掃繁華去，不遣紅芳近老人。
扁舟何處剡溪濱，夜半歸來雪滿巾。爭似一瓢秋菊伴，漆園風暖蝶疑人。

漫興

娉婷鄭女着纖羅，能爲襄王激楚歌。一曲霓裳都掃盡，尊前無地舞陽阿。

梅花絶句

一枝低壓塢籬斜，細路穿雲竹半遮。忽被暗香相引去，小塘詩景在西家。
梅花如雪擁溪扉，漁父村南負酒歸。縱飲不知花落去，酒醒船上見花稀。

〔一〕「袖中」，《詩近稿》作「酒中」。

日日花邊喚酒船，梅花開處酒家眠。青山一片無人買，誰與先生辦酒錢。
舍南朝見一枝梅，舍北桃花昨夜開。笑問花開何太急，青春肯逐酒錢來。

桃花

雲鎖千峯午未開，桃花流水更天台。劉郎莫記歸時路，只許劉郎一度來。

讀周朱二先生年譜

千年幾見南康守，歎息人間兩譜開。但使乾坤留一緒，聖賢去後聖賢來。
一語不遺無極老，千年無倦考亭翁。語道則同門路別，君從何處覓高蹤。

五月菊

二頃南風秫正青，督郵未到長官亭。眼前雖有黄花在，不與陶公管醉醒。〔二〕

〔二〕「管」，蕭世延本作「解」。

元夕

村南村北此宵同，好景難消一老翁。在處恐妨年少樂，踏歌歸去月明中。

淵明愛菊

白衣剛到黄花下，醒長官爲醉長官。社裏新知僧酒主，門前高枕石蒲團。

和靖愛梅

懊惱梅花未有詩，孤山馬上又攢眉。後人拈出前人句，作者元來自不知。

與客夜飲

擊節歌聲未出門，照書燈火已眠尊。老妻唤醒蒲團夢，更與殷勤煮菜根。

辭徵文者

平生語默鬼神知，破戒隨人老可嗤。三日裏糧無此客，手攜空卷下堦遲。

移海棠花

小朵輕紅帶雨香，柔條深翠引風長。道人不是看花客，肯把牆隈借海棠。

鴝鴒育雛于貞節堂東壁，壁高且危，二雛墮地下，乃就而哺之，悲鳴徬徨如在無人之境，予憐之，取雛納之巢，紀以絶句

將雛無力上榱題，聲斷殘陽翅忽低。高棟托身君亦誤，鷦鷯安穩只卑棲。

江上

遲遲春日滿花枝，江上羣兒弄影時。漁翁睡足船頭坐，笑卷圓荷當酒巵。

喜晴

西林收雨鵓鳩靈，卷被開牕對曉晴。風日醉花花醉鳥，竹門啼過兩三聲。

雨中漫興

種桃之歲在單閼，種竹如今又幾年。竹長桃枯人老去，釣船春雨日高眠。
急起翩翩白鶴雙，黑雲將雨欲迷江。人間未有高栖地，何處深山著老龐。

雨中偶得

高浪張燈何處船，客邊風雨夜如年。行人自有明朝路，莫遣陰晴不屬天。

宿雲卧軒

世間何喜復何悲，風雨蕭蕭過短籬。小睡正酣童子問，公今是夢是醒時？
不妨到處與人羣，借宿山齋酒半醺。我得五龍傳睡法，枕痕猶帶華山雲。
了無意緒向諸緣，到處茅椒可借眠。白日與人同在夢，不應疑我是神仙。

杜甫遊春

碧柳黄鸝三月晝，江湖風雨萬篇詩。花前濁酒不得醉，驢背春風空自吹。

偶得

白雪陽春誰會彈，莫愁天下賞音難。江門夜半看明月，想到朱陵青玉壇。

朱陵我居青玉壇，五岳雖雄無此山。鍾期老仙還未還，高山流水我須彈。

卜室大雲山

雲屋久住大雲山，我亦雲中借半間。未愁此地雲封淺，擬帶朱陵一洞還。

枕上

仲尼不作周公夢，天下共嗟吾道衰。總爲乾坤元氣薄，聖人誠處衆人知。

夢遊衡山，遇南極數老人來過，卻須先生作主，與諸老對酌，洪崖、壽崖在傍歌詩以侑觴，合座皆喜，予以詩一首識興云

衡岳去天能幾何，一株松下月明多。南極老仙騎鹿過，一瓢斟月兩崖歌。

偶得

一碧光横南岳前，靈壇秋玉青相連。道士來攜三尺木，高山流水一聲絃。

喜晴

余家藏有先生手書，原集缺，今補入。

春眠閉閣日沈冥，咫尺溪籬懶更行。卻愧枝頭子規鳥，千秋人國未忘情。先生豈忘世者，然亦習而安之矣。

曉飲忽醉，擁襌衣坐睡

三杯過卯得瞢騰，坐擁襌衣問殺更。下砌握刀山竹冗，開門負水海棠生。

弄筆

白日一醒塵土夢，青山誰計髑髏春。時當可出寧須我，道不虛行只在人。

對影

風月情真詩浩蕩，江湖水闊蓑飄翩。丹青不是江門影，又畫瞿曇又畫仙。

諱日有感

十二月逢哉生魄，江山爲爾生愁色。黄昏庭樹烏上啼，一聲何處江樓笛。

飲名酒

徐孺眼欺湘水碧〔二〕，龐公心死鹿門深。尊前水月千千頃，手上絲綸萬萬尋。

次韻劉方伯東山見寄

一爲雷雨沛西東，十郡民歸岳伯功。我有江門水千頃，春來只好浴鳧翁。

〔二〕「湘水」，高簡本、蕭世延本作「湖水」。

聞東山先生領都憲之命修理黄河，以是詩寄之

疏鑿紛更日已多〔二〕，乾坤無奈一黄河。天生會有龍門手，人世空傳瓠子歌。

喜聞劉亞卿得請還東山

平生畏就人間飯，向晚還同此鶴棲。今夜開懷看邸報，東山歸卧祝融西。平生得意知己，宜莫如劉。

聞東山先生得請歸，賦此

青玉之壇横素琴，絶無人地五峯深。碧雲鎖斷元無路，東山東山何處尋。東山意未必爾爾。

伍光宇卜室白沙爲讀書之所

君此卜居君亦足，空村無人山多木。參差芭蕉麗晨旭，新葉新心遞相續。

〔二〕「紛更」，《詩近稿》作「更紛」。

競晨登登聞隔竹，東鄰老人事幽卜。磁甌瓦盆不供俗，我不到門此翁獨。

李評事題其弟世卿詩卷曰「采菊」，蓋取予贈世卿古詩首句語名之，因題

是處江湖有釣蓑，相逢休要問如何。閒吹黄鶴樓前笛，即是廬山采菊歌。

偕一之、世卿詣楚雲臺，偶作呈世卿

小立三人靜楚雲，水田漠漠向秋分〔一〕。千峯笑指來時路，黄鶴樓前月是君。

寄李世卿

衡岳千尋雲萬尋，丹青難寫夢中心。人間鐵笛無吹處，又向秋風寄此音。

黄别駕報世卿將來白沙

君去廬山幾度春，君來不來桃花新。花日喜逢黄别駕，共對廬山説故人。

〔一〕「水田」，《詩近稿》作「水日」。

憶衡山呈世卿

曲肱何處枕湘流，不到名山死不休。高詠祝融峯頂月，與君當作逍遥遊。

寄李世卿 客有自惠州至者，曾見惠先生真蹟，因得此詩，原刻不載。

去歲逢君笑一回，經年笑口不曾開。山中莫謂無人笑，不是真情懶放懷。

次韻張廷實東所寄興見寄

明月清風放兩頭，一筇挑到古尼丘。而今老去無筋力，獨坐江槎看水流。

贈張進士入京

五年不出獨何心，萬里行囊又一琴。難寫别離今日意，江門春水不如深。
玉臺居士玉臺眠，碧海三山病枕前。君欲有爲休問我，白頭世事已茫然。

寄廷實制中

東閣摩挲舊雨琴，青山回首又秋深。制中面目今何似，折盡寒燈半夜心。

偶憶廷實遷居之作，次韻示民澤

小勝江山大勝詩，斬關直出兩重圍。自家真樂如無地，傍柳隨花也屬疑。

和廷實見示

擊壤之前未有詩，擊壤之後詩堪疑。風花雪月人人是，又墮風花雪月圍。
騷壇處處自張圍，我不操兵世莫疑。翠壁青林端有句，傍花隨柳卻無詩。

得廷實報定山謝事歸，憶東白、仲昭諸先生有作

也曾收得定山書，三月天曹謝事初。見説定山長在病，當時不出意何如。
當時不出意何如，得喪難逃真數書。更憶往年張學士，西山對面説河圖。
西山對面説河圖，遠志誰將小草呼？今古聖賢不同調，各留一影落堪輿。

次韻張廷實見寄

兩脚着地此何關，白雲與你同去還。正當海闊天高處，不離區區跬步間。

湛民澤攜諸生遊圭峯甚適，奉寄小詩

天風吹入紫雲層，高閣逢秋快一登。多少傍花隨柳意，還尋一個玉臺僧〔二〕。
洞崖秋蘚碧層層，奪竹穿松際曉登。想得紫芝初入手，汲泉鑽火欲呼僧。

題湛民澤家廟

忽然突兀見新堂，遠抱飛雲萬丈光。主翁合是比閭長，此地還成禮義鄉。

江門釣瀨與湛民澤收管

小坐江門不記年，蒲裀當膝幾回穿。如今老去還分付，不賣區區敝帚錢。

〔二〕「尋」，高簡本作「餘」。

皇王帝伯都歸盡，雪月風花未了吟。莫道金針不傳與，江門風月釣臺深。

與湛民澤

六經盡在虛無裏，萬理都歸感應中。若向此邊參得透，始知吾學是中庸。

羅浮春，寄民澤

海上花開萬玉林，閒門碧玉夢相尋。不知開處花多少，折盡羅浮半夜心。

次韻張叔亨侍御見寄

酒舫當年興未涯，清宵人語白鷗沙。如今縱有相思夢，不到長安御史家。

得陳德雍書，年九十餘矣，猶有願學之志

越客初披手翰新，天涯暮雨欲沾巾。可憐一片長江水，日夜東流不待人。自是真情，自然警省，不必將老人作弄。

西樵山下感舊

西樵山前瞑鶴歸，縞衣雙拂錦屏飛。淒涼夜半孤舟客，一聽遺音淚滿衣。似爲伍光宇。

謝九江人惠菊

誰將此菊種江濱，物色當年漉酒巾。若道淵明今我是，清香還屬隔江人。
紫菊移來紫水濱，白頭對着白綸巾。花前酌酒笑未足，酒後簪花笑殺人。
鶴袖披翻野水濱，黄花簪破小烏巾。腰間我有坡翁帶，解與西鄰賣酒人。

題應憲副真率卷

今古一杯真率酒，乾坤幾個自由身。春風回首黄巖會，醉插花枝少一人。

木犀四絶，寄倪麟自城中解館歸。

風雨歸來問小奴，藥欄花架費人扶。黄昏雨歇茅簷月，只有木犀對老夫。
春城無日不思家，風雨經旬損物華。竹色四時長不改，平安先報木犀花。

風吹雨打只傷神，白首龍鍾尚愛春。花意未應嫌老醜，十年前是種花人。

問鄺珙病

鄺生病肺今何如？獻歲初驚得手書。我有丹方欲傳與，小藜牀上半跏趺。

木犀開時，江右李士達、劉希孟已去，容貫、范規江浦未還，因有獨賞之歎

嶺北書生嗟去早，江東遊子惜歸遲。重陽將近無風雨，正是木犀初發時。

蒼梧寄陳庸，時館潯州

山形西上水東流，獨泛長江十日舟。無翼可隨飛鳥去，相思時復到潯州。

贈周二仔入京

故人訝我久無書，只到長安夢亦疏。萬里周郎知此意，杖藜江上送長鬚。

贈麥岐出遊

錯教人意向花濃，萬樹香飄一夜風。行過東津莫回首，一番春事又成空。

悼周鎬 京之兄也。

嗜好平生法帖詩，偶逢方士問刀圭。何人擺脱浮生事，得似周郎易簀時？〔二〕

里巷三年六七墳，老年無淚哭交親。數聲願借遼陽鶴，唤醒人間未死人。

林緝熙縣博、張廷實進士、何孝子子完先後見訪，既而緝熙往平湖、廷實歸五羊、子完還博羅，因賦絶句□首〔三〕今録其二，似爲張、何者。

四百峯頭白鶴知，老夫八月有幽期。爾家正在羅浮下，莫向春風怨别離。

長髯遺我一囊山，鐵橋流水非人間。我今決策山中去，踏斷鐵橋無路還。

〔二〕「何人擺脱浮生事，得似周郎易簀時」，《詩近稿》作「不知滅卻將明後，何似當年未滅時」。

〔三〕「句」字後爲一墨釘。

和柳渡頭韻答鄉友

飯罷雕胡坐石磯，白雲閒與鶴同飛。神仙若道吾無分，那得身輕減帶圍？

題梁景行天壺書屋

打土編茅費幾錢，白雲深夜一燈懸。知君未是壺山主，只借壺山過兩年。如爲主，必學范、邵二先生。

虀粥朝朝長白寺，衣冠夜夜百原山。三年枕席何曾設，一紙家書亦不看。羅文恭有石刻。

麥秀夫於城南小渚中累土結茅居之，容一之、馬伯幹取酒共醉桃花下，各賦詩爲樂，秀夫謁余同作，附其韻

我夢桃花何處潯，水清蘋白一籬金。美人家住紅雲島，欲往從之江水深。

漠漠春煙淡淡花，竹邊孤嶼閣飛霞。春江水滿秋江水，更着新槎換舊槎。

飲馬氏園，贈童子馬國馨

白髮蹣跌溪樹根，還從地主見諸孫。醉中自唱漁家傲，擊碎花邊老瓦盆。

奉懷胡大參希仁先生

魯連謝去都無事，范蠡歸來未了心。三十餘年窮學道，而今方識古人深。
先生齒髮今如何，我髮秋來白又多。若與先生論出處，江門只好聽漁歌。

次韻羅明仲先生見寄 二首

白頭一枕小廬山，偶寄孤松十竹間。朝市山林俱有事，今人忙處古人閒。平平語，卻千古無人道破。
高軒頻過武夷山，曾聽仙歌九曲間。坡公莫被山僧笑，只得今朝半日閒。

丁明府置莊、蕭二節婦祭田，邑人訟而奪之

歲月人間豈待深，等閒興廢遞相尋。祇應節婦墳頭月，還照當年茂宰心。

贈晉江掌教陳昌期赴任

身爲五典三綱主，官作司徒典樂看。教授蘇湖元有樣〔一〕，莫將資級小儒官。

贈袁暉，用林時嘉韻

風雨相留更晚臺，邊爐煮蟹餞君回。扁舟夜鼓寒潮柁，又是江門一度來。
植竹爲垣土作臺，野橋分路到溪回。江門若比瞿塘水，何處遊人肯上來。

次韻蘇伯誠吉士

我浴江門點浴沂，藤蓑自樣製春衣。尋常只着藤蓑去，細雨斜風釣不歸。

喜楊敷至

笠影于今落海潮，十年雲水夢相撩。一雙我辦雲卿屨，萬丈攜君訪鐵橋。

〔一〕「蘇湖」，高簡本、蕭世延本作「蘇胡」。

悼馬龍 有序

龍始從一峯先生遊，頗見意趣，一峯賦《道南詩》送之。後爲仕進累心，遂失其故步，至不得一第而死，亦命也夫！人生幾何？徒以難得之歲月，供身外無益之求，弊弊焉終其身而不知返，若林琰皆覆轍可鑒，惜哉！

道南詩卷出湖西，恨失當年馬上攜。高枕何如一峯好，夕陽回首萬山低。

與鄺筠巢求蘭

楚畹當年不盡花，每逢秋露憶君家。白雲只隔扶溪水，不使餘香到白沙。
墜露聲殘楚水昏，一杯何處酹湘魂。山人口是遊蜂嘴，不到扶溪竹下門。

贈劉別駕肅菴解官歸永豐

一蓑歸去釣秋江，花近漁舟水亦香。卻笑此翁閒未慣，水中鷗影尚回翔。

題空夫卷，爲余行人作

三十年來學鍊空，凡身猶在有無中。到門有客求題句，不識空夫果是公。〔二〕

答張梧州書中議李世卿人物、莊定山出處、熊御史薦剡所及

德行文章要兩全，乾坤回首二千年。自從《孟子》七篇後，直到于今有幾賢？

多病爲人未足羞，遍身無病是吾憂。眼中誰是醫和手，恨殺刀圭藥未投。右李世卿。

欲歸不歸何遲遲，不是孤臣托病時。此是定山最高處，江門漁父卻能知。右莊定山。

買舟南岳去尋醫，七十今年病不支。傾蓋獨憐熊御史，肺肝今徹野人知。右熊御史。

偶得示諸生

平地工夫到九層，不知那個主人能。他鄉消息無尋處，去問嵩山戴笠僧。

江雲欲變三秋色，江雨初交十日秋。涼夜一蓑摇艇去，滿身明月大江流。

〔二〕「不識」，高簡本作「不是」。

和答姚主事

問我平生遺我詩，清風明月想襟期。此心若道元無事，似我江門看水時。

羅服周呈所作丁知縣祠詩，因憶舊臘寄示菊花諸詩，比今爲又長一格，賞之以詩

醉舞黄花落鬢毛，當時詩語太矜豪。春風載詠甘棠下，又長黄花一格高。

寄吴别駕獻臣

一官萬里向西行，雪錦樓高别駕登。若問野人何處所，朱陵洞裏白雲層。

吴瑞卿送菊，用東坡韻答之

江山摇落見霜葩，枕畔香風到細丫。不是先生愛孤寂，人間回首已無花。

答陳中貴見訪

積歲江門幾度過，不將錦繡薄藤蓑。雪泥鴻爪他年夢，記得漁翁此放歌。

答某上人〔一〕

千金帖子思飛馳，洗手開緘只汗頤。前代昌黎今我是，恍然海上記留衣。神交今在識荆前，再結前生未了緣。果蒙道力相扶起，早晚東林對長官。叶

玉枕山 當與張東海。

一枕横秋碧玉新，金鰲閣上見嶙峋。使君得此元無用，賣與江門打睡人。

〔一〕「答某上人」，高簡本作「答文定上人」。

輓林別駕汝和〔二〕

赤泥經雨草淒淒，山北山南路欲迷。怕到使君投轄處，黑雲堆隴鷓鴣啼。

得蕭文明寄自作草書至

束茅十丈掃羅浮，高榜飛雲海若愁。何處約君同洗硯，月殘霜冷鐵橋秋。

和林子逢至白沙

一樣春風幾樣花，乾坤分付各生涯。如今着我滄江上，只有秋香撲釣槎。

答仁夫

進到鳶飛魚躍處，正當隨柳傍花時。今人不見程明道，只把《中庸》説子思。

〔二〕「汝和」，《詩近稿》作「孟和」。

和答王僉憲樂用

靜處春生動處春，一家春化萬家春。公今料理春來處，便是乾坤造化人。
一物春知物物春，一年春亦萬年春。總在乾坤形氣内，敢誣當世謂無人？

林君求余一綫之引，示以六絶句

時時心氣要調停，心氣工夫一體成。莫道求心不求氣，須教心氣兩和平。
存心先要識端倪，未識端倪難強持。萬象森羅都屬我，何嘗真體離斯須。
收斂一身調息坐，要貪真靜入無爲。脱然心境俱忘了，一片圓融大可知。
羣賢列聖無他適，百僞千邪向此消。須向一原觀體用，靈根着土發靈苗。
工夫須用寬而敬，魚躍鳶飛在此間。不用苦心求太迫，轉防日用自生難。
飽歷冰霜十九冬，肝腸鐵樣對諸攻。羣譏衆詆尋常事，了取男兒一世中。此詩原集缺，余嘗親見先生墨跡，書此詩并後小柬三通，共爲一卷，羅文恭公題其首曰「江門指南」。後跋云：「此詩自序在成化癸巳歲，是時，先生四十有六，蓋其自得久矣。顧收斂歸靜，若初入室然者，晦不久則光不大，固先生進道之因也。今學者既乏靜專，又易發露，欲與古人上下，烏可得哉？」又云：「此卷得之莆田林氏，林所立亦不凡。」謂林即見素公也。今按：見素雖亟慕先生，乃在出仕之後。先生寄之詩，及見素薦先生疏，皆應聘以後事。當成化癸巳，見素只可弱冠，未聞曾至白沙。據先生與胡提學書云：「舊歲，莆田有一舉人林體英來訪白沙，與語兩月，比歸，亦能激昂自進」，當即其人也。

補遺

原集缺載，今查《白沙子》補入。

厓山雜詠

萬古青山自落暉，白鷗穿破水雲飛。孤舟江畔無情思，閒與兒童詠綠衣。

夢中作

木葉爲衣草爲屨，鳥共唱歌花共舞。袖裏青蛇三尺許，六六洞天中作主。

種草麻

山渠面面擁草麻，鎖盡東風一院花。江上行人迷指顧，老夫於此煉丹砂。

八月八夜，夢玉宇無瑕，碧雲燦爛，南斗下大書八字云「生生生德，俊逸超全」。下有四人面西而行，或隱或見，覺後紀以絶句

八字光騰斗外天，碧雲西去擁羣仙。乾坤此夢無人話，起步中庭月正弦。

元夕 余舊藏有真蹟，各集俱不載。

元夕朝來拍鼓譁，春宵燈火鬧家家。長官願似丁明府，甲首終年不到衙。

樂歲，呈楊大尹

舍北歌童撾破鼓，舍南春婦着新裙。田家少遇豐年樂，盡道今年是十分。

對壁間李賓之學士和予藤蓑詩，偶成奉寄

西涯一曲我藤蓑，對此相思可奈何。今日玉臺應説我，江間何處扣弦歌。

東白先生借予藤蓑不還，戲之

水北原南秋更多，滿川明月濯纓歌。長官要結溪山好，去問南昌乞釣蓑。

南雄書院讀羅一峯碑

坵墳何處草離離，千里湖西夢覺時。落日小池橋上路，催人下馬讀殘碑。

度嶺，有懷張曲江

天地風雲會有辰，開元可是欠經綸。千尋松下看流水，十八年中度嶺人。

金鰲閣

橫浦秋成百尺橋，金鰲閣上見山遥。憑高無限歸來思，何處飛雲不可招。此意與前《玉枕山》詩同。按《玉枕山詩話》云：「先生應詔之京，過南安，太守張東海欲用曹參禮蓋公故事，款留數月受教，先生不可。詩曰：『玉枕山前逢使君，西風吹破玉臺巾。』巾乃先生自製，類華陽巾，直方而無襞幘者。東海誤謂先生譏己，以一絶激之曰：『白沙村裏玉臺巾，不耐風吹易染塵。莫笑烏紗隨俗態，宋廷章甫是何人？』先生復以《玉枕山詩》。東海又答之曰：『客囊羞澀客衣單，卻買南安玉枕山。縱有枕頭那得睡，雞聲催入紫宸班。』未幾，適武選郎蘇文簡由廣東使還，具道吴康齋亦千載人物，東海方悟。不惟深喜得聞前輩名德，有所持循，且以謝玉臺巾詩之過，玉枕山不必買，當長揖白送矣。」〇按此則東海初尚疑先生不能終隱，其後乃大服，亦足賢哉！

挽劉顯仁先生

曾傾白下郎官蓋〔二〕，忍讀青田太守文〔三〕。今日九原誰是伴，里中新有一峯墳。

贈鄒處士還合州

人間憂喜也無期，萬里間關一馬歸。莫灑東風别時淚，春光又滿老萊衣。

石城米賤雲門鎮，吏目身輕翰苑官。歸去山中偏好睡，家人不用遠來看。

鄒吏目書至有作，兼呈吴縣尹

天涯遷客病渾家，開過東風幾樣花？容易江山得重九，問君何地落烏紗？

〔二〕「蓋」，蕭世延本作「盞」。

〔三〕「忍讀」，蕭世延本作「又見」。

得世卿詩

笑顏別後幾回開，詩到衰翁輒舉杯。擊壤狂歌千首在，一春無計寄君來。

東野功深偏洗削，退之意到每優柔。眼前一二聊拈掇，正好承箕對孔修。

張侍御叔亨將赴京，遣人告行，求贈言不已，賦此以答

不爲泯泯即波波，天命委之人奈何？秋雁未來君好去，文章覆瓿不須多。

沈石田作玉臺圖，題詩其上見寄，次韻以復

到眼丹青忽自驚，玉臺形我我何形？石田雖有千金貺，老子都疑一世名。沈周、林良皆工于畫者，而皆能慕先生，其胸次亦可想已。又按：羅文莊《困知記》云：「『無窮吾亦在』、『玉臺形我』，『吾』與『我』，註皆指爲道也，類于佛氏『天上地下，惟我獨尊』之説。」不知此是註誤，先生所謂「我」，不然也。又曰：「『至無』，無欲；『至近』，近思」；「『藏而後發』，是溥博淵泉時出；『養出端倪』，即孟子擴充四端。」此皆誤解，讀其全文自不類。蓋湛文簡後來主意與先生別，羅文莊未之考耳。獨其「金針」、「杖喝」之喻似贅。或曰：「『活潑潑地』，程子亦不諱言之。孔孟以前未有二氏，如有之，或亦不嫌同辭也。『回也屢空』、『空中受道』、『聖人之心空空如也』，豈必避釋氏語而曲爲之釋耶？」

白沙先生文編卷之二

澄海唐伯元　編次
廣安姜　召
休寧范　涞
孟津王　价
温陵郭惟賢
婺源汪應蛟　校梓

五言律詩

虚實委婉，變化曲折，純似老杜，觀者須先看其章法。七言亦然。

新年

今日勝元日，江天乍放晴。呼瓶汲井水，煮茗待門生。山鳥鳴將下，桃花暗復明。所嗟人易老，況復歲華更！

止客宿

爲恨開年雨，江村馬跡稀。諸君能枉拜，今夕不須歸。歲酒堪投轄，人家欲掩扉。仍聞僕夫語，畏逐駿蹄飛。

石門

白髮非公事，扁舟進此門。山雲寒不雨，江路曲通村。玩世吾何有，長途馬不存。晚來堪一醉，江月照空樽。

對鶴

吾晚病兼貧，麻衣穩稱身。朝來參兩鶴，花底作三人。日出東南雨，鶯啼宇宙春。三杯下衫袖，拂拭舊龍唇。

懷古，次韻王半山

三徑五株柳，孤村獨板門。先生正高卧，衆鳥莫交喧。晉宋當時改，乾坤此老存。手中一把菊，秋色滿丘園。

相逢疏柳下，賓主兩忘言。處士乃無履，江州初到門。低頭入茆宇，散髮對金罇。長揖朱輴別，狂歌向小園。

即事 前四句即是論學。

龍溪一片水，何處是真源。沉吟搔白首，竚立向黄昏。宿鳥爭投樹，歸牛漸滿村。少年誰氏子，歌吹隔江繁。

四月

四月陰晴裏，山花落漸稀。雨聲寒月桂，日色暖酴醾。病起初持酒，春歸尚掩扉。午風吹蛺蝶，低趁乳禽飛。

初秋夜

四時相代謝，已度一日秋。風吹露下葉，月照水邊樓。堯舜今當御，巢由竟媢幽。山靈邀夢去，昨夜又羅浮。

即席賦

夕風夕微涼〔一〕，池塘散月光。呼兒看酒具，待客飲江鄉。月對歌筵徙，風拖舞袖長。人生行樂耳，歸棹夜相將。

盆池栽蓮至秋始花

栽種已後時，花發秋將遲。雖無女伴採，亦有山蜂知。葉稀因地力，香遠是天資。安得三閭手，臨軒賦楚詞？

秋露開炎蕚，非時不遺誇。盆中玉井水，溪上春陵家。酒醒涼風發，詩成缺月斜。願爲若耶叟，種水作生涯。

春興

野晴花簇白，山暖樹更青。卯酒醉欲睡，午風吹又醒。閒拈曲江句，勝讀《法華經》。自在

〔一〕 後一「夕」字，蕭世延本作「生」。

山牕下，蹣跌趣已冥。

晨起

羣雀曉啾啾，閉門春事幽。下牀花到眼，招手鶴朝頭。永日還書卷，衰年但酒甌。醉來江柳下，笑引子陵鈎。

早起

推枕起新晴，披衣向小明。坐忘新病減，夢少夙心清。軋軋開鄰户，鼕鼕殺縣更。跛奴呼具盥，旋起繞花行。

晚晴，用前韻

蛙鼓報將晴，山牕晚更明。春隨天共遠，人與鶴爭清。稍稍鶯歌至，番番花信更。朝來芳樹底，果作探花行。

春懷，次陸放翁韻

江發溶溶緑，山開面面青。春風何氣力，吹動綵雲亭。時物歸春雨，交游散曉星。十年江海夢，誰道不曾醒。

雨坐 一切除此，則非别傳之意矣。

風雨坐前楹，關關雙鳥鳴。正當落花處，更作送春聲。大化歸無極，斯人樂久生。不知川上水，東逝幾時停。

樹穴蘭

樹穴疑生理，花開不記年。靈根那藉土，芳氣直薰天。瘦比飡芝老，清於辟穀仙。平生誰得見，雲嶠但蒼然。

德慶峽是年大水，舟行不由故道

客路一千里，羊腸百八盤。時時行樹杪，往往異人間。竹纜牽江暝，絺衣入峽寒。倚門應盡日，誰與報平安。

和尚石

舟楫行天上，斜暉卷浪花。迴流忽吞吐，嗚櫓極嘔啞。便可通星漢，還堪著釣槎。雲根僧一個，疑我不袈裟。

月坐 一生心事如此。

林深月到遲，愛月坐成癡。平生不戚戚，衰老尤嬉嬉。曾西卑管仲，孟子述宣尼。何事由求輩，區區欲有爲？

懷古 是做康節體。

皇皇復皇皇，開闢到陶唐。遲日江山麗，春風花草香。【旁批】純用便語，乃覺雄蕩。閭閻盡孝弟，簡册無禎祥。乾坤十二會，巳午在中央。

春日書事

開年今日雨，疏柳小塘春。紫燕將歸社，黄鸝欲唤人。未明事南畝，選日聘西賓。元亮朝朝醉，江村白酒新。

春日醉中言懷

古人不可見，空見古人心。春風開我琖，流水到誰琴〔二〕。無説可傳後，何才敢議今？玉臺花信少，扶杖更西林。

與客談詩

風雅餘三百，唐音僅幾家。夢猶將影説，癢莫隔靴爬。豈是安排得，胡爲孟浪誇？超然不到處，應是用心差。

〔二〕「誰」，《詩近稿》作「吾」。

久雨

樹隱雲深黑，籬崩水亂流。凌風快燕子，上壁定蝸牛。老更憐兒病，人多爲草憂。朝朝嵇叔夜，誰辨不梳頭。〔一〕

野坐

團蓋青松午，重裀緑草春。野晴鶯得意，花盛蝶傷神。斷靄生西塢，殘潮下暝津。竹根酣共卧，不覺蘚沾身。

寒雨中作

有期久不至，旦旦問童奴。雨過荆扉濕，風回樹葉疏。興移剡溪舫，詩在灞橋驢。風韻今誰繼，千年勝事虛。

〔一〕「辨」，《詩近稿》作「辨」。

秋坐碧玉樓偶成

造次中秋過，商量九日來。詩將秋景淡，菊共老人開。時節陶潛醉，江山宋玉哀。平生滄海意，不受白鷗猜。

春日寫懷

水際尋芳去，花枝隔水新。可憐今日望，不是向來人。紫袖垂垂下，黄鸝樹樹春。東風天外至，南岳夢中身。

春日偶成

菊殘猶可對，人老不須嗟。水閣風低柳，山籬雀啄花。千門盡桃李，十畝未桑麻。大禹須治水，顏回卻卧家。

競長家家柳，齊開陣陣花。春添新富貴，人老舊煙霞。欹枕黄鸝近，開牕白鳥斜。草玄無意緒，呼酒對侯芭。

病中詠梅

去歲誇身健，尋梅到幾山。酒傾崖影盡，衣染露香還。北斗今何向，南枝半已殘。下堂兒女笑，老脚正蹣跚。

與客

客訪貧家少，連旬幸作東。笙簧都萬籟，俎豆亦千峯。冠帶迎人懶，情懷傍酒濃。白頭君莫笑，醉袖舞春風。

四月廿七日五鼓起索衣，往來房户間，失脚仆地傷面，咎在不謹，然亦久病氣弱之一驗也，詩以自悼

脛骨衰無力，顛危剛莫支。少年非一蹶，今日獨多悲。形模甘老醜，面目對人疑。呼兒教滌血，不忍報慈闈。

飲陂頭

入崦花叢密，遵陂石路高。柴門過午飯，村老對春醪。水白都如練，風清不作刀。自然五字句，非謝亦非陶。

春興，追次后山韻

萬物各得性，天開一歲春。風柔翻弱羽，波暖躍纖鱗。穉柳初成趣，芳芹亦賞新。川雲將嶽雨，何者不供人。

社西村

孤村比屋靜，疏竹小塘幽。何處還三徑，如公也一丘。晚田行布狗，春草散鈎輈。汲澗誰家女，金欆插滿頭。

結茅依里社，村以社西名。客至惟談稼，年衰不入城。鄰雞上樹宿，水鶴傍人鳴。向晚尋牛去，前岡笛又轟。

秋晚

皎皎月又缺，鮮鮮菊可收。汀雲迷島嶼，山雨落扶留。市有屠牛杌，江連邏吏舟。恐無賒酒處，垂白對清秋。

苦熱

晚涼慰我渴，秋暑着人煩。拄杖緣溪足，看潮到柳根。哦詩衰骨痛，開卷病眸昏。六月飛雲冷，相思只斷魂。

晚步

水國秋先至，江村晚更幽。泥筌收郭索，山網落鈎輈。涼入社門樹，陰連渡口舟。獨憐經略地，吾得放歌遊。

太夫人晚歸，攜諸孫候於貞節橋下

寒花明隔塢，暝色欲歸潮。未愁山路黑，莫放板車摇。耄耋供人事，兒孫候此橋。殷勤望西崦，風急暮雲飄。

枕上偶成

翰苑無官府，蒲團了歲年。巖雲交樹白，水月印沙圓。懶甚陶元亮，閒於魏仲先〔二〕。吾曹生分薄，於福敢求全？

春日江村

時候花先覺〔三〕，陰晴鳥自知。登山嫌避客，得句樂呼兒。蔓草披香徑，垂楊覆淺漪。美人期未至，江月幾盈虧。

草帶籬腰緑，花簪石頂紅。林園開畫景，鶯燕語春風。山靄霏霏合，江流渺渺東。獨來橋畔路，高拄過眉筇。

〔二〕「閒於」，《詩近稿》作「貧於」。
〔三〕「時候」，《詩近稿》作「氣候」。

病疥，用後山韻寫懷

呻吟不盡痛，夕枕傍慈幃。安得身長健，朝朝見綵衣。無膚臀奄赤，乍腫臂疑肥。睡過西廊月，寒空淡不輝。病枕愁更永，籠燈對夜長。千年無鮑叔，一懶有柴桑。兒請栽瓜地，妻評作麯方。花時呼酒伴，酩酊出扶牆〔二〕。

雨中栽竹

心被清虚引，非關索竹看。檐前纔數個，淇上已千竿。微雨土初覆，北風天正寒〔三〕。昆丘有孤鳳，何處啄琅玕。

〔二〕「出」，《詩近稿》作「去」。
〔三〕「正寒」，《詩近稿》作「尚寒」。

次韻遊上游黄雲山

繫艇黄雲下，黄雲幾度歌。登高雲壓帽，度密雨沾簑。瀑澗宵鳴瑟，山花晝擁羅。野人攜茗榼，路打鐵橋過。

題新村書齋壁

日色催江渡，潮痕上石梯。趁墟村婦出，索哺襁兒啼。樹接黄村塢，船移白石溪。落花誰省記，何必武陵迷？

茅棟依巖靜，柴門洗竹通〔一〕。桑榆巷南北，煙火埭西東。一逕漁樵入，孤村井臼同。鄰家得美酒，吹笛月明中。

是夕范生小酌

日月雙輪轉，乾坤一氣旋。是時冬始閏，細雨夜如年。人語斜風外，天機落葉邊。憑誰給

〔一〕「洗」，蕭世延本作「斫」。

燈火，更坐讀殘篇。

至容貫宅

在昔偶相遇，如今共白頭。敝衣寒露肘，破屋早知秋。家業憑觚翰，厨煙管去留。老翁如辟穀〔二〕，與子入羅浮。

寄胡寧壽 康齋先師之甥。

年華當轉鳥，詩思更塗鴉。父子皆吾友，箕裘一舅家。人猶思嶺北，書不到天涯。莫作妻孥計，浮生日易斜。

吴村弔莊節婦墓

豺虎何由近，風濤浩若無。行人看墓榜，英爽在清都。江暝雲長合，原寒草不枯。乾坤不朽事，持此報君夫。

〔二〕「老翁」，蕭世延本作「老夫」。

贈謝德明有事赴廣還

月落五仙城，天空一雁鳴。離愁動江色，歸纜解鐘聲。鷺應船謳起，溪尋酒幔行。經過不買醉，貪嗅早梅馨。

有傳羅一峯觀化

悲風何處起，散作斷腸聲。乘彼白雲去，湖西問死生。四海方懸仰，一峯何可傾？平生不下淚，今日盡沾纓。

問訊南川子，林光也。金牛有是非。憂爲妻子地，淚濕故人衣。歲晚流言惡，天涯信使稀。西風吹落葉，故故傍愁飛。

聞方伯彭公上薦剡

當時尊孔孟，用世必詩書。夫我何爲者，先生非過歟？長歌扶晚醉，短髮向秋疏。坐惜籬前水，垂竿試釣魚。

骨相合長貧，巖棲累十春。忽傳邦伯疏，見笑北山神。伎倆只餘子，行藏獨老親。古來稱冰鑑，誰是鑑中人？

答惠州鄭别駕惠葛布

惠我一匹葛，縫衣笑不奢。賦詩酬别駕，愛酒典鄰家。獨酌秋風裏，浩歌山月斜。醉魂不覺遠，卧探惠陽花。

家兄攜秉常看山，予病不能往

行色千崖裏，風光三月中。山家愁酒少，造物愛詩工。好鳥簧爲韻，新花錦作叢。吾能騎瘦馬，不惜遠追從。

至陳冕家

遠樹晴堪數，孤雲暝欲遮。自憐江海迹，能到友生家。落日明江色，輕風動麥花。相看吾鬢白，不必問年華。

弔李九淵

水竹更新主，風花失故權。夜臺無起日，春草自流年。萬有終歸盡，千秋不必傳。倒巾此相對，只有玉臺山。

德慶州舟中呈伍南山

江漲麻墟雨，天低德慶城。正當擊楫處，空有結趺情。入夏尋雙井，沿流到七星。同行鄒道士，勸我學長生。

南歸寄鄉舊

家在桃源裏，龍溪是假名。蕉衫溪女窄，木屐市郎輕。生酒鱘魚膾，邊鑪蜆子羹。行窩堪處處，只少邵先生。

碧草東西埭，黃鸝遠近山。巖春花氣足，簷日鳥聲閒。文字虛堆几，園林不設關。一條煙際路，朝往暮來還。

江邊逢野叟，叉手問官名。立雀黃牛近，銜魚白鷺腥。西田餘故宅，北崦多新塋。駐馬斜陽外，悽然感廢興。

自愛愚公谷，誰過野老家。時依當户竹，閒數上牆花。烏立溪槎靜，牛爭崦路斜。懷中嬌小女，學語解呼爺。

寄太虛上人 前首，絶類盛唐。後首，非别傳不能到。

太虛石洞居，孤絶少人依。遠客攜琴至，逢師乞食歸。一蒲青草上，四面白雲飛。盡日無言説，巖花落滿衣。

定山聊作主，石洞更無鄰。勸我無多事，如公是一人。朝聞履虎尾，莫見批龍鱗。莫笑楊朱小，楊朱解愛身。

九日寄丁明府

病裏登高意，村邊社樹蒼。有歡開酒禁，無力控詩狂。老病簪花醜〔二〕，秋襟水照涼。如何丁明府，不肯共重陽？

〔二〕「老病」，高簡本作「老鬢」。

菊節後五日，丁明府彦誠攜酒來飲白沙社賦補會

秋色上籬尖，天高霜氣嚴。對花無阿堵，笑我似陶潛。節去杯盤在，公來吏隱兼。江門賦補會，勝話無窮年。

百里非無地，東籬不借人。因君九日愛，傾此一杯春。菊謝人間世，官閒酒處身。想無厭花意，投轄暮江濱。

陳方伯恥菴挽詩

中年倦俯仰，上疏乞山林。黽勉南州牧，遲回北極心。民蒙三日雨，世病一鈎金。殄瘁聲悲處，龍蛇歲直今。

崔清獻公裔孫潛示遺芳卷，復許示遺像，予既書紀夢之作，於其還也贈之詩

積雨堦苔上，經旬斷履痕。誰爲門外客，公是菊坡孫。澤與流風遠，名因避相尊。丹青遺像在，何日照江門。

得林子逢書，感平湖事，賦此次前韻

平湖千里水，浣濯與誰同？咄咄諸魔裏，冥冥一夢中。支離深歲月，感慨極秋風。點檢希顔處，吾瓢合屢空。

同人未爲失，子不善爲同。宦況浮雲外，生涯大鰲中。孤篙撑急水，弱羽試衝風。佛者空諸有，吾儒有亦空。

秋興，用前感事韻録寄東所 二首

秋露落芙蓉，河山日不同。物情詩卷裏，天道雨聲中。朝出馬愁坂，暮行船逆風。欲投雲谷隱，鞭鶴上層空。

首陽非立異，柳下不妨同。歲月黑甜外，乾坤軟飽中。腐儒甘糲食，烈士死長風。今古誰能計，賢愚併一空。

寄張進士廷實

是詩難入俗，正坐不雕鐫。水滿魚爭躍，花深蝶喜穿。日高雲卧處，春在鳥啼邊。不及陳無己，能無賞自然。

用前韻寄廷實

無才慵作吏，有酒喜留賓。老更耽高卧，時還近俗人。鐘鳴山寺遠，月出土牀親。何處期吾子，笙歌玉洞春。

得張主事廷實書

持燭圭峯寺，宵談僕屢更。一爲方外友，都没世間情。面壁僧猶在，栽蓮社未成。孤舟破危浪，載月下東瀛。

贈黎蕭二生别「度量」、「胚胎」二語，比「天地萬物一體」意更混淪沉着，警悟學者。

白髮孤燈坐，青春二妙來。若無天度量，爭得聖胚胎？至樂終難説，真知不著猜。濛濛煙雨裏，歸思若爲裁。

再用韻示諸生〔一〕

若説樂道，便不是顔；孟不及孔，只爲求心，此程朱最高議論。□□拈出示人〔二〕。但孟言「求放心」、「求于心」，未嘗言求心也。求心與求于心，當有別。若説求心，便不是孟。

賢聖低回久，千年想一臨。希顔非樂道，疑孟失求心。逸駕行應速，寒泉汲務深。嘗聞根本學，不盡泰山岑。

代簡答府尊林先生慶老母生日

有母年齡暮，逢辰喜懼深。多儀安敢卻，揣分故難任。錦段拈香拜，仙醅洗觥斟。獨慚非節孝，未了百年心。

寄題小圓岡書屋，和民澤

四野雲飛盡，圓岡一室清。至虛元受道，真隱或逃名。有疏微言塞，無爲大業成。一聲聞

〔一〕「諸生」，《詩近稿》作「諸友」。
〔二〕「拈出」前二字，底本漫漶，似爲「乃并」。

絶唱，五岳看全輕。

贈李世卿

楚客復歸楚，青山此送君。往來十年破，精力半生分。著意當時見，留情異代聞。若非真有見，何處謝浮雲？

三尺短春蓑，山風吹薜蘿。人材非管樂，吾道本丘軻。送老諸名岳，全生一病窩。相思憑寄語，路打祝融過。

落日蒼梧望，浦風發棹謳〔一〕。楚山正西上，江水自東流。作伴春攜酒，談詩月滿舟。洞庭看未透，更上岳陽樓。

題黃公釣臺

小小離人意，羊裘卻未工。今人多白眼，爲我謝黃公。弄釣浮沉見，登庖撥刺空。浩歌泉石裏，況有古人風。

〔一〕「浦」，高簡本、蕭世延本作「清」。

曉枕，示湛雨、龔曰高

萬年如一瞬，莫問我浮生。風雨將秋至，山河載月明。語簷幽鳥樂，對竹小童清。夜夜湘江夢，與君何日行。

彭司寇挽詞

男子固多奇，如公更不疑。經綸思昔日，功業問當時。鬼幸村巫小，棋還國手知。杜陵秋月下，興盡八哀詩。

斗氣空遺劍，牀燈不照琴。春懷不自得，老病忽相尋。事往浮雲夢，山餘宿草心。平生孺子意，絮酒一何深！

鄧御史公輔寄新刻陳君舉《論孟古義》，復以是詩

兩漢非三代，人才逐世低。市朝多畫虎，文字笑醯雞。《古義》昭昭對，終篇短短題。不因歐六一，爭得見昌黎？

贈陸醫士 左明府遣來。

山雨睡初醒，門前報陸生。手持王氏藥，重是長官情。分付一杯茗，剛勞幾日程。小詩何足謝，聊以著佳名。

聞陳宗湯、湛民澤欲過江門，遇颶風不果，用張廷實韻寄之

斬蛟須射虎，水石敢誰欺？老夢不知遠，客來何怨遲？千休千處得，一念一生持。衰白如曾見，斯言或可依。羅文恭云：「白沙先生詩云：『千休千處得，一念一生持。』于千休之中而持一念，正出萬死於一生者也。今言休而不提一念，便涉茫蕩，必不能休；言念而未能千休，便涉支離，亦非真念。若不知念，則亦無所謂能休者。能念，不期休而自休矣。」

登陶公壯哉亭

新亭開石窟，遠勢借崑崙。天地雙眸迥，滄溟一口吞。公來席不暖，士死廟長存。憶昔干戈際，南征萬馬奔。

辱和拙作見示，九日醉中再次奉答

激楚嗟難和，霓裳更可同。更闌朱鳥下，聲斷碧雲中。稍歇霑花雨，還吹落帽風。萬松期不至，半偈欲騰空。

蓬萊山祭伍光宇墓

道骨成仙蜕，名山是閬丘。雲中騎款段，天上叫軥輈。人世黄粱熟，吾儕白髮秋。仍留一杯酒，何處酹金牛。

晝睡偶成，寄玉臺僧文定

老脚春還短，名山夢每登。玉臺天上寺，文定意中僧。得法休藏鉢，傳心信有燈。道人北牕下，一枕一瞢騰。

得林憲副待用書，有懷故友張兼素

歐水部對余言：「昔聞黄泰泉先生云，曾於見素卷中覽此作，是『書恨故人窮』。」不知刻本何以不同也。

蹇蹇張兼素，從君致匪躬。天來今日定，書展故人封。賈傅生還慟，湘纍死亦忠。平生兩行淚，萬里寄秋風。

寄容貫圭峯

西峯扶策上，病骨快新涼。乞米分僧飯，聞香過梵堂。閉門秋竹静，語鳥暮鐘藏。浩浩蒲團上，還同在醉鄉。

落日荒臺上，疏松古塔邊。身休論出世，趣欲到無絃。峯閣初生月，渠通自到泉。西菴憑借問，許住過殘年。

春陰偶作，寄定山

浩浩川流疾，冥冥嶺樹陰。共憐春錯莫，更覺老侵尋。宿雨衰花氣，朝陽絶鳥吟。誰能盡天道，俛仰此懷深。

喜梁文冠至

駐槳梅村夜，風光勝早春。直知花是路，不覺月隨身。草木皆知舊，江湖多賤貧。短蓑來往數，等是最閒人。

世卿將歸

會有還鄉意，深慚不自量。母留兒作伴，妻爲客求漿。臺榜明朝旭，松堂閉夜凉〔一〕。延緣過殘夏，滿意泛瀟湘。

贈世卿別

客路經南嶽，湘帆背嶽開。江湖閒老夢，歲月是君來。相見兒童喜，別離琴瑟哀。惟應楚雲外，更起望仙臺。

〔一〕「閉夜」，《詩近稿》作「閑夜」。

聞林緝熙初歸自平湖，寄之

短世淵明醉，長愁子美歌。高情誰復爾，久別公如何。淡月初出浦，好風來颸蓑。買田滄海上，耕亦不須多。

夢楊敷道定山事

夢語者爲誰，湖西舊見之。聊寬野老意，未了定山疑。貧病吾猶是，多愁俗豈知？百年將滿日，心亂不成詩。

汪巡按見訪

嶺南經略地，柱史不謀身。料理安危事，更張文武臣。風行先動草，寒極正開春。傾蓋江樓暮，揮杯勸故人。

五言排律

景雲田萌尾

蓑笠堪從事，少年農圃情。乘潮打兩槳，落日照孤城。山廟題詩過，汀鷗伐鼓驚。提攜新耒耜，寂寞舊棋枰。挾被防春冷，攤書讀晚晴。兒曹依本分，吾道在躬耕。

旌節亭瓦雀

瓦雀喜亭栖，丹青意自迷。雨餘穿麗日，花底啅香泥。並語聲全碎，追飛羽忽低。悠悠去繒繳，款款戀榱題。卵育非無地，兒羣或引梯。慣行書案上，漸滿井欄西。不羡彫籠養，真堪畫卷攜。由來親白首，那更避青藜。狎久如私昵，喧多類滑稽。行藏非社燕，飲啄溷家雞。度嶺千回歇，排風幾寸躋。冥鴻於汝輩，滄海一涔蹄。

七言律詩

康節七言律亦學杜者，到先生尤自渾成。近王文成論學，多效爲之，只得其前四句。

與友約遊仙井

仙井會容雙眼到，病軀須着一筇扶。春風有客來相問，何日扁舟進所如。市道難交終索寞〔一〕，幽居擬卜只虛無。憑君寄語山靈道，欲傍啼猿借一區。

自斗岡還，至汾水江值暮

歸舟欲背南風發，別棧初開落日斜。杜曲寄聲憑驥子，是日，景昜有信促歸。武陵回首惜桃花。東遊西泛經旬日，揮翰留詩到幾家。滿眼卻愁歸路黑，時從野老問江叉。

村中即事 絶類老杜。

山風處處聞松花，江市日日來魚蝦。高田一弓走獵犬，灌木幾株叢老鵶。正逢元宵市燈

〔一〕「市」，高簡本、蕭世延本作「世」。

好，亦有雜劇村鼓撾。野老西疇急春事，長揖縣官歸縣衙。

宿欖山書屋

一片荷衣也蓋身，閉牕眠者乃何人？江山雨裏同歌嘯，今古人間幾屈伸。長與白雲爲洞主，自栽香樹作齋鄰。山中甲子無人記，一度花開一度春。

酴醾將開值雨

相看無語只沉吟，蓓蕾枝頭已簇金。山雨不來昏晝景，東君容有妬春心。較量花品終何益，茫昧天機亦自深。明日陰晴還未定，一尊何急對花斟。

題閒叟

前村煙火熟朝炊，正是先生睡足時。身帶江山人在畫，目窮今古世爭棋。花邊擊鼓諸孫戲，竹下扶筇一鶴隨。應笑書生閒未得，白頭憂世欲何爲。

辭修縣志

吁嗟文獻荒凉久〔一〕，著述圖經長老宜。令尹高才應處分，病夫何者敢聞知。嘗聞司馬開班范，直似家翁詔小兒。史體所關無大小，千秋麟筆寄宣尼。

苦熱

尋常衣汗濕青荷，爭奈連朝溽暑何。四象陰陽分老少，一年天地幾中和。水枯瓦沼蛙將徙，日炙山枝鳥不歌。一事傷廉非得已，竹林冰簟受風多。結語是堯夫。

晝睡

林木蒼蒼鳥哺雛，江亭春與睡相宜。風花已遣新年醉，氣候還增病叟癡。塵世悲歡忘處了，浮生日月夢中移。晨炊未熟無人喚，正是飛雲曳杖時。

〔一〕「吁嗟」，高簡本作「噓嗟」。

夜坐因誦康節詩偶成

牕竹蕭蕭正晚風，溪星耿耿又秋蟲。一瓢豈肯方顔子，千首將無有邵雍？恨月嘯花都《大雅》，鳶飛魚躍一《中庸》。無人不羨黄陳輩，高步騷壇角兩雄。

夜坐

羅文恭有夜坐詩十首，蓋祖此。又與友人書曰：「此白沙無心於言也。信口拈來，自與道合，雖欲靳之，有不可得。」

半屬虚空半屬身，絪緼一氣似初春。仙家亦有調元手，屈子寧非具眼人？莫遣塵埃封面目，試看金石貫精神。些兒欲問天根處，亥子中間得最真。

不著絲毫也可憐，何須息息數周天。禪家更説除生滅，黄老惟知養自然。肯與蜉蝣同幻化，祇應龜鶴羨長年。吾儒自有中和在，誰會求之未發前？

不寐

一飯不忘溝壑心，白頭冰雪更相侵。妻烹野菜晨供飯，兒點松燈夜對琴。賦拙任留司馬壁，碑成不賣退之金。無端昏嫁相料理，獨聽疏更到夜深。

留別諸友

臺書春晚下漁磯，中歲行藏與願違。鷗鷺自來還自去，江山疑是又疑非。難將寸草酬萱草，且着鶉衣拜衮衣。但得聖恩憐老母，滿船明月是歸時。

崑崙西北是官陂，滅跡煙霞我自遲。獨往恐逢江上雪，相思還寄隴頭枝。風雲想見千年會，消息終還七日期。總爲高堂難離别，乾坤行道豈無時。

要服松花一大車，顛毛垂白齒牙疏。非關聖代無賢路，自愛清風卧絳廚。道上或逢人賣屨，眼中誰謂我非夫。他時得遂投閒計，只對青山不著書。

釣渚風長裊故絲，水花含笑海鷗疑。都將老子行藏意，分付東溟水月知。自昔盡從巢許後，而今豈異帝堯時。憑君寄語張東所，更與飛雲作後期。

石門次林緝熙韻

孤舟昔繫飛來寺，白首重來十四秋。君看秋風吹彩鷁，何如老子坐青牛。留情世事終何補，得意雲山亦易休。見説夔龍滿朝著，九重應許放巢由。

回岐道中

回岐接水樹冥冥，又是朝京一日程。兩耳如聞重譯語，幾時不見五仙城。朝無兒稚歌行酒，夜有巡船卧打更。欲識羈情多少在，崑崙峯上白雲生。

揚州宿寶勝寺 傳有石刻，不知何時過此。集不載，今補入。

巢許夔龍不兩能，天涯去住任騰騰。他鄉此夜揚州月，春閣高歌寶勝僧。藥氣氤氲窗下枕，茶煙繚繞佛前燈。道人本是羅浮客，家在飛雲第一層。

南歸途中先寄諸鄉友

我家久住龍溪上，説著龍溪便有情。荔子不將梨鬥美，沙螺休與蟹爭衡。江村婦女蕉衫窄，市巷兒郎木屐輕。漫興詩多誰和我，樽前忙殺馬先生。

不分賓主共林塘，脱下朝衫作道裝。酒爲老夫開甕盎，茗和春露摘旗鎗。津頭水滿鴛鴦下，牆背風來枳殻香。何處與君拚坐久，萬株花裏小藜牀。

至日病初起

至日哦詩起坐牀〔一〕，梅花牆角爲誰香。暖臍一盞金櫻酒，降氣連朝附子湯。旋整巾裳還客拜，未堪歌舞趁孫狂。赤藤杖點廬岡石，向晚猶須望八荒〔二〕。

兩度書雲傍玉臺，不才知幸乞恩回。梅花果解撩詩思，弓影何須落酒杯。四大形骸從老去，一年風日想春來。眼前不獨南枝蚤，未臘江桃也爛開。

山人家世本陳摶，供奉何堪晚得官。菽水可寬垂老意，江山不比向來看。教兒别煮新年藥，問客能飡老菜盤。欲上飛雲更何日，典裘沽酒掛驢鞍。

晨起將出尋梅

朝煙横野犢鳴陂，索杖山齋睡起時。田父許留今日酒，梅花不欠去年詩。衝寒索笑來何處，帶病尋香出每遲。彷佛西湖夢中見，水邊籬落忽横枝。

〔一〕「坐牀」，《詩近稿》作「在牀」。
〔二〕「八荒」，《詩近稿》作「八方」。

次韻丘太守見寄，兼懷賀克恭黄門

昔從天上拜彤庭，一别官河幾度冰。豈有文章供史館，漫將袍笏對山靈。數株松菊猶三徑，兩棹風煙又八溟。欲寫漁翁寄廬阜，眼中誰解辨丹青。

緑水青山置我曹，江西遼左一神交。短籬霜菊誰供酒，破屋秋風自補茆。勳業卻歸㮣下枕，行藏更問《易》中爻。癡兒多病慈親老，不向清時歎繫匏。

元旦試筆

六載虚叨供奉恩，白頭吾亦兩朝臣。閭閻擊壤今弘治，簡册編年又戊申。日色小薰穠李晝，風光欲醉乳鶯春。廬岡此景誰分付，也到江門不屬人。

天上風雲慶會時，廟謨爭遣草茆知。鄰牆旋打娱賓酒，稚子齊歌樂歲詩。老去又逢新歲月，春來更有好花枝。晚風何處江樓笛，吹到東溟月上時。二「時」字，前字恐「期」字之誤。

弊耳。論詩則沉頓雄渾，亘古無倫矣。乃云窮經爲障，又與「糟粕非真傳」意相發，苟不善觀，則不免其流亦有

偶成

秋月朗耀秋風清，漁翁自歌還自聽。【旁批】一語興起。卻慙夜半留雙睫，早爲人間了六經。【旁批】格調從子美來，卻以別傳發之，乃迥別至此。賢聖當爲天下極，何人不共此心靈？從前欲洗安排障，萬古斯文看日星。須與「求心依舊落迷途」一首參看，方得其旨。

六十一自壽

世間甲子是何年，母鬢雙皤子亦然。十數曾孫羅膝下〔二〕，兩三杯酒笑燈前。尋僧野寺花迷路，吹笛江門月滿船。聖主萬年歌不足，黄河清了鳳翩躚。

孤子今來六十一，慈親已過八旬三。旌書門外題新榜，拭淚牀頭換舊衫。少有菑畬供俯仰，不妨漁釣老東南。些兒别作長生計，巖畔丹書有兩函。

〔二〕「曾孫」，《詩近稿》作「孫曾」。

春日偶成

蛺蝶飛飛花映牕，流鶯恰恰柳垂江。出牆老竹青十個，泛棹春鷗白一雙。暖日暄風酣獨卧，來牛去馬亂相撞。江山指點非無句，誰致先生酒百缸？

再和碧玉樓韻

乾坤真妙此臺開〔二〕，一一皆因造化裁。意了梅花難着句，眼空江海笑浮盃。未分無極源頭在，誰畫先天樣子來。碧玉樓中閒隱几，千千山遶又川迴。

次韻見訪

春曉不扃巖上扉，遶闌紅紫欲開時。花來勸飲誰禁得，天不能歌人代之。滄海匯爲雙帶遶，青山高起百重圍。赤泥居士來相訪，袖取雲笙月下吹。

〔二〕「臺」，《詩近稿》作「圖」。

飲酒

酌酒勸公公自歌，三杯無奈老狂何。坐忘碧玉今何世，舞破春風是此蓑。一笑功名卑管晏，六經仁義沛江河。江門詩景年年是，每到春來詩便多。

追和劉文靖偶得韻 先生極喜文靖，其推重如此。

三復遺詩有訂頑，月中顔色見松關。頭顱本自成三極，噓吸猶堪塞兩間。老至不知何歲月，古來無恙此江山。莫輕語默論前代，天與閒人贈與閒。

卧游上游庄 湛民澤

上游洗足意如何，到我來時還放歌。秋半寫空迷菊酒，月明舞爛釣江蓑。閒將野馬爲賓主，笑把山花當綺羅。人道上游真個好，上游固好遇人多。

黄雲之高高幾何，黄雲山人發浩歌。短嚮入雲白雪曲，長裙拖地赤藤蓑。黄鸝自愛藏深谷，野鶴高飛出罻羅。山路相逢休問訊，山靈掩口笑何多。

追次康節先生小圃逢春之作 余家藏先生墨跡，有此二首。諸□第三句以下皆逸誤〔二〕，今正之。

時物紛紛共鬥妍，好春多在語鶯邊。緋桃圃裏偏愁雨，緑柳梢頭更着煙。詩酒逢春聊復爾，江山到老只依然。行窩十二家家到，拚盡浮生未了年。

小園風物正喧妍，白白朱朱逕兩邊。折翅病蜂斜墮水，尋香癡蝶亂迷煙。典衣沽酒由來爾，買地栽花大抵然。安得此身辭藥裹，東遊西泛也年年。

弔崖山

天王舟楫浮南海，大將旌旗仆北風。義重君臣終死節，時來胡虜亦成功。身爲左衽皆劉豫，志復中原有謝公。人衆勝天非一日，西湖雲掩鄂王宮。

西南驛晚望

曉來花雨濕詩囊，晚上郵亭望大荒。南盡海旁諸郡淺，西來天上一江長。漁歌落日還孤

〔二〕「諸」後一字，底本漫漶。

艇，樹隔啼鶯背短牆。料理憑高非一事，樽前誰與共平章？

秋江漫興

能傾瓦榼深深酒，不盡秋江短短篇。閒弄孤舟移白日，明開兩眼看青天。鷗遷遠渚眠何處，雲颭高風落此川。野老隔波頻問訊，可能無意向神仙。

浴日亭，次東坡韻

殘月無光水拍天，漁舟數點落前灣。赤騰空洞昨宵日，翠展蒼茫何處山。顧影未須悲鶴髮，負暄可以獻龍顏。誰能手抱陽和去，散入千崖萬壑間？

夢崔清獻坐牀上，李忠簡坐牀下，野服搭颯，而予參其間

清獻堂堂四百春，夢中眉宇識天人。報君西蜀青油幕，老我東籬白葛巾。萬里歸心長短賦，九天辭表十三陳。南風欲理增江棹，也借青山卜墓鄰。

讀林和靖詩集序

廟堂不坐周公旦，到處山林有鹿麋。北斗收名千古獨，西湖送老一枰誰。鶴知好客來尋主，月爲疏梅出併詩。未肯低頭陶靖節，掛懷身外五男兒。

種樹

早雨山泥滑屐牙，瘦藤扶路入雲斜。東原緑映西原白，一徑松連兩徑花。寒夜試看殘月掛，春風須着短牆遮。江門亦是東門地，我獨胡爲不種瓜〔二〕？長日山齋不弄棋，只憑種樹遣衰遲〔三〕。小將梅逕分枳殼，不怕松根奪荔枝。帶雨煙光春淡泊，隔牆花影晝離披。等閒俗計休相聒，拄杖來看又有詩。

九日下盧山

秋風浩浩洗芳蕤，瘦盡千峯雁始飛。南海一波長不定，西山半面卻疑非。醉拈禿筆題蒼

〔二〕「江門亦是東門地，我獨胡爲不種瓜」，《詩近稿》作「東門地主江門是，因甚東門只種瓜」。

〔三〕「長日山齋不弄棋，只憑種樹遣衰遲」，《詩近稿》作「送老山齋不用棋，每憑種樹遣衰遲」。

壁，笑插寒花弄彩衣。樂意滿腔推不去，狂歌待得晚鴉歸。

病中寫懷

世間賢智皆青瑣，海上田家只白雲。多病一生長傍母，孤臣萬死敢忘君？諸公莫要連章説，先帝曾將短疏聞。何處擁旌來勸駕，買羊沽酒惜殷勤。

子陵

誰將此筆點行藏，真有乾坤日月光。三尺羊裘幾銖兩，千秋龍衮共低昂。客星天上何須急，老脚人間不浪長。留得先生在台輔，不知東漢可陶唐？

弔子陵

羊裘不返道終疑，玉帛雖來事可知。天下君臣光武詔，世間膾炙子陵碑。故人不改狂奴態，一事堪爲百世師。九鼎漢家從此有〔二〕，聽歌山谷老人詩。

〔二〕「有」，蕭世延本作「重」。

永豐劉景惠持吾亡友羅一峯事狀來訪白沙，道其尊翁程鄉宰肅菴願友之意，留余館中數日，贈以是詩

儒官秋晚謝遲回，林下齋扉不浪開。顧我敢辭千古述，故人真爲一峯來。風流想見雷封下，消息通傳雪浪堆。明發仙舟聞解纜，屋烏情在莫頻催。

予欲爲一峯傳而患無所本，其子粱撰事狀，托程鄉令劉君肅菴，肅菴以授其子景惠至白沙。予將考其事實爲傳，無所復辭，顧吾文凡，吾懼不如司馬可傳之遠。景惠行，復粱兄弟以詩，用前韻

北海英風夢始回，誰將年譜到山開。忽驚落月神如在，卻對秋花笑不來。雛鳳一羣丹穴内，殘星幾點慶雲堆。《春秋》畫筆終難擬，天地斯文更著摧。

羅一峯輓詞

今我何敢私一峯，百年公論在兒童。要知此老如君實，更恐前身是孔融。青天白日人千古，五典三綱疏一通。天下何嘗乏知己，我言剛與定山同。

題莊定山詩集

春風一曲有霓裳，不落人間小錦囊。今代名家誰李杜，先生高枕自羲皇。乾坤兀兀中流柱，風月恢恢大雅堂。莫道白沙無眼孔，濯纓千頃破滄浪。

次莊定山清江雜興韻

家學華山一覺眠，圖書亦在枕頭邊。傍花隨柳我尋句，剩水殘山天賜年。竹徑旁通沽酒市，桃花亂點釣魚船。平生我愛孫思邈，自古高人方又圓。

次韻定山先生種樹

東崦芳菲已碧桃，更移紅杏占西坳。每逢好雨扶笻看，不要先生抱甕澆。與一野僧吟甜石，無諸俗事坐持醪。不將物我來分別，觀化于今是幾遭。

橋下流泉十丈窪，橋頭草屋萬株花。關關終日鳥鳴樹，歲歲春風人在家。何處三杯歌浦口，夜來一夢在天涯。尊前不見滄溟闊，浩浩還君一笑誇。

寄定山

影響驅馳等是勞，風流今古幾人豪。但聞司馬衣裳古，更見伊川帽桶高。巖徑無風松子落，翠屏終日白雲交。定山樣子從來別，詩變堯夫酒變陶。

次韻莊定山曲阜道中

曲阜之民如崇陽，五畝之宅樹以桑。太牢不驚天子詔，百里豈負聖人鄉。爭得緑蓑插羽翼，可憐白髮來羹牆。先生也未忘洙泗，獨立源頭一詠長。

次韻莊定山謁孔廟

六經如日朝出東，夫子之教百代崇。揆之千聖無不合，施之萬事無不中。水南新抽桃葉碧，山北亦放桃花紅。乾坤生意每如是，萬古不息誰爲功？

游心樓爲丁縣尹作

城外青山樓外城，城頭山勢與樓平。坐來白日心能靜，看到浮雲世亦輕。高閣祇宜封斷簡，半年方許讀《西銘》。乾坤一點龍門意，分付當年尹彦明。

立春日呈丁縣尹

浮生五十五回逢，青帝來朝駕自東。草色向江先自緑，桃花臨路爲誰紅。高堂滿獻曾孫酒，小邑初移令尹風。身着斑衣啼又笑，老萊真個是兒童〔二〕。

丁縣尹惠米，時朝覲初歸

病叟山中觀物坐，長官天上帶春回。琴堂未必淹三考，村酤猶堪共一杯。彩翼雲霄看得意，白頭供奉愧非才。如今單父無禪補，分俸何須到草萊？

讀丁知縣行狀申文後〔三〕

州里懽騰此郡推，揮毫今徹九泉知。古來士論都元氣，天下人心自秉彝。太史書須凡例

〔二〕「老萊」，原作「老來」，據高簡本、蕭世延本改。
〔三〕《詩近稿》、蕭世延本題「讀推府胡公爲纂修事批責本縣不采丁知縣行狀申文後」。

定，桐鄉愛是長官遺。憑君更向郊原問，怕有人間未采詩。

重贈張詡

風雨何人來款扉，滄江煙艇疾於飛。正將白首憐傾蓋，不管春泥得上衣。詩句與君爭出手，酒盃中我自忘機。傷心萬里滄溟水，又逐長風破浪歸。

聞張廷實謝病歸，寄之

老夫衰病託滄溟，不道滄溟亦有爭。正是黑頭堪入仕，初登黃甲最知名。君當出我一頭地，我更期君萬里程。聞説朱明丹已熟，扁舟同作訪醫行。

次韻張廷實謝病後約遊羅浮見寄

滄波共擬一桴浮，欲斫扶桑作釣舟。箕潁舊知堯舜大，留侯初伴赤松遊。空中鶴爪拏雲上，橋下泉聲洗鐵流。卻憶平湖林縣博，仙山從我竟何由。

館廷實進士於白沙社，率爾成章，兼呈丁明府

壇有青松埭有花，煙籠寒水月籠沙。人間何處堪棲鳳，歲次今年正屬蛇。樹杪看山横半面，水邊尋路入三叉。高軒若肯終年住，應没閒愁上鬢華。

次韻廷實示學者 此詩卻分曉，乃知先生學歸重處亦未易言。

樹倒藤枯始一扶，諸賢爲計得無粗。閱窮載籍終無補，坐破蒲團亦是枯。定性未能忘外物，求心依舊落迷塗。弄丸我愛張東所，只學堯夫也不孤。焦春元竑爲余説舊本「學」是「覺」字。妙！

次韻張廷實舟中寫興

好月江門客未眠，水風吹冷緑楊煙。望窮碧海三山路，興滿羅浮七洞天。勢利可能驅我輩，路人剛道是神仙。千峯不語留君醉，乞與人間作畫傳。

張地曹見和飲酒數篇，復韻答之〔二〕

若比漁翁別調歌，不將遺響弄陰何。往來釣瀨生春水，多少歸人着舊蓑。學士有牋飛紫禁，張東白上疏乞歸。東山無計謝黃河。劉時雍修黃河。閒人只謾閒料理，春雨階前草又多。

與世卿閒談，兼呈李憲副

觀前後次韻諸詩，真是天才可驅百代，而篇篇扶教警俗，不墮風花雪月圍，恐讀者未必能知，特全録於此。

風光何處可憐生〔三〕，共把閒愁向酒傾。今日花非前日看，少年人到老年更。【旁批】李晚節大敗，或以此詩爲傳神。秦傾武穆憑張俊，蜀取劉璋病孔明。萬古此冤誰洗得，老夫無計挽東溟。禮樂猶存魯兩生，至今聞者尚心傾。乾坤已正高皇統，制作還隨漢事更。世情迴與淳風別，山色須看過雨明。枕底白雲閒一片，直從南斗跨東溟。酒醒西巖看月生，此懷此夜向誰傾？百年自信官情淡，兩耳那聞世態更。露飲秋蘭分楚

〔二〕「復韻」，《詩近稿》、蕭世延本作「復用韻」。

〔三〕「何處」，《詩近稿》作「隨處」。

客，詩連石鼎對彌明。五湖煙水能多少，更整絲綸釣八溟。

午枕清風汗不生，鼻雷打到日西傾。東西山色移牀看，六十年光轉瞬更。廬阜白雲真太華，玉臺高閣小朱明。丹青若更閒分別，老子江門是一溟。

草長津南薙復生，陰晴天氣欲相傾。短簷風暖偏宜睡，古瑟絃高且莫更。有客艤舟留信宿，呼兒問酒出黎明。

病裏風光如隔生，泥尊名酒爲誰傾？不將蓴菜還張翰，也把茅根與率更。短衣江畔聊延佇，又聽漁歌徹四溟。松下白頭眠卓午，沙邊赤脚步平明。

獨立滄茫笑此生，瘦筇幾尺也扶傾。安期久矣無尋處，知在南溟是北溟？新傳隻履無多售，舊濫吹竽亦小更。往往詩囊隨李賀，深深酒琖寄淵明。

羞將白髮對黄生，信未通前意已傾。世間未必如公足，山有飛雲水有溟。門靜客稀偏足話，山迴埭遠不知更。雞鳴桑柘孤村曉，日出東南一角明。我欲與君同辟穀，不攜妻子住滄溟。

寄外史世卿玉臺

兩崖樹石幾重衙，富貴人間未足誇。到寺客攜元亮酒，在山泉煮玉川茶。高軒倘許重過我，多病仍便久卧家。對月不禁秋思得，清吟分付一籬花。

病領詞官不到衙，老慵無意向人誇。四時好景偏留句，兩腋清風每試茶。司馬雖稱題柱客，薛公猶在賣漿家。近來山寺多高興，更作詩豪對浣花。

城扉半掩更休衙，客子山中句可誇。階下西風吹落葉，僧呼童子掃烹茶。著書歲晚堪投筆，見月宵來定憶家。記得西甌舊遊處，滿船秋雨木棉花。

江城吹笛月斜衙，回首秋巖寂可誇。世外一眠那有夢，腹中三斗卻須茶。文衰東漢無高手，詩過中唐少作家。笑殺平原趙公子，當年毛薛眼全花。

得世卿南安書

嶺客歸時一信通，匆匆燒燭待開封。心知別去千回折，詩長從來一格工。大意天開曾點識，前塗誰貸阮郎窮。世間浩浩閒來往，除是青山不負公。

憶世卿廷實，用寄景暘韻

東西垣竹影交攲，坐到芭蕉月上時。何處塵蒙春試馬，壁間苔沒舊題詩。一杯脱粟吾將老，萬里長風子可羈。別有樵夫來歇擔，晚涼松下一殘棋。

答世卿書

報答還山第一書，筆端有眼笑談餘。行藏付酒君亦醉，兄弟論文我不如。高榻忝同他雨坐，西山剛對此溪居。因君料理安身處，多少人間未結廬。

寄李世卿

再過湘江踏浪歌，一帆西去傍煙蘿。家臨漢水心無住，人到衡山興亦多。豈是兵戈愁阻絶，不因婚嫁笑蹉跎。白鷗肯信閒於我，也解忘機浴遠波。

次韻李世卿雨中

南北東西眼欲連，簷頭風雨夜鳴泉。天低鄂渚衡山外，人在江門海水邊。愛酒時時同李白，論詩稍稍到庭堅。故人解致西山鳳，想脱漁蓑上畫船。

世卿赴順德吴明府之召，五日不返，詩以促之

今雨相逢聽此歌，江門漁父老婆娑。紫霞酒琖千回醉，黄鶴仙人兩遍過。遮莫支離親藥

裹，何曾造次出眠窩。盧岡準備明朝飯，小市津頭蚌蛤多。

次韻李子長至白沙

山轉黄雲信脚行，西風吹袂五銖輕。勝遊自喜多閒日，衰病還堪逐後生。白髮我因何事笑，黄河人見幾回清。看君合伴盧岡睡，不獨能詩一技成。

再和示子長

名駒千里始能行，何許雲霄一羽輕。半個先天無邵子，幾回隔壁笑侯生。幸逢聖主重華聖，遮莫清流徹底清。手弄一丸無剩欠，山林廊廟總圓成。

支離病骨此閒行，搭颯短蓑何太輕。人世萬緣都大夢，天機一點也長生。借眠春草秋還緑，偷賞黄花晚更清。莫笑老慵無著述，真儒不是鄭康成。

再依韻答子長

罇酒相逢喜欲歌，眼中人物又如何？山光開户青遶几，草色停舟緑滿蓑。東泛與公剛到海，西遊去我莫踰河。古今勝負彈棋手，閒笑人間局面多。

聽到人間甯戚歌，馬周無病謝常何。江邊野艇眠依竹，日出東山催着蓑。自古或由詩入相，如公真有口懸河。山樓盡日同揮琖，花落黏罇晚更多。

衡山和李子長見懷欲過江門

新詩把讀大開懷，久病諸生擬到崖。身上綠蓑都舞破，雨中黄葉忽飛來。酒逢菊日何人送，月照柴關每夜開。廬阜歸來見束髮，華陽巾好爲君裁。

再次韻答子長

懷極開懷是惱懷，捉君手拍到天崖。杖挑南極星隨去，人到西山鳳不來。久坐或聞仙馭過，登高時見洞門開。誰知山石書題遍，笑倩何人爲總裁！

次韻鄒汝愚陽江道中見寄

幾番形跡落堪輿，我亦人間一腐儒。遺我數篇風格別，思君一夜鬢毛疏。未知滿眼誰能恕，可復窮鄉自作孤。十二窩中春自在，打乖正坐不堯夫。

弔鄒汝愚謫石城

江月無光江水寒，角聲杳杳夜漫漫。孤兒歲月初離乳，夫子風流儘蓋棺。身後豈知名可貴，世間長苦路行難。鴟夷不亂當年計，還得雲門枕上看。

弱女孤兒哭作團，歸槎渺渺倩誰看。乾坤敬士此邦伯，生死交情非長官。遠陌不堪窮望眼，寸腸何直百憂端。欲陳薄奠無由致，園橘山蔬領一盤。

清明前三日，有懷亡友伍光宇無子

先生英骨葬蓬萊，幽思憑高不易裁。荒歲無窮春易老，清明將近雨還來。皇天自失包胥定，泉壤誰興伯道哀。尋樂齋前數株樹，月明空有鶴飛回。

代簡答府主伍大夫爲莆田林侍御求草書

閉門一病九十日，小草大草生荒蕪。山癯須愛老狂客，府主正逢賢大夫。蘗裏君臣眠處有，墨池風雨坐來無。禿管已馳林侍御，如今雪繭不還莆。

寄景星海上

姤花暝雨迷千里，隔水殘紅墮幾車。夢破三更子規鳥，香來一樹木犀花。病夫老去頭如鶴，稚子春來髮似鴉。海曲傳詩意無盡，更期何處問丹砂。

陳庸被盜，張詡有詩唁之，因次其韻

三尺龍泉八尺身，書生膽氣欲驚人。亦遣偷兒知我輩，還將直道是斯民。風連蜀魄東方曉，雨洗荼蘼昨夜春。白舫望君心若渴，清川照我髮如銀。

寄高知縣

下疑河岳上星辰，何處勾連得此身？天子未旌强項令〔二〕，督郵多見折腰人。青天白日孤城曉，碧柳黃鸝萬井春。澗底菖蒲真未有，堪君服食更通神。

〔二〕「天子」，高簡本、蕭世延本作「天上」。

次韻林先生潮連館中見寄

煙村渺渺樹成行，社屋三間是講堂。竹葉林中堪送老，菊花籬下又逢霜。膳夫問煮魴魚美，田舍邀嘗早稻香。入社撚鬚誰最數，共尋佳句答年光。

祖母年高令伯歸，白雲丹陛共霑衣。小臣去國身多病，聖主留心日萬幾。一飯未能忘補報，百年終是懶依違。白頭恐負垂髫志，記得城西就館時。

偶憶夢中長鬚道士用一囊貯羅浮山遺予，戲作示范規

九節之笻手所持，兩年衰病負幽期。香爐瀑布還匡阜，碧水丹山自武夷。雞犬幾時同馭氣，雲霄無日不支頤。可憐一覺羅浮夢，不記長鬚道士誰。

太子少保誠菴朱公歸葬郴陽，適會憲長陶公遣生員陳諫偕景暘往祭其墓，遂併以公意作詩贈之

銘旌前日別金臺，故吏門生安在哉！黄葉孤村荆桂老，青山連騎越香來。人思舊德聞吹笛，鳥避新阡下啄苔。欲了平生功德狀，到時須打墓碑回。

黄金誰問買端溪，羊祜殘碑我解題。一飯可忘公吐握，千秋遺愛廣東西。寒瀧急雨飛濤惡，夜峽啼猿哭月低。不爲高堂兼卧病，天涯絜酒肯教攜？

次韻吾縣博見寄

黄菊開時霜滿林，山風吹冷薜蘿襟。肯忘沂水歸時詠，也到廬山酒處尋。自得不須言有命，太虚元只是無心。白頭不作人間夢，一笑江門契亦深。

封博羅何孝子廬墓詩卷

春夏誰開發育功，直憑天地閉秋冬。三緘欲了西涯意，諸作還經老手封。活水有源終到海，遊絲無力祇隨風。肯將吾道千年計，跳入羅浮四百峯。

重約馬默齋外海看山

春風擬進赤泥舟，曾約看山此共遊。落蕊忽過三月半，先生能復一來不？不堪老我痴猶在，且喜嬌兒病已瘳。想得渡頭楊柳樹，清陰閒弄釣魚舟。

代簡答黄大理仲昭

先生面目入中年，海曲丹青不遣傳。尺簡豈堪頻問訊，兩京還説舊因緣。餘生可試屠龍技，畢嫁纔消鬻犬錢。九曲棹歌君莫唱，千秋誰和武夷仙。

輓袁侍御

山齋秉燭話同遊，十九年中酒一甌。赤縣敢辭烏府召，江湖先有廟堂憂。諸公不意晨星少，百計猶須晚境休。何處龍川子規鳥，爲君啼恨五更頭。

晚酌示藏用諸友

何處氤氳到此溪，香林高樹望中迷。瘦藤拄月秋山遠，破褐隨風晚袖低。廬阜亦開新洞府，玉臺還是古招提。黄柑白酒誰賓主，不放今朝醉似泥。

四人把手過龍溪，一路梅花了不迷。滄海月明三島近，白龍天迥衆山低。客攜卷子抄詩草，兒上松枝掛酒提。盡日醉眠崖石上，莓苔茵厚不沾泥。

東溪牽犬過西溪，短屐衝煙步步迷。秋竹苔深人語静，古壇松冷鶴巢低。山花折去空盈把，春酒沽來不滿提。笑把長竿弄江月，草間郭索尚蟠泥。

屋上青山屋下溪，溪山何處使人迷。巖頭老樹排風正，門外垂楊拂浪低。東渚曉煙縈舴艋，西山夜雨落菩提。涓涓卻笑三江水，未洗嚴光脚板泥。

漁翁向夜宿何溪，月色蘆花到處迷。蓬背風吹黄葉過，船頭浪捲雪山低。晚來竿綫殊堪弄，老去干戈不著提。自有平生煙水分，何曾軒冕視塗泥。

丹青不寫武陵溪，只記桃花也著迷。芳草獨行山路僻，白雲相送洞門低。笑呼竹笠前頭拜，交付詩囊右手提。風月滿山關不住，他時須用一丸泥。

得賀黄門克恭書

一封初展制中書，萬里遼天見起居。何處江山還着我，斯文今古正關渠。傷心入夜思賢母，老眼當年識鳳雛。濂洛諸公傳不遠，風流衣鉢共團蒲。

疊前韻，寄乃子諮 看未發前氣象，卻于初學有力。

耳目無交不展書，此身如在太清居。雪消爐焰冰消日，月到天心水到渠。一一園花都傍暖，飛飛江燕未將雛。好春好伴須行樂，東起松根七尺蒲。

何宗濂書來，推許太過，復以是詩

後來鄉里不如前，五百乾坤浪數年。何地可扳文獻駕〔一〕，平生願執菊坡鞭。泰山北斗諸公地，明月清風病叟天〔二〕。竊比聖門吾豈敢，汗顔牎下讀來箋。

題兩山居山圖，爲新淦李文光大賈

盤谷不知何處山，君家真是兩山環。萬杯春覆酒遺老〔三〕，一枕日高天與閒。水墨殘巾藏措大，江湖前夢説邯鄲。披圖一笑逢摩詰，北泬南垞欲往還。

次韻羅冕

高笠短蓑吾不疑，白頭真結兩生知。天生男子非無事，公是閒人莫廢詩。十月酒多留客久，千峯月朗閉關遲。夜深自弄江門篴，驚起前灣白鷺飛。

〔一〕「扳」，《詩近稿》、蕭世延本作「攀」。此處，「扳」同「攀」。
〔二〕「明月」，《詩近稿》、蕭世延本作「朗月」。
〔三〕「覆」，《詩近稿》作「復」。

次韻顧通府擬歸索和章

山居還有事權無，童子朝朝告水符。我得此生真得矣，公知人懶不知乎？一春花鳥篇章廢，萬里雲霄羽翼孤。惟有白龍池上月，夜深來伴老樵夫。

次韻吳獻臣明府

白雲流出一溪閒，照見人間笑笑顔。年少不妨投筆早，路危須信着鞭難。乾坤許我具隻眼，名利真誰破兩關。千古伏波如白日，等閒猶謗載珠還。

送羅服周解館

戀戀江門愧爾曹，不離酒處見揮毫。等閒歲月抛鉛槧，不賣聲名到桔槔。幾個兒童供白髮，一年燈火伴青袍。看花肯續春來約，莫待黄鸝辭碧梢。

次韻顧別駕江門夜泊

雲卷晴波千里白，帆收落日半江明。遥看煙際樓臺迥，不受人間鼓角驚。碧玉偶逢須着眼，黃花已過更揮觥。眼中別駕如君少〔一〕，傾倒尊前接後生。

和景孚遊山

樹底樵歌鳥欲飛，澗邊苔色上人衣〔二〕。碧雲洞杳春蘿合，紫蕨山深舊路微。問我行藏今老大，伴人遊走只童兒。采芳莫道無年少，領得濃香滿袖歸。

青雲偶共白雲飛，白雲閒映山人衣。一路風光春淡泊，隔林煙靄晝霏微。江山到我無前輩，造物磨人是小兒〔三〕。花下一壺休瀉盡，明朝留得送春歸。

次韻顧別駕奉寄彭司寇 有序

別駕顧勉菴聞司寇彭從吾先生得請致仕還莆，賦近體詩二章賀之。謂僕受知於先生者，不可無言。既示之詩，尋又以簡來促。因述所聞，附其韻爲和答之歌，非所欲聞於司寇者也。

〔一〕「君」，《詩近稿》作「公」。
〔二〕「苔色」，《詩近稿》作「苔草」。
〔三〕「造物」，《詩近稿》作「造化」。

二疏誰參漢大夫，都門今賣送歸圖。豈無經濟酬當宁，已道頭顱非故吾。自古功名關寵辱，幾人廊廟不江湖。木蘭之水清無恙，以配先生不可乎！

八年春，部書復至，顧別駕以兩司之命來勸駕，用舊寫懷韻賦詩見示，答之

恰恰啼鶯初變樹，翩翩官騎忽穿雲。盃觴花底香迎客，鼓笛樓前鬧送君。老態一時都共見，公歌三疊敢相聞。白頭空有丹心在，北望天遥感戀勤。

次韻王樂用僉憲見寄

七十餘年未覺新，耽眠猶是向來人。春杯斟盡啼鶯外，晚笛吹殘釣渚濱。人世謹防開眼錯，此懷得恐到頭真。青山果是無心出，何處眠窩共卜鄰。

靜軒，次韻莊定山

崆峒道士出山頻，還入崆峒作主人。當說夢時都是夢，未逢真處更求真。團蒲坐破千峯月，信手推開六合塵。無極老翁無慾教，一番拈動一番新。

次韻沈督府見寄

誰是朱陵洞裏人，世間此畫合描真。一瓢未醉山中聖，七字先傳筆下神。青玉有期看我老，紫芝無語爲誰春。還公一岳一萬丈，半點飛雲是近鄰。

不住東南四百峯，鐵橋山淺笑迷蹤。喜聞世外無塵地，來伴巖頭掛月松。藥鼎便分煨芋火，道人元是賣薑翁。先生數上衡山頂，紫蓋峯前望白龍。

聞緝熙授平湖掌教 書中有改稿，今兩存之。

偶從道路得行藏，南北音書又一鄉。溟海心情真自遠，平湖風月可誰將？山中舊坐香根老，耳畔新聲木鐸長。衰病未知何日起，扶留膓下正抄方。

寄李九淵

黄花開盡不持醪，更對黄花讀《楚騷》。江閣影流西日轉，海鴻聲引北風高。大寒天地猶堪出，垂老筋骸總厭勞。嗟我與君同甲子，鏡中誰讓長霜毛。

次韻張侍御見寄

赤松黄石皆留侯，回首丹丘是故丘。明月波間休擊楫，白蘋洲上有眠鷗。誰家風雨花無恙，萬古江河水自流。百尺樓中朝引望，望中去馬更來牛。

次韻張叔亨侍御宿別

春草江門緑兩涯，隔江人唱浪淘沙。好春剛到融融處，細雨初開淡淡花。僻地豈堪留客久，連牀端合拜君嘉。明朝愛得酕醄別，笑脱藤蓑付酒家。

輓黎雪青

詩草人收味月亭，先生何處獨登瀛？山雲日映新墳白，齋榜空懸舊雪青。到了有生還似寄，尋思是夢不如醒。衹應更坐蒲團破，讀盡琅函幾部經。

劉進盛書來勸著述，用舊韻答之

一入商量便作疑，可堪垂老更求知。追陪水月惟須酒，管勾風光卻要詩。孟子生憂傳道廢，仲尼不怕著書遲。青天試問東南上〔一〕，何處凌空拄杖飛？

楊敷别後有懷

江門春雨送歸槎，破帽排風落晚沙。向暖野鶯猶戀樹，感春遊子未還家。山瓶免續沽來酒，草閣空殘别後花。明日越王臺上望，白龍何處杳飛霞。

贈趙日新還潮州

千里徵文到此堂，東風歸棹夜相將。雨餘帽頂天如洗，花落船頭水亦香〔二〕。考德每勞依講席〔三〕，臨流親爲瀉椒漿。潮人共守文公教，趙德文章獨擅場。

次韻劉程鄉至白沙

七月紫蘭開我家，是誰醉插滿頭花。千峯有客同文酒，三日無錢落畫叉。製錦手將龍補

〔一〕「試問」，《詩近稿》、蕭世延本作「試望」。
〔二〕「船頭」，《詩近稿》作「船旁」。
〔三〕「依」，原作「休」，據蕭世延本改。

衮，釣魚船載月横沙。人生出處各有意，敢向秋江問去車。

元日有懷楊榮夫，示陳東淵

今年酒不對榮夫，來歲東淵對我無？人結靜緣依嶺屋，日浮春色上桃符。哀鴻叫月今何向，野鶴穿雲不受呼。老得身閒須愛惜，蚤馳虚譽費支吾。

代簡答林蒙菴先生

空山歲晚未逢君，天許窮交只白雲。賢聖中庸非我夢，東南風月可誰分。浪求去馬真堪笑，欲報來鴻未有因。千古遺篇都剩語，晚生何敢復云云。蒙庵問所著書。

次韻興化王太守，諸公會飲顧通府宅，見憶白沙聯句

兀兀騰騰且白沙，鐵橋歲晚未移家。子規枕上無人喚，枳殼江邊有酒賒〔二〕。萬物有成寧免壞，百年無喜復何嗟？漁翁欲語滄溟外，安得諸公共釣槎？

〔二〕「子規枕上無人喚，枳殼江邊有酒賒」，《詩近稿》作「不求地僻無人到，也愛居旁有酒賒」。

次韻顧通守

到處能開觀物眼，平生不欠洗愁杯。牕前草色煙凝緑，門外波光月蕩開。歌放霓裳仙李白，醉空世界酒如來。春山幾幅無人畫，紫翠重重疊晚臺。

張生以詩來謁，次其韻答之

閒坐蒲團幾個穿，晚留一影畫魚船。日長睡榻千峯裏，春近柴門五柳邊。在處雲山皆我樂〔二〕，後來衣鉢是誰傳。諸生莫有登瀛步〔三〕，愛結而今病鶴緣。

七言排律

王僉憲問一謾述

客來問我一如何，碧玉高樓夜夜歌。廬阜一壺開我酒，江門八尺贈人蓑。杏壇多士無顏

〔二〕「雲山」，《詩近稿》作「山雲」。

〔三〕「登瀛步」，《詩近稿》作「瀛洲步」。

子，洛下遺書病首科。且就玉衡觀轉運，那曾珠斗見森羅？古來相遇難如此，無怪人間説夢多。

南海祠下短述

虎門千頃雪翻騰，中有長鯨鼓鬣行。看弄漁舟移白日，欲抛塵土住滄溟。江西不得誇彭蠡，李白何須醉洞庭。天際有山皆古色，水邊無處不秋聲〔二〕。一春桃李風吹盡，萬里乾坤雨洗青〔三〕。畫舫乘空書卷白，晴霞映水布衣明。不辭海上兒童識，亦有祠前老樹精。歲歲放歌來此地，晚年偏喜不簪纓。

〔二〕「無處」，高簡本、蕭世延本作「無樹」。
〔三〕「青」，高簡本、蕭世延本作「清」。

白沙先生文編卷之三

澄海唐伯元　編次
廣安姜　召
休寧范　淶
孟津王　价
温陵郭惟賢
婺源汪應蛟　校梓

論

六論命意宏深，多發儒先所未發，其詞篇亦一洗今古文人蹊徑，乃真文字也。

仁術

學在求仁，然必以自然爲宗，不則是意之也。憂深慮遠。

天道至無心，比其著於兩間者，千怪萬狀，不復有可及，至巧矣，然皆一元之所爲；聖道至無意，比其形於功業者，神妙莫測，不復有可加，亦至巧矣，然皆一心之所致。心乎，其此一元之所舍乎！昔周公扶王室者也，桓文亦扶王室也。然周公身致太平、延被後世，桓文戰爭不息、禍藏于身者，桓文用意，周公用心也。是則至拙莫如意，而至巧者莫踰于心矣。【旁批】以扶王室比扶吾道，此是本意。奈何世儒之主張斯道者太勞也？毋乃借仁術以行其爲名之私乎！孟氏學聖人也。齊王不忍見一牛之死，不有孟氏，不知其巧也。蓋齊王之心，即聖人之心，聖人知是心之不可害，故設禮以預養之，以爲見其生而遂見其死，聞其聲而遂食其肉，則害是心莫甚焉，故遠庖廚也。夫庖廚之禮至重，不可廢；此心之仁至大，不可戕。君子有是心〔一〕，因制是禮，則二者兩全矣，巧莫過焉。齊王之心一發契乎禮，齊王非熟乎禮也，心之巧同也。聖人誅民害而迸之四裔，四裔之民奚罪焉？亦曰：戮之則傷仁，存之則遺害。故聖人之仁有權焉，使之遠禦魑魅，則害去而惡亦不得施矣。夫人情之欲在于生，聖人即與之生；人情之惡在于死，聖人不與之死。惡衆人所惡也。聖人即迸除裔夷，惡難施也。聖人以投惡，聖人一舉而迭中。聖人未嘗巧也，此心之仁自巧也，而聖人用之。故天下有意于巧者，皆不得厠其間矣。周公一《金縢》大發寤時主，以後世事觀，至巧矣。周公豈有意耶？亦任心耳。近代儒者盛宗一體之説以號天下，反疑先生引進後學頗少惓惓，不知其自落用意耳。

〔一〕「君子有是心」，高簡本作「君子因是心」。

安土敦乎仁 聖賢樂中有至憂，正是敦仁。世儒尋常説樂，豈識孔顔心事？

《易·上繫》曰：「安土敦乎仁。」予曰：「寓于此、樂于此、身于此、聚精會神于此而不容惑忽，是謂之曰『君子安土敦乎仁也』。」比觀《泰》之《序卦》曰「履而泰，然后安」，又曰「履得其所則舒泰，泰則安矣」，是泰而后可安也。夫泰，通也。泰然后安者，通于此，然后安于此也。然九二曰「包荒，用馮河」，是何方泰而憂念即興也？九三曰「艱貞无咎」，則君子於是時愈益恐恐然如禍之至矣。是則君子之安于其所，豈直泰然而無所事哉？蓋將兢兢業業，惟恐一息之或間，一念之或差，而不敢以自暇矣。有於予心符。或曰：「君子不已勞乎？」應曰：「乾之象曰『天行健』，天之循環不息者，健而已。君子執虛如執盈，入虛如有人，未嘗少懈者，剛而已。天豈勞哉？君子何爲不暇乎？」章文懿曾與人書，疑先生樂趣，殆未考此。

無後 即作俑論。果如此，則孟子只斷章取義矣。二説皆通，而此意似更正大。

君子一心，足以開萬世；小人百惑，足以喪邦家。何者？心存與不存也。夫此心存則一，一則誠；不存則惑，惑則僞。所以開萬世、喪邦家者不在多，誠僞之間而足耳。夫天地之大，萬物之富，何以爲之也？一誠所爲也。蓋有此誠斯有此物，則有此物必有此誠，則誠在人何所？

具於一心耳。心之所有者此誠，而爲天地者此誠也。天地之大，此誠且可爲，而君子存之，則何萬世之不足開哉？作俑之人，既惑而喪其誠矣。夫既無其誠，而何以有後耶？【旁批】不誠之戒，其嚴如此。世之求聞者，可以懼矣。

論前輩言銖視軒冕塵視金玉

上 此篇言銖軒冕、塵金玉未足以形容斯道之大。

道至大，天地亦至大，天地與道若可相侔矣。然以天地而視道，則道爲天地之本；以道視天地，則天地者，太倉之一粟、滄海之一勺耳，曾足與道侔哉？天地之大，不得與道侔，故至大者道而已，而君子得之。一身之微，其所得者富貴、貧賤、【旁批】此處疑有錯落。死生、禍福，曾足以爲君子所得乎？君子之所得者有如此，則天地之始吾之始也，而吾之道無所增；天地之終吾之終也，而吾之道無所損。天地之大，且不我逃，而我不增損，則舉天地間物既歸於我，而不足增損於我矣。天下之物盡在我而不足以增損我，故卒然遇之而不驚，無故失之而不介。舜禹之有天下而不與，烈風雷雨而弗迷，尚何銖軒冕、塵金玉之足言哉？然非知之真、存之實者，與語此反惑，惑則徒爲狂妄耳。

中 軒冕、金玉亦道中物，輕之非道。此篇意乃前賢所未發。

天下事物，雜然前陳，事之非我所自出，物之非我所素有，卒然舉而加諸我，不屑者視之，初若與我不相涉，則厭薄之心生矣。然事必有所不能已，物必有所不能無，來於吾前矣，得謂與我不相涉耶？夫子謂「不義而富且貴，於我如浮雲」，謂薄不義也，非薄富貴也。孟子謂「舜視棄天下如敝屣」，亦謂重愛親也，非謂輕天下也。君子一心，萬理完具；事物雖多，莫非在我。此身一到，精神具隨。得，吾得而得之耳；失，吾得而失之耳。厭薄之心，胡自而生哉？巢父不能容一瓢，嚴陵不能禮漢光。此瓢、此禮，天下之理所不能無，君子之心所不能已。使二人之心果完具，亦焉得而忽之也？【旁批】點破千古事。若曰：「物，吾知其爲物耳；事，吾知其爲事耳。勉焉舉吾之身以從之，初若與我不相涉。」比之醫家，謂之不仁。昔人之言曰「銖視軒冕，塵視金玉」，是心也，君子何自得之哉？然非其人，與語此反惑，惑則累之矣。或應曰：「是非所謂君子之心也，君子之辨也。」曰：「然。然無君子之心，徒有輕重之辨，非道也。」了此，方能精義致用；不則窮大而失其居。

下 論而至此，畢竟引而不發，然其發之者至矣。

或曰：「道可狀乎？」曰：「不可。此理之妙不容言，道至於可言，則已涉乎粗迹矣。」「何以知之？」曰：「以吾知之。吾或有得焉，心得而存之，口不可得而言之。比試言之，則已非吾所存矣。故凡有得而可言，皆不足以得言。」曰：「道不可以言狀，亦可以物乎？」曰：「不可。物囿於形，道通於物，有目者不得見也。」「何以言之？」曰：「天得之爲天，地得之爲地，人得之爲人。狀之以天則遺地，狀之以地則遺人。物不足狀也。」曰：「道終不可狀歟？」曰：「有其方則可。舉一隅而括其三隅，狀道之方也；據一隅而反其三隅，按狀之術也。然狀道之方非難，按狀之術實難。人有不知彈，告之曰『彈之形如弓，而以竹爲弦』，使其知弓，則可按也。不知此道之大，告之曰『道大也，天小也，軒冕、金玉又小』，則能按而不惑者鮮矣。愚故曰道不可狀，爲難其人也。」

説

諸説詞不激切而意獨至。

素馨説

草木之精氣下發於上爲英華，率謂之花。然水陸所産，妍媸高下美惡不等，蓋萬不齊焉，而人於其中擇而愛之，凡欲其有益於事，非愛之而溺焉者也。産於此邦曰素馨者，香清而體白，郁郁盈盈，可掬可佩，貫四時而不凋，供一賞而有餘，亦花之佳者也。好事者致於予，予既愛之，遂益究其用。取花之蓓蕾者，與茗之佳者雜而貯之，又於月露之下，掇其最芬馥者置陶瓶中經宿，以俟茗飲之入焉。然則，是花之用，於人雖不若麻縷之與菽粟然，蓋亦不爲無用也。人之資於麻縷，爲其可以温也；資於菽粟，爲其可以飽也。得之則生，弗得則死。今是花也，吾取焉，姑以其能郁郁盈盈少裨於茗耳，雖不汲汲可也。不汲汲，由用之可已也。使是花之於人，如麻縷之與菽粟然，又安可已哉？【旁批】詞章猶不可少，況道德耶？可已而已，不可已而不已。引而伸之，觸類而長之，於道其庶幾乎！治國其庶幾乎！

大頭蝦説

此説見其規模宏闊處。

客問：「鄉譏不能儉以取貧者，曰『大頭蝦』；父兄憂子弟之奢靡而戒之，亦曰『大頭蝦』，何謂也？」予告之曰：「蝦有挺鬚瞪目，首大於身，集數百尾烹之而未能供一啜之羹者，名曰『大頭蝦』。甘美不足，豐乎外，餒乎中，如人之不務實者然，鄉人借是以明譏戒，義取此歟！言雖鄙俗，明理甚當。然余觀今之取貧者，亦非一端。或原於博塞，或起於鬥訟，或荒於沉湎，或奪於異好，與大頭蝦皆足以致貧。然考其用心與其行事之善惡而科其罪之輕重，大頭蝦宜從末減。譏取貧者反舍彼摘此，何耶？恒人之情，刑之則懼，不近刑則忽。博塞鬥訟，禁在法典。沉湎異好，則人之性，有嗜不嗜者，不可一概論也。大頭蝦之患，在於輕財而忘分，才子弟類有之。蓋其才高意廣，恥居人下而雅不勝俗；專事己勝，則自畋獵馳騁、賓客支酬、輿馬服食之用，侈爲美觀，以取快於目前，而不知窮之在是也。如是致貧亦十四五，孔子所謂『難乎有恒』者是也。以爲不近刑而忽之，故譏其不能自反以進於禮義教誨之道也。孳孳於貧富之消長，錙銖較之，而病其不能者曰『大頭蝦』、『大頭蝦』〔二〕，此田野細民過於爲吝而以繩人之驕，非大人之治人也。夫人之生，陰陽具焉。陽有餘而陰不足，有餘生驕，不足生吝。受氣之始，偏則爲害。有生之後，習氣乘之，驕益驕，吝益吝。驕固可罪，吝亦可鄙，驕與吝一也。不驕不吝，庶矣乎！」程子曰：「吾未見嗇于財而能爲善者。」最是克己工夫。

禽獸説

人具七尺之軀，除了此心此理，便無可貴，渾是一包膿血裹一大塊骨頭。飢能食，渴能飲；能著衣服，能行淫慾；貧賤而思富貴，富貴而貪權勢；忿而爭，憂而悲；窮則濫，樂則淫。凡百所爲，一信氣血，老死而後已，則命之曰「禽獸」可也。

〔二〕高簡本無後「大頭蝦」三字。

贊

忍字贊 文字殊佳。內「絶情」、「處逆」二語，更含蓄有味。

七情之發，惟怒爲遽。衆逆之加，惟忍爲是。絶情實難，處逆非易。當怒火炎，以忍水制。忍之又忍，愈忍愈勵〔一〕。過一百忍，爲張公藝。不亂大謀，其乃有濟。如其不忍，傾敗立至。

銘

世賴堂銘 自許意重。

恭惟我祖，渭川府君，所立殊衆。七十八年，漢陰抱甕。自是以來，我家用開。堂以世名，德音孔恢。

〔一〕「勵」，蕭世延本作「厲」，《白沙子古詩教解》亦作「厲」。見湛若水撰：《白沙子古詩教解》，收於孫通海點校：《陳獻章集》，下册，第七〇九頁。

家廟鐘銘 曲盡情文之妙。

其質重，其聲遲，其動靜有時，永以爲神之依。

序

認真子詩集序 先生之教在詩，旨正如此，前後詩人皆不敢道。

詩之工，詩之衰也。言，心之聲也。形交乎物，動乎中，喜怒生焉。於是乎形之聲，或疾或徐，或洪或微，或爲雲飛，或爲川馳。聲之不一，情之變也。率吾情盎然出之，無適不可。有意乎人之贊毁，則《子虚》《長楊》，飾巧夸富，媚人耳目，若俳優然，非詩之教也。甚矣，詩之難言也！李伯藥見王通而論詩，上陳應、劉，下述沈、謝，四聲八病，剛柔清濁，靡不畢究，而王通不答。薛收曰：「吾嘗聞夫子之論詩矣，上明三綱，下達五常，於是徵存亡，辯得失，【旁批】河汾此論，亦晉魏以來所未有。小人歌之以貢其俗，君子賦之以見其志，聖人采之以觀其變。今子之言詩，是夫子之所痛也。」南朝姑置勿論。自唐以下幾千年于兹，唐莫若李、杜，宋莫若黄、陳，其餘作者固多，率不是過。烏虖！工則工矣，其皆三百篇之遺意歟？率吾情盎然出之，不以贊毁歟？發乎天和，不求合於世歟？明三綱，達五常，徵存亡，辨得失，不爲河汾子所痛者，殆希矣。故曰：詩之工，詩之衰。夫道以天爲至，言詣乎天曰至言，人詣乎天曰至人。必有至人，能立至言。堯舜周孔至矣，下此其顔孟大儒歟！宋儒之大者，曰周、曰程、曰張、曰朱，其言具存，其發之而爲詩亦多矣。世之能詩者，近則黄、陳，遠則李、杜，未聞舍彼而取此也。學者非歟？將其所謂大儒者，工於道，不工於詩歟？將未至於詣乎天，其言固有不至歟？將其所謂聲口弗類歟？言而至者，固不必其類於世。或者又謂「詩有别材，非關書也；詩有别趣，非關理也」，則古之可與言詩者果誰歟？夫詩，小用之則小，大用之則大。可以動天地，可以感鬼神，可以和上下，可以格鳥獸；四時行焉，百物生焉；皇王帝霸之褒貶，雪月風花之品題，一而已矣，小技云乎哉？都憲朱公以其所爲詩編次成帙，題曰《認真子集》，授簡於白沙陳獻章，曰：「爲我序之。」公昔語我於蒼梧，曰：「詩非吾所長。」公豪於辭矣，而未始以爲足。「認真子」名集，公意有所屬，顧覽者未必知，而吾以是覘公之晚節也。詩雖工，不足以盡詩，而況於盡人乎？謂吾不能於詩而好爲大言，不知言者也。公名英，字時傑，郴陽人，由進士歷官中外，節用而愛人。

夕惕齋詩集後序

先生不惜言詩，而惜夫世之小用之者，故此序復申其意。莊定山稱先生詩「爲經爲訓真誰識」，是也。

受朴於天，弗鑿以人；稟和於生，弗淫以習。故七情之發，發而爲詩，雖匹夫匹婦，胸中自有全經，此風雅之淵源也。而詩家者流，矜奇眩能，迷失本真，乃至旬鍛月煉，以求知於世，尚可謂之詩乎？晉魏以降，古詩變爲近體，作者莫盛於唐，然已恨其拘聲律、工對偶，窮年卒歲，爲江山草木，雲煙魚鳥，粉飾文貌，蓋亦無補於世焉。若李、杜者雄峙其間，號稱大家，然語其至則未也。儒先君子類以小技目之，然非詩之病也。彼用之而小，此用之而大，存乎人。天道不言，四時行，百物生，焉往而非詩之妙用？會而通之，一真自如。故能樞機造化，開闔萬象，不離乎人倫日用，而見鳶飛魚躍之機。若是者，可以輔相皇極，可以左右六經而教無窮，小技云乎哉？【旁批】孰能信斯言之不我欺也？今之名能詩者，如吹竹彈絲，敲金擊石，調其宫商，高者爲霓裳羽衣、白雪陽春，稱寡和，雖非《韶》《護》之正，亦足動人之聽聞，是亦詩也，吾敢置不足於人哉？少參任君涖吾省，間過白沙，攜其先公詩集，求一言於卷末，予故以詩道略陳之。若夫先公吟詠之情，具在集中，覽者當自得云。

望雲圖詩序

意所嚮往處，非乘雲馭風〔一〕，身不可得而至；窮之乎山川，委之乎官守，曠之乎歲月，當食食忘，當寢寢廢，一有感乎外而動乎中，終日視而目不瞬。以言乎化，外不化而内化；以言乎情，則哀而不傷。【旁批】非仁人孝子不能道。至矣乎，非子之於親，則臣之於君，過而不過，其狄梁公歟！梁公仕唐在武后朝，以一身繫唐宗社之重，扶陽抑陰，光復唐祚，事載簡册，昭若日星。夫梁公可謂有大功於唐矣。賢者識其心，自望雲一念中來，故曰「求忠臣必於孝子之門」。今王公少孤，事母夫人以孝聞，稱於藩臬諸公者無異辭。公山西人也，奉命來南海幾年，念太夫人春秋高，不得左右朝夕侍以爲憂。與人言，輒流涕嗚咽而不自勝。先公之逝，公方委齒，已能慟絶復蘇。蓋公之孝自天性，非出勉慕乎外〔二〕。於是，諸公命工繪《望雲思親圖》以表之，復相與賦詩，道其事於古岡病夫陳某，俾序之。頃者，公乘廣海之舟，道經新會，吏民親公如親賢大夫，忘乎公之爲貴也。時情俗態，好佞諛而樂承奉，皆是也，公一濯之清風，而民稱其不擾。夫以今日之

〔一〕「馭」，高簡本作「御」。

〔二〕「出」，高簡本、蕭世延本作「由」。

所聞徵諸古，若梁公之事，然後識其中之所存。苟無是心，有文章足以收譽於衆口，有功業足以耀榮於一時，有名節足以警動乎流俗，皆僞而已，豈能久而不變哉？【旁批】觀此，則近代殉名之士盡廢，而先生之所養可知。夫孝，百行之源也，通于神明，光于四海。堯舜，大聖也，孟子稱之，曰「孝弟而已矣」。故君子莫大乎愛親。嘗取李令伯《陳情表》讀之，有不感咽流涕，廢書以歎者乎？烏虖！令伯之《表》，太行之雲也，斯圖也若之何？使王公見之，慰其憂，增其憂，殆非所以處王公也。雖然，君與親一也。在親爲親，在君爲君，世寧有篤於親而遺其君者乎？圖而賦之，以表公之孝，以勸公之忠，而又以公之能愧人之不能。振頽風，扶世教，固有位者之事，諸公豈無意乎？覽者當自得。弘治辛亥冬十二月。

贈李劉二生使還江右詩序 先生不應聘之意，宜未易言。

匡廬，白鹿之故址，自宋考亭朱晦翁一嘗作新之後，遂無聞焉。我朝文教誕敷，鄉先輩翟公守南康日，始圖創復舊觀，潮陽李先生【旁批】名齡。繼之，白鹿書院之名復聞於天下。成化十七年，江西按察使恥菴陳先生乃謀于提「督」學校憲副鍾公〔一〕、僉事泠菴陳公、大參祁公，慨然以作

〔一〕「督」字原無，據高簡本、蕭世延本補。

新斯文爲己任。謂余於考亭之學亦私淑諸人者，宜領教事，乃具書幣，告於巡鎮，遣二生李士達、劉希孟如白沙以請。同時司藩臬諸賢咸與聞之，外則東白張先生、廣東大方伯彭公、按察使閔公、吉水袁德純各以書遺予。雲輝日映，交迸衡宇。二生以諸公之命命予，予覽幣而驚，置書而走，走且告曰：「二生莫誤。諸公欲興白鹿之教，復考亭之舊，必求能爲考亭之學者，夫然後可以稱諸公之任使。乃下謀於予，是何異借聽於聾、求視於盲也？予聞之：君子之使人也，由其誠，不强其所不能。諸公即居予於廬山，予所能也；居廬山以奉諸公之教，非予所能也。二生其審諸。」於是，邑中聞有諸侯之使，自邑令佐以下至士庶耆老，源源而來，靡不觀感。李生丰姿秀發，言論是非不苟雷同；劉生貌恭而言慎，確有據守，俱稱爲東白門人也。予甚愛之，留且彌月矣。二生以諸公之命久不復，辭去。予既返諸公幣，復爲詩別之，所以致區區於二生，而申景仰於廬山也。是日憲副陶公過白沙，邑長丁侯、鄉諸士友各賦詩以贈。帙成，俾予序之。

奉餞方伯張公詩序〔一〕

真古人贈處之義。不則可以無言。

昔魏野送寇忠愍之詩云：「好去上天辭富貴，歸來平地作神仙。」當是時，寇公自永興召入，

〔一〕「奉餞」，蕭世延本作「奉贈」。

其志方鋭於事爲，野遽止之，故寇公不悦。後來通州，始書此詩於壁間，朝夕諷詠之。論者以是善野之言，而以寇公之始終爲可議。夫君子出處去就之義，固未可盡責之寇公輩。而山人處士例以不出爲高，故其所責望於人，亦止以輕富貴爲第一等事，則野之於寇公，其相與之言如此，亦宜。方伯張公不以僕愚，往往欲置之門下。近者，疊紙責以贈言。僕何敢爲佞？誠慕古人出處之大，不敢徇一己之私，主一偏之見，以必人之從我而忘天下，故區區之辭，惟以己與公進退並言之，而不敢效尤於野之必。其義可否，公請自擇。胡文定公平生出處未嘗謀於朋友〔二〕，如人飲水，冷暖自知，惟公裁焉。其辭曰：去夢勞精爽，投書阻歲年。壯遊眇車蓋，虛卧老江煙。公德清南服，帝心簡時賢。神仙休囑付，卿相待回旋。知張難忘情于仕進也。

澹齋先生挽詩序 三讀其文，令人有欲訥言之意。

昔人求哀辭於林希，希謝之書，有曰：「君子無苟於人，患其非情也。」夫感而哀之，所謂情也。情之發而爲辭，辭之所不能已者，凡以其哀爲之也〔三〕。苟無其哀矣，則又惡以辭爲哉？此

〔二〕「胡文定公」，蕭世延本作「胡文定云」。
〔三〕「其」字，高簡本無。

之謂不苟於人也。余頃居京師二年，間從貴公卿游，入其室，見新故卷册滿案，其端皆書謁者之辭，就而閱之，凡以其親故求挽詩者十恒八九，而莫不與也，一或拒之，則艴然矣。懼其艴然而且爲怨也，而强與之，豈情也哉？噫！習俗之移人一至於此，亦可歎也。天下之僞，其自兹可憂矣。【旁批】豈知今日之甚如此。澹齋先生姓某氏，名某，秫坡黎先生門人也。吾鄉稱先達，以文行教後進，百餘年間，黎秫坡一人而已。秫坡與余連里第，余之生也後，不及侍其門。弱冠，與澹齋之子益游，始拜澹齋，誨予以秫坡事縷縷，此豈一日忘其師者耶？當是時，秫坡之門存者不少，獨澹齋以其學教授於羅山之下，子弟有所矜式焉。夫不背其師於既死，而傳其學於來世，信也；愛其子以及其友，仁也；益之子執饋於我，雲也今爲梁氏甥，戚也。藉是三者，其死也，能無哀乎？哀而後爲之詩，詩之發率情爲之，是亦不可苟也已，不可僞也已。【旁批】大家。類韓。

李文溪文集序

予嘗語李德孚曰：「士從事於學，功深力到，華落實存，乃浩然自得，則不知天地之爲大、死生之爲變，而况於富貴貧賤、功利得喪、詘信予奪之間哉！」今觀其先世文溪先生遺稿，初涉其流，渺茫汪洋，若江河之奔駛，而又好爲生語，險怪百出，讀者往往驚絶，至或不能以句，以謂文溪直文耳。徐考其實，則見其重内輕外，難進而易退，蹈義如弗及，畏利若懦夫，卓乎有以自立，不以物喜，不以己悲，蓋亦庶幾乎吾所謂浩然而自得者矣。【旁批】文文山集中甚慕其人，見《跋曾子美萬言書》。然後置書以歎曰：「嗟乎！此文溪所以爲文也。」亟讀而亟思之，執卷務盡，乃至目倦神疲，欠伸欲起，輒回顧，屑屑焉不忍舍也。夫因言以求其心，考跡以觀其用，故人之深淺畢見。愚不敢自謂有得於文溪之藴，顧平昔所以告德孚者，乃區區願學而未能忽焉。親諸簡册之中，粗若冥會，雖不盡解其説，要其歸與此異者蓋寡矣。則以之而嗟歎慕悦，尚奚疑哉？傳曰「生乎百世之上，百世之下聞者莫不興起」，此之謂也。德孚念先緒之落落，遺稿僅存，復多訛缺，乃深自懼恧，悉訪諸族之人，得舊所刊本與所謄本參校，闕其所疑，刻之家塾，命胤子昭董其事，而俾予爲序之。於乎！自予爲兒時，已聞文溪名而喜；少長，益嚮慕，而獨恨未識其心胸氣象爲何如。比歲，京師獲交德孚，亦嘗一閱其世譜，今幸寓目於先生之文，而知富貴果不足慕，貧賤果不足羞，功利得喪、屈信予奪一切果不足爲累；天地之爲大，死生之爲變，自得者果不可得知，而奮乎百世之上，興起百世之下，孟軻氏果不予誣，其所恃者，蓋有在也。故士必志道，然後足以語此。德孚好學，老當益壯。昭也，尚亦有激於予之斯言也乎！考：李文溪，崔清獻門人，名昴英，謚忠簡，官至龍圖閣待制、尚書，及轉端明殿學士，不拜，疏乞歸。有《文溪集》行于世。觀先生《紀夢》詩曰：「《宋史》記中堪列傳，菊坡門下豈無人？」詳見湛文簡《祠像記》。

送李山人詩序 言外意甚高，而文字亦自奇古。

成化辛卯春，永豐人李立武挾風水之術過白沙訪余。一日，以其術相地於蓬萊館，指其上土渦謂余曰：「仰天湖也。」余不能識其然否。西北歷崑崙之麓，出入十二郝，環以青山，蒙以白雲，余於是俯仰樂甚。李君既四顧無所得，復歎仰天湖之勝，以爲奇絶。余於李君，蓋各適其適也。作詩以貽之。夏四月七日，某識。

送容一之如永豐詩序 容之行有關風教，故可書。

縣主丁侯景仰一峯羅先生，於既歿，乃以學生容貫充弔祭使如永豐，而歸其賻於先生之子清極。貫云：「當自永豐東走金陵，謁木齋莊先生於江浦，然後歸。」一念懷賢，無間存歿，可壯也，歌以送之。歌曰：還從江北話江西，謁墓人來見木齋。長江亦是東湖水，何處吟風弄月臺？今朝何事又離羣，南北東西一片雲。如此行藏都未定，老夫扶病欲隨君。

東圃詩序 山林之趣亦喜道之，不獨爲其子也。

南海范規從予遊，嘗聞規之父東圃翁朴茂，於人無怨惡，【旁批】道人之賢，如此亦足矣。早歲出入江湖，既倦而歸，圃於胥江之滸、花山之陰〔一〕，因寄號曰東圃。東圃方十畝，沼其中，架草屋三間，傍植花卉、名木、蔬果。翁寄傲于兹，或荷丈人蓧，或抱漢陰甕，興至便投竿弄水，擊壤而歌。四時之花，丹者擢，白者吐。或飲露而湌英，或尋芳而索笑。科頭箕踞樫陰竹影之下，徜徉獨酌。目諸孫上樹取果實，嬉戲笑語以爲適。醉則曲肱而卧，藉之以緑草，洒之以清風。寤寐所爲，不離乎山雲水月，大抵皆可樂之事也。規别白沙去遊曹溪洞，不相見數年矣。一日復來，與規語，如聞陳子昂、李太白賦感遇詩，一喜一愕，規亦奇矣哉！比歸，以東圃詩爲請，且曰：「無以娱親故也。」予樂聞東圃翁爲人，而憐規之志，不可違也，賦排律十韻以贈之。東圃名真，字則未聞也。詩曰：一老胥江卧，瀕江一圃開。林春煙淡泊，地暝月徘徊。盡日扃茆宇，殘年寄酒杯。山蹊人不到，庭竹鳳飛來。静得丘園樂，清無市井埃。雲封朝几白，風入夜絃哀。細雨攜鉏去，輕筇看藥回。江山吾晚暮，梨栗爾嬰孩。天上羣龍遠，花前獨鶴陪。誰爲求仲侶，心蹟總悠哉。

雜詩序 此見詩教。

余自成化辛卯秋九月以來，絶不作詩，值興動輒遏之。至今年夏四月，余病小愈，扶杖出

〔一〕「胥江」，高簡本作「西江」。

門，俯仰上下，欣慨于心。師友代凋，知己悠邈，殆亦不可爲懷。反乎中堂，童子絃歌，蹶然厥中，情危境逼，因緣成聲，積旬所爲，凡得詩若干。此外，又有《聞蛙》《聞杜鵑》《示跛奴》《詰李翁奴》《送西賓》等〔二〕，通若干詩。微覺曠日，既反于故戒，晦日取閲之，皆誠意所發，辭不虚假。序而藏之，用示兒子。

【旁批】只此是學。

道學傳序

自炎漢迄今，文字記録著述之繁，積數百千年於天下，至於汗牛充棟猶未已也。許文正語人曰：「也須焚書一遭。」此暴秦之迹，文正不諱言之，果何謂哉？廣東左方伯陳公取元所修《宋史》列傳中「道學」一編鏤板，與同志者共之。《宋史》之行於天下，有全書矣，公復於此留意焉。噫！我知之矣。孔子曰：「十室之邑，必有忠信如丘者焉，不如丘之好學也。」後世由聖門以學者衆矣，語忠信如聖人，鮮能之，何其與夫子之言異也？夫子之學，非後世人所謂學。後之學者，記誦而已耳，詞章而已耳。天之所以與我者，固懵然莫知也。夫何故？載籍多而功不專，耳目亂而知不明，宜君子之憂之也。是故秦火可罪也，君子不諱，非與秦也，蓋有不得已焉。夫子

〔二〕「送西賓」，高簡本、蕭世延本作「送西賓筆」。

没，微言絶。更千五百年，濂洛諸儒繼起，得不傳之學於遺經，更相講習而傳之，載於此編者備矣，雖與天壤共弊可也。抑吾聞之：「六經，夫子之書也。學者徒誦其言而忘味，六經一糟粕耳，猶未免於玩物喪志。」【旁批】如此説卻甚斟酌，提醒學者有功。今是編也，采諸儒行事之迹與其論著之言，學者苟不但求之書而求諸吾心，察於動静有無之機，致養其在我者而勿以聞見亂之，去耳目支離之用，全虚圓不測之神，一開卷盡得之矣。非得之書也，得自我者也。蓋以我而觀書，隨處得益；【旁批】先生所從入，原是如此。以書博我，則釋卷而茫然。此野人所欲獻於公與四方同志者之芹曝也。承公命爲序，故及之。公名選，字士賢，浙之臨海人。先公勿齋先生宰新城，遺愛在民。公稱其家學云。成化二十一年乙巳閏四月，翰林檢討古岡病夫陳獻章公甫書。

東曉序　處士多易肆志，則難與言學矣，故先生之序以規。

居之有名，惡乎始？君子之居也，興於斯，息於斯，目之所視，心之所隨，苟無所事乎畏，則怠而入於忘。其主於畏乎！何氏子隱南海之濱，更名潛，榜其居曰東曉。蓋亦以其識見之超卓能及於微遠，如陽氣始舒，昭晰無間，故以其象諭之云耳。時乎見，則見矣；宜潛而見，過也，則有畏。潛惡乎畏而取於是，故直以爲喻己？然予謂潛之畏，不終無也。暘谷始旦，萬物畢見，而居於蔀屋之下，亭午不知也。忽然夜半起，振衣於四千丈羅浮之岡，引盻於扶木之區，赤光在海底，皦如晝日，仰見羣星，不知其爲夜半。此無他，有蔽則闇，無蔽則明。所處之地不同，所遇隨以變，況人易於蔽者乎？耳之蔽聲，目之蔽色，蔽口鼻以臭味，蔽四肢以安佚。一掬之力，不勝羣蔽，則其去禽獸不遠矣，於此得不甚恐而畏乎？知其蔽而去之，人欲日消，天理日明，羅浮之於扶木也；溺於蔽而不勝，人欲日熾，天理日晦，蔀屋之於亭午也。二者之機，間不容髮，在乎思不思、畏不畏之間耳。潛，隱者也，理亂、黜陟、刀鋸非所畏，尚亦有畏於斯乎！因其乞言，序以勖之。成化庚寅冬十又二月壬戌書。

味月亭序 盡己盡人。

成化丙午春正月，五羊何子有載酒過白沙，對月共飲，延緣數夕。告予：「曩夢遊仙甚適，扁所居第爲『味月亭』，識夢境也。願乞一言以歸。」予口占一絕句云：「騎羊仙客去仙城，風韻千年落杳冥。【旁批】有諷意。羅浮道士來何處，笑倒君家味月亭。」戲謂子有曰：「君不知羅浮道士耶？嘗俛仰子之亭矣。」因撫掌笑。前此五年，予被徵過郡，通名子有之廬。道士即予，蓋寓意耳。

贈容一之歸番禺序 容亦奇士。「由也兼人，故退之。」

容生卓錐無地，從予遊者十有一載，未嘗對人作皺眉狀。入京師，見聲利烜赫輒不樂。語人曰：「古之仕者，將以行其志耳。徒食人禄而不知恥，雖吾不能以一日居。」生之志可謂篤矣。顧以予之疏繆，不能輔其爲仁。是生雖有美質而其學未底于成，【旁批】往往不肯苟。由吾之虚名誤之也。雖然，生之志豈易量哉？聖賢之言具在方册，生取而讀之，師其可者，改其不可者，直截勇往，日進不已，古人不難到也。但恐游心太高，著蹟太奇，將來成就結裹處，既非庸常意料所及，而予素蹇鈍，胡能追攀逸駕。仰視九霄之上，何許茫茫，生方鋭意以求自得，亦將不屑就予。又安知足履平地者果爲何如也？千里之行，始乎跬步，生慎由之。陳先生習忘久矣，生歸見毅卿，其亦以是語之。

送李世卿還嘉魚序 觀此序，可見大匠誨人之意。

弘治元年戊申夏四月，湖廣嘉魚李承箕世卿，自其鄉裹糧南望大庾嶺，沿途歌吟，入南海，訪予白沙。一見語合意。先是五六年，予會都憲公之子承恩于北京。承恩，世卿從弟也，示予以世卿之文，出入經史，跌宕縱横，筆端衮衮不竭來，數千言沛然出之，若不爲勢利所拘者。予時未識世卿，而知世卿抱負有大於人，既不忘于心，亦時於詩焉發之。或聞論當世士有文章，必問曰：「如李世卿否？」然又意世卿少年，凌邁高遠則有之；優游自足無外慕，嗒乎若忘，在身忘身，在事忘事，在家忘家，在天下忘天下，世卿未必能與我合。孰知世卿有意於來耶？自首夏至白沙，至今凡七越月，中間受長官聘修邑志于大雲山五十餘日，餘皆在白沙。朝夕與論名理，凡天地耳目所聞見、古今上下載籍所存，無所不語。所未語者，此心通塞往來之機，生生化化之妙，非見聞所及，將以待世卿深思而自得之，非敢有愛於言也。時時呼酒，與世卿投壺共飲，必期於醉。醉則賦詩，或世卿唱予和之，或予唱而世卿和之，積凡百餘篇。其言皆本於性情之真，非有意於世俗之贊毁。至是，世卿以太夫人在堂辭去，欲留不可，爲古詩十三首别之。【旁批】今存六首。諸友相繼有言。世卿歸，以所聞於予者質諸伯氏茂卿，登大崖山吟弄赤壁之風月，予所未言者，世卿終當自得之。世卿之或出或處、顯晦用舍，則繫於所遇，非予所能知也。予老且病，行將采藥於羅浮四百三十二峯以畢吾願，世卿能復索我於飛雲之上否耶？序以送之。

送張進士廷實還京序 張蓋及門最相信者。

鄉後進吾與之游者，五羊張詡廷實。［廷實］始舉進士[一]，觀政吏部稽勳，尋以疾請歸五羊。五羊，大省地。廷實所居，户外如市，漠然莫知也。自始歸至今六年間，歲一至白沙，吾與之語終日而忘疲。城中人非造廷實家不得見廷實，而疑其簡，實不然也。蓋廷實之學，以自然爲宗，

[一]「廷實」二字原無，此文墨蹟尚存，見秦有朋主編：《陳獻章書法集》，嶺南美術出版社，二〇〇八年，第十二頁，據補。

以忘己爲大，以無欲爲至，即心觀妙，以揆聖人之用。【旁批】此是先生之學，以張相信之深，借以發之。其觀於天地，日月晦明，山川流峙，四時所以運行，萬物所以化生，無非在我之極，而思握其樞機，端其銜綏，行乎日用事物之中，以與之無窮。然則廷實固有甚異於人也，非簡於人以爲異也。若廷實清虚高邁，不苟同於世也，又何憂其不能審於仕止、進退、語默之概乎道也？兹當聖天子登寶位之明年，思得天下之賢而用之，而廷實之病適愈。太守公命之仕，廷實不得以「未信」辭於家庭，【旁批】見此出尚非張意，亦未必是先生意。於是卜日告行於白沙，留二十餘日。去歲之冬，李世卿别予還嘉魚，贈以古詩十三首，其卒章云：「上上崑崙峯，諸山高幾重？望望滄溟波，百川大幾何？卑高入揣料，小大窮多少？不如兩置之，直於了處了。」世卿，豪於文者也，予猶望其深於道以爲之本。廷實至京師，見世卿，重爲我告之。廷實所以自期，廷實其自信自養以達諸用，他人莫能與也。恐其離師傳，而返望之至也。

周氏族譜序　載情事詳覈，不作一蔓語，可爲應酬文字之法。

周氏之上世居洛陽，自昭信府君仕元，爲昭信校尉，累有功。世祖嘗手撫其肩寵之，時人爲之號曰「御搭手周」云。厥後，從伯顔下江南，始不樂仕，退隱湖州之長興，尋徙德清。因感異夢，求所卜地於縣西門外積谷山之前一里許，山水明秀，一如夢中所見，大喜，以爲神授，遂定居焉。昭信娶長興姚氏，生兩提舉公。長公一子，諱子成，居本里井頭。少公長子諱亨甫，元季任典史，居河口；次子諱通甫，居縣西。各隨所居地爲派。長公之派一，少公之派二，統之爲三大派。三派之後，或隱或仕。國朝洪武初，任户部主事諱子和者，典史君之次子，顯於河口。縣西自通甫君以下六傳至封君鼎〔二〕，以其子今吾省少參公之貴，封禮部員外郎。少參公中成化乙未進士第，選工部主事，遷禮部員外郎，繼遷郎中，遂參吾省。諸派之中，此其尤顯者也。公以弘治己酉始至白沙。未幾，公復來，與言家世之舊，以其族之譜請序，某始辭公以不敏，弗許。數載之内，屢致書囑邦伯東山劉先生、按察使陶公，交致其懇。【旁批】其不輕易如此。既而，公復以書來，曰：「吾周氏自昭信以上居洛陽，世次無考。今譜斷自可知，以昭信府君爲第一世祖，其不可知者闕之，不敢妄有攀附，以誣先代而誑後人。先生幸爲某序之，將無負於先生之言。」某於是不敢復以不敏辭於我少參公，而嘉周氏之譜不務窮於遠，爲信譜也。詞嚴趣足。

緑圍伍氏族譜序

光宇能慕先生，先生不輕與光宇，具見。

伍氏系出汴梁，先世有仕宋爲嶺南第十三將，卒于官，遺其二子新會，遂有緑圍之伍，曰朝

〔二〕「通甫君」，原作「通府君」，據蕭世延本改。

佐，曰朝愷，今爲緑圍始遷之祖。而氓又始遷之祖所自出，所謂第十三將者是也。氓以上，世次莫詳，今斷自可知，以氓爲第一世。自氓而下，或隱或仕，垂三四百年。邑之稱望族，曰衣冠之美無替厥先，術業之隆有光厥後者，得伍氏焉。吾友光宇，自其先大父某始徙居外海之南山。山之坡陀有石，延袤丈餘，下可容一榻，光宇築爲室。石旁樹松竹，往往造其間，危坐收斂，爲持敬之學。又於白沙築小室三間，命曰「尋樂」，以爲問業之所。至則商論彌月而後返，其用心良苦〔一〕。時人無有能窺其際者，惟寶安林光與予知之。余交最久，光纔一再見，退謂其弟琰曰：「伍光宇，君子人也。」素有肺疾，然喜聞議論之益，當其呻吟疾苦之時，遇有得，輒若亡去。【旁批】生此一段，見其悦道。辛卯首夏，疾大作，中益以他恙，遂不可支。是秋九月，余往視之，坐甫定，便語云：「還我族譜序，吾無憾焉耳。」退見其季父絢洎伯兄裕，咸申之曰：「絢等殆未有以請也，惟先生之於雲也，實望之。寧獨愛一言？且使聞之，病亦尋起。」【旁批】應林之言。嗚呼！若光宇者，困而益堅，老而愈壯，危至而知惕，樂矣而不淫，可謂篤信有守者矣。其於伍氏所謂無替而有光者，其在斯人歟，其在斯人歟！白沙陳某公甫識。

〔一〕「其」字，高簡本無。

湯氏族譜序

家之譜，國之史也。本始必正，遠邇必明，同異必審，卑而不援高，微而不附彰，不以貴易親，不以文覆愆，良譜也。莫不有家也，小大異焉；莫不有世也，升降異焉。自吾之世推而上之，缺其不可知者，存其可知者，良譜也。世假譜以存者也，譜存之家，是名世家。修譜者不知世之重也，援焉以爲重，無實而借之詞，吾不欲觀也。湯氏，邑之著姓也。自言先汴人，隨宋南渡，居嶺南南雄。世遠失傳，今以始自南雄遷古岡曰統者爲一世祖，統以上無考。譜亡于元季之亂，續之者唐府伴讀八世孫有容也，退菴鄧先生序之。正統己巳之秋，黄賊起南海，一郡騷然。賊南攻，湯氏之婦馬氏奮謂其夫溥英曰：「賊且至矣，他物易得耳，譜亡，文獻無徵。」於是馬氏手挈是編走邑城西北貴奇坑〔一〕，出入水火，顛沛極矣，譜卒賴以全。湯氏之先，以儒起家，世有顯人，序稱伴讀君之賢有自。今馬氏又賢也。在宋，欽州守馬持國賢而有名，馬氏幾世祖也，其賢蓋亦有自云。胤子紹端念母氏之賢勞，將托以告後之子孫，俾咸念之，徵予序。予惟世家之譜可觀，不援不附如湯氏，亦良譜也。内則賢婦女，外則賢丈夫，相與修緝維持，既亡而復

〔一〕「貴奇」，原作「貴音」，據蕭世延本改。

存。湯之子孫念之，亦允蹈之。國史記事，略與家譜同。史主勸懲，譜勸而不懲。不修其世而以譜重，君子不重也，卒亦不勸而已矣。存世者譜也，存而重之譜乎？世之重以德，譜之重以言。德與言孰重？重世乎？重譜乎？在湯氏。

記

韶州風采樓記

宋仁宗朝除四諫官，其一人忠襄余公也。蔡君謨詩云：「必有謀猷裨帝右，更教風采動朝端。」弘治十年春，韶守錢君鏞始作風采樓，與張文獻風度樓相望。忠襄之十八世孫英走白沙，謁文以表之。夫自開闢達唐，自唐達宋，至于今，不知其幾千萬年。吾瞻於前，泰山北斗，曲江公一人而已耳；吾瞻於後，泰山北斗，公與菊坡公二人而已耳。噫！士生於嶺表，歷茲年代之久，而何其寥寥也，則公之風采，在人爭先睹之爲快，如鳳凰、芝草，不恒有於世也，可知矣。如公之才，得行公之志，所謂「障百川而東之，回狂瀾於既倒」，公固有之。公有益於人國也大矣。雖然，一諫官豈能盡公哉？顔淵問爲邦，孔子斟酌四代禮樂告之。顔淵，處士也，何與斯理耶？居陋巷以致其誠，飲一瓢以求其志，不遷不貳以進於聖人。用則行，舍則藏。夫子作《春秋》之旨，不明於後世矣；後之求聖人者，顔子其的乎！【旁批】深乎！深乎！時乎顯則顯矣，時乎晦則晦矣。語默出處惟時，夫豈苟哉？英乎，勉諸！毋曰「忠襄可爲也，聖人不可爲也」。弘治十年丁巳冬，陳某記。

古蒙州學記 從古學記，文字好者儘多，卻無此議論。

立山復州治之幾年，今雲南左布政使樂安謝公綬始領右方伯之命來廣西，其民舉欣欣然喜而相告曰：「公復來，公復來。」廬陵彭君栗適知州事，問於諸父老。諸父老跽而言曰：「是再造我民者，我何可忘！吾州，古蒙州也，唐改立山縣。國朝洪武間，縣革爲古眉巡檢司〔一〕。時草寇竊發，民亡者過半。比年以來，猺獞橫據其地，盜日滋而民日孤。成化丙申，巡撫都御史朱公英督兩廣軍征茘浦破賊，賊懼。招之，獞老李恭著首遣其子來納款。公前以參議佐巡撫于戎，議城立山。立山本州治，在桂林、平樂之間，爲藩腹心。今之憂，無控暴之地以居民耳。州復則民定。尋請於上，許之，乃營立山。是役也，公與按察副使范公鏞、都指揮王公輔更主相之。明年丁酉，州治成，方進軍茘浦。時桂山巖恃險後下，一軍怒，將盡殲之。公廉其

〔一〕「縣革爲古眉巡檢司」，高簡本無「縣」字。

脇從者，得七百餘人，釋遣歸農。賊以此傾信。招所至，猺獞視我立山咸來。此公以好生一念之仁，代血戰數萬之兵也。今也吾民之亡者復，復而爲州。昔之戕吾民者，今革面爲編氓。我有農桑，我有塾庠，生我有養，死我有藏。公之再造我民也，我何可忘？」於是彭君籍記諸父老之言，將碑於學宮以傳，而謀於提學時可周先生。周先生三致彭君之懇於予，俾爲之記。

嗟乎！彭君誠不私於公，而思惠其州之人士乎！請爲言之。七百死命歸農，何致羣兇之納款？州亡州復在民，何關於公之一念？動於此，應於彼。默而觀之，一生生之機，運之無窮。【旁批】如此，方見自然。與用意、用術、藉口一體者不類。無我，無人，無古今，塞乎天地之間，夷狄禽獸草木昆蟲一體，惟吾命之，沛乎盛哉！程子謂「切脈可以體仁」，仁，人心也。充是心也，足以保四海；不能充之，不足以保妻子，可不思乎？聖朝倣古設學立師以教天下〔一〕，師者傳此也，學者學此也。由斯道也，希賢亦賢，希聖亦聖，希天亦天。立吾誠以往，無不可也。此先王之所以爲教也。舍是而訓詁已焉，漢以來陋也；舍是而辭章已焉，隋唐以來又陋也；舍是而科第之文已焉，唐始濫觴，宋不能改，而波蕩於元，至今又陋之餘也。夫士何學？學以變化氣習，求至乎聖

〔一〕「倣古」，高簡本作「訪古」。

人而後已也。求至乎聖人而後已也，而奚陋自待哉？孟子曰：「人皆可以爲堯舜。」周先生師表一方，彭君爲州守，謁文山澤之癯，非俗吏，是以冒言之。諸生疑者，請質於周先生，其必有興起焉者。甲倡焉，乙和焉，俛焉孜孜，其傳寖多，其化寖博，其於公也有光焉，則斯文也其猶庶幾泮水之頌歟！於是乎書。王文成與湛文簡以論學相善，豈非慕先生者？其後自立門户，進退前賢，獨於先生絶不掛口，將其所云心學有加先生歟？抑欲掩前人之有也？或曰：「文成只爲一體意重，先生卻宗自然。」今觀《仁術》《敦仁》二論及《蒙州學記》，則先生言仁之旨可知，果與今之張皇一體者不類，無怪其不掛口也。

丁侯廟記

丁侯爲縣六年，卒于官。歷觀我邑令，自洪武迄今，求丁侯，未有也。侯仕不爲己，恥以俗吏自居。始至，著《禮式》一編，擇立鄉老各數人，使統之。俗淫於侈靡，富者殫財，貧者鬻産。上無以爲教，下無以爲守，俗由是益壞。鄉都老以禮正之。每歲按民丁産輸錢，謂之均平錢，上下交侵，民受其害。侯量入爲出，歲輸以還，使民不知有役，民甚賴之。時有横徵虐民，侯蹙眉曰：「守令之政在養民，坐視其困而不救，安在其養民也？」力請罷之，雖以此得罪，不恤也。侯之性略於承奉而嚴於鬼神，灌獻必親，執事有恪，春秋之祭肅如也。凡祀典所載，有功於名教者，爲立祭田，使人守之；其不應祀者，毁之。至於接人也亦然，可者與之，不可者斥之。其馭吏也，不察察於案牘，吏不敢欺；其涖衆也，民服其威斷明察，姦僞鮮作。夫縣令官卑，刑賞不加於天下，而天下治忽由之。知遠之近，知風之自，知微之顯。故予嘗謂侯用世才，其有所試矣，夫豈苟哉？侯以仕爲學，政暇必走白沙。往返，歲月内不知其幾，顧何取於白沙耶？甚矣，人不可無志也。【旁批】論其人，亦止於稱其志。「正其誼不謀其利，明其道不計其功。」侯亦無所不學，而切於救民，急先務也。【旁批】見丁未學，卻説得好。死之日，耕者弔於野，行者弔於途。有老嫗夜哭於其廬，且往問之云：「嫗何哭之哀也？」曰：「開歲役且至，死者不可作也。」〔二〕故侯之爲縣多可書，其得民之實在節用。去之十有二年，邑人共立廟於白沙，祀之如不得已焉者。思侯之功表之，非以徼福於神也。後來繼令者，亦將有感於斯乎？侯名積，字彦誠，成化戊戌進士，寧都人。弘治丁巳春，陳某記。

肇慶府城隍廟記 弘治甲寅夏作。

端陽城隍廟，在刺史堂之西，歲久就弊。弘治癸丑冬，郡守黄侯撤而新之，命生員陳冕來徵記。侯，豐城人，名琥。予曩從吴聘君游，往來劍水，嘗一宿其家。自侯來守端陽三年，愈相傾

〔二〕「也」，高簡本、蕭世延本作「已」。

慕，安能已於言耶？今天下府州縣，有城郭溝池，有山川社稷，有神主之而皆統其祭者，謂之城隍神，制也，不俟言矣。然神之在天下，其間以至顯稱者，非以其權歟？夫聰明正直之謂神，威福予奪之謂權。人亦神也，權之在人，猶其在神也。此二者，有相消長盛衰之理焉。人能致一郡之和，下無干紀之民，無所用權；如或水旱相仍〔二〕，疫癘間作，民日洶洶，以干鬼神之譴怒，權之用始不窮矣。夫天下未有不須權以治者也。神有禍福，人有賞罰。失於此，得於彼，神其無以禍福代賞罰哉！鬼道顯，人道晦，古今有識所憂也。【旁批】歸重在儆有位，意好。《中庸》曰：「致中和，天地位焉，萬物育焉。」說者謂：「吾之心正，天地之心亦正；吾之氣順，天地之氣亦順。」烏虖！孰能信斯言之不誣也哉？侯治端陽，民畏而愛之，蓋有志者也。故專以其大者告之，餘皆在所略。弘治七年甲寅夏，古岡病夫陳獻章記。

吴川縣城記

因記縣城及慈元廟，以明陶之興作可書，亦無甚褒語。

書「城濮」、「城郎」之旨，傳之《春秋》〔三〕，然後知長府之役可罷於魯人，譏鄭子産惠而不知

〔二〕「或」字，高簡本無。
〔三〕「傳」，高簡本、蕭世延本作「得」。

爲政，非孟氏之過也。昔寇盜充斥于高涼，百姓凜凜委性命於豺虎之林。今湖廣按察使前僉事吾廣鬱林陶公，被命來專是方經略，大著討賊之聲。高涼以東之民，莫不倚公以爲命。寇既平，公於是城吴川縣。城厚一丈，其崇三丈，週五百八十丈，亦勞矣。自師旅興而民滋弊，是役也，公實圖之，豈得已哉？經始於成化戊戌之秋，越明年冬，城始克完。民喜曰：「衛我者生我，勞我者惜我。公大惠我，何可忘！」父老相與言於官，遣生員李淩雲以狀走白沙，謁文記之。時江梅始花，風日清美，予與二三友登碧玉樓，望崖山慈元廟新成，與大忠祠映〔照下〕上〔一〕，顧謂淩雲曰：「是公與今都御史東山劉先生之所作也。義以使民，民爭趨之，大有功於名教，是之謂達爲政之首務，皆可書。凡公之功在民，不違《春秋》義例，可書，時焉耳矣。施於無事之日，如是而弗已焉，其效不亦遠乎？老子曰：『治大國若烹小鮮。』」甚古。

襄陽府先聖廟記

據序，郭留心音樂以崇先聖，事亦可書。先生猶有不滿之意，想別有所聞。

庚戌之夏，侍御史襄陽曹君璘訪予玉臺山中，間語及其太守郭侯之爲人。予問治郡何如，曰：「侯以政及于民者，民之口碑矣。」復作而言曰：「民知其小，不知其大。大者口碑不載，將

〔一〕「照下」二字原無，據蕭世延本補。

載之石焉。然非屬筆于先生，則石有時而朽也。」明日，君還行臺，乃以其狀來。按狀：襄陽先聖廟自建國以來，有祭無樂。成化二十二年，侯以才御史來守是邦，告廟之日，大閱神庫，即議製之，顧以時詘，舉羸未暇也。居三年，民之病者駸駸乎起矣，乃延神樂觀樂舞生周某于岳州，問所以製樂器者其材孰難。生曰：「八音之中，其爲石乎！古取之于泗濱，今爲官所封，餘無難者焉。」侯審厥象，使人於隆中山求得之，生爲揆其音，曰：「可矣。」遂闢燕思堂於郡堂後爲之，每一器成，侯數四與較，期于至精而後已。越四月訖工。總其器爲數一十有八，析之爲二百三十五，蓋大成樂之式也。庫有祭器三百四十五事，歲久將就弊，侯悉取而新之，亦罔不殫厥心焉。烏虖！侯於爲邦，先務其大者，得之矣。按《周禮》，大司樂治建國之學政，合國之子弟，使有道德者教之，死則以爲樂祖，祭于瞽宗。非其師弗祖也，非其祖弗祭也。後世學政既弛，教者不必其人，雖欲祭之，曷從而祖之？惟我先聖孔子，道高如天，德厚如地，教化無窮如四時，民到于今賴之，故到于今祖之。然其大合樂也，達于大郡止焉。襄陽爲楚大郡，以其狀考之，春秋祭于廟者二百四十而未嘗有樂也。侯于爪髮既剪之餘，注心於簿書期會之所不及，而其民信之，是可書也。或曰：「古樂之亡久矣，宋明道先生欲著樂書而弗果，西山律吕未見於用，今之樂猶古之樂歟？」曰：「此非守臣之所能與也。」【旁批】妙。今之論人也，過嚴矣。始也，予讓記而曹察院命之。垂二年，復轉託於我方伯劉東山先生，予重違其意也而與之。【旁批】先生重東山，因而乞言者，往往許之。侯名紳，字廷章，袁之宜春人〔一〕。相是役者，同知某、通判某、推官某也。此文始屬稿於鄒汝愚，復略改次答曹察院，非我志也，覽者詳焉。先生自識。

雲潭記 有「逝者如斯」之意，三四讀乃可解。

白沙之西山則圭峯也。東北連數峯，最勝者爲緑護屏。屏之南有潭淵然，曰聖池。下蟠蛟龍，龍噓氣成雲，變化萬狀。里生周鎬偕其季京來謁予白沙。時維仲春，風日晴美，予與二子攜酒飲于西山之麓，班荆而坐，仰而四顧，有雲起緑護屏，炫爛如丹青，郁紛若祥瑞。予顧謂二子曰：「是聖池之雲也。偉哉觀乎！」二子愀然正襟侍側，曰：「是吾先子之志也。先子居龍溪，垂五十年，無他嗜好，惟喜爲雲潭之觀，故先子之號曰『雲潭』云。」〔二〕予曰：「嘻，有是哉！若先子，我舊，不幸早世，不及見若兄弟長也。若豈盡聞之乎？居，吾語汝。夫潭取其潔也，雲取其變也。潔者，其本乎！變者，其用乎！」二子齊應曰：「然。」予曰：「未也。野馬也，塵埃也，雲

〔一〕「袁」，原作「阮」。按：宜春縣，明時屬江西袁州府。李賢《明一統志》卷五十七「袁州府·人物」云：「郭紳，成化進士，授寧海令，擢御史，進襄陽守，累陞刑部右侍郎。」見《景印文淵閣四庫全書》第四七三册，臺北商務印書館，一九八六年，第一七九頁。可見，「阮」爲「袁」字之誤。因改。

〔二〕高簡本無「云」字。

也，是氣也，而雲以蘇枯澤物爲功。《易》曰『密雲不雨，自我西郊』是也。水以動爲體，而潭以靜爲用。物之至者，妍亦妍，媸亦媸，因物賦形，潭何容心焉？是之取爾。」【旁批】惟靜故潔。惟靜潔，故能變化而有澤物之功。二子喜相謂曰：「先生命我矣。」於是，復進而告之曰：「天地間一氣而已，詘信相感，其變無窮。人自少而壯，自壯而老，其歡悲、得喪、出處、語默之變，亦若是而已，孰能久而不變哉？變之未形也，以爲不變；既形也，而謂之變，非知變者也。夫變也者，日夜相代乎前，雖一息變也，況於冬夏乎？生於一息，成於冬夏者也。夫氣，上蒸爲雲[二]，下注爲潭。氣，水之未變者也。一爲雲，一爲潭，【旁批】是謂體用一源。變之不一而成形也，其必有將然而未形者乎！默而識之，可與論《易》矣。」二子於是起而再拜，乞書爲《雲潭記》。

潘氏祠堂記

一善可書也，吾書之。【旁批】見記意如此。吾畏多言也，信多乎哉？不多也，傷俗之益偷。吾無位也，言不能化而入，惡在乎多言也？善者，吾斯進之而已矣。潘某氏者，南海之著姓，老而無子，曰：「吾無繼可也。」兄弟之子，猶子也。同吾胞者幾人，繼其世者若干人，可以執豆籩，可以

[二]「上蒸爲雲」，高簡本、蕭世延本作「上蒸爲水」。據後文「一爲雲，一爲潭」之說，作「上蒸爲雲」，似於義爲長。

守宗廟，可以事繼述，而傳無窮矣，吾何憂！吾無繼可也。」以其所有者歸之祠以卒。噫！兹可憫也已。若是者，其亦足與乎？其無足與也？堯之時，比屋可封。降自後世，不以善而以利，父子也而不用情，兄弟也而鬩于牆，婦姑勃谿、朋友按劍者，皆是也。夫恒人之情，莫甚于顧其私而不忘其後。某也，致孝乎祖禰，委祝乎兄弟，其生也若遺，其死也若虛，非求馬於唐肆者歟？未可知也。伯氏某成某之志，以其地三畝，搆祠屋三間，以奉四代神主；其田若干畝，以供常祀。《詩》曰「兄及弟矣，式相好矣」，其斯之謂歟！某之從子、上舍生漢也，有一日之雅於白沙，來請記其事。予不能辭也，於是乎書。

潮州三利溪記

余郡近復重濬此溪，言其利者十八九。不知當時何如議論，令先生不自安也。

古今學者不同，孔子以兩言斷之，曰「古之學者爲己，今之學者爲人」；古今仕者不同，程子以兩言斷之，曰「古之仕者爲人，今之仕者爲己」。古之人，人也；今之人，人也，一也。判而兩之，其不可同者，如陰陽晝夜，則有其故矣。聖賢之所以示人也，知微之顯，知顯之微。學爲己也，其仕也爲人；學爲人也，其仕也爲己，斷不疑矣。【旁批】千古未發之論。今守令稱賢於一邦，利澤及於民，民愛而樂之。問於我嶺南十郡之内，吾知其人者，周潮州也。潮，海郡也，東南距大海，望之渺漫接天。習水者乘長風、駕大舶出没巨浪中，小不支則有覆溺之患。每歲漕運，潮人共苦之。潮州來守郡，問潮父老所以便民者，父老曰：「其惟三利溪乎！」潮五屬邑，其三在郡治西南，形若鼎立，廣袤千里，水曲折行其中而民共賴之者，三利溪也。是溪之長百一十五里，東抵韓江，西流入于港，正統間堙於大水。潮州濬而通之，水由故道行，東西注會同于海。慮其冬旱而且涸也，鑿郡城南溝，引韓江水注于溪，甃石爲闢，時而開閉之。凡役民于畚锸，卑之爲溪也，高之爲闢也，僅一月而成。農夫利于田，商賈利于行。漕運者不之海而之溪，辭白浪於滄溟，謝長風於大舶。於是潮之士夫與其父老拜郡門謝曰：「利吾潮者，吾父母也，吾子孫敢忘之？」由是觀之，謂周潮州仕而爲人也，非歟？吏於潮者多矣，其有功而民思慕之，唐莫若韓愈，入國朝來莫若王源。驅冥頑之鱷，造廣濟之梁，其事顯於爲人，不可誣矣。今潮州以三利溪配之，輝映後先，稱賢於一邦也，宜哉！夫短於取名而惠於求志，薄於徼福而厚於得民，非以奉身而燕及煢嫠，陋於希世而尚友千古，黄涪翁之所稱者，非濂溪先生歟？潮州遺予書曰：「我故春陵族也。」潮州之舉進士有聲，郎秋官有聲，守郡有聲，其尚不忝其世也哉！吾嘗贈之詩云：「楚中有孤鳳，高舉凌穹蒼。借問歸何時，聖人在黄唐。望之久不至，歲晏涕淋浪。九苞有遺種，不覺羽翼長。三年集南海，使我今不忘。逍遥栖桐枝，長飲甘露漿。」吾生濂溪數百年之後，思濂溪而不可得見，見其族之雲仍若此者，殆可與言矣。【旁批】作記以此。然則區區所愛慕於周潮州者，一闢三利溪而已耶？潮人相與立碑頌潮州之功，遣生員趙日新來請文，予以其事并吾詩記之，俾潮之人知仕而爲人者，有功不可忘。而潮州之進未艾也。潮州名鵬，字萬里，道州之永明縣人。先生文既成，每詢之潮人，多言三利之利無實。因作一詩以代跋云：「欲寫平生不可心，孤燈挑盡幾沉吟。文章信史知誰是，且博人間潤筆金。」其意欲示後人失於審也。其後王侍御哲至潮，見之，歎曰：「君子可欺以其方。」噫！斯言得之矣。弘治甲子秋，門人張詡識。

尋樂齋記

光宇極篤信者，卻不欲其廢書。其序《道學傳》，則欲以我觀書。拳拳之意，可想也。

五年，伍光宇始構亭于南山之巖以坐。明年，復於吾居第之左，結草屋三間，與亭往來。又明年，而光宇死矣。【旁批】與《族譜序》皆其歿後作，說見祭文。草屋之成，光宇齋戒沐浴，焚香更衣危坐。厥明，請余，問曰：「雲不自知其力之不足，妄意古聖賢人以爲師。今年且邁矣，不得其門而入，不知其所謂樂，尋常間自覺惟坐爲樂耳。每每讀書，言愈多而心愈用，用不如不用之爲愈也。蓋用則勞，勞則不樂，不樂則置之矣。夫書者，聖賢垂世立教之所寓也，奚宜廢？將其所以樂者，非歟？願先生之教之也。」余復之曰：「大哉，吾子之問也！顧余何足以知之？雖然，有一說，願吾子之思之也。周子、程子，大賢也，其授受之旨，曰『尋仲尼、顔子樂處，所樂何事』。當是時也，弟子不問，師亦不言。其去仲尼、顔子之世千幾百年，今去周子、程子又幾百年。嗚呼！果孰從而求之？仲尼飲水曲肱，顔子簞瓢陋巷，不改其樂。將求之曲肱飲水耶？求之陋巷耶？抑無事乎曲肱陋巷而有其樂耶？吾子其亦慎求之，毋惑於坐忘也。【旁批】恐伍相信而誤用。聖賢垂世立教之所寓者，書也；用而不用者，心也。心不可用，書亦不可廢，其爲之有道乎！得其道則交助，失其道則交病，願吾子之終思之也。仲尼、顔子之樂，此心也；周子、程子，此心也；吾子，亦此心也。得其心，樂不遠矣。【旁批】豈周子所云見大歟？願吾子之終思之也。」語已，光宇整步而出，充然若有得者。歸，揭其榜曰「尋樂齋」云。

處素記，爲外兄何經作

不及一善狀，以待外兄，似太峻絶。

一夫頎然，始弱冠爲生員，事進取不偶。退耕于野，作室三間，榜兩「處素」字于楣，曰：「吾不了其義當否，吾以問白沙子。」白沙子聞之絶倒。間數日，抵一卷請曰：「爲我記處素。」白沙子命出硯研墨汁，相向詰之曰：「夫記，紀實也。爲我具狀，吾爲汝記。」即應曰：「毋苦我。人呼我秀才，我即不應；謂我處素，我即應之。但子爲我記足矣，吾知其狀云何？」兩手捧硯，躡席揚眉，進愈恭。白沙子不能卻，墨其卷歸之。成化八年夏六月七日，石齋書。

慈元廟記

先生極留意此廟，及爲記，只用劉文靖一詩，豈以宋室遺臣許文靖，故特表之耶？

世道升降，人有任其責者，君臣是也。予少讀《宋史》，惜宋之君臣，當其盛時，無精一學問以誠其身，無先王政教以新天下，化本不立，時措莫知。雖有程明道兄弟，不見用於時。迹其所爲，高不過漢唐之間，仰視三代以前「師傅一尊而王業盛，畎畝既出而世道亨」之君臣，何如也？南渡之後，惜其君非撥亂反正之主，雖有其臣，任之弗專，邪議得以間之。大志弱而易撓，大義隱而弗彰〔二〕，量敵玩讐，國計日非，往往坐失機會，卒不能成恢復之功。至於善惡不分，用舍倒置，刑賞失當，怨憤生禍。和議成而兵益衰，歲幣多而民愈困，如久病之人，氣息奄奄。以及度宗之世，則不復惜，爲之掩卷出涕，不忍復觀之矣。孔子曰：「人之生也直，罔之生也幸而免。」劉文靖賡之以詩曰：「王綱一紊國風沉，人道方乖鬼境侵〔三〕。生理本直宜細玩，蓍龜萬古在人心。」【旁批】先生喜劉文靖特甚，若此詩亦有取焉。噫！斯言也，判善惡於一言，決興亡於萬代，其天下國家治亂之符驗歟！【旁批】發揮只此，殆有深意。宋室播遷，慈元殿草創于邑之崖山。宋亡之日，陸丞相負少帝赴水死矣。元師退，張太傅復至崖山，遇慈元后，問帝所在，慟哭曰：「吾忍死萬里間關至此，正爲趙氏一塊肉耳，今無望矣。」投波而死，是可哀也。崖山近有大忠廟，以祀文相國、陸丞相、張太傅。弘治辛亥冬十月，今户部侍郎、前廣東右布政華容劉公大夏行部至邑，與予泛

〔二〕「大義」，原作「大議」，據高簡本、蕭世延本改。
〔三〕「境」，原作「竟」，據高簡本、蕭世延本改。

舟至崖門，弔慈元故址，始議立祠於大忠之上。邑著姓趙思仁請具土木，公許之。予贊其決，曰：「祠成，當爲公記之。」未幾，公去爲都御史修理黄河，委其事府通判顧君叔龍。甲寅冬，祠成。是役也，一朝而集，制命不由於有司，所以立大閑、愧頽俗而輔名教，人心之所不容已也。碑於祠中，使來者有所觀感。弘治己未夏，予病小愈，尚未堪筆硯，以有督府鄧先生之命，念慈元落落，東山作祠之意久未聞於天下，力疾書之，愧其不能工也。南海病夫陳獻章識。

白沙先生文編卷之四

澄海唐伯元　編次
廣安姜　召
休寧范　涞
孟津王　价
温陵郭惟賢
婺源汪應蛟　校梓

疏

乞終養疏

吏部聽選監生臣陳獻章謹奏，爲患病陳情乞恩終養事。臣原籍廣東廣州府新會縣人，由本縣儒學生員應正統十二年鄉試，中式；正統十三年會試禮部，中副榜，告入國子監讀書；景泰二年會試，下第；成化二年本監撥送吏部文選清吏司歷事；【旁批】是年不會試。成化五年復會試，下第，告回原籍。累染虛弱自汗等疾，又有老母，朝夕侍養，不能赴部聽選。【旁批】見原非爲名高者。成化十五年以來，廣東左布政使彭韶、欽差總督兩廣軍務兼理巡撫右都御史朱英前後具本，薦臣堪充任使，吏部移文廣東布政司等衙門，趣令起程。臣以舊疾未平，母年加老，未能輒行。【旁批】初志自是如此。府縣官吏承行文書，日夕催逼，不免强起就道。而沿途病發，隨地問醫，扶衰補羸，僅不大僨，【旁批】爲後面委曲張本。臣子至情。於成化十九年三月三十日到京，朝見赴部，乃以久勞道路，舊疾復作，延至月餘。於五月二十五日蒙吏部題：「奉聖旨，恁部裏還考試了，量擬職事來說。欽此欽遵。」臣時方在牀褥，聞命媿悚，未能就試，即令姪男陳景星赴通政使司告轉行本部，暫令調治。再歷晦朔，心不自安。七月十六日，扶病赴部聽試，【旁批】渾不露圭角。而筋力朽弱，立步艱難，自揣虛薄未堪筆硯，因續具狀再延旬日。日復一日，病勢轉增，耳鳴痰壅，面黄頭暈，視昔所染，無慮數倍。衆目所覩，不敢自誣。又於八月二十二日，得男陳景昜書，報臣母别臣以來，憂念成疾，寒熱迭作，痰氣交攻，待臣南歸，以日爲歲。臣病中得此，魂神飛喪，仰思君命，俯念親情，展轉鬱結，終夜不寐。臣之愚迷，實不知所以自處也。臣自幼讀書，雖不甚解，然於君臣之義知之久矣。伏惟我國家教育生成之恩，陛下甄録收采不遺卑賤之德，至深至厚，於此而不速就以圖報稱於萬一，非其情有甚不得已者，孰敢鶩虛名、飾虛讓、趦趄進卻於日月之下，以冒雷霆之威哉？臣所以一領鄉書，三試禮部，【旁批】好事者傳先生七舉無成，誤。承部檄而就道，聞君命而驚心者，正以此也。緣臣父陳琮年二十七而棄養，臣母二十四而寡居，臣遺腹之子也。方臣幼時，無歲不病，至於九齡，以乳代哺，非母之仁，臣委於溝壑久矣。臣生五十六年，臣母七十有九，視臣之衰如在襁褓，天下母子之愛雖一，宜未有如臣母憂臣之至、念臣之深者也。臣於母恩無以爲報，而臣母以守節應例爲有司所白，已蒙聖恩表厥宅里。是臣以母氏之故，荷陛下之深恩厚德，又出於尋常萬萬也。顧臣母以貧賤早寡，俯仰無聊，殷憂成疾，老而彌劇。使臣遠客異鄉，臣母之憂臣日甚，【旁批】即如代母陳情。愈憂愈病，愈病愈憂，憂病相仍，理難長久。臣又以病軀憂老母，年未暮而氣則衰，心有爲而力不逮，雖欲效分寸於旦夕，豈復有所惜哉〔一〕？臣所以日夜憂憊，欲處而未能者，又以此也。夫内無攻心之疾，則外不見從事之難；上有至仁之君，則下必多曲成之士。惟陛下以大孝化天下，以至誠體萬物，海宇之内，無匹夫匹婦不獲其所者，則臣之微亦豈敢終有所避而不自盡哉？伏望聖明察臣初年愿仕之心，憫臣久病思親不能自已之念，乞敕吏部放臣暫歸田里，日就醫藥，奉侍老母，以窮餘年。俟母養獲終，臣病全愈，仍前赴部以聽試用，則臣母子未死之年，皆陛下所賜。臣感恩益深，圖報益切，雖死於道路，無所復辭矣。臣干冒天威，無任皇恐戰栗之至。爲此具本，令姪男陳景星

〔一〕「惜」，蕭世延本作「補」。

抱齋謹具奏聞。

謝恩疏

吏部聽選監生臣陳獻章謹奏，爲謝恩事。臣於成化十九年八月二十八日具本陳情，乞還養母，兼理舊疾。九月初一日欽奉聖旨：「陳獻章既該巡撫等官薦他學行老成可用，今懇切求回養母，吏部還查聽選監生願告回家的例來説。欽此。」及吏部查例覆奏，於本月初四日，欽奉聖旨：「陳獻章既係巡撫等官薦他，今自陳有疾，乞回終養。與做翰林院檢討去，親終疾愈，仍來供職。欽此。」伏念臣本以菲才，誤蒙薦舉，又以老母在念、沉痾在躬，未得以仰承試用。陛下憫其愚誠，不加誅責，使少寬旦夕之假，已云幸矣；而又慰之以温言，寵之以清秩，使遂其欲去而勉其復來，此誠天地之量、日月之明、雨露之澤出於尋常條格之外者。臣雖至愚，亦知銜負恩德，圖報稱於親終疾愈之日，不敢負朝廷待士之盛意，不敢違臣子效用之初心也。但身在牀褥，實難動履，輒欲具本稱謝。以不親拜舞，益不自安，即令姪男陳景星具狀鴻臚寺告，欲俟筋力稍紓，尚當強勉赴闕，庶幾少伸報謝之萬一，而又爲風寒所中，肢節沉痛，卧不能興。臣竊復自念，舊疾方殷，新病復繼，恐非旬月可愈，不惟有稽入謝之期，抑且不能亟副歸養之詔，心未酬而罪愈甚矣。臣瞻望朝廷，離違在邇，雖圖報有日而遲速未占。俯仰媿怍，無任感激戀慕之至！爲此具本，令姪男陳景星抱齎謹具奏聞。

書

與西涯李學士

相别六七年，邇者不通問於京師，然自周文都南歸後，先生之音耗遂絶於耳。曩聞先生在喪且歸長沙，無一知舊自北京來者，無可問其詳，不敢奉狀。每一見周生，相與悵然久之，尚未審所值何艱。長沙無舊業，未必可歸，當歸何處也？近者白洲李憲副過寒舍，乃知先府君塋于都下。羸博之葬，古今未必以爲非，然亦有非其情之所安，顧吾力有所弗及。萬里外，某能亮先生之心也。奈何，奈何！居今之世，欲超然無累於心、無累於後，先生計之亦熟矣。【旁批】忠友之情若此。然事往往有不期而至，非人思慮所能及，惟在我者所當盡。或牽制於外，爲之弗豫，至不可爲，然後圖之，亦弗及矣。此亦先生平昔所嘗慮及，漫一道之耳。頃歲承惠《貞節堂》八詩，真嶺南竹枝也，李世卿已收入《縣誌》，門户之光，非言語可謝也。《藤蓑》尚欠補章，能復賜之否乎？世卿自去年首夏至白沙，臘然後歸，亟晚會試入京。區區衰病百狀，問之可知已。去秋得時用一書，足慰鄙懷。他人愛我，不如時用，先生諒能悉之也。張進士行，附此，不能盡所欲言。粗絹二匹表忱，外苧一端奉時用。不别具。

與朱都憲 文字類韓。

頃者，獲拜執事於蒼梧。十餘年間，執事之心不忘乎僕，與僕願見執事之誠，交慰並沃於一堂之上、一日之間，至矣盡矣。執事負一世之豪才，際百年之嘉會，故能受知於當宁，進位都憲，奉璽書、督三軍以經營於一方，誰不瞻仰，誰不歸戴？僕一介書生，生長東南，聞見寡陋，徒負虚名，無補于世，乃蒙追憶十餘年相與尺牘往來之雅而賜見焉，幸甚幸甚！僕之齒非少，然以方於執事則爲後進。執事，先生長者也。長者有問，不辭讓而對，非禮也；隱而不告，非禮也。僕之始至，執事問以出處，僕未敢率爾。執事又益之以薦進之説，且令回自決之。僕於是乎若負芒刺，避席而不敢言，慚也；退而思之，又大慚也。明日，具以情告，且言其不可。當是時也，執事亦見僕之顔色乎？始者，僕欲往見執事於蒼梧，凡三復計之而後果行，誠以執事之賢固所願識。然自念二三十年所守進退之節，一旦由此而變，亦不能不少踧踖也，況諭之以薦進之説耶？僕竊以爲執事好崇奬人之善，偶見一士少異乎人，亟以此言寵之，使勉乎善云耳。不然，則將悼其窮且老，踽踽焉無所與同，恤恤焉無所與歸，故問而遣之，使自爲禄仕之計焉耳。不然，執事之明足以照物，豈不知僕之駑鈍不可驅策而思進之萬里之途也？執事又以韓退之之事見勖。退之雖賢，不及孟子。孟子不肯枉尺直尋，退之以書干宰執，僕固不得舍孟而學韓也。僕之歸白沙幾一月矣，鄉之逢掖士無日不來問詢。僕告以所接盛德之光，莫不鼓舞興起。信乎！德之流行，速於置郵而傳命也。惟是進退出處之念，尚日往來於心，誠懼執事所以待僕者如此，而人之知僕者淺也。此意已託丘侍御達之左右，不審亮之否乎？未能默默，復此布聞〔一〕，且以代面謝，惟少垂鑒焉。某再拜。

又

陳某頓首啓：伏蒙今月十八日遣使降臨衡茅，惠以羊、酒、粟、楮諸儀。君子之賜，光動閭里，顧愚何人，可以當此？恭惟執事位高而望重，德博而民化，而恒患乎善之不彰、士罔攸勸，故能尊重名教，秩秩其儀，以興起山林之遺逸。大哉，執事之心！僕雖駑鈍，敢不夙夜祗奉？然僕竊觀來喻之言，大意欲勸僕出仕耳。非直勸之，且加責焉。是故出於愛僕之誠，而僕之心亦有未蒙照察者。何則？掇科登仕，固僕之素志；抱病違時，非僕之得已。僕自染疾來，六七年間，

〔一〕「復」，高簡本作「伏」。

每遇疾作，遍身自汗若雨，或連數月不止〔二〕，既止復作，畏勞怯冷，沉綿反復，元氣寖耗，力加防慎，庶幾保全，而母氏年益高，百疾交苦，是以未能出門耳。假令僕疾愈可以出矣，而忘親之老，豈人之情也哉？在親爲親，在君爲君，無所往而不然矣。夫天下之理，至於中而止矣。中無定體，隨時處宜，極吾心之安焉耳，若昔之李密是也。密被徵時，密之心蓋自揆安於事劉，則止爲中而行非中也。今若概以聖賢出處之常責密以必仕，恐非密之心。密之心，天理之時中也。僕今自處，亦欲無愧於密耳，執事信以爲何如哉？願終教之，僕不敢固執也。承録示諸公子文稿，筆勢滔滔有氣燄，當是一才子，可畏可畏。若導其志使不差，開其學使有益，又在教者何如耳。使回，謹此申覆。辰下哭一姪婦，故言無文采，伏乞台照。

又

陳某啓：伏承此月二十四日都憲老大人命使降臨衡茅，諭令某「即日起程赴京，春闈在邇，不許推延」。聞命悚惶，爲慰爲懼。伏念某質本庸愚，賴蒙聖朝作養，于兹三十餘年，雖無用世之才，竊有忠君之志。其未仕也，豈果於自爲而忘世哉？誠欲吾身親見之，豈不知時之可爲

〔二〕「連」，高簡本作「遭」。

哉？執事知之久而愛之深，既重之以手書，復勤之以口喻。執事於後進，拳拳接引如此，某雖駑疲，豈無飛動之意哉？直以受氣不豐，病與年長。去年秋，自汗纔息，因得進謁執事於蒼梧。比歸，途間冒風，舊病尋發。至今年七月初〔一〕，寒熱交攻，自汗猶劇。而必欲驅此疾羸之軀，行於風波之途，萬一不虞，雖悔何益？伏願執事垂日月之明，擴天地之量，假之歲月，俾得調治。疾愈之日，自行起程赴部，不敢推延以負尊命。干冒威嚴，不勝戰越之至〔二〕。

與沈都憲

孤哀子陳獻章啓：章不幸，今年春中老母棄背，憂病相持，不復知有人世事。承差來辱手教，示以石刻清詞，兼致多貺，感怍無量。前所附白洲先生書物，一一拜領。承録示晦翁、南軒古詩令作跋，此驥尾之附，孰不以爲榮？白洲亦嘗以一簡申命，章何敢忘之？尋聞執事握憲節往鎮鄖陽，無的便，因循至今。哀苦之餘，無由具答，知罪知罪。儻猶貸之以日月，庶幾除服未死之年，一附姓名於〔二〕先生真蹟之後〔三〕，幸孰大焉！制中不多及，伏乞台照。獻章再拜都憲

〔一〕「至」，原作「自」，據高簡本、蕭世延本改。
〔二〕「不勝」前，高簡本、蕭世延本有「某」。
〔三〕「二」字原缺，據蕭世延本補。

沈先生舊契執事。

與鄧督府

翰林院檢討古岡病夫陳某謹再拜復書督府都憲鄧大人先生執事〔二〕：某不得望見於執事，五十年矣。南海野人，徒抱迂拙，不可爲世用。執事鴻猷盛烈，聲聞四達，皦如日星之照臨。甚賀，甚賀。兹者伏蒙手書，錫之名香、歲曆。别奉鈞帖，令本縣月給白米一石、撥人夫二名，不敢當，不敢當。執事所稱逋野誠隱逸士，如今日之賜，使逋等受之，宜也；其不受，未見其讓之過也。某何敢自列於古之名流哉？某無寸善可以及人。有田二頃，耕之足以自養，而又受賜於當道以自列於古之名流，其怠於自修亦甚矣！引領蒼梧，衰病無由自致。拙作一首，紀述仁政，傳示嶺海，以彰盛德。餘二小詩，以撰《慈元記》望西涯閣老，以請祀典望督府，共成東山之美，此野人之志也。伏乞鈞裁。

〔二〕「謹」字，高簡本無。

與劉方伯東山先生

亡妣墓于小廬山居舍之旁，襄事於乙卯夏四月八日，去始喪才四十日耳。萬里一疏，無任哀感之至。匡山慈元廟久完，但未立主耳。拙記録去，想已經目，若西涯閣老有作，用之。制中，别無佳思作得文字，强勉塞命，無以老朽爲嫌也。祀典記當與西涯閣老圖之。屢聞先生上疏乞休致，然每於邸報中未見端的，未審何如也。近陳進士茂烈過寒舍，與語東山先生告歸，西涯閣老留之。疑先生未能去者，以此故也。觀先生《與廷實書》，後來望東山起用，此時卻勸之回。

又

得五月二十日書，良慰想仰。先生即日命駕還東山，山靈輒喜。雖然，先生不忘天下之心，山靈未必識也。章近有衡山之約，去東山非甚遠。他日東山漁釣之暇，尚能索我於朱陵洞中否耶？昔者寄去《慈元記》稿，幸一字批破還示爲感。

又

賞倪指揮，知感激矣。敝邑民得免於盜賊水火之害，公一瓢酒之力耳，活國者手段固如是耶！感服，感服。里人問徭役，告以昔者舟中所聞，聽者雀躍交慶，如赤子之慕慈母。不審比日斟酌何如？救民水火之中，惟恐其不早也。貪官汙吏侵漁百姓，甚於盜賊。此輩不除，雖有良法美意，孰與行之？竊謂徭法雖更，必痛懲一二貪黷，然後法行之可久也。祭田事料理恐未免水火之相射，欲乞少緩裁之，如何？恃愛饒舌。

復彭方伯書

古岡陳某薰沐頓首復書大方伯大人先生執事〔一〕：新凉，惟台履吉慶。去冬，林別駕過白沙，得執事手書，後又得所寄絶句詩，具悉雅愛。繼又聞諸人，執事以賤名汙薦尺，天官以執事之言爲重，亟賜允行。近者，蒙遣守令降臨衡宇，書幣煒煌，先後疊至。太守執斝，宣喻於庭曰：「是大方伯彭公使某歸陳白沙徵幣也。」聞命兢惶，罔知攸措。執事，當世之豪傑也。吾黨以執事爲模範，斯文以執事爲司命，廟堂以執事爲柱石。執事一嚬笑、一舉措，天下將視以爲輕重取舍。甚哉，執事之動不可輕也！僕本麋鹿之性者也。雖少讀書，全無抱負。中歲閉門，惟近藥餌。好事相傳，類多失實。執事徒信人言，以爲可用。斯名一出，士類揚之，閭里榮之，僕

〔一〕「方伯」後，高簡本、蕭世延本有「彭」字。

不知何以得此於執事。意者，方今之俗，廉恥未興，將以興之歟？奔競未抑，將以抑之歟？不然，執事眼高一世，必不以天下之望負天下之人也。夫天下，非誠不動，非才不治。誠之至者，其動也速；才之周者，其治也廣。才與誠合，然後事可成也。孔子曰：「如有用我者，朞月而已可也，三年有成。」聖人過化存神之妙，不可一二窺測。天下不動不治，動以治之，聖人與學者一爾，未有不須誠以動、不須才以治者也。如僕者，忠信不修，章句爲陋，才既不足以集事，誠又不足以動物，徒以虛名玷汙薦尺。進則無益於事，徒喪所守，以上累執事之明；止則人將以我爲固守一節，非通於道者，亦非所以立大中而奉明訓也。二者之慮，往來乎胸中，幾日而後决之。子使漆雕開仕，對曰：「吾斯之未能信。」開以夫子爲的者也，夫子不能使之仕。何則？人之知己不如己之自知。苟未信也，師不能强於弟子。僕自知甚明，惟謹素履，罔俾玷缺，庶幾丘園之義尚足以少裨明時，使奔競者愧而恬退者勸〔二〕，亦僕所以報執事之萬一也。若曰「可以仕焉」，僕不知其可也。矧今自汗又作，俯仰或過，衣裳盡濕，此亦郡守所目擊。設任之勞事，何以堪之？伏惟執事察僕之志、矜僕之愚而弗强焉，幸甚，幸甚！

〔二〕「使」字，高簡本無。

復陳方伯

近得手教，復辱多貺。拜感，拜感。役人回，謹此申懇，此後更不遣人上謝，懼煩尊也。【旁批】可法。録來徐察院文字，僕知之久矣，不欲辯也。《道學傳序》中「支」字誤刻作「交」字〔二〕，乞改之。子弟輩聞公刊此書，傾想如渴，不知可更惠數本否？干瀆不罪。

與陶方伯

比聞在師中能坐馬矣，幸甚，幸甚。周二來，得書。人情世態，相見多不合，奈何處之？交游中，有不勸人進者乎？某獨不然，是以退爲進也，非高明莫能亮之。

又 觀此書，亦有受鹹田一事，仍推與人。

潭涽拘留稻舫，稱大府下差人，果出於尊意否耶？乞降指揮。比歲鹹田之入，僕於執事，所謂待晏子而後舉火者也。然非鄧、馬二生，僕安得坐享此田哉？僕與二生約，每歲入，三分之，

〔二〕「刻」，蕭世延本作「刊」。

僕猶以爲愧焉〔二〕。黄田第四蔸，諸姪與易贇共成之。贇比二生用力尤難，所費十未酬一。伏惟執事擴造化之量，垂不朽之仁，念僕平生不苟取之小廉、不負人之小節，無易舊圖，則僕始終受賜大矣。恃愛輕瀆，不罪。

與歐總戎

遠枉專使下問。某不幸今年二月間先妣下世，自是以來，憂病相持，不復知有人世事。忽枉手教，具審朝廷大閫外之任寄於公，府江之患已平，可賀，可賀。雖然，平蠻之頌，老朽竊願公忘之。昔者，斷藤峽凱歌適足爲韓公之累，此廣右之役所以有煩於今日諸公也。公識量宏遠，所到豈可涯？安地方、復民業，惟公留意焉。病畏多言，感公厚愛，故及此。幸勿示他人以爲訕也。

與葛侍御

因辭碑文，并勸其勿碑，意當時功不宜碑。而書内引曹武惠一事，猶極委曲耳。

古岡病夫陳某頓首奉書侍御葛大人先生執事：頃者，廉憲陶公惠書稱執事之命，以平後山

〔二〕「每歲入，三分之，僕猶以爲愧焉」，蕭世延本作「每歲入，三分於僕，猶以爲愧焉」。

碑文委僕爲之，既辭以不能矣。恐執事者不察僕之心而以爲慢，別簡托於東山劉先生白之。今者，趙知縣自省還，過白沙，復申前命。竊計區區之私，非但執事與當道諸公，雖東山亦未之悉也。僕請略言之：僕每讀《宋史》至曹彬克金陵一事，未嘗不對卷斂衽而歎趙太祖之仁與曹武惠之不伐也。蓋自出師以至凱旋，士衆畏服，無敢輕肆，克城之日，兵不血刃。凡所得一十九州、三軍〔二〕、一百八十縣，可謂有功矣，武惠視之若無有也。捷至，羣臣稱賀，太祖泣曰：「宇縣分割，民受其禍。攻城之際，必有横罹鋒刃者，實可哀也。」命出米一萬賑卹之。當是時，君不知以得地爲喜，將不知以克敵爲功，一念好生之仁洋溢上下，自秦漢以來，未及見也。史臣稱武惠位兼將相，不以等威自異，遇大夫士於塗，必引車避之，不名下士。噫！何以謙之至也！《易》曰「勞謙，君子有終，吉」，武惠有之。今後山之役，信有功於民矣，諸公豈自與耶？此賊近之省城，民遭其毒者幾年于兹，前此有司固有任其咎者矣。夫以今日平盗之功，補前禦侮之不及〔三〕，正相乘除，在於仁人君子之心，視民如傷，豈容有彼此先後之間哉？夫上之治民，當休戚同之。夫久病者不以得一日之安而棄補羸之劑，病飢者不以得一飯之飽而忘終歲之憂。執事試求之百

〔二〕「三軍」，高簡本作「三兵」。
〔三〕「禦侮」，高簡本作「禦武」。

姓憂樂之情而忘其在己，必能以趙太祖之所存者處民，以曹武惠之所存者處功，則光明者益光明矣。以僕觀於一時，開誠布公未有如執事，舍己從人未有如執事，樂善忘勢未有如執事。以執事之才應天下之務，何所不可？僕所望於執事者，非直以曹武惠輩人爲法，姑舉其一事之近似者爲執事言之耳，惟亮之裁之。

與鄧侍御

承寄示《論孟古義》，讀之炳然可愛。此公長於造語，發揮殆盡，有神采，脱去時俗凡陋，真佳作也。使今之爲舉業者能如此，亦何害其爲時文也。文章與世運升降，孰能留心於此乎？微歐公，則天下不知有韓退之，侍御可謂有功於君舉矣。拙詩見意。

復江右藩憲諸公語氣多類韓。

七月二十四日，僕方困暑，閉齋獨卧，而李、劉二生適至。書幣交陳，輝映茅宇。僕再拜讀書，識其所以來之意，不敢當，不敢當。匡廬五老，名山也。白鹿，名書院也。諸公，皆世偉人也。修名山、復名書院之舊，希世偉事也。僕生於海濱，今五十有四年矣，未始聞天下有如是之事。悠然得趣於山水之中，超然用意於簿書之外，旁求儒師俾式多士，將以培殖化原、輔相皇極以無負於斯世斯民也。於乎，盛哉！昔朱文公之留意於斯也，一賦一詩足以見之，其與諸公之心，蓋異世同符也。諸公讀文公之書，慕文公之道，亦罔不惟文公是師也。自文公歿至今垂四百載，仕於江右者多矣，其間有能一動其心於白鹿之興廢者，誰歟？修而復之，既去復顧，如吾鄉翟公、李公者，誰歟？〔二〕文公固有待於諸公也。諸公誠念之，不宜謀及鄙人。鄙人非不欲斯道之明也，學焉而不得其術，其識昏以謬，其志弱以小，其氣乏餒，其行怠肆，其文落莫而不章。歲月侵尋，老將至矣。其於聖賢之道非直不能至而已，其所求於其心、措於其躬者，亦若存而若亡，雖欲自信自止而不可得，況以導人哉？百鈞之任，以與烏獲而不與童子，慮弗稱乎力也。故夫天下之事，慮而作者患恒少，不慮而作者患恒多。千里之足不蹶於遠途，萬斛之舟不虞于大水，其才足以勝之，非不慮而作者也。使之不以其誠，任之而過其分，與自欺而誤人者，其失均耳。【旁批】斬截如此，令人凜然。諸公獨不慮至此乎？天下有任大責重而禄位不與者，苟能勝之，則至大至通，無方無體，故能「爲天地立心，爲生民立極，爲往聖繼絶學，爲萬世開太平」，所謂「建諸天地而不悖，質諸鬼神而無疑，百世以俟聖人而不惑」，此其分内也。宇宙無窮，誰當負荷？伏惟諸公念之慮之，勿遷惑於衆口，期匹休於先賢，收回束幣，更聘真儒，俾諸士子有所效法，以

〔二〕「修而復之，既去復顧，如吾鄉翟公、李公者，誰歟」十八字，高簡本無。

無負於今日之意也。幸甚，幸甚。

與李白洲憲副

近者，諸姪以鹵田之訟上干臬司。此未論是非，只觀古人所以教於家、化於州閭，其道何如。甚可愧也，甚可愧也！今聞臬司公處分之，一一論之如法，加强占者罪，恐其不堪，故具此白。此輩愚民，亦嘗遣人諭之，不肯信，卒罹於法，誠可哀憫。伏乞先生操縱法外之意，曲垂寬貸。老朽此外別有處之，使知感激，彼此無怨，乃爲盡耳。亮之裁之。干瀆死罪。

又

郁丞來，得手書并近稿二幅。《元日扶醉》等作殊有意思，非但言語之工而已也。來喻所以處病夫至矣，病夫何德以堪之？頃答張主事書，尚未聞於左右耶？北門園池之勝，孰與潭州山泉？先生富馬之惠，孰與弘農公？今且使病夫爲邵堯夫乎？爲戴簡乎？病夫得附驥尾，爲羊城添勝迹於後代，豈假言哉？破數百金，先生不惜與人，顧受之者未易耳。病夫平生山水稍癖，待明年服闋後，采藥羅浮，訪醫南岳，上下黄龍洞，嘯歌祝融峯，少償夙願，然後歸拜先生之賜，未晚也。河洛後天數過九九，病夫一生不受人間供養，或者其超出六合乎？【旁批】當是戲謔語。顧別駕送契來，且與領狀。若委人承管，則未也。先生亮之。

又

數日前，山東邦伯之報至矣。彼有來蘇之望，此有卧轍之憂，奈何，奈何！不審何日啓行，制中但有心送。南北日遠日疏，歲云暮矣，復有盍簪之期否耶？北門園池之賜，聞者以爲美談，某不欲以一時虚名累左右。券書一通，謹封納。平生山水債欲償之餘年者，託周生口陳。高明想能亮之。章再拜。

復陶廉憲

使至，辱手書。承當道諸公欲以平後山碑文見委爲之，僕竊怪執事之知僕猶未至也。今天下能文章，富經術，言足以取信將來如一時，諸公會於省中，可謂盛矣，不自操筆而以委於不能。若僕者，素無文彩，比年以來，益以衰病，愈見荒落，無足觀者。强顔爲之，徒爲有識所哂。況於多言干譽，尤非退者所安。區區之私，執事能亮之。使回，謹此復。〔二〕

〔二〕「此」字，高簡本無。

又　看此書十分爲丁委曲，至以俎豆許陶。蓋陶舊爲新會，見丁之祠，或非其好也。

作縣如彦誠，其賢未皆古之循吏，邑人懷其惠矣，議立廟以報之。倘以聞於執事，頷之，民將歸心焉。蓋「民之所好好之，民之所惡惡之」，此得民之要道也。況丁令在官，簡於事上，執事嘗抑而教之，今因民之請廟而與之，而遂成其名，執事之量宏矣。抑聞之，千金市駿骨，況生馬乎？僕知執事百歲後，俎豆於斯民，當自我邑始，則有徵矣。

又　觀前後書，則陶亦時人耳。

比日，邑中聞執事至，凡近年以邑科取民者皆罷之，民大悦服，爲可賀也。前此豈不恤其情而强徵之歟？感應之機，捷於影響，願執事永矢此心，所以保功名於晚節，期俎豆於將來耳。憂病中聞此消息，不勝慰喜之至。謹此布忱。

又

某病卧一齋，寄名於石而無其實。英德石形峭立，或層起十數尺，奇絶可愛者，能致數片置庭兩隅，朝夕趺坐對之，志願足矣。然須得便舟可付。闃然勞人，則又非所愛欲也。不具。

又

辱手教。興師弭患，動中機會，爲可喜也。後山禍機久伏，使謹於微，則無今日之役。今首惡既誅，暫停搜捕之師，宜慎玉石之辨[一]。於疑似不決者，寧詘法以信恩，此則天地好生之仁，子孫享無疆之慶，執事固有之，奚容贅？

與胡僉憲提學

惠曆久不謝，罪罪。李山人至，蒙賜《相山骨髓》等書，珍感無已。僕常粗涉郭景純《葬書》，愛其辭約而旨奥，反復讀之，蓋無難曉。及乎真形在目，美惡雜陳，則又茫然無所區别。以此知讀書非難，領悟作者之意，執其機而用之，不泥於故紙之難也。況此經鄭玄默所注穴法處，謂「不得師傅口授，終無自悟之理」。吴草廬亦云：「提耳而誨之，可使不識一字之凡夫立造神妙。」【旁批】此語不善用，多至誤人。如其言，盡讀堪輿家書，不若得其人而問之易了。李君經宿别去，

[一]「辨」，原作「辦」，據高簡本、蕭世延本改。

非久當回白沙。其人頗謹厚，而又爲高明所與，疑亦有過人者，第患無能深知之耳〔一〕。承喻欲來新會，企渴，企渴。予久卧衡茅，未即進拜，則有其説：布衣陋儒，謬爲王公大人所愛，惟恐不自重以爲門下辱。矧今士習非古，一驕一諂，交病天下，有識方以爲憂，如僕者縱不能救，忍助之乎？惟亮察，幸幸。某頓首憲司執事。辛卯月日書。

又

某啓：昨來枉駕，感愧無量。承寄示《遊山》詩改定次聯，又佳又佳。上下二句，大小氣力停匀，自是實事。魚鳥亦指隱居而言。晦菴詩云「我是湖山舊主人，歸來魚鳥便相親」，意亦如此。或以爲形容道體之言，則恐涉於太深，上下承接不來，未知是否？大凡文字不厭改，患改之不多耳。惟改方能到妙處，而發之易者恒不能多改。比見閣下於此詩略不經意，以爲當終置之不復改。此詩雖不改亦無害，但不知其於他文如何，深以不及對面一扣爲恨。後得此紙，然後知閣下非吝於改，而改之益善。日令兒輩誦此二句以爲喜。昔者，嘗聞歐公作一小簡，反復改之，有改至八九次者。歐公期於言者也，其不苟有如此，宜其傳之遠也。吾人大抵以不專之學，

〔一〕「知」，高簡本、蕭世延本作「扣」。

方其爲之也，鹵莽潦略而不自知，又何怪夫古人之不可及也？推之凡事，亦莫不皆然，蓋非止作文一事而已。使回，謹此奉瀆，不罪不罪。

又

奉别忽已踰年，想望之私，無日不爾。昨日，生員易彬送到羅明仲、林蒙菴、丘蘇州書札，得知先生體況安佳，深慰勤企。某近又以人事過煩，自汗時發，畏風如昨。閉齋偃卧竟日，絶去思慮酬應，以俟此氣之復而已。下車之始，即欲遣人上問，尋聞往梧州。昨晚兒自五羊回，乃知先生自梧州還，尚未知何日得拜見也。閩中陳剩夫者，先生所知，不幸去年秋間死矣。其人雖未面，然嘗粗聞其學術，專一教人静坐，此尋向上人也。可惜，可惜！舊歲，莆田有一舉人林體英來訪白沙，與語兩月，比歸亦能激昂自進，不知其後何如也。此學寥寥，世間無人整頓得起，士習日見頽靡，殊可憂也。疲極，未由往拜，專令學生持此候先生起居。别後相遇何人，伏乞垂示。幸幸。

復趙提學僉憲

看來先生甚重禮教，亦從六籍上煞用苦功來。迨其自得，卓然自成一家。

來教摘諸聖賢垂世之言與僕之事，參而辯之，大抵愛我深而告我盡也。僕用是知執事之心，一峯明白不欺之心也。一峯死，僕哭之慟，以爲自今而後不復有如一峯者，今乃有執事，幸甚，幸甚！執事爲説，本之經訓，與僕所以爲學、所以語人者同歸而殊途。但僕前簡失之太略，執事見之太明，故疑僕之意異於執事，而實不異也。執事謂「浙人以胡先生不教人習四禮爲疑」，僕因謂「禮文雖不可不講，然非所急」，正指四禮言耳，非統論理也〔二〕。禮無所不統，有不可須臾離者，「克己復禮」是也。若横渠以禮教人，蓋亦由是而推之，教事事入途轍去，使有所據守耳。若四禮則行之有時，故其説可講而知之。學者進德修業以造於聖人，緊要卻不在此也。程子曰「且省外事，但明乎善，惟進誠心」，外事與誠心對言，正指文爲度數。若以其至論之，文爲度數，亦道之形見，非可少者。但求道者有先後緩急之序，故以「且省」爲辭。「省」之言略也，謂姑略去之不爲害耳。此蓋爲初學未知立心者言之，非初學不云「且」也。若以外事爲外物累己，而非此之謂，則當絶去，豈直「省」之云乎？【旁批】發明甚好。「不規規於往迹以干譽目前」，僕之此言，亦有爲而發，嘗與胡先生言之矣，非諷執事也。此不欲形於筆札，俟面告。執事於僕，謂無間者也，苟事有未當，僕得盡言之，豈假諷哉？僕才不逮人，年二十七始發憤從吴聘君學。其於古聖賢垂訓之書，蓋無所不講，【旁批】原從博文來。然未知入處。比歸白沙，杜門不出，專求所以用

〔二〕「理」，蕭世延本作「禮」。

力之方，既無師友指引，惟日靠書册尋之，【旁批】羅文恭曰：「先生致虚之説，無所因襲而求以自得者也。不然，康齋踐履密矣，鳶飛魚躍之説何自發耶？」忘寝忘食，如是者亦累年，而卒未得焉。所謂未得，謂吾此心與此理未有凑泊脗合處也。於是舍彼之繁，求吾之約，惟在静坐。【旁批】豈得魚忘筌耶？久之，然後見吾此心之體隱然呈露，常若有物。日用間種種應酬，隨吾所欲，如馬之御銜勒也。體認物理，稽諸聖訓，各有頭緒來歷，如水之有源委也。【旁批】此數語，非自得不能道。於是涣然自信，曰：「作聖之功，其在兹乎！」有學於僕者，輒教之静坐，蓋以吾所經歷粗有實效者告之，非務爲高虚以誤人也。執事知我過胡先生而獨不察此，僕是以盡言之，希少留意。餘不屑屑。先生論學，惟此篇、《與張東白》二書最詳，宜參看。

又

記《語類》所載，文公力疾與學者語，勉齋見而止之，文公曰「除是楊朱不理會人，我即不曾學得楊朱」，亦此類也。執事顧以爲不可乎？海雲更號，極是率爾，敢不承教？執事録示張東白詩，且疑僕更號、逃禪，不能擺脱此語，聞之不覺失笑。執事固愛助我者，請問今所疑於僕如此，果何自來耶？若出於東白，未可據也。東白蓋僕昔論學書中一二語，偶未深契而料想至此，從而疑之，竊恐未爲至論。只如此詩者，偶讀《宋文鑑》，和得半山詩數首。論者云「陳公甫喜荆公輩人」，直如此草草。僕平生得無巴鼻之謗多類此，可怪也。聞執事將赴京，不獲數侍誨，聊復此，不一一。

又

語氣往往似韓。其平生解嘲，盡在此書。

古岡病夫陳某再拜書復僉憲趙大人先生執事：伏讀來諭，執事所以進僕者至矣，所以教僕者亦至矣。僕一顓愚人耳，凡百無所通曉，惟知自守而已。曩者至京師，與諸賢士大夫游，日聽其論議天下之事，亦頗有益。惟是愚懵，終不能少變以同乎俗，是以信己者少，疑己者多也。僕之所深與者皆執事同年，而獨執事之名未聞也。奉附到董給事書，其中稱道盛德不少置，僕私心喜甚，以爲此來當得一見。非子仁，僕無以知執事。然以子仁之言，又未嘗不追恨於京遊之日也。承喻有爲毀僕者，有曰「自立門户者，是流於禪學者」，甚者則曰「妄人，率人爲僞者」。凡於數者之詆，執事皆不信之，以爲毀人者無所不至，自古聖賢未免見毀於人。甚矣，執事之心異於時人之心也！僕又安敢與之强辯？姑以迹之近似者爲執事陳之。孔子教人文、行、忠、信，後之學孔氏者則曰「一爲要」。一者，無欲也。無欲則静虚而動直」，然後聖可學而至矣。所謂「自立門户者」，非此類歟？佛氏教人曰静坐，吾亦曰静坐；曰惺惺，吾亦曰惺惺。調息近於數息，定力有似禪定。所謂「流於禪學者」，非此類歟？僕在京師，適當應魁養病之初，前此克恭亦以病去。二公皆能審於進退者也，其行止初無與於僕，亦非僕所能與也，不幸其迹偶與之同，出京之時又同，是以天下之責不仕者，輒涉於僕，其責取証於二公。而僕自己丑得病，五六年間，自汗時發，母氏加老，是以不能出門耳，則凡責僕以不仕者遂不可解。所謂「妄人，率人於僞者」，又非此類歟？僕嘗讀程子之書，有曰：「學者當審己何如，不可恤浮議。」僕服膺斯言有年矣，安敢爭天下之口而浪爲憂喜耶？其晦也不久，則其光也不大；其詘也不甚，則其信也不長。物理固亦有然者矣，僕或不爲此戚戚也。且僕聞投規於矩，雖工師不能使之合；雜宫於羽，雖師曠不能使之一。何則？方圓之體不同，緩急之聲異也。尚何言哉〔二〕？惟執事矜其志而略其迹，取之羣咻之中，置之多士之列，則天下之知僕者無如執事矣。幸甚，幸甚。都憲公雖未見顔色，然仰之十餘年矣。比聞下車以來，德政之布，沛若時雨，上自士大夫，下至閭閻小民，莫不欣躍鼓舞。僕固願一見，況始者嘗辱一言之譽，僕又豈敢自爲疏放，比於固執者乎？使回，謹此以復。冒瀆威尊，惶恐無已。

〔二〕 高簡本、蕭世延本重「尚何言哉」四字。

復周廉憲時可疏

疊紙徒悉雅愛，往往欲答，輒無可語。十數年來，人遠事殊，非惟拙者罷論當世，即如稱述前古高岡遠流、振衣濯足許事，閣下諒亦厭聽。平生進退、憂樂兩言，自餘無可縷縷。若夫言離索，問起居，此彼往來，日瑣瑣只亂人耳，亦不足道，惟照亮。壬辰五月日，古岡陳某再拜。

與徐嶺南

徐，名紘，武進人。先生既殁，常三復是書，曰：「先生林下，其心日在吾君吾民。」

切見本縣近年以來，盜賊日生，訟牒日繁，人情放濫，略無檢束，風俗惟見日不如前矣，未聞有反復之機。於乎！安得賢守令識理亂之源者與語是耶？頃者，誤蒙寵顧，衰病不出，無由進謝。自念老病山林，徒負虚名，無涓埃可以答一顧之辱，謹以是言進，惟閣下亮之。程子曰：「治天下以正風俗、得賢才爲本。」秦漢以下，論天下之治者，必以復三代爲至。三代之君何君也？其政教何政教也？苟欲復之，從何處下手耶？必如明道先生之言，是真能復三代手段也，而不見用於時，惜哉！伏惟大賢爲政，務實而行。自今而往，一令之下，一政之行，必求其有關於風俗者三致意焉，是誠聽訟理人之第一義也，是誠經綸天下之實地也。幸甚，幸甚。

與張憲副廷學

相別六七載，忽得一會，尋又別去，如之何不懸懸也？百番紙盡作草書，不敢辭煩，但恐篋笥不容，因此益播吾拙蹟於天下，鍾、王輩笑人耳。

又

京師一別，逮今六年，中間不幸彭年早世。僕自己丑得疾以來，人事十廢八九，雖承訃以興哀，乃無疏以奉慰。尋自度於閣下如此，宜得棄絶之罪，然而終不復疑者，誠以閣下愛僕，亦猶僕之愛閣下故也。比者，獲手書，三四讀之，然後知衆人所以待僕之心異於閣下之心。然閣下不欲正言之，但微示其端於僕，非僕有嫌於閣下，乃閣下引而不發，其不可者以意示之，將使僕深思而識之耳。雖然，僕何敢以望於閣下者望衆人哉？不知其人而好之，畏其人之加己而勿與之爭，【旁批】不知其説何指。自古未嘗有此也。是故始求之深以取困，大《易》所以凶「浚恒」也。言不離乎道，行不迷乎窮，出處、語默、去就之權，操而用之，必概乎義。苟如是，榮辱之至自外者，斯任之而已。僕之所守如此，閣下信以爲何如哉？僕不善交人，數十年間所交，其在上者，久而不衰，惟閣下與莆守潘舜絃而已。然止於相愛之深，知己則未也。而以望於一切之人，此僕所以不敢也。僕受氣本不多，疾病乘之。近年以來，齒髮都耗，精力寖衰，故又不樂與人俯仰。方將投名山，選幽谷，枕流漱石而老焉，幸而老母粗康，諸兒女婚嫁漸次可畢，往無日矣。閣下仕於朝爲臺官，其在外也爲按察官，可謂進得其地矣。大丈夫欲行其道於時，自宰執而下，宜無有先焉者矣。閣下謂「鷹鸇不如鳳凰」，即如引裾折檻，請劍斬佞臣頭；埋輪都亭，將壞白麻而慟哭。凡若此類，疑閣下小之而不爲耳。至如明刑弼教，保任皇極，以壽國家無窮之脉；其次，抑邪與正，彰善癉惡，必行己志，不爲利誘，障百川而東之，回狂瀾於既倒。此宜無不在我者，顧猶有掣肘之歎耶！閣下昔何所自任，今忽諭以乞身之圖，僕之所不敢聞也。【旁批】卻不許，知其非情耳。恃故縷縷，辭多率易，伏惟恕納而賜聽焉。幸甚，幸甚。

與黄大參 先生以士夫難進易退爲衰世扶名教第一義，學者宜深思之。

某啓：人出處、進退、去就之節，不可苟也。非但不可苟仕，亦不可苟止。始者，執事由端陽入省履任之初，枉棹白沙，獲聞仕止之言。夫絶塵步驟，固知其不與凡馬同，然不謂得意而往，超然脱其銜勒，一息萬里，如是速也。「相逢盡道休官去，林下何曾見一人」，非靈徹《寄韋丹》詩耶？流傳世間，識者笑之。執事真無負斯言哉！病卧山樓，聞此信息，竊以爲喜。他皆未暇論。

與戴憲副

恭聞執事榮拜憲副之命，引領台階，倍增喜躍，不知微疴之在體也。小廬岡書屋近方粗完，四方士來遊白沙者，於此處之。能使退休腐人暮齒不忘于學，猶日與二三子周旋，考德問業其中，庶幾其少有得焉，則此屋之名或者可配此山林無窮，是亦執事之賜也。并此叙謝。帕二方，表賀忱耳，不拒爲榮。

與王樂用僉憲

夫詩之盛莫如唐，然而世之大儒君子類以技目之，而不屑效焉，則所謂詩之至者，果何人哉？僕於此道，未嘗一得其門户。尋常間聞人説詩，輒屏息退聽，不敢置一語可否。問其孰爲工與拙，罔然莫知也。比歲，聞南京有莊孔暘者〔二〕，能自樹立，於辭不一雷同今人語，心竊喜之。稍就而問焉，果出奇無窮。及退，取陶、謝、少陵諸大家之詩學之，或得其意而亡其辭，或得其辭

〔二〕「莊孔暘」，原作「莊孔陽」，據高簡本、蕭世延本改。按：此指莊昶，字孔暘，學者稱爲定山先生。《明史》有傳，見《明史》卷一百七十九。

而遺其意，或并辭意而失之。蓋其所謂夙生暈血，終欠一洗之力；而又懼其見譏於大儒君子，終所謂技，不可曠歲月於無用，故絶意不爲。凡學於僕者，亦以是語之而無有疑焉者矣。

又

執事懷抱利器，退處林下者幾三十年，晚用薦者復起爲臺官，出臨嶺海，首舉盛禮，酹於亡姒墓前，遠近聞者興歎，不肖孤無任感德愧謝之至。一峯先生墓木拱矣，執事言必稱一峯，豈但思慕之不忘而已，亦將以一峯生平念念不肯忘天下、卒莫達之天下者小試之，見道之可行耳。夫士能立於一世，或以道德，或以文章，或以事功，各以其所長。其出處、語默、進退、去就，不能皆同，亦不期於同也。執事安於所遇，不求其迹之似，其未慊於用者姑置之，以其能者用之而益小心焉。【旁批】學在守其所有。幸甚，幸甚。某病且老，無足爲世用，或能爲執事紀録一二成績以昭示後代，慎無曰「人莫知我也」。過辱厚愛，謹此復。制中，不果自書。

又

惠州孔子廟，作者不自爲記而以委諸人。某屏棄筆硯事，于今三年矣，吴秀才請試之，不亦左乎？國滅臣死，歷代之常。堂堂華夏，夷狄據而有之，非常之變也。遇變而死，爲君義也。爲中國死，内夏外夷，《春秋》大義也，故大之。大之者，謹之也。文山與張、陸同祀厓山〔二〕，扁曰「大忠」，謹書法也。今廟於海陽，直取文山所存與其所遇拈出碑之，以風勵萬代〔三〕，其亦可也，不必襲大忠之名與厓山同也。拙見如此，可否，幸裁之。

與吴黄門世美

小詩不足以光先德，但比於他文，此爲切實耳。凡觀人者，審於愛惡取舍去就之間，足以見之矣。所貴乎作者，謂其言之不妄，可以傳遠。若筆鋒無力，拈掇不起，則無如之何。

復林府尊

先生不肯爲東山破戒，亦惟東山能諒之。

順德令來，辱書，承以送東山先生序文屬之僕。東山先生愛百姓如己子，百姓戴之如父母，偏觀當世，未見有如此者，僕所目擊，序奚宜辭？顧僕平生拙學，於出處語默有不容不致其慎者，不敢不告也。僕於送行之文，間嘗一二爲之，而不以施於當道者，一則嫌於上交，一

〔二〕「厓山」二字，高簡本無。

〔三〕「萬代」，高簡本、蕭世延本作「百代」。

則恐其難繼。守此戒來三十餘年〔一〕。苟不自量，勇於承命，後有求者，將何辭以拒之？僕聞「愛其人必欲成其美」〔二〕，僕之辱愛於執事，不可謂不厚，獨於此疑未之察耳〔三〕。伏惟執事終始此愛，不强其所不能，幸甚，幸甚。有李某者，嘉魚人，近自其鄉來白沙，其人東山先生知之。其爲文有氣采，僕讓之。慷慨特達，樂聞人之善而樂道之。僕謂執事倘可以此文托之乎？然否，惟命。

又

執事以清才理劇郡，克勤克慎，聞者歛衽，胡久淹也？位不稱德，惠止一邦，意者造物付畀于人，小者速而大者遲乎？天氣向暖，惟順時加愛，以需天寵之至。不宣。

與黃太守

疊來珍惠，感悚可言！曩與黎生談及近來碑刻無可者，安得美石而用之。黎生遂以聞於執

〔一〕「年」後，高簡本、蕭世延本有「矣」字。
〔二〕「成」字，高簡本、蕭世延本無。
〔三〕「疑」，蕭世延本作「偶」。

事，不俟其請，即日黎生與石俱至，物良意厚，老朽何以堪之！丁彦誠，江右人也，遺愛在敝邑，百姓共立廟報之。今置此石於此廟，一以表茂宰之賢，一以侈郡侯之賜，其殆庶幾乎！雖蒙貪得之名，所不辭也。無由造謝，謹此布忱。偶有山水畫四幅，作者不知爲誰氏，愛其遠且淡，謹封上。倘賜一觀，亦斯人之幸也。孤哀子陳某稽顙再拜郡尊黄先生。

與張太守克修

張名吉，餘干人，以名節自持，後爲副使，劉東山曾舉以代己者。與先生論學，卻未深契。

邇者修建祠宇、墓亭，各已有緒，實賴仁者廣濟之力，知感，知感。竊聞治郡以嚴，令下而人爭趨之，無敢後者。向去買木人不知所裁，木被雨漂流者，民之負約者，一切宜置之，而以聞於左右。夫利乃衆人所趨，義則君子所獨，萬一以我故干累於民，非細事也。告乞已之，千萬之懇。自兹以往，更不發人買木，亦乞明示該縣將來，切囑，切囑。制中不他及。某再拜黄堂張先生。

與王太守

部内陳某肅啓郡尊黄堂大人執事：某久病山林，無裨當世，誤承厚愛，貺以殊禮，揣分實踰，然而不敢辭謝者，上下之體嚴，德禮之感深也。側聞新歲以來，郡政過勞，頃刻萬端，日不遑食，或至三鼓不得就寢〔一〕，起居欠佳。某欲進拜郡庭，爲一郡生靈謝，久病未能出户，下情無任感戀之至。謹具啓，用申下忱。手戰，作寫不謹，伏乞台照。弘治己未正月望，陳某頓首。

與丘蘇州

書内稱周，即莆田周翠渠瑛也。周嘗謂先生「神清氣完，心地定貼，往往以靜觀天下之動，竊以爲古閉關人也」，似未深契。

辱書，知起處，甚慰。僕以疾病跧伏海隅，比於縉紳往還中，非平昔素知，不敢輒上問。多罪，多罪。承喻周翠渠守廣德有聲，因記曩歲周侯《贈賀克恭》詩云：「黄門仙客歸遼左，少室山人憶嶺南。我亦塵埃難久住，木蘭溪上浣青衫。」周侯後以進士留京，以書來番禺，僕次韻戲之，未及寄去。周侯尋守廣德，僕以不能默默，而竊喜周侯之有爲，又喜先生能與人善，益思周侯所以處於克恭與僕之間，其始終去就可不可之權，先生蓋未知之也。爲絶句一篇，并前次韻録去以發千里一笑。

〔一〕「三鼓」，蕭世延本作「二鼓」。

又

閣下秉好德之常性，有成物之美意，辭氣所發，藹然盛大。如閣下之心，達之天下有餘也，奚論一郡？僕於是不能不一賀，非賀閣下也，賀蘇之人得賢守，使鰥寡孤獨者得其所也。雖然，閣下不以行道自任，而以養親爲辭，僕於此蓋又不能無疑也。郡準古封建爵爲諸侯，出入備五馬之容，刑賞行一郡之政，邦之安危，民之休戚，無不繫也。孟子曰「有官守者不得其職則去」，言不可濡滯也。僕聞之：「君子之事親也，盡其在我者，不必其在人者。苟吾之所爲不畔乎道，不愆乎義，則其爲孝也大矣，禄之失得弗計也。」閣下以爲何如？

與林春官

承諸公起居，甚慰。周先生爲廣德得人心，稍稍前此，丘蘇州書來，亦謂如此，可賀，可賀。往者，京師與廣德步月閒談，異日或出或處，必相料理。今日閱此紙罷，因記「木蘭溪上浣青衫」之句，不覺呵呵，遂成拙詩：「梁石終爲廣德州，木蘭溪上水空流。詩中往昔三人共，海上如今兩鳥囚。給事易爲清靜退，山人真脱網羅愁。如何皂蓋不歸去，應爲蒼生未肯休。」以爲使廣德及克恭輩見之，當發一笑，故併録奉左右。倘達之諸公，亦足當一簡也。南海某再拜春官林大人閣下。

與吴惠州繹思

僕腐儒也，生嶺左四十又七年矣，乃無以自見於天下。頃因一二輩流妄加推讓，於有所不爲之中置賤姓名焉，執事從而齒録之，乃不自矜重，具酒與幣，勤一介於千里，賜之手札而問焉，僕何足以當此？慚悚，慚悚。然僕之所以不辭於執事，非昧於自度，辱執事使也，徒欲以廣執事之心，使天下稱執事者，以執事爲有禮，且曰：「執事於不賢而譽且禮之，況其所謂賢者乎？」亦昔人「請自隗始」之義也。郡，大封也；太守，大官也。當風化未還之日，獄訟實繁〔一〕，幸而主者不敢怠於其職，疲神竭知，夜以繼日，孳孳猶恐弗及。如此者，今之所謂賢守也。執事光明磊落，優游而敦大，規模氣象迥異常流，使勤於聽訟矣而又不遺其本焉，此僕所以承風而知慕〔二〕，覽幣而弗辭，其心蓋又有激於此也。若夫君子進爲君，退爲親，進退可否之機，執事研之熟矣，僕何敢仰疑於萬一哉？使回，并此布悃。不罪。

〔一〕「實繁」，高簡本作「日繁」。
〔二〕「承風」，高簡本作「乘風」。

與汪提舉

白沙陳某啓：千里一緘，由辭以得意。足下垂愛之至，非尺牘能盡，章何德以報之？承示近作，足見盛年英邁之情。大抵論詩當論性情，論性情先論風韻。無風韻，則無詩矣。今之言詩者異於是，篇章成即謂之詩，風韻不知，甚可笑也。情性好，風韻自好；性情不真，亦難强説。幸相與勉之。知廣大高明不離乎日用，求之在我，毋泥見聞，優游厭飫，久之然後可及也。人自海南來者，稱足下事功之偉。阮從事至，益聞所未聞，足慰翹企。雖然，局於見聞者未必知也，如修古等作，誠美矣，人徒知慕修古之名，抑孰知修古之實之著於今日者何如也。覩往可以知來，一真一切真，得其門而入者，無遠弗届也。足下欲顯其親於無窮，豈專待是耶？白洋真境，想像不來，别紙塞命，良慕高尚耳。不多及。弘治戊午八月九日，某頓首海北汪侯足下。

又

足下事功之奇、襟韻之勝，安得一寄目於冷香以盡作者之妙？今之畫圖，能令武夫俗吏見者莫不鼓舞稱快，況吾人哉？雖然，非病夫意也，病夫何足以當之？足下以是心求進於古之人，庶乎無遠之不至矣。李世卿期我於朱陵，沈督府書來問行，張東所已辦一杖雙屨隨我，顧今病勢尚未可動。餘無足道者。

與顧別駕止建白沙嘉會樓

執事未有不以公務而止敝邑者。今日之事，欲爲名教樹無窮風聲於後代，而姑託始於僕以爲之名。伏惟按治廣東侍御熊公，揭名嘉會，選能集事一人，使相地白沙，問於我府主林先生，以得執事，遂盡聞於我藩憲諸老先生，倡斯和之。興一役而衆論攸同，舉一義而多士知勸，百餘年間，嶺海之内未聞有如今日之盛者也。顧僕何人，俾以虚譽濫竽斯會，區區不勝感激愧悚之至！執事以才識卓異見重於時，諸公誠信而委之。僕愚以今地方多虞，民苦力役，斯亭之建，雖以賢別駕主之，然寸土尺木不無勞費在民。願執事再加處分，以復按治之命。苟可已之，不但紓民之力，而「負且乘」之譏亦且不及老朽以貽玷諸賢，尤見執事相愛之至也。幸甚，幸甚。

又

山樓小構，清白俸餘之助得之公，不以愧謝。「士詘於不知己，而信於知己」，此僕所以每受賜而每不辭於公也。雖然，厚德不可以不報。尚友古人，永矢一心，進以禮，退以義，不受變於時俗，近之則可親，遠而望之益光，此僕所願望於公如是。若徒以身爲溝壑，無所規益，舍己循人，與時勢上下，非僕之志也。鐫者偶有所適，碧玉樓詩刻俟後寄。所示從吾先生送張巡檢詩，何不類平生之言也？分惠諸兒輩及諸士友曆日，分付一一，感公盛德，并此爲謝。

與余通守

某啓：今日里長付到黄曆五本，前此寄來《鄉試小録》一本，具有封識，已一一驗領。疊辱台貺，豈勝榮幸！某本田野之人，濫竽士列，凡於公卿之門，惟知尊敬盡禮而已，不敢隨衆奔走以負其初。其有賜於某者，既於家中拜受，更不進謝。惟炤亮。不具。

復胡推府

辱書。英特不羣之氣溢於言外，而其中耿耿欲與世抗，尤於詩焉見之。前數日，托倪指揮送去手書，弗及，想未達也。承以得卑官爲喜，古之善處困者如是。雖然，未若忘之愈也。忘之都無事矣。詩本温厚和平，深沉婉密，然後可望大雅之庭。執事之作，其果近之乎？如其未近，則當易故求新，增其所未高，濬其所未深。然不獨作詩爲然也。卧病餘旬，不能舉動，感兹遠别，又重違左右，强勉數紙，不能佳也。不審何日離省，區區馳戀之私，想能亮之。書墨并此謝。

與順德吴明府

頃者從事至，辱書貺爲感。適姜仁夫在坐，不即裁答。仁夫説足下縷縷。去歲首夏，李世卿過白沙，至臘初始别。開與論一時人物，世卿亦以後進之才稱足下。章於足下所存，不待書而悉也。念昔蒼梧之會潦略，幾於失君矣。顧今乃蒙不鄙，瞻望清光於咫尺，得非幸歟！章衰疾不出，足下拘於官守，未有相見之期。惟當洗耳林下，以冀鄰壤頌聲之來。足下將不以循吏之事讓古人也。

又

出處語默，咸率乎自然，不受變於俗，斯可矣。以張梧州先生與獻臣近日所爲，章皆未得其詳，不敢懸決是非，俟面盡。

又

梁生至，辱手書，具審被誣事今已釋然，甚慰。明府惠愛在民，民以是報，何耶？凡天損之來，吾無以取之，可以言命矣。唐中丞稱潘時用之賢，悼鄒汝愚之死，小抑大扶，朝低夕昂；張梧州之於督府，皆可謂知己之遇，夫復何憾？承一一示。明府豈徒羨彼者耶？陶邦伯才能集事，威能禦暴，便可當一面之寄，其他未敢輕議。大抵用人不求備。議者謂中丞公人物一大鑪治，百鍊之則真金出焉。順德小邑，治之不難，而有難者，其誠乎！誠則不言而民信，無爲而化成，觀於明道先生治縣，則可知用智之不足貴矣。承下問，不敢不盡，明府以爲何如？

與趙明府

平後山碑文，僕已謝於陶公，非敢有愛於言也。夫文以紀功，必書首事。主後山之役者，誰乎？今秦公已去，存者兩府，皆非知僕者也。孟子譏未同而言，此豈止於未同而已也？一二十年來，僕與人爲記、序等文，多不過十數碑而已，爲陶公者半之，謂僕於公有所擇於言乎？必不然矣。司馬公作相，欲除諫官而難其人，問於伊川先生，不對。公曰：「出於子口，入於光耳，何害？」伊川終不爲言之。語默要自有當也。若不問可否，惟以相與之密而責之言，伊川爲不忠矣。僕廢退之餘，恐收斂之不謹以取罪累，實非有他也。惟執事亮之。

答陽江柯明府

頃者，有胡秀才來謁白沙，能道執事志行之美。章多病少出，於執事無一日之雅，聞秀才言，爲之動容起敬，已置執事於東南十郡内賢守宰之列。所謂生而民愛戴之，死而民俎豆之，以此期待陽江而注仰之久矣。蒙辱手教，承已表識張太傅墓，又於墓前搆祠祀之，與厓山同。幸甚，幸甚。以今觀之，執事所作，皆風化首事。尋常只是簿書俗吏取辦於目前耳，何嘗望見陽江脚板耶？祠記某當作。昔聞秀才言執事表墓建祠，某已心許執事矣。顧今拙病未能脱體，少延歲月，爲之未晚也。病倦，不能具大狀。使回，聊此復。餘不一一。

與任明府

天下之事，成之惟在威信。威信一立，無事不可爲。苟無威信，則無其本，難乎其立政矣。明府裁之。

與曹知縣

執事去新會二十年矣，何由復見執事？日侍貞節堂，延接四方賓友，與言昔者土木之興，衆工一日具舉，執事悉心於名教，常在人目，雖不見猶見也。堂成而執事解官，堂今存而老母下世。俯仰今昔，情如之何？恭惟執事才足以立事，勇足以行志，而竟不爲世用。或云見曹長官於京師，或云退而家居，慷慨如平時。欲致一書慰執事，無可托者。男子蓋棺事方定，士所遇有時焉耳。鮑叔有聞於後代，以其能真知管仲也。雖不仕齊有功〔二〕，九合諸侯，一匡天下，鮑叔賢之。烏乎！世復有斯人乎？執事以某之言爲然，則凡世所汲汲而後見者，皆不足以望執事，亦非所以厚執事也。李世卿還嘉魚，輒此奉候。粗布二端表遠忱。制中，不多及。

與梁知縣

三郎回，能道漳平初政，甚慰懷仰。居下而能獲乎上，事功將日大，聲聞將日著，可賀。今之從政者，豈必盡如古之人？但髣髴其一二，世必以良吏目之矣。又能始終表裏無間，將來必大有可觀，幸卒勉之。惠絹，感感。耳邊常得好消息，不用寄物也。孤哀子陳某書復賢親明府足下。

與莫知縣

顧別駕使來，具悉宦況安好爲慰。諺云「過後思君子」。方在新會時，百姓未以明府之去留爲欣戚；去之封川，然後懷之不置。安知今日封川之民，不如昔日之新會乎？山村寂寞，無物

〔二〕「雖」字前疑脱「管仲」二字。

可以將誠，緘附來使轉達，道意而已。不多及。

與鄭知縣兄弟 乙卯十月十二日

丁明府彦誠，今之良宰官也，遺愛在邑，邑人思其德，欲爲廟以報之。此義舉也，吾輩當爲之倡。今附去疏文一首，幸留意。富者多助，貧者一錢勿棄，大要見此舉報往勸來，出於民心之公，庶幾光明正大，可以傳遠。今卜地在白沙里社前，與嘉會樓相望，亦其平生所樂遊之地，留題真跡尚在壁間，吾知其必享也。

回祝主簿

未拜一顧之勤，此貺疊至，皇恐，皇恐。閣下以至公待民，使一邑受賜，則惠之所及廣矣，豈獨某哉？夫公必有養而後能。某於今日之賜，不敢不受，亦不敢不讓，所以廣閣下之廉以養公也。僭率不罪。壬辰五月日，某頓首。

復梁貳教伯鴻

尹秀才至，辱書，兼拜《汝帖》之貺，感感。足下病不能任官，貧不能供母，迂不能入俗，直不能干人，足下持此孑孑，何以度世哉？承欲挾卜以遊，足下設言之以自遣耶？將仰給於是，如昔君平之爲耶？頃者，何廷矩在胥江開卜肆，竟無一人售者，足下聞之否耶？此非愚慮所及，足下善自謀之，無令古人笑今人也。顔淵、季路皆可師法。聞足下有少田業，勤耕而節用，可以不死。雖甘旨之奉不足，亦士之常分，揆於道義，無不安也。舍此而他圖，心日勞而困日甚，足下其如命何哉？人還，匆匆聊此復，不能悉。

與林蒙菴

林書必以俗情愛先生，故曉以此意。文字婉轉，得自昌黎。

某啓：不聞問久矣，忽得手書，讀之恍若蒙菴之登我堂也。昔者，嘗一造蒙菴於京師則拜蒙菴，今思蒙菴而不見，見蒙菴之書則拜其書，如對蒙菴焉。嗚呼，可勝慰哉！賢者之愛人也期于德，不賢者之愛人也期于姑息。讀蒙菴之書，知蒙菴之愛我，亦如我之愛蒙菴也。雖然，有甚愛者，有甚憂也。蒙菴之愛我甚，其於人也則憂；僕之自愛則憂，其於人也則否。憂其憂，無憂人之憂，其亦有以異乎？蒙菴官于朝也，則行乎朝；僕之居山林也，則行乎山林。蒙菴欲以其道施諸人，僕猶未免於自治，其不能無憂一也，在己在人則殊耳。梁石、時可之憂在己者，而亦爲人憂；克恭則舍其在人者以自憂。是三人者，僕皆有慕焉，而其憂不同，又何怪乎出處之殊也？蒙菴所稱胡提學，亦如蒙菴之憂者也。彼其意以爲古之道不徵于今則人不信，不信，民弗從，是固憂時者之所圖也。其爲人也，雍容平恕，樂善而忘勢；其於僕也，有一日之雅焉。僕之得譽於提學，苟非其爲人之急，亦朋友相好之私耳，非提學之心本然也，蒙菴置之勿言可也。【旁批】誰肯如此道？古之爲士者，急乎實之不至；今之爲士者，急乎名之不著。周子曰：「實勝，善也；名勝，耻也。」僕竊願與諸公共勉焉。若夫往來音問之有無，各隨所感應之。宜疏，疏；宜數，數。不過乎情，不弛乎敬，惟當乎時義焉耳，此之謂《易》也。必曰「我無利乎彼，我勿言」，不可也。持此以廣蒙菴之意，何如？癸巳四月二十六日，某再拜蒙菴先生閣下。

復陳剩夫

穹壤百年，極欠一會。某自春來得厥疾，一卧至今，武夷之遊遂成虚語。比者奉手教，慨血肉之爲累，念歲時之將窮，引領南閩，魂爽飛去，是以不能默默託於呻吟而廢裁答，【旁批】有誤落。用布匪朝之忱於左右也。

復張東白内翰

承諭「義理須到融液處，操存須到灑落處」。僕僻處海隅，相與麗澤者某輩數人耳。抱愚守迷，無足以副内翰期待之重。然嘗一思之：夫學，有由積累而至者，有不由積累而至者；有可以言傳者，有不可以言傳者。夫道，至無而動，至近而神，【旁批】無時或息，無物不有。故藏而後發，形而斯存。【旁批】不翕聚則不能發散。大抵由積累而至者，可以言傳也；不由積累而至者，不可以言傳也。知者能知至無於至近，則無動而非神。藏而後發，明其幾矣；形而斯存，道在我矣。【旁批】百姓日用而不知耳。是故善求道者求之易，不善求道者求之難。義理之融液，未易言也；操存之灑落，未易言也。夫動，已形者也，形斯實矣；其未形者，虚而已。虚，其本也，致虚之所以立本也。戒慎恐懼，所以閑之而非以爲害也。【旁批】無欲爲要。羅文恭曰：「先生致虚立本之説，真再生我者。」然而世之學者，不得其説而以用心失之者，多矣。斯理也，宋儒言之備矣。吾嘗惡其太嚴也，使著於見聞者不睹其真，而徒與我嘵嘵也。是故道也者，自我得之、自我言之可也。不然，辭愈多而道愈窒，徒以亂人也，君子奚取焉？僕於義理之原，窺見髣髴，及操存處，大略如此，不知是否。疾病之餘，言不逮意，惟高明推而進之[一]。還示一字，僕之幸也。比者，婁克貞教諭亦有書來。僕既未接其人，不可遽有往復。【旁批】婁亦康齋門人，何爲不復書？內翰倘以愚言爲有益，擇其中一二，可者示之，否則置之。陳布衣竟不及面而卒，當此衰否之極，又失此人，可歎，可歎。良晤無由，伏惟順時，以道自重。不宣。羅文恭曰：「東白謂先生樂於退隱，未足以概先生。」

〔一〕「進」，高簡本、蕭世延本作「盡」。

與羅一峯

聖賢處事，無所偏主，惟視義何如，隨而應之，無往不中。吾人學不到古人處，每有一事來，斟酌不安，便多差卻。隨其氣質，剛者偏於剛，柔者偏於柔，每事要高人一着，做來畢竟未是。蓋緣不是義理發源來，只要高去，故差。自常俗觀之，故相雲泥；若律以道，均爲未盡。

又

先生謂羅才不及志，全引程子之言，爲此。

立志不可不遠且大。然於天下之事，亦須量力，爲之有漸。膽大心勞，力小任重，鮮不敗事。

又

君子未嘗不欲人入於善，苟有求於我者，吾以告之可也。強而語之，必不能入，則棄吾言於無用，又安取之？【旁批】世之談一體者，反以爲不仁，可怪可怪！且衆人之情，既不受人之言，又必別生枝節以相矛盾，吾猶不舍而責之益深，此取怨之道也，不可不戒。

又

莊孔暘家貧，既無以爲養，又其親命之仕，便不得自遂其志。應魁止於貧而已，若能進退以道，甚佳。至於甚不得已，爲禄而仕，亦無不可，但非出處之正也。

又

孔暘承親之命而仕，不如此則逆親之命以全己志，殆非所安。尹和靖一日告伊川曰：「吾不復仕進矣。」伊川曰：「子有母在。」尹歸，以此意告。其母云：「吾知汝以善養，安知汝以禄養乎？」尹遂得不仕。若孔暘之親能如尹母，則可以和靖責孔暘矣。

又

伊川先生每見人静坐，便嘆其善學。此一静字，自濂溪先生主静發源，後來程門諸公遞相傳授。至於豫章、延平二先生，尤專提此教人，學者亦以此得力。晦翁恐人差入禪去，故少説静，只説敬，如伊川晚年之訓。此是防微慮遠之道。然自學者須自量度如何，若不至爲禪所誘，仍多着静，方有入處。若平生忙者，此尤爲對証之藥也。説静字源流詳盡。

又

「學者先須理會氣象，氣象好時，百事自當」，此言最可玩味。言語動静便是理會氣象地頭，變急爲緩，變激烈爲和平，則有大功，亦遠禍之道也，非但氣象好而已。觀此，則先生學雖主静，于言動氣象上煞用工夫，所謂「隨動静以施其功」是也。

又

《大忠祠碑》皎皎烈烈，見先生之心矣，可嘆，可賞。諸生蒙薰炙，歸來又是一番人物，多荷，多荷。《三峯叙文》并諸作實有意思，但恐入未得襌耳。先生欲理會著述及諸外事，莫若且打疊令我潔潔淨淨。先生平昔所篤信者，非朱紫陽乎？「非全放下，終難湊泊」，是紫陽語否？門中有鄧秀才，可試問之。幹，異兒也，一日千里，寧不厭家雞耶？一笑。餘不具。某頓首一峯先生侍者。

與莊定山

李上舍回，辱賻帛爲感。承口諭，比年手足作秋風痺，尚未全愈。今專托范生往視，未知此生能了此疾否耶？聞諸李學録之子，數日前謝病疏已上，甚慰翹企。自古賢人出處不同，世多議之，此豈衆人所能識哉？太虚近往來石洞否？向揮使處不奉簡，因見爲道下悃。病中，不一。

答張汝弼

康齋以布衣爲石亨所薦，所以不受職而求觀秘書者，冀得間悟人主也。惜宰相不悟，以爲實然，言之上，令就職，然後觀書，殊戾康齋意，遂決去。某以聽選監生薦，又疏陳始終願仕，故不敢僞辭以釣虚名，或受或不受，各有攸宜爾。

與林君 林君，説見第一卷末示林君六絶句詩。

賤疾與陰陽消息，今日風雨，輒不可動。吾兄遠來，而章連數日不得接見，知罪，知罪。時矩可與共話，吾兄但降心氣受之，則無不有益。章白林兄侍史。

又

學勞擾則無由見道，故觀書博識，不如静坐。作詩鍊語，尤非所急，故不欲論。羅文恭題《江門指南》卷中云「收斂歸静，若初入室然」，蓋指此也。

又

地理之説，有專主凶吉應驗言者，術家是也；有專闢吉凶應驗言者，東萊是也；有雖知吉凶應驗之理不可無，而不泥於其術者，程子是也。據愚見，術家專取必于術，故其説泥；東萊專闢其術，故其説偏；不若程子謂神靈安則子孫盛，以土色草木占地之美惡，則既不遺乎地理，而又不眩乎吉凶，如此方爲通論。至朱子師友之間，論議尤多，大抵本程子之説，而又兼取術家所長，地理至是無餘藴矣。今若以術家卑陋，盡廢其説而不問，則前輩初無是也；必以其言吉凶應驗差舛而疑之，則亦必有至當之論。愚以爲，吉人得吉地，吉地獲吉應，此常理也。若凶人得吉地，吉地獲凶應，譬諸僭僞篡奪，雖得之，必失之。當其始謀之遂，便如得吉地、獲吉應，及其卒也，凶殃隨之矣。故有始吉而終凶，宜吉而凶，宜凶而吉。以此推之，術家之説誠泥，然亦不可謂全無此理也。章白林先生侍史，九月十二日秉燭書。

白沙先生文編卷之五

澄海唐伯元　編次

廣安姜　召
休寧范　淶
孟津王　价
温陵郭惟賢
婺源汪應蛟　校梓

書

與伍光宇

昨晚景雲歸，具悉老兄動定，某通夕爲之不能寐，覺得老兄此病，非止疾痛之爲心害。心寓於形而爲主，主失其主，反亂於氣，亦疾病之所由起也。今人惟知形體之爲害，而不知歸罪其心者〔二〕，多矣。心之害大而急者，莫如忿爭。夫有所不平然後爭，爭至於忿，斯不平之至而氣爲之逆，逆則病生矣。雖所致疾之由，寒暑、饑飽、勞佚失節居多，而此之弗謹，實吾自爲之，不可不知也。據景雲所説，老兄於此一項罪過，全未肯認，全未磨洗。縱疾痛不積於此，氣象所關，尤非細故。林緝熙所謂怡怡之説，殆亦忠告之言也，盍深省之？否則未有入道之期也。不罪，不罪。

又

賤軀失養，百病交集。近過胡按察，請教以心馭氣之術，試效立見驗，但日用應接事煩，不勉妨奪，工夫不精。今欲自五月一日爲始，以家事權屬之老母，非大賓客，令諸兒管得。及光宇未復白沙，借尋樂齋靜居百日，有驗即奉還也。光宇決策往青湖，則此屋亦須有分付，某將來卻是東道，非僦屋人矣。呵呵！辛卯四月日。

〔二〕「者」字，高簡本無。

與林緝熙

前云須要「孟子工夫」，後云「分殊處合要理會」、「義理儘無窮，工夫儘無窮」，可以想見先生爲學次第。而《答東白書》猶是體統該括。

承喻進學所見，甚是超脱，甚是完全。病卧在牀，忽得此柬，讀之慰喜無量，自不覺呻吟之去體也。終日乾乾，只是收拾此而已。此理干涉至大，無内外，無終始，無一處不到，【旁批】至近而神。無一息不運。【旁批】至無而動。會此，則天地我立，萬化我出，而宇宙在我矣。得此欛柄入手，更有何事！往古來今，四方上下，都一齊穿紐，一齊收拾，隨時隨處，無不是這個充塞。色色信他本來，何用爾脚勞手攘？舞雩三三兩兩，正在勿忘勿助之間。曾點些兒活計，被孟子一口打併出來，便都是鳶飛魚躍。若無孟子工夫，驟而語之以曾點見趣，一似説夢。會得，雖堯舜事業，只如一點浮雲過目，安事推乎？此理包羅上下，貫徹終始，滚作一片，都無分别，無盡藏故也。自兹已往，更有分殊處，合要理會。毫分縷析，義理儘無窮，工夫儘無窮。書中所云，乃其統體該括耳。病中還答不周，言多未瑩，乞以意會。前此所諭，「命之理」以下數段〔二〕，亦甚切實

〔二〕「前此所諭，『命之理』以下數段」，是指成化七年辛卯正月二十五日林光《奉陳石齋先生書》中「天命之理流行而不已者」以下數段文字，故「命」字前或脱一「天」字。見林光撰，黎業明點校：《南川冰蘖全集》，上海古籍出版社，二〇一二年，第一〇一頁。

有味，愧不時復。草席、香各領賜，感感。辛卯四月。觀此書，則緝熙所見所負儘高，卻不知後來墮落如是。學非實際，焉能不返？

又

痛責緝熙，卻是以前許之太過耳。子曰：「賜也，非爾所及也。」便照得破。

碧玉樓上聯句云：「大海從魚躍，長空任鳥飛。」吾以待時之人可也，聖人不爲也；吾以待門人子弟，不已薄乎？有不得不然者，免怨而已。緝熙抱耿耿于茲幾年，今發於此。適有客及門求見，不暇詳答，然大略具矣。如何？如何？

又

違闊日多，忽枉來問，不啻如珠貝之入手也。亡兄不幸早世，十月在殯，後此尚二十日始克就窆。積痛成疾，章不足念，如老母何？承少寬之喻，伏紙摧咽。頃者與子逢書，中間一二近況與悼秉之等詩，想次第經目矣，餘非面莫究。主考閩藩，令譽藹然，可賀，可賀。傳聞《鄉試録》好文字，想皆出總裁之手，恨未及見耳。別紙見示奏章，此事在今日，不言而去，揆諸《易》，果不當歟！夫以無所着之心行於天下，亦焉往而不得哉？老孺人之旁，計未能猝離，而平湖之旆亦難久留，不審何以處之？區區注仰之私，與月俱積，録近作一二見意。

又 柬中有詩，幾不可讀。

萬里之行，無可爲贈，徒深悽黯而已。辱書，具悉諸況。某七十病翁，理不久生，安知今日之言非永訣耶？三十年游好之情，盡於是矣。異日過定山先生，問我，亦以是告之。三復其言，真是「天若有情天亦老」。毋論絶裾高堂，即三十年師弟之情，亦弁髦視矣，惜哉！

又

緝熙行時云，到部須求便養。而自去冬謁選，至今年春，四越月矣，授以山東兗州府教授，然後奏請便親，冢宰不許。前此何不引例告選司？當言而默，欲焉待哉？舉措如此，謂之不濡滯，人孰信之？宜其不見許也。中間揀選，冢宰見怪，假令不病，將不計其不便於養而就選耶？自古進退不決於内則其形於外，依違可否之間，而欲人之不我疑，不可得也。烏乎！惜哉！

又

近連得緝熙兩書。烏乎！尚忍言哉！平湖别家踰十年，官滿來歸，不見仲氏，見母夫人，豈非幸耶？再如京師謁選，未及一載，歸哭几筵。前有就禄之請而人見疑，後有終養之圖而母不待。且母與褒之恩孰重？章謂哭子之愛尚可割，哭母之恨無時休。不肖孤不丐先帝之仁，寧免終天之憾耶！緝熙孝禀自天，豈無念母之誠？因斗升之禄以求便養，無難處者，特於語默進退斟酌早晚之宜，偶欠一決，遂貽今日之悔，而世之議緝熙者多矣。當是時，雖使一恒人，非沉酣利欲得已不已者處之，亦必不能不爲之動心而變色，況賢者乎？自兹以往，緝熙其皎潔磊落，不爲混混之迹，所以慰慈靈於地下，而解羣惑於當年，如毛義焉可也。若不理會此處，則大錯，二十四州鐵打不就矣。素辱厚愛，計必不見訝，是以盡言之。

又

子逢家人至，得書，具審太夫人以正月六日祔于竹齋府君銀瓶嶺之墓，褒亦祔焉，爲慰。是月三日，章亦奉遷先考墓於小廬山，與先妣同處。日者云「是歲官交承之日，百無所忌」，遂用之。居喪不能免俗，多此類也。君子所以報其親，蓋自有其大者，顧吾之所立何如耳。來喻「知孔而不知毛」，老朽所望於賢，非歟？此翁明年滿七十，世寧有七十老人發狂著書與故舊作炒也？【旁批】不知何所指。有言無補於人之不足，託於靈龜，以正朶頤而不知止耶？李世卿自嘉魚來，與湛民澤往遊羅浮，今殆一月矣，未知所得何如。老朽亦欲深潛遠去，爲終老計。此間民日變爲盜，地方多虞，白洲李先生爲卜地於省城，破數百金。古人之事，不意今復見之。顧今暮景，所宜落莫〔二〕，耳目之用不息，事隨日生，委餘齡於尋常喧囂之境，恐卒不能成其美，未易裁也。歲首，白沙嘉會樓成，白洲李先生遣人走定山求記。比得南京李學録書，中間報莊驗封以去秋八月履任，尋得疾卧家，至冬間發此書時，已聞定山將出謝病，未審然否。想欲知，故及。

與賀克恭

人要學聖賢，畢竟要去學他。若道只是個希慕之心，卻恐末稍未易湊泊，卒至廢弛。若道不希慕聖賢，我還肯如此學否？思量到此，見得個不容已處。雖使古無聖賢爲之依歸，我亦住不得，如此方是自得之學。

又

人無氣節不可處患難，無涵養不可處患難。如唐柳宗元不足道。韓退之平日以道自尊，潮州一貶，便也撑持不住，如共大顛往來，皆是憂愁無聊，急急地尋得一人來共消遣，此是無涵養。

〔二〕「所宜」，蕭世延本作「所以」。

若坡老便自不同，【旁批】此只見一面耳。作《示虎兒詩》云：「獨倚桄榔樹，閒挑蓽撥根。謀生看拙否，送老此蠻村。」又云：「日啖荔枝三百顆，不妨長作嶺南人。」此皆是患難奈何不得氣象，何其壯哉！若加之涵養，則所見當又別。近見一儒者甚喜昌黎處大顛一節，謂其合于夫子問禮之意，未知然否。雖然，可以責昌黎而未可以準東坡。若說東坡不爲，恐蘇黃高處正在此，觀其平日交游、著作可見。看來白沙先生看得東坡詩熟，便極喜東坡；見昌黎往往蹈自好者，深避，不免隨聲薄之耳。嗚呼！孰謂先生學禪哉？孰謂先生學禪哉？

又

今日與克恭別，未知再會之期。若不發端言之，使克恭終身事業只是以名節結果，孤負了好美質，蹉過了好時節，如此則是某之罪也。

又

歸去遼陽，杜門後，可取《大學》《西銘》熟讀，求古人爲學次第規模，實下工夫去做。黃卷中自有師友，惟及時爲禱。按：先生後來勸克恭讀佛書，克恭不答。子訪之有書疑辨，先生亦未之答也。湛文簡問，先生曰：「克恭篤信謹守人也，別三十年，其守如昨。」又問，先生曰：「吾子不聞程子『謹禮者，可令讀莊、列之書』乎？」似與此不類。

又

比見克恭與人謫論，費氣力太多，鋒鋩太露，有德者似不如此逼切。更望完養，令深沉和平，乃爲佳耳。

又

心地要寬平，識見要超卓，規模要闊遠，踐履要篤實。能是四者，可以言學矣。

又

士大夫出處去就分明已占了好田地，更能向學，求向上一著，不枉費浮生歲月，豈不抵掌爲之三嘆乎？

又

接人接物，不可揀擇殊甚。賢愚善惡，一切要包他。到得物我兩忘，渾然天地氣象，方始是成就處。

又三代以下，有志者多從中歲起脚，俗習移染，名利薰心，勞攘極矣。不養夜氣，何由入門？程子謂「性靜者可爲學」，亦此意。

爲學須從靜中坐養出個端倪來〔二〕，方有商量處。林緝熙此紙，是他向來經歷過一個功案如此，是最不可不知。録上克恭黄門。歲首已託鍾鋏轉寄，未知達否。今再録去。若未有入處，但只依此下工，不至相誤，未可便靠書策也。前紙所録往來書問二首，又《記夢》一首，後有林緝熙、秉之跋尾，通奉去。病中不能作書，然所欲言者，大略不過此而已。幸亮之。按：克恭答書云：「屢承開示，乃知今日用功之始，惟當先事涵養，若放心不收，終難爲學，此則決無疑矣。林緝熙端默有見，誠晚學所當遵行也。」又曰：「欽向聽教一年餘，雖鄙陋之資不能少變，然非先生之教，則患得患失之鄙夫耳。今幸免此，得不爲祖宗門下辱，其恩不亦大哉？」觀此，則克恭信道之篤、光終之美，在緝熙真有可愧者。商也日益，賜也日損，蓋聖人之意深夫！無怪白沙先生痛恨于緝熙之晚節也。

〔二〕「靜中坐」，《明儒學案》卷五《白沙學案上》所引述此語作「靜坐中」。見黄宗羲撰，沈芝盈點校：《明儒學案》，中華書局，一九八五年，第八五頁。

又

離隔年多，彼此交夢，神亦勞止。老矣，寧復有相見之時耶？今年春二月十六日，老母傾背。毁瘠不能自制，與死爲鄰。平生知舊幾人，死者已矣，存者或失其故步。奈何，奈何！今之論人於出處，曰「賀黄門」、「［賀黄門］」〔一〕，亦蒙厠賤名於黄門之下，豈不以同志者少，不同者多耶？比歲得所惠書，繼又得賢郎北京書，甚慰，甚慰。有子如此，足矣。天將以是大賀之門，蓋可知也。三十年妄意古人之學，衆説交騰，如水底撈月，恨不及與克恭論之。今自謂少有見處，得其門而入，一日千里，其在兹耶？南北萬里，意所欲言，非尺簡所能盡。里中舉子赴春官，附此草草。前有詩稿一册寄范長史處，托渠轉達遼東。久不報，爲無便耳，亮之。

與賀諮

賀生秀才：得生書，把讀未半，亟呼童子使召犬子來讀之。何生之言似乃翁也？幸甚。昔在長安，日過乃翁，生時方毁齒，能知兩翁意，見輒呼曰：「我老先生來矣。」坐則置生膝前，撫生

〔一〕後「賀黄門」三字原缺，據高簡本、蕭世延本補。

頂，與乃翁語，至今岐嶷可想。生猶略記老先生面目乎？味生之言，其志遠且大，恨生不生南海，又恨夙疾支離，老脚不能及遠，冀一見生容止，接生言論，有疑相與對面折衷之，何可得哉？里生陳紹衮行，託以告區區。禮闈之會，可必否耶？

與謝元吉 謝與章楓山、羅一峯、賀醫閭同榜進士，有重名。其出處之詳不可考。

人心上容著一物不得，才着一物，則有碍。且如功業要做，固是美事，若心心念念只在功業上，此心便不廣大，便是有累之心。是以聖賢之心，廓然若無，感而後應，不感則不應。又不特聖賢如此，人心本來體面皆一般，只要養之以靜，便自開大。

又

氣質美者固是美，然不純，所以又有學以填補之。如勇者多強其所不知以爲知，強其所不是以爲是，若能充之以廣大，養之以和平，去其勇之病，全其勇之善，何遠不至哉？

又

沮溺、接輿輩，後人溺於富貴者見孔子道他不是，卻以藉口，如何得他首肯？他雖偏過於高，後人偏淪於汙。他猶不失爲「漸」之上九，後來藉口者卻是「晉」之九四。一則鴻漸於逵，一則晉如碩鼠。鴻也，鼠也，何異雲泥之相隔耶？

又

先正謂無天下盡非之理。修己者當自點檢，直到十分是處，不可強執己見，惟在虛以受人。

與何時矩〔一〕

人須有遠大見識，方做得遠大事業。如爲學要積累，也須得二三十年，然後可望發越。若朝作而暮改，鋭始而怠終，方其發憤之初，意氣之盛，真若可以淩駕古今，平步聖途；及其衰也，志索氣餒，忽如墜千仞之淵，所守只是恒人。此無他，無遠大見識，又無積累歲月，平日激昂以爲之者，特一時好名之意氣耳，安能保其久而不衰耶？眼前朋友類此者多，其病在於心不寧靜，無真實知見，故所學無味；亦是氣薄質弱，厭常喜新，其勢卒歸於廢弛。悲哉！

〔一〕「與何時矩」，高簡本、蕭世延本作「與時矩」。

又

宇宙内更有何事，天自信天，地自信地，吾自信吾；自動自静，自闔自闢，自舒自卷；甲不問乙供，乙不待甲賜；牛自爲牛，馬自爲馬；感於此應於彼，發乎邇見乎遠。故得之者，天地與順，日月與明，鬼神與福，萬民與誠，百世與名，而無一物姦於其間。烏乎，大哉！前輩云：「銖視軒冕，塵視金玉。」此蓋略言之以諷始學者耳。人爭一個覺，纔覺便我大而物小，物盡而我無盡。夫無盡者，微塵六合，瞬息千古，生不知愛，死不知惡，尚奚暇銖軒冕而塵金玉耶？孟子曰「大行不加焉，窮居不損焉」，程子曰「天地萬物，各無不足之理」、「不爲堯存，不爲桀亡」，皆此意。

又

某慰言：四月二十五日，得黎三報，悲惋連日。太夫人一旦厭世，時矩不幸遭此痛極，奈何，奈何！今日之慟，昔日之思，何者爲怨？何者爲憾？縱浪大化，此往彼來，吾將校計其短長，非耶？溝填壑委，在我者一切任之，而獨留情於水菽，非耶？賢者力行己志，惟恐一事不底于道，其能合於親者幾何？吾重爲時矩悲之。老病支離，不供走弔，惟强粥自大。不宣。壬辰五月三日，石齋書。

又

禪家語初看亦甚可喜，然實是儱侗，與吾儒似同而異，毫釐間便分霄壤，此古人所以貴擇之精也。如此辭所見大體處，了了如此，聞者安能不爲之動？但起脚一差，立到前面，無歸宿，無準的，便日用間種種各別，不可不勘破也。拙和一首奉去，可一閲。更將《中庸》首尾緊要處沉潛，要見著落，卻還一字也。獻章書與時矩。

與張廷實

舊集有張序，乃張編刻者，故其書獨多。其答他門人者，十不存一二，惜哉！

承喻求靜之意。反復圖之，未見其可。若遂行之，祇益動耳，惡在其能靜耶？必不得已，如來喻搆所居旁小屋處之，庶幾少靜耳。適與容一之論李廣射石没羽，曰：「至誠則頑石可開。」又舉莊子語云：「置之一處，無事不辦。」此理殊可悦。顧今老矣，惟日孳孳，豈能及也？并此告。

又

得正月廿日書，百錢自喜，貧者説金，學能以此自檢，其過人遠矣。甚賀，甚賀。斬釘截鐵，工夫當自益，但須由其道耳。由其道而往，無遠不至也。或謂廷實氣高、好自是、不能下人，比觀《與民澤》諸作，殊有意思，未必盡如或者之論也。大抵虛己極難，若能克去有我之私，當一日萬里，其它往來疏數不計也。睡起憒憒，不多及。

又

承欲學詩。自古未有足於道而不足於言者也。學人言語，終是舊套。子長病小愈，曾親見之否耶？子長服黄柏不死，必且以黄柏爲有功，諸君爲子長憂黄柏也。

又

時矩語道而遺事，秉常論事而不及道；時矩如「師也過」，秉常如「商也不及」，胥失之矣。道無往而不在，仁無時而或息，天下何思何慮，如此乃至當之論也。聖人立大中以教萬世，吾儕主張世道，不可偏高，壞了人也。

又

承示諸作，驟看似勝前，細看詞調欠古，無優柔自得忘言之妙。看來詩真是難作，其間起伏、往來、脉絡、緩急、浮沉，當理會處一一要到，非但直説出本意而已。此亦詩之至難，前此未易語也。文字亦然。古文字好者，都不見安排之跡，一似信口説出，自然妙也。其間體制非一，然本於自然不安排者便覺好。如柳子厚比韓退之不及，只爲太安排也。據拙見如此，不審然否？

又

順德人謗李世卿，由吴獻臣、王嶺南；怪李世卿，由某多言。孟子曰：「愛人者，人恒愛之；敬人者，人恒敬之。」今之愛人者，人惡之；敬人者，人侮之，與古不同，置之勿復道矣。【旁批】似未盡。 緝熙攜家謁選，不過白沙，以書來別。今有一簡復之。昨見范能用，道定山事，可怪，恐是久病昏了也。出處平生大分，顧令兒女輩得專制其可否耶？吾意定山爲窘所逼，無如之何，走去平湖商量幾日，求活，一齊誤了也。緝熙畏天下清議，苦不肯承認耳。今此簡與之，更不道著一字。「大海從魚躍，長空任鳥飛」，何與吾事耶？謾及之。惜之，恨之。

又

孫侍御屏置公事，千里一顧，別後連枉數詩，不可謂無意於區區者。惜其所急者筆札間細事，某且引之於道。既有以復之矣，又慮薄俗不可處。喻人亦難，不知我者且以我爲慢。會間以一言擴之，使彼此有益。幸甚，幸甚。

又

來詩感憤之速，足慰所望，着此一鞭，無難於天下矣。他人讀拙詩，只是讀詩，求之甚淺，何足與語此也？抑猶有未盡者，更諷詠之。千周燦彬彬兮，萬變將可覩。神明或告人兮，魂靈忽自悟。雖拙作之淺陋，能以是法求之，恐更有自得處，非言語可及也。犬子應科在省，百凡可告教之，幸毋吝。

又

承示跋語。推之欲其高，反之欲其實，用心於内者如是。以示一之，亦未灑然。讀至贈行之作，則斂衽歎賞不已。林郡博何日過五羊，不留一字耶？舶司昨遣吴瑞卿攜所作《雲窩圖》至白沙，題云：「若個丹青可此翁，雲窩自有主人封。扁舟一去無消息，黄鶴樓前望五峯。」衡山之興勃然矣，未審開春能便行否耶？湛民澤近無［一］耗〔一〕。廷實能過白沙一話爲慰，然未敢

〔一〕「一」字原缺，據高簡本、蕭世延本補。

必也。

又　因論詩而説學，正所謂「由積累而至」之意。

半江改稿，翻出窠臼，可喜。學詩至此，又長一格矣。前輩謂：「學貴知疑，小疑則小進，大疑則大進。」疑者，覺悟之機也。一番覺悟，一番長進。章初學時亦是如此，更無別法也。凡學皆然，不止學詩，即此便是科級，學者須循次而進，漸到至處耳。

又

惠來薑酒，喜飲輒醉。以數求卦，得「旅」之六五，蓋非常兒也，可賀，可賀。次韻二首，録如左方。尊翁素不喜詩，試以此呈之，當發一笑也。世俗好點檢人，不仕無義，違親非孝，古本子有成説，此外復有可與衆人道者乎？行矣，勿貽尊翁戚戚也。《木犀》《感事》之作，略欠和平，願勿示人。別紙録去《閱東坡年譜》一首，使東坡及見之，不知以爲何如也？餘不悉。

又

章因起倒傷煩，諸疾乘之。自汗耳鳴，心氣虚損，肌膚由是不實。得七月五日書，承養生在去其害生者。章之病多自取，由不介意生死，故一切任之，今則末如之何矣。古人漏船之喻，良有以也。他日見雲谷丈人，試爲叩之曰：「閭丘之命，將懸於豐干之手；屈平數語，盡攝生之妙。或者知之而爲之弗蚤，終亦無補於漏船，不如探囊中一丸與之，又恐分薄緣淺者無以當之。」如何？書中斷置平湖去就〔二〕，章亦未敢率爾。蓋一時事體所關，萬一有甚難處者，非但欲存忠厚而已，俟更得其曲折詳細，是非不難見也。別紙報袁德純來按治，陳邦伯死於道路，此於天命亦何所增損，而使人動念耶？是豈無害於生？終不如坐忘之愈也。

又

袁侍御無病暴卒於龍川，其跡可駭，不審當道何以處之？張兼素一病遂不起。昨見李僉憲，云此訃得之朱茂恭侍御，當是的耗也。天道於善人如此，如國家何？平生交舊凋謝殆盡，聞此殆不能爲情也，哭而爲之緦，踰月乃已，聊以申吾心而已。

〔二〕「斷置」，高簡本作「斷制」。

又

廷實守道，無求於人，攜十數口在路，日飯米一斗，何以給之？使内不遺於親，外不欺於君，進退取舍概於義，此古人難之，非直今日也。自廷實别去，每念廷實至此。世之論人物者，觀其外而遺其内，以是爲非、以非爲是者多矣，在人自審處何如。古人不必盡賢於今，今人不必不如古，但當日勉其難，勿輕自恕，此則區區所望於廷實者，不敢不盡也。李子長在館中已半月。梁貢士告行，草草奉此，不能悉。弘治己酉秋九月二十六日。

又

承喻出處與逃患兩事，此重則彼輕，足下之論偉矣。但須觀今日事體所關輕重大小，酌以淺深之宜，隨時屈信，與道消息，若居東微服，皆順應自然，無有凝滯。孔子曰：「知幾，其神乎！」今以衆人有滯之心，欲窺聖人至神之用，恐其不似也。更俟他日面論以决之。見示《與時矩》詩，痛至。然知其不能回矣，惜哉！先夫人挽詩，不詳善行，只如此，亦何益於死者？聊以紓足下哀思耳。奉去茆筆書通六紙。凡書，視筆楮工拙。是固不能工也，勿訝。

又

近得林子逢書，頗悉平湖履任來消息。大都是雅不勝俗、寡不敵衆，非但所執者古之道，祖宗來制典昭昭，亦依不得了，可歎，可歎。緝熙此出〔一〕，固非得已〔二〕，終是欠打算。聞去秋九月已在告，此直圖歸計耳〔三〕，别無分付也。秉常想已就道。前承寄手疏、賻帛，謹已拜領。感感。《歐太素傳》好，章舊亦聞鄉里有此人，但不得其詳耳。周文都如省，託渠一訪雲谷老隱，竟以疾弗果。此老自世外，恐亦未易謁也。溽暑，不審體況何似。朋友凋落，交道陵夷，士風頽靡，莫甚此時。置之，勿以汙筆墨可也。

又

左廷弼遺來白金二十兩〔四〕，簡中疑似若只出於東白借助之意，則僕已辭之矣。會間爲叩其

〔一〕「此出」，原作「此處」，據高簡本、蕭世延本改。

〔二〕「非」，高簡本作「不」。

〔三〕「直」，原作「真」，據高簡本、蕭世延本改。

〔四〕「遺」，原作「遣」，據高簡本、蕭世延本改。

的，還一字。東白販紙失利，故不欲受。

又

近作皆已經目。詩不用則已，如用之，當下工夫理會。觀古人用意深處，學他語脉，往來呼應，淺深浮沉，輕重疾徐，當以神會得之，未可以言盡也。到得悟入時，隨意一拈即在，其妙無涯。每見所作，只是潦草，如忙中應事，無味可味。大略如此，難一一指點病痛處。往往欲告，又恐見難而止，反爲所沮，故不欲輒言耳。子長亦未有捉摸，撞來撞去，不知如何用心也。如李世卿平日自負，至論詩則以爲甚難，不敢出一語，亦近方覺得也。秉常南京寄來諸稿，讀之不能竟，又不知所養者近來何如也。别紙録去拙作，間呼子長共讀之。《懷世卿》末一聯，以問容一之，亦不能了。知音者，真難得也。

又

高作每見跌蕩可喜，但不知置之古人文字中，能入得他規矩否？如《王節婦墓表》，只似信手寫出。古之作者，意鄭重而文不煩，語曲折而理自到，此等處似未能無少缺也。何如？觀其言可以知其人。彼沉酣世味者，泥滓滿腔，又惡可與論此哉？

又

頃者，李别駕長源因論林緝熙上疏求便養，選部置之不行。長源以片言折之曰：「請於未得兗州之前，則無説矣。」可見公議如此。緝熙全不肯招認，顧自處於乘田委吏，竊以爲過矣。昨得渠書，怨朋友攻之太甚。今不欲言，嘆此道日孤，聊及此。

又

傳曰：「道在邇而求之遠，事在易而求諸難。」又曰：「行之而不著焉，習矣而不察焉，終身由之而不知其道者，衆矣。」聖賢教人，多少直截分曉，而人自不察。索之渺茫，求諸高遠，不得其門而入，悲乎！《次韻廷實見寄》二首，其言因廷實而發，非專爲廷實也。

又

承録寄近稿，讀之。作者如是，豈易得？然便謂之然，竊恐未然，不審廷實自視以爲何如也？言辭不能盡人，詞氣足以見人，有諸内形諸外，識者觀之，思過半矣。故老朽嘗謂文字之學非也，學豈在是耶〔二〕？廷實資甚明敏，當以古之立言者自期。彼汲汲於人之贊毀，無病而呻吟，若是者，亦何足與論斯理也？病中，不多及。章書。

又

近作皆勝舊，聲口與拙作相近，可愛，可愛。晦翁自云：「初學陶詩，平仄皆依韻。閉門兩個月，方得逼真。」自古未有不專心致志而得者。更望完養心氣，臻極和平，勿爲豪放所奪，造詣深後，自然如良金美玉，略無瑕纇可指摘，若恣意横爲，詞氣間便一切飛沙走石，無老成典雅，規矩蕩然，識者笑之。

又 書意急起東山，又爲倪指揮饒舌，可見其濟時之急。

久病未脱體，猥蒙督府鄧先生數年知待之厚，無以報之，甚懸懸也。昨承見示《和答督府見寄》高作，病中牽勉次韻一首，少見區區。近見邸報，京師戒嚴，正求才如不及之時也。東山先

〔二〕「是」，高簡本作「詩」。

生老成爲天下屬望〔二〕，不見起取，甚以爲疑，故末聯及之，雖受饒舌之誚，所不可辭也〔三〕。國家安危所繫，全視用人何如耳。且如我兩廣，地方雖遠，然用人小大得失，事體則無二致。人才有無，顧作興如何耳。倪指揮可用之才，久被誣在獄，人共惜之。當道處分如此，因循不決，下人不免有疑，且將以倪某爲覆轍而怠於立事。此事雖微，所關於國家用人之機，當轉移以救一時之弊，則甚急也。若見督府，言次可及，無吝一言。謂此能分理一人之寃尤，末也；有益於地方用人，有益於國家，不可不慮也。切囑，切囑。

又

得定山三月九日書，云「於是月告病」，不識此幾發之早晚。在考察前尚有一分之説，在考察後則更無説矣。拙詩云「百年將滿日，心亂不成詩」，《易》曰「見幾而作，不俟終日」，竟何謂哉？竟何謂哉？據如是，殆不可開眼。衡山之行，吾其可已耶？緝熙書中怨非己者云「一涉宦途，即爲棄物」，天下固有棄之者矣，章何敢棄朋友也？報帖即封寄緝熙，雖非所喜，然不可不報

〔二〕「老成」二字，高簡本無。
〔三〕「不可」，高簡本、蕭世延本作「不敢」。

也。五月十八日，石翁書于碧玉樓雨中。廷實閲此簡畢，有便，轉寄民澤可也。

又

省城之遷不决，緩急無所歸决，恐干累於人。今歲創修祠墓凡五處，財用竭矣，不如且置之。近聞總督之請於上，萬一東山復來，地方可以少安，亦未可知也。廷實念我深，不自知其傷於饒舌。昨見白洲憲長，問何以不决，老朽不敢盡言，正爲此也。蓋有離世樂道如戴簡，以居東池之地，然後可當弘農公之賜。主之以鄭公、司馬，在康節則可，無康節之才與量，豈不爲識者所譏乎？有可得之勢，無可受之義，取舍之間甚不苟也。亮之，亮之。

又

承示《楊柳枝》曲〔二〕，情蹙辭盡，幾不可讀。「樂莫樂兮新相知，悲莫悲兮生别離」，騷人真得此心所同然耳。沿途遇便風，「得」一字爲慰〔三〕，慎無若區區之懶也。近來敝鄉東西盜劫連夜，

〔二〕「楊柳枝曲」，高簡本作「楊柳之曲」。
〔三〕「得」字原無，據高簡本、蕭世延本補。

白石譚蘭雪一家遭害，馬默齋輩「剥牀以膚」，可畏之甚。眼中惟倪舜祥可委。捕盜一事，顧今無可告語者。未信而言，將不免於人之我疑，况於欲取一善之長而遺衆疵之短，主者豈能聽此一夫之言而遽爲之予奪哉？但爲鄉里憂盜之至，不得已而有言耳。見子長寄定山先生詩，可是率爾。定山豈可輒寄以詩耶？後生且存取謙退，此進學之地也。

又

車進賢總角廷對，其説云何？事狀稱其好讀程、邵書，此其志有在，使假之年，必有可觀，惜其夭也。秋官喪此愛子，其情奈何！非不欲一言以慰之，顧十數年來不通京問，一旦應人之求，得罪必多。且置此於胸次，異日圖之，或別因一事而發可矣。

又

章閒居，和陶淵明古詩十餘篇，中頗自以爲近之，欲録去一笑，未能也。廷實近作詩否？不必作，不必不作，道固爾也。近看《祭鱷魚文》，作絶句云：「刺史文章天下無，海中靈物識之乎？可憐甫李生人世，不及潮州老鱷魚。」一笑。

又

慈元后爲國死海上，是時宋室已亡，極是俊偉明白。二百餘年，未有發揚其事者。頃者，東山劉先生至厓山，慨然欲表其義，又不欲干諸有司，乃有里後進趙壽卿願出二百千立廟，議選鄉民吴璋董其役，可謂義舉。近者，按治臨縣，仰取管工士民。吴璋本縣誤作犯人取之，遂致驚疑，不即赴官，累及其母婦知舊皆被拘繫。又取趙壽卿家人收監。彼工匠等何知，遂各奔散，不受雇值。事勢如此，不幾於垂成而敗乎？璋乃壽卿表兄，壽卿少孤，璋極力拯扶之，最所親信。今須得察院下一明文委之，其趙壽卿亦略加獎諭，使人心無疑，事乃可濟。幸留意。石翁書與廷實。

與寶安諸友

章衰矣，齒髮日變於舊。亡兄屬纊之初，老母哭之欲絶，積憂之餘，面足俱腫。由某獲罪於天，不死，延禍同氣，以上累於高堂，痛徹骨髓，如何可言！諸君不遺老朽，慰之連尺，撫狀不勝悲哽傾感之至。子逢别紙，具得平湖履任之詳，可歎，可歎。彭澤不折腰於督郵，平湖不屈膝於當道，樂則行之，憂則違之，古今一揆也。數日前，閲甲辰舊詩，改《贈平湖》章云：「偶從道路得行藏，南北東西又此鄉。滄海一身堪自遠，平湖數口爲他忙。江山舊宅香株老，籬落西風荳角長。小與先生分出處，扶留隗下細抄方。」【旁批】原詩載刻中。又改次章頷聯云：「到手閒官如處士，從頭詩卷又江湖。」【旁批】集中，此詩不載。去秋，與張進士唱和絕句云：「不求老馬在長途，誰道乾坤一馬無？伯樂未來幽薊北，憑君傳語到平湖。」諸詩謾爾，豈遂爲之兆乎！諸君其亟椽欖山之室，南川之歸無日矣。景昜今秋不免隨俗應試，非得已也。家貧不能日給，無可仰干於人，一也；祖母年高氣衰，悼往憂來，懷抱作惡，希得一解可以慰解，二也；是兒賦分已定，責之以越常之事，必不能堪，三也。功服不得科試，程子據禮言之當如此，亦古人常事耳；在今日，可以望於賢者而不律衆人也。若曰父母喪在淺土〔一〕，雖服已除，亦不應試，此又過今之人遠甚，子逢自量力爲之。孟子曰「持其志，無暴其氣」，爲之而力弗逮，反暴其氣矣。秉之在獄安否？禍變之成，非一朝夕。今日之事，不知秉之平生費多少麯蘖醞釀來也。爲我謝平湖。秉之雖窮，使甘心觚翰如藏用輩，低佪於里塾，寧有此？惜哉！

〔一〕「父母」，蕭世延本作「祖父」。

與鄧勝之

勝之足下：自頃歲寒舍一話，别去未嘗忘，但懶作書耳。春初，聞太夫人委蜕，又闕一疏，多罪，多罪。僕之心事，惟足下知其無他，則知僕之交於人者如是，使世之知僕者異於足下，幾何不斥其簡而怒且譏耶？足下勤勤於僕之意，每見德孚，與語，未嘗不增戚戚於胸次。顧足下之所欲爲者，其機未始不在我，如足下亦何所不至？慎勉之，毋以畏難止也。承枉陰陽家諏日等問，僕不究其得失，然大概以爲術家之書，其説主於禍福，故不宜盡拘。盡拘則害理，聖人無是也。吾徒作事，宜何所法守？聽命於術家之説而我無所可否焉，僕竊爲今人不取也。《小五星》等書，自地理家秘而不傳，然其説亦動静兩端而止耳。足下將求之不一耶？反求之吾心以觀其會耶？抑徒寶愛其術而思藏其故紙耶？足下欲之，必有其指，不愛一言，以慰懸仰，幸甚，幸甚。壬辰五月日，某再拜。

復李世卿

圭峯山靈，相候已久，何濡滯爾耶？世情不可盡徇，盡徇則失己。與諸鄉老龍興寺舍相對竟日，孰與置一榻於圭峯爲足快也？邑中山水，白龍、玉臺最勝，諸前輩有賦詠，可盡收拾志中，慎勿留意拙作，爲世卿累也。切囑，切囑。昨晚陳伯謙過白沙，出示與僧文定詩，頗有援救意，不審聞於邑主否？封去某近作記文一首。據拙見，辭格不古，終傷安排，不知世卿以爲何如？朋友間評論文字，在於求益，奚事虛讓爲？【旁批】亦舍己一事。讀畢，還一字示可否，乃老拙所望於世卿者也。

又

王汝止所謂「萬化在手，宇宙生身」，正此意。

君子以道交者也，同明相照，同類相求，雲從龍，風從虎，聖人作而萬物覩。己不遵道而好與人交，惡在其能交也？孔子曰：「爲仁由己，而由人乎哉？」

答陳宗湯

得宗湯六月十六日書〔二〕，書中作字太奇，老眼不識，服周讀之以告我耳。丘侍御取道還閩，過白沙，留語竟日，獲聞考察事詳。微侍御，宗湯索我於黄雲矣。周憲長半辭之頃，詘己信人，洞見肺腑。二公爲天下惜人才、公去取，同此心也。侍御尤拳拳於桓温問孟嘉之一語。噫，何

〔二〕「十六日」，高簡本、蕭世延本作「十日」。

愛人之無已也！宗湯念之。一時交游，東顛西覆。民澤可期遠到。西望衡山，神爽飛去，然自去秋感疾，迄今未堪舉踵，餘亦無足顧者。所須《縣誌》，謾往一册，世卿爲此書，蓋亦自以爲未足云。爲我謝李侍御。戊午八月十一日，章復宗湯掌教。

與梁貞

肺病，外感則風，内感則煩，調攝之方，莫先虚静。秋舉逼人，能置之否耶？戒鄺珙之覆轍，念老朽之狂言，在惟正。

與鄭文吉

章之内兄羅經，水母灣人，金成之義主翁也。内兄存日，窘甚，棄其居第還車陂。死，無子，遺二妾，女一居孀、一在其室，其困日甚，今欲取來白沙。恃愛干瀆，倘遇人船之便，先令金成走車陂，取至廣，搭附來白沙。極感，極感。頃者市藥之費，遣人致之，不及裁謝。

與黎潛、蕭倫

先妣不幸卒於今年二月十六日，即日塋封甫畢，穴在小廬山圖新書舍旁。某以衰疾執喪，氣息奄奄，如賓客知舊往來，記一忘十間，獨於潛也、倫也思之不置。二生之思我，從可知矣。愛之深，言之切，老朽何以答二生之拳拳？發憤進步，一日千里。

與趙日新

久不見生，一日得生手書，如語予館中，不知其在羅城也。去白沙幾年，味生之言，欲再見白沙而不可得。甚矣，生不忘白沙也！憂病之餘，泯泯默默，可爲他人言者。念生忠信之人，可與共學。然問之者未切，告之者無序，生雖有求於我，其何補於日用乎？賓陽陳掌教，可人也，可一通之。餘不具[一]。

與鄧球

眼中朋友，求可與言者不可得。世味之移人者不少，大者文章功業，然亦爲道之障，爲其溺也。足下苟有見於此，幸甚，幸甚。

〔一〕「餘不具」後，蕭世延本有「某復趙縣博足下」七字。

與李孔修

諸稿中間一二篇特好，得詩人蹊徑，趣亦雋永，異日當自知也。餘多裝綴曖昧之疵，蓋力未及而志願太高，用心過苦，故有此病也。題目小序，文理類多不通，此不學之過，問東所。

又

見示《和送美宣太守》詩，不見如何主意，大概類少年作老人語，詞氣終别。且其間下語，往來呼應，無脉可尋。詩貴融通妙密，若未理會得明白處，遽然語此，是躐等也。如何，如何？

與范規

近有人自南京來，承定山先生偶得右手足風痺之疾，近雖小愈，尚未脱然，欲求養生之術，非能用莫能盡之，以此相托。定山，平生故人，老而嬰疾，可念，可念！能用、定山之交，亦不可謂淺淺者，何愛一行？如能用寄跡山水間，去來自由，自此至彼，數千里坦途計日可到。然亦不敢必，蓋行止非人所能。頃來衡山之約如許，又可固必耶？專此馳問。儻蒙金諾，先乞飛示，早晚須一至精舍商量。切望，切望。六月二日。

與董子仁

前九月得周文選書，知子仁久乞省家居，多賀，多賀。又云在高亦養病歸，或不可起，不審此語何謂？前此獲手教及克恭書，感歎屢日。凡百且置之勿論，只平生問學一事極索理會，不可悠悠。人一身與天地參立，豈可不知自貴重，日與逐逐者伍耶？某奉别後更無他，惟一味守此，益信古人所謂自得者非虚語。今幸老母粗康，地方無事，日夕與二三友討論所未至，亦殊不厭。惟有志者少，薄俗振作尤難，日邁月征，良可憂耳。聞羅先生杜門廣昌，張内翰會講西山，克恭闢書齋於後圃靜坐，皆不以病廢學。子仁何日復京？尚希一札，以慰惓惓。

與張聲遠

得正月十日手書，悲憤填紙，幾不可讀。平居相與論議慷慨，未始不以外生死爲達、填溝壑爲賢，一旦臨大故不可堪忍之時，尊卑疾病盈室，家無錢財，作何措置？況於束吴反葬，水陸數千，計亦不下二十金，所費將誰仰耶？勢利風馳，朋友道缺，昔人所能者，例不可望於俗輩。如某一二粗知，抑皆所謂「旋渦裏佛，不能救落水羅漢」，奈何，奈何！情切事違，心邇人遠，撫紙興懷，徒增悲怍。惟亮察，不具。壬辰五月十八日，陳某書。

與譚有蓮

比日，家僮自貴里來，承口喻，欲爲小孫田議婚以平卿之孫女。平卿善士，與古愚先兄游處，亦通家也，幸甚，幸甚。第恐傳言或誤，好事多魔，於是叩諸蓍，得「大過」之「豫」，蓋吉占也，未審果如尊意否？夫量才求配，聞之先賢；計産許婚，甚於流輩。癡孫疑未中東牀之選，世業恐重貽西鄰之憂，是以未能釋然於鬼神之謀也。專此馳白。庶幾爲是一來，倘不以疏外見疑，拱候，拱候。〔一〕

與陳德積

聞近被繫郡獄，懸切，懸切。計今當道多明察，想不加害於無罪之人。否泰，數也，勿過爲隕越。人不幸，所遭有甚於此者，亦無可奈何。【旁批】至言，至言！且安心順命，善將攝爲禱。

〔一〕「拱候，拱候」，高簡本、蕭世延本作「拱俟，拱俟」。

與容一之

幾日不得至祠下，眠食何如？一之平時筋力倍予，今云瘠甚，則老者可知矣。古人處老有道，處病有道，處死有道。夫子曰「朝聞道，夕死可矣」，其處之之道乎！旦夕欲見一之與論之，不審力疾乘竹兜子能一至碧玉樓否耶？專此馳問，惟自量。

又

昨晚手書與陶公，勸勿建書舍，未見報札。爲此一事，數日往來于心，殊無好況。章因多病，厭苦人事，決策往平岡。朋友間多不省事，多言平岡土瘠，難望成田，老母聞之，遂阻此行。奈何，奈何！此非不忠愛於我，抑未知所以忠愛也。平岡土雖瘠，然便謂其終不成田，則又疏矣。天下豈有棄物而人欲爭者乎？不信人之言眼前事，所見往往如此，可笑也。何日可動到齋一話？甚懸懸。

又

先妣墓即日塋封粗畢，遣人去采藤縣木爲祭享之室，使人守之。立祭田、求墓誌事皆不可缺，又不知人子思慕其親而欲報之，其大者安在耶？困於財、限於分，蓋亦無可議矣。近苦憂病相持，無以自遣，尋思只有虚寂一路，又恐名教由我壞。【旁批】爲容説。佛老安能爲我謀也？付之一嘆而已。何日對面，罄其所欲言？

與馬貞「神理」語不可解。

前日舟中，與一之談及神理爲天地萬物主本，長在不滅。人不知此，虚生浪死，與草木一耳。神理之物，非但不可戀着，亦其勢終不能相及，於我何有？伯幹病至此，當大爲休置，縱未至灑脱地，亦漸省得些撓亂，幸而天年未盡，便從此覺悟，神理日著，非小益也。老倦，不能再省視，令真福往候，以此能一開目否？

與陳秉常

蒙謗大矣。前有一簡與彭推府轉達府主，未審能至否？秉常可速入省謁彭，詳説其事，或士友中能扶持公道。秉常其盡心焉！［事］始末〔二〕，問公學。

〔二〕「事」字原無，據高簡本、蕭世延本補。

與崔楫「孝履如宜」，大是箴語。先生于禮節甚謹嚴，觀此書可見。

某疏：不意先府君奄忽頃逝，衰病多遺，不時奉慰，罪罪。比日寒甚，想孝履如宜。棄禮從俗，壞名教事，賢者不爲。願更推廣此心於一切事，不令放倒。名節，道之藩籬。藩籬不守，其中未有能獨存者也，老拙所見多矣。願希説勉之。弘治癸丑臘十二日，某疏。

又

承示諸作，見意思。始者，期民澤九月入羅浮，四百仙峯依舊見之，但不在脚底耳。來喻不忘在學，幸甚。但恐進退未決，不立背水陣，終難勝敵。希説勉之，歲月不待人也！

復陳冕

蒼頭至，得書。承貴恙漸平復，喜慰之至。更慎小愈以赴秋闈之選，幸甚，幸甚。得失雖云有命，然便委之命，亦恐未盡。如莆中多真舉子〔二〕，與僥倖尋常者，相去奚啻十倍？如是而失

〔二〕「莆中」後，高簡本、蕭世延本有「舉子」二字。

解，誦伊川之言以自解，可以無愧矣。餘不悉。

與陳德雍 詩所謂九十餘老人而願學者也。

某啓：清江之去白沙，幾山幾水。一夕，恍然與德雍先生葛巾青藜相值於寶林，拍手笑語，坐佛燈前，促膝嬉戲若平生，不知其在夢也。及覺，始悵然若有所失，即復閉目入華胥，尋向來所見，一恍惚既不可得，則又歎清江之去我遠，德雍今存亡不可知，況欲與之握手耶？某別後，況味如昨，但年來益爲虛名所苦，應接既多，殊妨行樂耳。平生只有四百三十二峯念念欲往，亦且不果。男女一大俗緣，何日可盡？雖云道無凝滯，其如野性難拗，尋欲振奮一出，又未能也。德雍老矣，頗復能記憶寶林昔日之言否乎？臨紙不勝悵惘。

與李德孚

某聞古之廉士資送其子，有鬻一犬而足者。今犬之值幾何？貧者雖有百犬，不以資送鬻也，不鬻則耻之矣。耻非其所耻，何所不至？甚矣，俗之能移人也！別紙稱清門羅，某何敢不從？脱尚未免芥蒂人言，則莫若崇儉以導之，令盡去俗樣，異時資送之來白沙，必勿留一塵以累吾自然，幸甚。凡此一聘之費，大率不過十金。但如來教，則太近俗而惡無文，故以釵與幣易之，而侑以羊酒。不審以爲何如？執禮處甚不肯苟。

又

別紙乞恕專擅。聞老兄近復假館禪林靜坐，此回消息必定勝常。耳根凡百所感，便判了一個進退，老兄今日此心，比諸平時更穩帖無疑否？賤疾幸少脱體，但尋常家中亦被聒噪，情緒無歡。大抵吾人所學，正欲事事點檢。今處一家之中，尊卑老少咸在，才點檢着便有不由己者，抑之以義則咈和好之情。於此處之，必欲事理至當而又無所忤逆，亦甚難矣。如此，積漸日久，恐別生乖戾，非細事也。將求其病根所在而去之，衹是無以供給其日用，諸兒女婚嫁在眼，不能不相責望。在己既無可增益，又一切裁之以義，俾不得妄求，此常情有所不堪，亦乖戾所宜有也。昔者，羅先生勸僕賣文以自活，當時甚卑其説，據今事勢如此，亦且不免食言。但恐欲紓目前之急，而此貨此時則未有可售者，不知何如可耳。老兄幸爲我一籌之。此語非相知深者不道，惟心照。癸巳二月十三日，某拜德孚先生侍史。

與李宗 成化壬辰正月代兄作。

文啓：猥蒙不鄙，弱弟某遂兹室家之願，實吾子之惠，幸甚，幸甚。某以序次當爲主人，不得詣吾子躬專請也。倘吾子不憚劬於路，而以歸羅氏子于白沙某也，則願吾子之終賜愛焉。類古儀禮。

與潘徐二生

去冬，得二生手書，半月置牀頭，日一展，展時一發歎。後生所急者何？後生所畏者何？轉瞬來，便都望三十四十，不自激昂，不自鞭策，將來伎倆又似拙者模樣耳，奈何，奈何！蕭先生書報［潘］生近聘岳家甥女[一]，可喜，可喜。然自是轉多事矣。拙者正在不了中，自曉事者觀之，未必不以爲憂也。呵呵！壬辰五月十四日。

與馬玄真 先生惜世人小用詩，卻于此處留意。

趙壽卿助建丁明府祠，又捨田十二畝以供祀事，與厓山破百數金作慈元后廟，乃其素心。諸友咸爲賦詩，謁世卿文以賀之。非徒見作廟之人，實以表前令之愛於無窮。在足下宜有高作，非專爲趙生也。不可不告，惟尊裁。

[一]「潘」字原作墨釘，據蕭世延本補。

與光禄何子完

久别，想念無已。比年承貺不一，張秀才南都還，又承寄到坐几一事。老拙每日飽食後，輒瞑目坐竟日，甚穩便也。好事者或借出效爲之。多荷，多荷。近陳汝學報子完即日謝事歸矣，不知其實非也？昔者，致幣於定山者，儀多不足，非子完誰其助之？然以爲求文者可也，爲老拙非也。諸公始作嘉會樓，白沙以地參焉耳，記者自有其説。子完嘗一日在館下，顧不能以謙恭自處，掠他人之美以爲己有耶？竊爲子完不取也。子完出處、語默、進退之宜，子完自知之，非老拙所能與也。獨憂定山先生平生故人，或因子完之言而爲斯文留意焉，則未免爲識者所議且笑之矣。【旁批】不欲其記，意何未解，又恐定山之誤。故具此白，餘不悉。某再拜子完光禄足下。弘治戊午八月。

與姜仁夫

姜即姜麟，初成進士，以史事使貴州，特取道如白沙，以師禮見。出曰：「先生，非人也。」至京師，有問之，輒曰「活孟子」、「活孟子」。

十數年間病廢往還，亦只是懶耳。遠者每以口問代報狀。仁夫知我深，想必不訝。近得緝熙書，中間報仁夫近出淮上理刑，遭罹家患，伉儷子婦之哀先後疊至，存者孤弱孫耳。奈何堪之！某罪積日深，得禍彌重，今年春老母傾背，毀瘠不知，與死無異。曩見屬先公墓文，歲嘗具一草未脱，因循至今。儻未即死，當卒不負言也。里生陳紹裘赴春闈，囑其過淮上一見，附此，自餘問紹裘可知也。瞻奉無由，惟冀以道處情，勿爲無益之悲，以慰區區。不宣。

與陳進士時周

陳，莆人，受學先生，退而作《静思録》，終身佩服其言。卒以孝廉名世。

時周水菽之養，自垂髫迄今三十年。韓退之稱孟東野「無田而衣食事親，左右無違，混混與世相濁，獨其心追古人而從之」，時周蓋有之矣。時周别去，益思時周平生履歷之難，大略與老朽同而又過之，求之古人如徐節孝者，真百鍊金孝子也。頃歲，有《答林府主壽老母生日》詩云：「有母年齡暮，逢辰喜懼深。多儀焉敢卻，揣分故難任。錦段拈香拜，仙醅洗盞斟。獨慙非節孝，未了百年心。」因事惟賢，寄不足於詞，詩中發之盡矣。抑聞之：「子不私於親，非子也；士不明於義，非士也。」賢者審擇内外取舍之宜以事其親，盡愛日之誠〔二〕，而無不及之悔，在我而已。

〔二〕「盡」字，高簡本、蕭世延本無。

與袁進士書

足下去青山、登黄甲，一旦取貴官如反掌。人皆華足下，而不知足下之不樂乎内。足下之心形於書尺，足下之辭甚直，誦之揆之，凡足下之事，無是非可否得失，足下一一具言之，足下過於時人遠矣。時人或錚錚自許其不欺，反出足下下。雖然，足下慷慨自任，不能吞炭爲啞以取容於時，則將大聲長鳴於仗馬間乎？此非僕所敢聞也。緝熙坐青湖山三年矣。德乎旦夕過我，其問足下也，告之。

慰鍾五

令兄竟爲泉下客矣，足下當甚悲痛。令兄今生幾何矣，眼中如此逝者不少，又何足怪？但人未死前一日，誰肯信着此事？終日勞勞而不自足，及至死時便無可主張，亦可悲也已。拙疾，未由奔慰，謾往此紙，惟足下亮之。

與林時表 緝熙之子。

時表，而代而父侍奉太夫人几筵，何得舍朝夕奠而來應試？老朽聞之，竟日不樂，欲致一書，計已無及於事，遂不果。比發去兗州訃否？褒弟去冬死北京，果然惜哉！適得尊甫翁濟寧四月望日發來手書，進退不能無遺憾矣，奈何，奈何！老母塋封甫畢，未由遣人致慰，幸亮區區。

與湛民澤

孟子見人便道性善，言必稱堯舜，此以堯舜望人也；橫渠見人便告以聖人之事，此以聖人望人也。吾意亦若是耳，竊附孟子、橫渠之後。「彼何人哉？予何人哉？有爲者亦若是。」「文王我師也，周公豈欺我哉？」區區之意，在覽者深思而自得之。既以寄民澤，亦以告有志于門下者，咸得自勵而日勉焉，非但爲美言以悦人也。

又

先生好與張、李論詩，至湛「不欲多作」，望之大也。

與平湖語連日，不如與賓州一尺簡。【旁批】賓州何人，莫考。《易》曰「初筮告，再三瀆，瀆則不告」，此教者之事，夫豈有所隱哉？承示教，近作頗見意思，然不欲多作，恐其滯也。人與天地同體，四時以行，百物以生，若滯在一處，安能爲造化之主耶？古之善學者，常令此心在無物處，便運用得轉耳。學者，以自然爲宗，不可不著意理會。俟面盡之。自是周、程一段心事。

又

李世卿書來問守臺者，老朽以民澤告之。冷焰并騰，殆出楚雲之上。蓋以勉世卿，使求諸言語之外。如世卿，可惜平生只以歐、蘇輩人自期，安能遠到？賢郎在病，可徐徐而來，眼中未有能奪公楚雲手段也。五月十二日，石翁書。

又

此學以自然爲宗者也。承喻「近日來頗有湊泊處」，譬之適千里者，起脚不差，將來必有至處。自然之樂，乃真樂也，宇宙間復有何事？故曰「雖之夷狄不可棄也」。今世學者各標榜門牆，不求自得，誦説雖多，影響而已，無可告語者。暮景侵尋，不意復見同志之人，託區區於無窮者，已不落莫矣。幸甚，幸甚！楚雲雖日望回，萬一高堂意有未安，亦未可率爾行也。珍重。章白民澤進士。

又　夫爲有所倚之意，似未易言。

飛雲之高幾千仞，未若立本於空中，與此山平，置足其顛，若履平地，四顧脱然，尤爲奇絶。

此其人内忘其心，外忘其形，其氣浩然，物莫能干，神遊八極未足言也。承羅浮之遊甚樂，第恐心有所往，情隨境遷，則此樂亦未免俗樂耳。黄龍、朱明不可居，吾之此心已在祝融之上矣。吾非厭近而求遠，顧民澤何以處我耶？世卿録去近稿二幅，可以代面語。不具。

又

來喻與拙裁意不相涉，無怪乎前此之多言也。久居於危，不在仕止之間，蓋嘗兩遭不測之變，幾陷虎口矣。不得已，爲謁銓之行，所以避之，非出處本意也。吾子其亦聞之否乎？平生故人，朱少保、李閣老、潘待詔往往寄聲，以不能去離此邦爲懼。【旁批】不知當時有何變，至欲去其鄉。假令見幾而作，當不俟終日，遑恤其他，特患不得其時耳。康節詩云：「幸逢堯舜爲真主，且放巢由作外臣。」然則百年之遇，宜未有今日，所恨子孫世家于越，老朽亦欲爲後人立少基緒，使可傳也。目今要建幾祠宇、修幾墳墓，政恐小祥在轉瞬間；若更因循，措辦不來，更一轉瞬，大祥至矣。吾事不了，奈何，奈何！憂病相持，歲云暮矣，安知其終不汩没於塵土耶？區區可疑者，吾子其深亮之。

又

章久處危地，以老母在堂，不自由耳。近遣人往衡山，問彼田里風俗，尋胡致堂住處。古人託居，必有所見。儻今日之圖可遂，老脚一登祝融峯，不復下矣。是將託以畢吾生，非事遊觀也。三年之喪，在人之情，豈由外哉？今之人大抵無識見，便卑闒得甚，愛人道好，怕人道惡，做出世事不得，正坐此耳。吾輩心事，質諸鬼神，焉往而不泰然也耶？病中不欲多言，幸以意推而盡之，未可草草也。

又

碧玉樓卧病踰半月，忽得手札，讀之喜甚，遂忘其病也。學無難易，在人自覺耳。才覺退便是進也，才覺病便是藥也。眼前朋友可以論學者幾人？其失在於不自覺耳。近因衰病，精力大不如前，恐一旦就木，平生學所至如是，譬之行萬里之途，前程未有脱駕之地，真自枉了也。思於吾民澤告之，非平時漫浪得已不已之言也。倘天假之年，其肯虚擲耶？附去藥錢一百，煩手丸寄渡子回，景雲在病也。

又

民澤足下：去冬十月一日發來書甚好。日用間隨處體認天理，著此一鞭，何患不到古人佳處也。章自去秋感疾，迄今尚未平。昔者，高堂未傾，病輒叩天，願少假之年。今廬岡之木且拱，吾何求哉？其未忘者，衡山一念而已。皇皇靈芝，一年三秀；予獨何爲，有志不就？其可念也夫，其亦可嘆也夫！廷實近多長進，但憂其甚鋭耳。子長病且愈，曰高音耗亦無，黄中納婦，館中惟一之與服周教諸孫。海北汪提舉向慕亦切，作懷沙亭於海上。此外，有修古書院、冷香橋之作，所費不少，恨無以成就之耳。民澤在鄉安否？禍福原於人情，不可不仔細察也。謾及之，不一一。戊午季春三月初二日，石翁在碧玉樓力疾書。

與謝伯欽

聞子酣於鬥矣，老衰無能爲援，請竭端末利害爲子籌之。知貪得之爲害，絶禍於未形，上策也；不役一錢，不損一人，以直道爭之官府，失得付之於數，必不已而與之均焉，中策也；損財以爭而家日耗，殺人以爭而冤日積，僥倖錙銖難得之利，自遺鈞石不測之憂，此下策也。若能歸咎於己，舍之勿爭，以分産悉推諸弟，清修苦節以立於世，如子才，不出十年，天下皆服其義而仰其德，令聞洋洋播於四方，輝光赫赫流于無極，視平生不得意處，如秋風之振木葉，零亂脱落無復芥蔕之跡，因敗成功，此又策之奇者也。諸策惟上策省力而易行，然已無及矣。其餘可否，更請擇之。某字與伯欽秀才。

與潘舜紘 如是其有當于心也，可知其尚。

《儀禮》一書，訛缺板多，一經先生與黄大理手校，便爲完帙。野人平生際遇，未有如此奇者，敢不拜賜？空山深夜，兀爾一榻，撫卷即如對面，耿耿達旦。九月二日，古岡某頓首舜紘先生閣下。

與庠中諸友

春初，承諸君枉顧，屬有哀事，既不獲披接，又不果以時還謝，多罪，多罪。近按察胡先生過白沙，【旁批】借此意動諸友。青燈叙舊之餘，輒及此方人士，惓惓以爲己之學望諸君，甚盛意也。某親領誨言，不勝感感。尋欲與諸君共言之，賤疾固未及，諸君方急於秋試，區區迂闊之談，恐難驟聽。然又不敢淺窺諸君，而謂吾言之無益而不言也。謹此奉瀆，萬一諸君之留意焉。某再拜庠中列位俊游。辛卯月日。「不學詩，無以言。」如此書温和婉委，能令人一唱三嘆，可以觀詩矣。

與僧文定

僧文定嘗參學四方，坐關於觀音山三年，蓋廣僧中之知名者也〔二〕。偶以事繫縣獄，慮是非之不見察也，懇予爲白之。予以邑主楊侯公明，必不妄加害於無罪之人。予嚴干謁人之戒，久而不可破。文定從西方之教，苟有得焉，則能以四大形骸爲外物，榮之辱之，生之殺之，物固有之，安能使吾戚戚哉？示以是詩：一戒持來三十年，何曾長揖長官前？山僧若了西來意，不把形骸乞世憐。是萬物各正氣象。

與太虛

太虛師真無累於外物，無累於形骸矣。儒與釋不同，其無累同也。太虛尚能覓我於衡山否耶？別紙録去舊稿，試爲我誦之。章非能言者，太虛豈俟多言哉？

〔二〕「知名者也」，高簡本作「知者也」。

與鄭舉人 鄭得此書，亦當自慙。

昔錢宣靖公推官同州，有富民亡其女奴。女奴父母訟於州，州命録事參軍鞫之。録事實貸於富民，不獲，乃劾富民父子共殺女奴〔二〕，罪應死。公疑其獄，留數日不決。録事詬曰：「若受富民錢，欲出其死罪耶？」公笑謝。密使人訪求女奴，得之，則免富民父子於死。知州以公雪冤死者數人，欲爲論奏其功於朝，公固辭曰：「若水但求獄事正、人不冤耳，論功非本心也。且朝廷若以此爲若水功，當置録事於何地耶？」録事詣公，叩頭請謝，公曰：「獄情難知，偶有過誤，何謝也？」僕每讀書見此等事，未嘗不歎息古人用意之厚，而平生區區所存亦未多愧。頃因田土細故，與足下有言，足下遽賜之手札，辭亦費矣。假令質成於官司，尺寸壤得未足爲喜，而此事一白，則直在己而曲在人，斯自慙耳。僕非不願爲古人之高，特事有專主，義不容於自遂，惟足下亮之而已。

〔二〕「父子」，高簡本、蕭世延本作「父母」。按：據後文錢宣靖公「密使人訪求女奴，得之，則免富民父子於死」之説，應以作「父子」爲是。

與周用中兄弟

天地自然之利，人得而取之，何分彼我？使諸子姪如老朽，何所不讓？使老朽如諸子姪，亦何所不爭？向義不如就利，尚德不如用智，朝三暮四、口與心違，强之以其所不能則怨，諸君豈不謂然乎？今只以鄭明府所書券爲實，更不問其是非，但據用中用到價銀若干，老朽願償之。如此，既不獲罪於鄭，又不負用中，諸子姪亦可以釋然矣。解紛之策，莫過於此，諸君其亮之。

白沙先生文編卷之六

澄海唐伯元　編次
廣安姜　召
休寧范　淶
孟津王　价
温陵郭惟賢
婺源汪應蛟　校梓

題跋

跋清獻崔公題劍閣詞

萬里雲間戍，立馬劍門關。亂山極目無際，直北是長安。人苦百年塗炭，鬼哭三邊烽鏑，天道久應還。手寫留屯奏，炯炯寸心丹。對青燈，搔白髮，漏聲殘。老來勳業未就，妨卻一身閒。梅嶺緑陰青子，蒲澗清泉白石，怪我舊盟寒。烽火平安夜，歸夢到家山。

右調《水調歌頭》，吾鄉先輩菊坡先生宋丞相清獻崔公鎮蜀時，題劍閣，即此詞也。曩夢拜公，坐我于牀，與語平生，仕止久速偶及之。仰視公顔色可親，一步趨間，不知其已翱翔於蓬萊道山之上，欲從之上下而無由。因請公手書，公欣然命具紙筆。烏虖！古今幽明一理，人之所見則有同異，感而通之，其夢也耶？其非夢也耶？今書遺其後七世孫同壽云〔一〕。弘治甲寅十月，白沙陳某識。先生□事菊坡之像〔二〕，故有此夢，亦或其壯志未衰也。

書韓莊二節婦事

烏虖！二氏之生，其相去且千載。韓，故相國休之孫女；莊，雷郡庶人妻。貴賤雖殊，其死於義一也。心事如青天白日，皎乎其不可尚；辭氣如大冬嚴雪，凛乎其不可犯。是豈資學問之功哉？是豈嘗聞君子之道於人哉？亦發於其性之自然耳。今之誦言者，咸曰「餓死事極小，失節事極大」。故□□利害〔三〕，比二氏乃能之，學者故不能於此。然則從事於詩書反無所益，彼之弗學乃能不壞其性，何耶？是必有所以然者。學止於誇多鬬靡，而不知其性爲何物，變化氣質

〔一〕「七世孫」，高簡本作「後世孫」。
〔二〕「先生」後一字，底本漫漶。
〔三〕「故」後二字，底本爲二墨釘。此句，高簡本作「故利害」，蕭世延本作「故臨遇利害」。

爲何事，人欲日肆，天理日消，其不陷於禽獸者幾希矣。予讀二氏之辭有感，故録而藏之。辛卯夏五月四日，病中捉筆。

書孔高州平賊詩卷後

王别駕所爲《孔高州平賊十二詩》并圖説，余覽之，歎曰：「嗟夫！太守誠有功於民也。」太守今進秩憲副使，其視民如傷，必不偏於一隅、安於一日以爲足。吾意憲副使之賢〔一〕，勞謙而不伐，雖有同時歌詠之美，蓋未知其果樂聞之而首肯否？雖然，或亟稱之，必深願望之，亦君子所不能已於言也。成化辛卯冬十月朔旦，古岡陳某敬識。

書蓮塘書屋册後

成化十九年春正月，予訪予友莊定山於江浦，提學南畿侍御上饒婁克讓來會予白馬庵，三人相與論學、賦詩，浹辰而别。侍御之兄克貞先生，與予同事吴聘君。予來京師，見克貞之子進士性及其高第門人中書蔣世欽，因與還往。居無何，侍御官滿來朝。予卧病慶壽寺，之數人者

〔一〕「憲副使」，蕭世延本作「憲副」。

無日不在坐。師友蟬聯，臭味相似，亦一時之勝會也。侍御示予《蓮塘書屋圖》，山雲水石，竹樹陰翳，恍然若蓮塘之在目，藹然絃誦之聲盈耳也。予玩而樂之，謂侍御曰：「地由人勝，不勝誰傳？周茂叔濯纓於濂溪而世濂溪，程叔子著書於龍門而世龍門，朱晦翁講道於考亭而世考亭，今婁氏居蓮塘宜世蓮塘。使蓮塘之名有聞於天下後世者〔二〕，婁氏自爲之，非蓮塘也。蓮塘之遇，不其幸歟！濂溪以茂叔勝，龍門以叔子勝，考亭以晦翁勝，蓮塘以婁氏勝，古人今人無不同也。抑不知婁氏之所修而執之者，同於古人否歟？惡乎同乎？同其心不同其迹可也，同其歸不同其入可也。入者，門也；歸者，其本也。周誠而程敬，考亭先致知，先儒恒言也。三者之學，於聖人之道孰爲邇？孰知之無遠邇歟？周子《太極圖說》：『聖人定之以中正仁義而主静。問者曰：「聖可學歟？」曰：「可。」「孰爲要？」曰：「一爲要。一者無欲也。」』《遺書》云：『不專一則不能直遂，不翕聚則不能發散。』『見静坐而歎其善學，曰：「性静者，可以爲學。」』二程之得於周子也，朱子不言，有象山也。」【旁批】有深意。此予之狂言也，婁氏何居焉？予以景泰甲戌遊小陂，與克貞先後至，凡克貞之所修而執之者，予不能悉也。書予説於《蓮塘圖》，侍御質諸克貞先生以爲何如。

〔二〕此句後，高簡本、蕭世延本有「婁氏也使婁氏有聞於天下後世者」十四字。

示學者帖 不如是照破物情，豈能學得顏子？

諸君或聞外人執異論非毀之言，請勿相聞。若事不得已，言之亦須隱其姓名可也。人氣稟習尚不同，好惡亦隨而異。是其是，非其非。使其見得是處，决不至以是爲非而毀他人。【旁批】自是聖賢心事。此得失恒在毀人者之身，而不在所毀之人，言之何益？【旁批】盡彼盡己。且安知己之所執以爲是者，非出於氣稟習尚之偏，亦如彼之所執以議我者乎？苟未能如顏子之無我，未免是己而非人，則其失均矣。况自古不能無毀，盛德者猶不免焉。今區區以不完之行，而冒過情之譽，毀者固其所也〔一〕。此宜篤於自修以求無毀之實，不必以爲異而欲聞之也。昔吕蒙正拜副相，一朝士指之曰：「此子亦參政乎？」同列欲詢其名，遽止之，曰：「知當終身不忘，不如勿聞。」賢者所存，固異於人也。諸君亦宜念之。

又

着些利害，不免開口告人，此淺丈夫也。伊川平生與東坡不合，【旁批】東坡當座客詬伊川，其後又極

〔一〕「者」字，高簡本、蕭世延本無。

詆毁，此韓歐之徒不爲。至於成黨，自來未嘗向人道及，真無愧於斯言矣。觀伊川處東坡一節，卻似天地氣象，只此是百代之師。

語録八條 此八條，非一時之言。以其切於學者，故附於《示學者帖》之後。

三代以降，聖學乏人〔一〕，邪説並興，道始爲之不明；七情交熾，人欲横流，道始爲之不行。道不明，雖日誦萬言，博極羣書，不害爲未學；道不行，雖普濟羣生，一匡天下，不害爲私意。爲學莫先於爲己、爲人之辨，此是舉足第一步。此與《仁術論》同意。世之學爲媒妁而自附一體者，不知其意何如也？

疑而後問，問而後知，知之真則信矣。故疑者進道之萌芽也，信則有諸己矣。《論語》曰：「古之學者爲己」。

夫道無動静也。得之者，動亦定，静亦定，無將迎，無内外。苟欲静，即非静矣。故當隨動静以施其功也。

善學者，主於静以觀動之所本，察於用以觀體之所存。

〔一〕「聖學」，《明儒學案》卷五《白沙學案上》所引作「聖賢」。見黄宗羲撰，沈芝盈點校：《明儒學案》，第八九頁。

治心之學，不可把捉太緊，失了元初體段，愈尋道理不出〔二〕；又不可太漫，漫則流於汎濫而無所歸。「但得心存斯是敬，莫於存外更加功。」大抵學者之病，助長爲多，晦翁此詩，其求藥者歟！世儒動稱心學，往往作弄精神，正坐求心之過。

胡居仁執守甚堅，灑落不如莊孔暘；林緝熙氣質甚平，果決不如沈真卿。惟灑落有壁立萬仞之志，惟果決有真金百鍊之剛。它日造就擔當此道，孔暘、真卿而已。真卿，未有所考。

喻塾中帖

不邀人敬，不受人慢，某今日方曉待深之之道。大抵情不可過，會不可數，抑情以止慢，疏會以增敬。終身守此，然後故舊可保。請自今後，朔望免禮，諸生在塾中者，亦不勞進揖。容珪持此紙往喻，俾悉知余意。

〔二〕「尋」，《明儒學案》卷五《白沙學案上》所引作「認」。見黄宗羲撰，沈芝盈點校：《明儒學案》，第八九頁。

與容珪帖

絅等雖在門牆，其與拙者之意實未相接，徒以名分相繫爲美談耳。【旁批】今人畏道此句。雖然，賢於吠雪者多矣。廣收而勿拒，小警而大遺，其諸全交與待衰俗之意乎！「小警大遺」語有味，可爲責善者之法。

手帖

前後帖多在辛卯、壬辰歲。

讀一之自罰帖，所謂喜三代之餼羊猶存也〔一〕。此舉雖過，然究其爲心，蓋亦可憫。且自罰之辭甚實，其進固未可涯也。若夫久居師席，不能致門人於無過舉之地，此則老夫之罪。請附此於日録，算一過，諸君其誌之。

書一之自罰帖後

此帖某實命之而云自書者，貫不自以爲過，導之使知悔也。貫之此舉，某初蓋以爲可，卒歸

〔一〕「餼羊」，高簡本、蕭世延本作「犧羊」。

於貫者，貫主之，托始於貫。謀事愆義，規畫無度，皆貫之失，不容於公議，故與士友共責之而不得私焉。【旁批】盡己盡人。其不可自恕者，謹以書諸日録矣。自罰必一年而後復者，過之小大爲限。復深責望之，昭仁示義，殆亦孔門鳴鼓之遺意歟？子曰：「由也升堂矣，未入於室也。」逮其晚年，進德極於高遠，未必非此門人之助；而由之名光於後世矣，則貫其可侮哉？辛卯七月二十二日，石齋書。

批答張廷實詩箋十首

首章似胡文定解《春秋》，以義理穿鑿。二章發揮得道理極致，非所敢當，然此心亦自不能已，願與公共勉之。三章仙術多門，姑置勿論，然興致高遠者，非此無以托。【旁批】先生常不諱言，正如此。古有留意於《參同契》而爲詩，則斥以盜竊。四章箋得之，余清老《唱道歌》云「世間膏火，煎熬可厭」，亦在其中。五章要看第二句與第四句相應親切。六章醉以溷俗，醒以行獨。醒易於醉，醉非深於《易》者不能也。漢郭林宗、晉陶淵明、唐郭令公、宋邵堯夫，善醉矣夫！七章其失與首章同。黄涪翁《大雅堂記》似爲此箋發者，正詩家大體所關處，不可不理會。大抵詩貴平易洞達，自然含蓄不露；不以用意裝綴，藏形伏影，如世間一種商度隱語，使人不可模索爲工。欲學古人詩，先理會古人性情是如何，有此性情，方有此聲口。只看程明道、邵康節詩，真天生温厚和樂，一種好性情也。至如謝枋得，雖氣節凌厲，好説詩而不識大雅，觀其註唐絶句諸詩，事事比喻，是多少牽强、多少穿鑿也。詩固有比體，然專務爲之，則心已陷於一偏。將來未免此弊，不可不知。八章不知馬，其失在人不在馬。少知進退去就而已者，亦未以馬稱也。平湖之進，吾惜之。九章珠珮用鄭交甫事。十章箋得之，詩從後定本統論好，但非拙作所能當，持以論詩可矣。概觀所論，多只從意上求，語句、聲調、體格尚欠工夫在。若論詩家，一齊要到。莊定山所以不可及者，用句、用字、用律極費工夫。初須倣古，久而後成家也。今且選取唐宋名家詩數十來首，諷誦上下，效其體格、音律，句句字字一毫不自滿，莫容易放過。若於此悟入，方有蹊徑可尋。

漫筆示李承箕

昨夕樓上聞雨聲澎湃，睡不能著枕，因檢會鄉里平時還往人，十亡七八。中間年及七十者才一二，餘皆六十而下，四十早晚死者恒多。烏虖！人所得光陰能幾，生不知愛惜，漫浪虚擲，卒之與物無異。造物所賦於人，豈徒具形骸，喘息天地間，與蟲蟻並活而已耶？浮屠氏雖異學，亦必以到彼岸爲標準。學者以聖人爲師，其道何如？彼文章、功業、氣節，世未嘗乏人，在人立志大小。歲月固不待人也。

書漫筆後

文章、功業、氣節，果皆自吾涵養中來，三者皆實學也。惟大本不立，徒以三者自名，所務者小，所喪者大。雖有聞於世，亦其才之過人耳，其志不足稱也。【旁批】人品之論始定。學者能辯乎此，使心常在内，到見理明後，自然成就得大。《論語》曰「朝聞道，夕死可矣」，孔子豈欺我哉？

説繼芸軒 此是纂文。

人心之田方寸許。收其入，吾身之府庫充焉；出其餘，天下之沛澤隆焉。其有不能者，皆自棄耳。請以田事爲喻：方苗之始植也，鋤耰之，欲土之易，即吾心之放而收焉者也；苗之既植，其土未固，時而灌溉之，欲其生意之浹洽，即吾心之迷者復，日涵養乎義理之中以滋焉者也；及乎苗之向碩，穗既凝矣，益芟治其土使熟，而稂莠之支蔓遂絶，又非吾心既復之後，戒謹恐懼之不忘，使非僻勿得以干焉者類耶？自始至終，循其序而用吾力焉，無欲速之心，則耒耜之田與吾方寸之田一，施之無二道也。然盡力於耒耜之田者，其獲美稼；盡力於方寸之田，其獲豈直美稼哉？孟子稱：「窮則獨善其身，達則兼善天下。」

跋梁曉挽李唐詩

曉爲詩悼李唐。唐卒未娶，無顯然悔尤，皆以爲幸然。【旁批】使斯人生近代，皆得聞道之譽矣。曉之於唐，既送其往，復迎其來，何曉之不憚煩也？造化固無是理矣。但如曉説，苟無聖人之德，而有妻子之累，【旁批】必有所指。雖曉不能以一日活世間，况於唐乎？曉之爲人謀亦疏矣。曉乎，其自處可也。壬辰[五]月二十七日〔二〕，石齋書。

跋張聲遠藏康齋真跡後

先師康齋遺稿，某藏之十二年矣，出入必偕。天順初，先師膺聘入京，途中紀行諸作，皆當日手書，寄白沙凡七紙。成化己丑春三月，行李出北京，是日次于析木之店，以示東吴張聲遠鍈。一見驚絶，閲之竟日不目瞬，以手撫弄，以口吟哦，某憐之，割一紙。是歲六月，過清江，以手書問先師，尚無恙也。明年秋，鍈書來求跋。又二年壬辰二月，豐城友人始以訃來。先師之卒在己丑十月，至是三易歲。當鍈求跋語時，屬纊來一年矣。烏虖！悲乎！先師道德名譽傾一

〔二〕「五」字原爲墨釘，據蕭世延本補。

世，婦人小子知之，華夏蠻貊咸知之。平生愛一字一辭，不以假人，某之所得，徒以一日在門下。然誦其言，想見其丰采而得其爲人，則宜其有惕然而感、勃然而興者矣。某猶望此於百世之下，况其邇者乎？後生可畏，鋏其念諸。壬辰五月十二日，門人古岡陳某謹識。

論詩

詩以道性情，故不論工拙，然亦當審其所發也。曾子曰：「出辭氣，斯遠鄙倍矣。」鄙則凡俗，倍則背理，二者有一焉，皆爲辭氣之病，非君子所安也。周子曰：「言之無文，行之不遠。」鏘然發之，如鳴鸞鳳，如調琴瑟，如奏金石，千載之下，聞者不知手之舞之、足之蹈之者，不在辭氣之間乎？得之非易，言之實難。資質美、德器深者，當默而識之耳。

論詩不易

宋歐陽文忠公最愛唐人《遊寺詩》「曲徑通幽處，禪房花木深」，又愛一人《送别詩》「曉日都門道，微凉草樹秋」，云：「修平生欲道此語，道不得。」朱文公謂：「今人都不識此等好處是如何。」二公最知詩者也，後人誠未易及。如此兩聯，予始因歐公歎賞之至，欲求見其所以妙如歐公之意，了不可得，徧問諸朋友，無知者。徐取魏晉以下諸名家所作凡爲前輩點出者，反覆玩味，久之，乃若粗有得焉。間舉以告今之善言詩者，亦但見其唯唯於吾所已言者而已。吾所不言者，彼未必知也。夫然後歎歐公之絶識去今之人遠甚，而信文公之言不誣也。噫！詩可易言哉？此意真難言。

書自題大塘書屋詩後 此詩集中缺載。

予既書婁克讓《蓮塘書屋圖》後，蔣世欽繼之以大塘書屋之請，予賦五言近體一章，既以答世欽，世欽少之，予乃究言詩中之旨。首言大塘書屋乃中書蔣世欽所建。頷聯言爲學當求諸心，必得所謂虛明静一者爲之主，徐取古人緊要文字讀之，庶能有所契合，不爲影響依附，以陷於徇外自欺之弊，此心學法門也。頸聯言大塘之景，以學之所得，《易》所謂「復其見天地之心乎」。此理洞如，然非涵養至極，胸次澄徹，則必不能有見於一動一静之間。縱百揣度，衹益口耳，所謂「何思何慮」、「同歸殊塗」、「百慮一致」，亦必不能深信而自得也。末聯借方士之丹，以喻吾道之丹，卒歸之龍門者，明其傳出於程子而人未之知也。拙見如此，未知是否。然予於世欽，不可謂無意矣。所病者，辭采不足以動人耳，世欽胡爲而少之？予以世欽厭夫爲文字章句之學者，勇於求道，不恥下問於予，予是以重言之。謂予俯仰於時，姑喋喋以塞夫人之意，非予所以處世欽也。

速勾丁知縣廟疏

立一祠，既以表茂宰之賢，又以見吾鄉尚德慕義。一唱百和，視死如生，又孰不咨嗟而歆羡其美耶？且報往可以勸來，此祠立後，必有聞義而興起者。問所由來，鄉諸父兄子弟不忘舊令之德，章與有榮矣。幸甚，幸甚！

書鄭檢討所編劉閔手札後

此吾翰林鄭先生廷綱取其平日所得於其友劉閔子賢手書，會而編之，以爲此卷。子賢嘗以孝行聞於鄉之人，今閱此卷，意其天資可與共學，而鄭先生不没人善也，皆可敬。中間一簡，告鄭先生以處貧之難。吾獨惜子賢之困於不足，無所於謀也。三旬九食，亦昔人之常事，必不得已而干人，雖謀於鄭先生可也，而徒告之難。鄭先生豈難於濟人者哉？觀者疑焉，雖不以編入可也。成化丁未夏五月。

書鄧政求濟帖後

於乎！勢利爲市，朋友道絶。昔人所能者，例不可望於俗輩。政之號不足於余，固其所矣，惜予貧且賤，無以副政之請，此昔人所謂「旋渦底佛，安能救落水羅漢」。不然，余之所欲濟與所識求濟於余者多矣，豈獨政哉？雖然，政於余無一日之雅，奚以亮余之能惠？予負政多矣。十室之邑，尚有忠信如夫子。政其廣求之，必得一士如予而無予之貧賤，政其庶幾乎！撫紙太息，書其後歸之。壬辰五月日。

書玉枕山詩話後

張詩云：「耳根何處得浮塵，浪説康齋識未真。風月周臺燈火夜，伊川路上見斯人。」

東海平日自謂具隻眼，能辨千古是非人物，而近遺夫康齋，又何也？康齋易知耳。予年二十七游小陂，聞其論學，多舉古人成法，由濂洛關閩以上達洙泗，尊師道，勇擔荷，不屈不撓，如立千仞之壁，蓋一代之人豪也。其出處大致不假論〔二〕，然而世之知康齋者甚少，如某輩往往譏呵太甚，羣喙交競〔三〕，是非混淆，亦宜東海之未察也。微吾與蘇君今日之論，則東海之康齋，其爲晏嬰之孔子乎？了翁之伯淳也？噫！成化壬寅九月二十八日，新會陳獻章在南安横浦驛讀東海先生《玉枕山詩話》，秉燭書此于蘇君卷中。

〔二〕「假」，高簡本、蕭世延本作「暇」。
〔三〕「羣喙」，高簡本作「羣啄」。

書鄭巡檢詩卷後

吾邑沙岡巡檢鄭榮官滿告歸，持此卷過白沙乞詩。榮，莆人也，壯而仕，老而休，賢於不知止者。予既贈之詩，復録近作七絶於此。莆有大理黄先生，故人也，榮見，問我，以此卷呈之。大理與先生至厚，集中不載書札。又如《語要》中極許沈真卿，今不可考。

題吴瑞卿采芳園記後

所惡于立門户爲名高，爲其用智也。用智之于自然，何啻天壤！

歲云暮矣，冬雨淒淒。牛僵馬危，商旅不歸。號寒啼飢，窮民怨咨。采芳何爲？將以遺所思。所思在遠道，天寒日短，誰爲致之？不如待時。時維仲春，陽道既亨，萬物得時。和風披拂，人情熙熙。博采衆芳，汎汎輕航。駕言出遊，不泥一邦。雲龍風虎，其傳自古。而德之所被，人將化之。如赴壑之水，汩汩洋洋，不亦深乎！瑞卿，天下未有不本於自然，而徒以其智收顯名於當年、精光射來世者也。【旁批】速化有術，怪隱有述，君子不貴也。《易》曰「天地變化草木蕃」，時也。隨時詘信，與道翱翔，【旁批】此之謂自然。固吾儒事也。吾志其行乎！猗歟休哉！瑞卿。戊午歲冬至日，石翁題。

題余別駕中流砥柱圖後

別駕余先生命余題《中流砥柱圖》。余讀彭秋官序文，雖非正説此圖，而意已足。末舉元貞事一段結裹，尤警策有力，故予倣其意而切言之。蓋不言則已，言必欲其有益。予於別駕，非相啖以利者也，故不爲諛辭。其辭曰：使君使民不厭真，使君爲臣莫愛身。使君不以榮落爲詘信、死生爲戚忻，而以嗜欲爲伐性之斧斤。千秋萬歲難磨滅，乃見中流砥柱人。

次王半山韻詩跋

一日忽興動，和得半山詩一十八首，稿寄時矩收閲。作詩當雅健第一，忌俗與弱。予嘗愛看子美、后山等詩，蓋喜其雅健也。若論道理，隨人深淺，但須筆下發得精神，可一唱三嘆，聞者便自鼓舞，方是到也。須將道理就自已性情上發出來〔二〕，不可作議論説去，【旁批】此是先生自許，負一生精神。離了詩之本體，便是宋頭巾也。大概如此。中間句格聲律，更一一洗滌平日習氣〔三〕，涣

〔二〕「來」字，高簡本、蕭世延本無。
〔三〕「更」，原作「便」，據高簡本、蕭世延本改。

然一新，所謂濯去舊見，以來新意，作詩亦正用得著也。批判去改定，乞再録來見示爲幸。稿中有工拙，請下一轉語，以觀識趣高下，可乎？某書。

書和倫知縣詩後 語意未經前人説破。

屠沽可與共飲，而不飲彭澤公田之釀，古之混于酒者如是，與獨醒者不相能而同歸于正。雖同歸于正，而有難易焉。醒者抗志直遂，醉者韜光内映，謂醉難於醒則可。今之飲者，吾見其易耳，非混于酒而飲者也。烏虖！安得見古醉鄉之逃，以與之共飲哉？

送張方伯詩跋

某嘗謂作詩非難，斟酌下字輕重爲難耳。如此詩第五句「清」字，既研於心，又參諸友，左揆右度，終不可易。而非公九載之守不渝，某亦豈敢孟浪？蓋一字之下，其難如此，詩其易言哉？謹識。

贈彭惠安調謫别言

忘我而我大，不求勝物而物莫能撓。孟子云：「我善養吾浩然之氣。」山林朝市，一也；死生常變，一也；富貴貧賤夷狄患難，一也，而無以動其心，是名曰「自得」。自得者，不累於外物，不累於耳目，不累於造次顛沛，鳶飛魚躍，其機在我。知此者謂之善學，不知此者雖學無益也。

書法

雖云「只此是學」，而先生墨妙得之天者亦多。

予書每於動上求靜。放而不放，留而不留，此吾所以妙乎動也；得志弗驚，厄而不憂，此吾所以保乎靜也；法而不囿，肆而不流，拙而愈巧，剛而能柔，形立而勢奔焉，意足而奇溢焉，以正吾心，以陶吾情，以調吾性，此吾所以游於藝也。癸巳九月，石齋書。

記夢

學在養其所有。

庚寅秋月，距予自京師歸適踰一載。是夕，天氣稍凉，予讀《易》白沙之東房。既倦而卧，夢與應魁殿元、克恭黄門同行。一童子前導，不識者一人次之，次克恭，次余、應魁。途遇泥潦，予呼童子取行具，童子不應。余因曰：「越人歌之，楚人聽之。」應魁屢歎不置，克恭顧余作愁狀，其不識一人者漠然若無所聞焉。既寤，測其意曰：「越與楚風氣不同，人聲隨而異，必不能相通而相好。使越人歌之，楚人聽之，亦猶使楚人歌之，越人聽之也。孰若使越人歌之，越人自聽之；楚人歌之，楚人自聽之？其音習於其耳，其言感於其心，奚不相説之有？」是故越不可爲楚，楚亦不可爲越。越與楚不相能，非有生之初，習使然耳。習之久，殆與性成。夫苟欲變之，非百倍其功，持之以久，不可使化而入。今若以爲越者一人騤而號於楚地曰「去而爲楚者以從我」，楚得不羣怒而逐之乎？然則如何？曰：「守其爲越者，無遽責楚以必同，庶乎其免矣。」

又

三月二十七日，碧玉樓午睡，夢出貞節門外。大水，一老人抱衣浣於前，歌曰：「法好人莫傳，衣好人莫穿。」良久，又歌曰：「西子蒙不潔，揜鼻過者疾趨而爭先；雖有惡人，齋戒沐浴，被服明鮮，以祀上帝，執侍周旋，與世駢肩。」吁！是何夢耶？將有應于後，早爲之兆耶？抑夢幻虛無，同異端之説，從而稽之，因妄求妄不可耶？姑記于此，以俟明者決焉。

墓誌

諸墓銘曲盡倫理，言若不欲出，而文字極其變化。

李君墓誌銘

幼而能求父書於死喪顛沛散亡之餘，長而能誦朱文公《資治通鑑綱目》、真西山《文章正宗》

及他書而不以媒仕進。志非不立也，才非不充也，富貴貧賤愛惡之出於己，非與人異也。父歿於官，母挈諸孤，匍匐萬里，扶護來歸，憂極成疴，是以不能去離左右。旦夕與婦謀所以便母者，母痛亦痛，母飯亦飯。其兄慷慨嗜酒，衆目之爲酒豪，一飲或盡酒一石，每出從所親飲，自旦至日晡，既醉而歸，率諸卑幼迓於途，或徑至飲處，扶前曳後，徐徐而隨，肅肅而趨，莫敢少拂其意。雖以弟之貴窮公卿，自視漠如，足未嘗至公府。若是者，吾謂之賢，不可乎？此故處士嘉魚李君行實之著於州閭，吾聞其子承箕之言也。李氏之先世自江西武寧來居嘉魚，至名遠仕元爲譯史，君之四世祖也。大父奐，洪武間舉巡檢；父善，教諭叙珙，咸以弟官贈至通議大夫、副都御史。祖母熊氏、母童氏俱贈淑人。君名阜，字元春。伯曰陵，是爲酒豪，非直酒豪，於義亦豪。季曰田、曰郊。田即所謂貴窮公卿而以其官贈三代者也。兄弟四人相爲師友，而庭無間言。君娶鄧氏，承芳、承箕，其二子也，皆舉進士有名。長女適王鉅臣，次適游恢，皆蒲圻儒家子。承箕以今年首夏至白沙，留數月不去，因得問君家世之詳。君年五十一卒，葬蒲圻之某山，今七年矣。承箕至是屬予以墓銘。予少不樂多學，老益孤，世豈以文而望予？何承箕所嗜與人異？謹爲序而銘諸：有道於此，匪難匪易。能者謂賢，不能者恥。母疾子侍，弟扶兄醉。堯舜之道，孝弟而已。

封署郎中事員外郎魯公墓誌銘

公諱真，字伯真，別號素軒，右副都御史魯公父也。其先寧國之涇縣人，洪武間，大父以寧國守禦民調戍南昌，歸老于涇。其子通寶由南昌轉戍廣之新會，因家焉。通寶生公父保輗，勤儉理生，實基乃家。及公而新會之魯始大。公長者，初補隊長，卒伍爭較曲直，不屑爲辯而以理譬解之，恒愧服謝去。於所事尊貴人有過，面折之，無少回讓。貸者告窘，或索券焚之。正統間，民虞黄賊之患將至，挈所有赴城，老幼扶攜塞路，守關者爲不便於民，公力爭止之，曰：「城守所以扞民，民有急，宜早爲之所，奈何拒之？」既而賊奄至城下，圍旬日不解，瀕海騷然。官出榜招論民之從賊者，公使人於常所往還之地，曉以利害所在，使民趨避之不疑。由是得免於兵患，人至今德之。公生於永樂癸未某月日，卒於成化甲辰某月日，享年八十有二。先是，予歸自京師，未抵家前一夕，夢見公化爲嬰孺。嘗夢數人爲嬰孺者，輒死。未幾，公病遂不起。嘻！豈非數也耶？公娶同邑訓科周旋之女，賢克相公，先公若干年卒，葬歸德里之鳳山。子男六人：長曰賢，先卒；次曰能，即都憲公；曰英、曰俊、曰秀、曰傑，英、秀皆義官，俊未仕，傑陽朔訓導。女二人：適何宏、葉蒼。及公之存，孫男十五人，曾孫幾人。壽祉子孫之繁，人以爲積善所致也。都憲公由進士官户部，以其官封公署郎中事員外郎，贈母宜人。初，有司命選武衛子弟之良者入學，公環眡諸子，以都憲公充選，蓋識之於穉孺時也。都憲巡撫甘肅，公訃至，解官歸，薨于路。諸弟奉公柩，將以今年丙午冬十二月十九日合葬于鳳山之原，以狀來請銘。吾先子處士與公舊，思先子而不得見，見其所與，猶父也。不銘公墓，奚以辭？銘曰：源之華舒舒，柯之實纍纍。人無固本兮，草木弗如。澤不竭兮公之餘，我銘示後昆兮，勿替厥初。

李子高墓誌銘

李本孝友，雖其死以哀毁之過，而其心與事可貫天日，不可不著。

君姓李氏，諱昂，字子高，别號鈍齋。少孤，奉母王氏孝謹，處於兄弟之間，上順下友，宗黨稱之。景泰庚午之秋，母以兵革之患，客死金陵。君得報慟絶，失於顛沛之初，不能捐生以赴，飲恨而卒。予從何宗濂跡君。甚矣！君之所爲不足以盡君之心也。遭時擾攘，母子兄弟異處，君獨以一身周旋其間。恩非不足於膝下而病於仁，愛非不足於同氣而窮於智，天地鬼神臨之，親戚朋友鄉黨孰不知之？而終不足以釋君之心，【旁批】其心如此，歿當爲神。至不能瞑目以死，甚可哀也。君與宗濂同邑里，世居番禺之沙灣。宗濂久從予游，實君之子壻也，與君之族子珍撰述君之世次行實，爲其子孫請銘於予。君，名臣之後。八世祖文溪先生忠簡公諱昴英，宋龍圖閣待制、尚書、吏部侍郎。考諱彦章。君娶同里趙氏，生子男一人，曰元宗，早卒；

女一人，適宗濂者是也。孫男四人：振綱、振裕、振安、振芳。君之生以永樂甲申，其卒以景泰辛未二月二十六日，年四十八。是年冬十二月二十八日，葬里之金釵山，趙氏祔焉。狀稱君長厚，恬靜自適，喜讀書，手未嘗釋卷，尤樂吟詠，春秋致嚴於祀事，接人無親疏，一以誠」。宗濂當不我誣也。銘曰：生不足，歸於天。義不足，何有於年？烏虖！子高之心，匪我銘之，而誰與傳？

處士陳君墓誌銘

始者，郡諸生馬龍爲其友陳東淵乞銘其祖父處士忍菴之墓於我。生之言曰：【旁批】代馬生序得好。「處士居增城之仙村，無聲色嗜好以亂其耳目，無形勢奔走以瀆其交際，無是非毀譽以干其喜戚。上下原隰，相地之便宜，宜田亦田，宜圃亦圃。長鑱大笠，往來於蔗畦稻壠之間，躬樹藝，自旦至暮不少休，收田圃之入以裕乃家。夫處士行乎無名，以能拓土業治生爲樂事，故不知老之將至。敢以是請，惟先生念之，將無擇於細大而畀之銘。」既而東淵承其父永榮君之命，來謁予白沙館之小廬山精舍，自冬徂春，戀戀不忍別去。余遊崖山，東淵請執杖屨以從。余既與東淵，凡所紀述，令一一録之。東淵朝夕侍我側，略無一言及于銘，余益重之。乃命取馬生之狀來考其世之粗可知者。始遷番禺之祖，宋天聖間教授南雄儒學，因家番禺。生五子，曰守寧者遷增城山美村。數傳至朝奉大夫文德，有女適李忠簡公文溪先生，其中子曰汝霖，爲縣尉。縣尉以下至處士九世。其遷仙村自文德始。處士諱誠，字致明。質木少言，與物無競，非横之干直受之而不報，故自號曰忍菴云。處士娶伍氏，曰永榮者，其子也。一女適徐禧。孫男三人：東淵、東沂、東瀾。處士卒弘治戊申四月十三日，年七十三。永榮以其年冬十二月某甲子葬處士于曾岡頭祖塋之左，未銘。烏虖！一善可稱也，亦可傳也。顧處士於余，初無一臂之交，與之銘，以一馬生之言猶未也，豈不曰東淵在白沙館下能謹子弟之職事先生，于厥祖有光邪？此吾所以爲處士銘也。其詞曰：世無我遺，安以隱爲？世不我須，其隱亦宜。不求異乎人，不求合乎人。委歲月於農圃，手足胼胝。既裕其身，又以及其後昆，則以彼之危易此之安以遺之，其不可也復奚疑？銘詞借以自道，婉曲痛警。

寶安林彥愈墓誌銘 先生得意緝熙，其誌乃父特詳。

君姓林氏，諱彥愈，字抑夫。居室外種竹十數個，自號曰竹齋君。上世閩之莆田人，有諱喬者，宋紹定間爲廣州路別駕，卒于官。其子曰新葬之寶安之茶園山，因家茶園。曰新生慕昇，慕昇生可久，可久生茂賢，茂賢生信本，娶黃氏，君之考妣也。自別駕至君凡七世，世爲茶園人。君性快朗，贍於才而周於事。有忤之者，聲色爲突，然其消也，可立而待。少，衣食于賈。賈所至，勘耳目所接事好惡，久之，若有得者。手書小紙帖，示胤兒光曰「樹立宜如是」，乃范文正畫粥長白山時事也。復畀之全集，曰「是爲汝師」。居常於外，見一名文字時所稱者，亟手録與光。攜錢入市買書，卒惟光所欲得，不問值多寡。光爲舉子業，夜分起讀，輒爲戒曰：「兒勿苦。吾聞亥子之交，血行經心，設令勩形神得官，於輕重計不亦左乎？欲速不速，不欲速速之，非善爲速者也。」光既領鄉薦，未即仕，來與余游，君益爲喜。光誅茅欖山，爲修業之所，君笠屐日至，視工築不少廢。暇時，爲光録《朱子語類》至四十三卷，值板本出乃已。光感而歎曰：「父師覆育，光得一日於此，如得一月；一月，如得一年。不培不暢，不晦不光。」君聞而頷之。時論多弗合者，君視之漠如也。光既杜門欖山，同時士往往有紆青曳紫照曜閭里者，親舊以其落莫告君裁，君爲不省答，徐呼光，謂曰：「汝學如是，欲有立。即汝能立，吾啜菽飲水，死瞑目矣。」蓋父子間自爲知己，人莫能問也。君虔於事死，遇宗族内外有恩，接小夫孺子常情所不屑者，君惟恐小咈其意。治家不遺細碎，庭宇必潔，畚帚必親，田圃樹藝之事，與僮僕均勞逸。身所服用，非極敝不忍棄。至承祭祀、接賓客，則儼然明盛也。嘗以仲秋天日晴朗，攜諸子壻暨後生可意者數輩往遊羅浮，登黄龍飛雲頂，坐磐石，引葫蘆酌酒，徜徉信宿而後返。君所好，奇也哉！君娶游氏，生二男子、四女。曰明者，光弟也。孫男一人，曰仲孺，尚幼。君卒之前一日，植菊數本、石竹一本，與客行酒，笑語竟夕。凌晨將起就盥，倏逝去，實成化己亥四月二十日也，春秋六十五。光卜以其年十二月某日葬君于銀瓶嶺之原。狀來乞銘，乃序而銘之：先世英，自莆田。少服賈，困魚鹽。僥弗長，積乃宣。誰其徵，在欖山。

處士容君墓誌銘 歐、曾不能到此，而氣象類之。若有若無，非空非色，乃世間第一文字也。

東良處士既殁之二十八年，爲今成化之十一年〔一〕，歲值乙未，其子珪始以其墓乞銘于白沙陳先生。辭之曰：「銘以昭德考行，予生也晚，不及見鄉先進，而今談者亦不聞鄉先進某有某事某異也，惡乎銘？」珪以狀進，予閲狀，喟曰：【旁批】造意便奇。「是何足以驚動世俗，徼譽於鄉黨閭里耶？蓋世所恒稱道者，其事必有異乎其衆，驟而語之，可喜可愕，故相與樂道而傳之也。處士才不爲世用，施於其家者，亦曰『爲子不得罪於父，爲弟不得罪於兄，爲父兄不虐棄其子弟』云爾。處士之不見稱於時，宜也。雖然，常道如菽粟布帛，時而措之；如冬裘夏葛，不離人倫日用之間。故道率其常者，無顯顯之形也。惟夫事變生于不測，智者盡謀，勇者盡力，捐軀握節，死生以之，夫然後見其異也，而豈人之所願哉？處士韜光里閭，正終衽席，則其見諸銘者，殆亦不過是而已。茲其常也。」【旁批】假此畫出一部《中庸》。處士姓容氏，名某，字某。娶阮氏，生四男一女。

〔一〕「今成化之十一年」，高簡本作「今之成化十一年」。

處士之生，以永樂庚寅二月十九日，卒時年三十九。珪率其弟珽、璿、璣以某年月日葬處士于三岡社馬鞍山，木已拱云。銘曰：伏其龍蛇，逍遥雲霞。綱紀孝友，以裕乃家。干我銘者，其在兹耶！

何廷矩母周氏墓誌銘

成化八年壬辰四月日，番禺何廷矩之母卒，卜以其年冬十二月某甲子，葬邑之永泰鄉石馬山，祔其親之兆。廷矩先事告伯兄廷桂，以狀走白沙來請銘。廷矩在諸生中齒長而賢，首率諸生事余。【旁批】愛惜情事，正畏道破。余懼與廷矩比。諸生咸進曰：「是生廷矩者也，非是母不生是子，徵賢母也。子宜以其賢銘。」予乃閱狀。母姓周氏，諱某，番禺人，福建都司都事君諱普敬之女，澤庵何先生諱淵之妻。性孝敏勤恕，始辭襁褓，得一果必以獻諸母。事鍼縷刀尺，巧不俟教，絶人。臨事恪而有法，勞不厭也。博愛而善喻，人不待矯而至也。年若干，歸何爲冢婦，愛舅姑如愛父母，奉賓客如奉祭祀。雖居流離，未嘗窘戚爲滅裂。平居，處於娣姒得娣姒，處於媵侍得媵侍，處於族親，無貴賤、内外、尊卑、賢否，咸宜。故視其疾者無不憂，哭其死者無不哀也。自澤菴殁，專家政，至是若干年而終，春秋七十。二子皆已出，二女皆已有歸。始，新喻胡公以按察僉事提調學校嶺南，廷矩爲郡學生員首〔二〕，以文行見器重。及秋將試，廷矩一旦謝去，公弗能止。親舊欲其仕進，羣來譁廷矩，廷矩閉門拒之。有讓其母，謝曰：「兒削行爲君子耳，吾何尤？」廷矩倍益厲，若負重進進不敢爲少懈，母之訓使然也。嗚呼！賢哉！銘曰：昔有尹母，和靖實賢。今有廷矩，豈無母焉？卓彼兩母，輝光後先。我銘其墓，以永於傳。

王徐墓誌銘

先生最畏諛墓，金如王厚于貲〔三〕，雖以林別駕之懇，亦不輕銘。

君姓王氏，名徐，字行安，别號蕖軒，莆之耕埧里人也。自其先大父舜臣、父師佩至君，連三世不仕而豐其家。君孝友和樂，與弟行陽居四十餘載，囊無私蓄，撫養孤遺，以嫁以娶，則視諸從昆弟所生同於己子。凶歲貸貧者粟，傾廩倒囷而出，粟雖多，不以息歸，在親舊者不責償。而凡公私勸借助修壇宇津梁、陂河水利，君亦往往有焉。其所濟，大者數百金，捐之弗計也。有司以聞，官給冠帶榮之。君平居，不尚爲山林落莫。勝日，置酒邀賓客飲於臺池社院，酣歌徜徉，其所與游者，率時之貴人耳。君既卒，大理評事黄君仲昭狀君之事如此云。君兩娶李氏，四子，

〔二〕「首」字，高簡本無。
〔三〕此句難通，「金」疑爲「今」之訛。

某某舉進士，未第而卒；五女，皆適縉紳家。君生永樂丁酉，卒之時年七十二，將以某年月葬某山某原。惠州别駕林君仲璧以大理之狀爲致其孤之懇，乞銘於予。屢辭而屢復，别駕卒與予書曰：「必得先生銘以報王君於地下。」别駕則誠愛君矣，寧不愛吾言乎？向夕，吾夢與人謳，【旁批】此亦一奇。髣髴記之。其辭曰：「富而居畎畝，體便輕暖，口足甘肥。左右僮僕，隨意指揮。騎款段，坐籃輿，出入閭里施施。親友相過，飲酒忘歸。縱觀山雲水月，魚沉鳥飛。引滿高歌，吹竹彈絲，以相諧嬉。過此以往，舉無所用其心。黜陟不聞，理亂不知，老死巖穴之間，【旁批】無一贊語。蓋福人也，賢於世之患得患失者多矣。吾猶爲子孫願之。」【旁批】聖賢亦人情耳。其王君之謂乎！以是銘君之墓，至當，尚奚言？

漁讀居士墓誌銘

何氏世居番禺之沙灣，當宣德、正統間，有號漁讀居士者，名貞，字紹元，取適於漁，常讀書。遇良夜，皓魄當空，水天上下一色，居士手持竿綫，呼童冠三五，高歌走舴艋，遨嬉于江。歸則焚香佔畢，坐牖下吟哦，過夜分不寐，以爲常。尤喜飲酒，子弟取杜詩之可歌者爲越聲，歌以侑觴。居士頹然真率，從之飲者，孔伯平、胡孟時、吴侃、王子倫，皆鄉之名士，非四人之儔者，弗與飲焉。景泰己巳之秋，盜起南海，東西亘數百里没于賊，居士見幾而作，不俟終日。王師至，討叛，玉石俱焚。始爲請於官，持檄至鍾村鎮招之，全活甚衆，沙灣人至今德之。居士行必顧義，言必顧道。將屬纊，猶顧諸子申以平日之誨言，曰：「吾世宦之後，族大以蕃。勿倨以高，寧儉而卑。忠信基之，禮義行之。親賢取善，佞者遠之。培之埴之，勿替書詩。先其義，後其利。薄己而厚彼，廣積而約費。惟家廟之奉、墳域之治、賓師之養、窶弱之施，則致隆而不可復惜。俾子孫承守世世而勿以淫侈壞之，則何氏之福與家法並傳無涯矣。」語已而卒。居士生洪武戊寅，卒之時，天順己卯六月十六日也。六世祖諱起龍，仕宋，官至太常大卿。考諱志明，妣趙氏。初娶三山崔氏，清獻公七世孫也，生子男六人：浩、瀚、淳〔一〕、淑、瀞、沂；女二人。繼室簡氏、楊氏，無子。崔氏先居士二十年卒，葬里之羅山。六子奉居士柩，以卒之年十二月十二日合葬其地，儷兩繼室焉。成化歲丙申，瀞始至白沙從予游。又七年，壬寅夏五月，乃以其狀來乞銘。銘曰：

世之昧昧，奔名與利。有卓其英，以不混世。或貴而賤，或賤而貴。揮觴以爲適，投竿以爲戲，故不知老之將至。

〔一〕「淳」，高簡本作「淳」。

陳冕墓銘

伯道有子，劉蕡登科。責報於天，所得幾何？邁邁子文，蹈此高墳。我銘慰子〔一〕，顯於千春。

志孫机壙〔二〕

成化丙午之歲，秋九月七日，景易之婦苑氏生次孫。以《周易》筮之，得涣之比，占曰：「涣奔其机，悔亡。」因以「机」名之。明年春夏之間，疫作，里中之兒十五亡于疹。机朝病夕愈，面光射人，見者咸驚其異。未幾，婦攜机如外氏。得疾，將歸，俄而風雨暴至，連數日不止。比歸，療弗及。張目視左右，泪潸然下，如不忍捨其母然，少頃遂絶，七月十六日也。机生質異常兒，清揚婉兮。太夫人撫之，喜曰：「似其祖。」又熟察其寢興啼笑蚤夜之有常，曰：「無不似。」天畀我机，將恤我後。我固無以活之，痛哉！是月己丑，葬白沙葫園岡冢婦梁氏墓左。誌其壙以畢予

〔一〕「慰」，高簡本作「爲」。
〔二〕篇題及内文諸「机」字，原作「杌」。按：白沙先生此孫，乃據《周易》「涣卦」九二之爻辭「涣奔其机，悔亡」命名，因改。

哀，云：生之異，保之未至。愧極生哀，哀極生愧，何以寫之？爲壙記。

墓表

封燕山左衛經歷張公墓表

公諱子真，字伯大，姓張氏，家南海之西滘村。自西滘鼓柁並南下，得風水之便，其至白沙一日耳。余嘗聞公於番禺李禎德孚，曰：「有恒人。」少力田給數口，無贏衣食，不爲耻。晚歲既家裕，又以其子官徵仕郎，贈燕山左衛經歷，公不色喜。自奉養儉約如歷田時，對鄉人輒自稱姓名以語。篋命服，不以新易故葛巾布裘。曰：「吾素性乃爾。即不爾，吾敢忘吾初？」故公之度大一鄉，一鄉人咸嗟以爲有德。余聞士不耻賤貧，雖貴富而弗驕，則不失義，不離道；入於患得患失，碌碌爲鄙夫。以是考公之迹而揆其所用心，謂其無以異於今之人，則吾不信也。公積於家者厚矣，余特表其大節以爲世勸。公以農業起家，故自號曰稼軒，示有初也。葬西林鄉之某原〔二〕，望之木已拱，高其封若馬鬣，題曰「燕山左衛經歷」者，公之墓也。考諱可達，背公於娠。

〔二〕「西林」，蕭世延本作「西淋」。

鞠公于外氏以成者，公之妣梁也。生于洪武己酉，卒天順辛巳，壽九十三。妻何氏，子男五：長者某，徵仕郎也；次某某。孫男八。屬於余以表公之墓者，徵仕郎所出，丙戌羅倫榜進士泰也。近以宰沙陽政最被徵，時徵者類有御史之拜云。

傳

羅倫傳

吾平生有故人曰羅倫，字彝正，江西永豐人，宋羅開禮之後也。性慷慨樂善，不疑人欺，遇事無所回避，有不可，輒面斥之。舉成化丙戌進士，策對大廷，頃刻萬言，中引程正公語：「人主一日之間，接賢士大夫之時多，親宦官宮妾之時少。」執政欲截其下句，倫不從。直聲震於時，奏名第一，爲翰林修撰。會内閣大學士李賢遭喪，朝廷留之，臺諫皆不敢論説。倫詣其私第，告以不可，李公始以其言爲然。既數日，復上疏歷陳古今起復之非是，且曰：「如其不然，必準富弼故事終喪、劉珙故事言事。」反復數千言，一本於天理人心之不可已者。孔子曰「勿欺也，而犯之」，倫以犯顔切諫爲大，救時行道爲急，其負荷之重，未嘗一日忘天下，故發憤如是。疏奏，遂落職提舉泉州市舶司。倫雖見逐，而士論益榮之，由是天下之士爭自刮磨，向之不言以養忠厚者爲之一變，而終倫之世臺省未聞有起復者矣。雖以此爲人所知，然亦以此取嫉於人。明年召還，復修撰，改南京。尋以疾辭歸。開門授徒，日以註經爲業。垂十年，卒於退居之金牛山。世之知倫者，不過以其滂沛之文、奇偉之節、果敢之氣而已，至其心之所欲爲、力之所未逮，未必盡知也。嘗欲倣古置義田以贍族人。或助之堂食之錢，謝而弗受。或衣之衣，行遇乞人死於途，輒解以覆之。客晨至，留具飯，其妻語其子曰：「瓶粟罄矣。」之旁舍干之，比舉火，日已近午，亦曠然不以爲意。提舉泉州時，官例應得折薪錢，其人欺以乏告，即放遣之不復問。予嘗遣人訪之山中，結茅以居，取給於壠畝，往來共樵牧，若無意於世者。時或作爲文章以發其感慨之意，而人亦莫之知也〔二〕。論曰：倫之必爲君子而不爲小人，較然矣。如倫之才，少貶以徇人，雖欲窮晦其身，寧可得也？以其所學進説於上，世目之爲狂，何足怪也？孟子稱豪傑之士雖無文王猶興，若倫者，今所謂豪傑，非歟？無導於前而所立卓然，人莫能奪之。又曰：倫才大不及志，其青天白日足稱云。弘治癸丑春三月既望，古岡病夫陳某撰。

〔二〕「莫之知」，高簡本作「莫知之」。

行狀

伍光宇行狀

看伍之勇而篤信，董蘿石不如也。及門七年，先生始終以友處之。及其卒也，亦止于稱其志可以觀誠。

君諱雲，字光宇，系出汴梁伍氏。先世仕宋爲嶺南第十三將曰氓之子始來新會，至君爲若干世，世爲士夫家。君自少軒整有志，於世無所屈讓，與人語惟其所欲語，輒語必竭乃已。或忤之，爭必務勝。人有善，好之若出諸己。己所欲爲，必以强人爲之。垂四十，始交於余。余之所可，君亦可之；余之所否，君亦否之，惟余言之適從。南山之南有大江，君以意爲釣艇，置琴一，張諸供具其中，題曰「光風艇」。遇良夜，皓魄當空，水天一色，君乘艇獨釣，或設茗招余共啜。君悠然坐艇尾賦詩，傲睨八極，余亦扣舷而歌，仰天而嘯，飄飄乎任情去來，不知天壤之大也。所居之北爲巖亭，高不盈一丈，其中闃寂，視之窈如也。而君以夙疾未除，齒髮日耗，其爲學也蓋不能無日暮途遠之憂，便杜門息交，不擇遠近爲趨舍，凡平居一切與往還者皆抗顔謝焉。入處于亭，焚香，正襟趺坐竟日，聞者異之。别於白沙築草屋三間，號曰「尋樂齋」，與巖亭往來居之。蓋自成化庚寅之冬至明年首夏，凡四閱月，無日不在尋樂。始與家人約云：「吾不可去白沙。吾其齋戒有事於家廟，吾疾作須扶持，吾乃歸一日二日。小健，吾當返，慎無以家事累我。」既而果如其言。學主力行，與之語，雖不便了，而能鞭策益力。肯擔負，矻乎不移。前此，惟務意氣勝人，不自覺束，凡出藩籬事亦無所不爲。至是，痛自懲艾，痛自改革，嘗激昂厲聲語云：「雲不自樹立爲人，不如死。」曉夕約己以進，有所不及〔二〕，無所憚劬焉。間與余論爲文，必曰：「黄涪翁《題摹燕郭尚父圖》盡之。」論書，曰：「兔起鶻落，法語也。知畫者必知書，其惟蘇長公乎！」至於詩，則謂：「唐以下多近體。古詩沖澹之流，吾其陶處士師乎！」凡此項皆君篤好而願爲之。【旁批】自是實事。及其卒也，十九無成，則亦慨乎歲月之已晚而其力之所及有未暇焉耳。【旁批】張皇之夫，朝及其門，暮稱聞道，夸許可恥。君篤於事死之禮，謂斯禮之興廢在人，後世無以爲籩豆之費，則不省者有以藉口〔三〕。乃告於季父絢洎伯兄裕，割田若干畝以供祀事，權以所居第爲祠。有事於此，必誠必敬。月旦十五日，君率以夜半起，衣冠端拱立祠下以俟，尊幼男女咸來，無或敢不虔。歲辛卯秋，始大營材爲祠。當病未亟時，尚日經度兹役。將諏日始事，語人曰：「吾息奄奄，吾旦夕死不可知，惟是祖考之神所棲未有定處，吾深懼

〔二〕「不」，高簡本、蕭世延本作「弗」。
〔三〕「不省」，難通，疑爲「不肖」之訛。

焉。雖存一日，不敢怠。」語斯須未畢，痰湧出喉中，滾滾不絶如縷，日夜且數升。親舊憫其如此，咸勸之令止，弗聽〔二〕。卒之前數夕，焚香秉燭，招余與訣，父兄子弟具在，直云：「雲薄命，雲負先生。」數日遂卒。卒之時年四十又七，實辛卯十月十八日也。君娶某氏，無子。裕以其次子秉中爲君後云。

祭文

凡先生銘傳極慎許可，及祭文，往往推稱之，盡己盡人之道也。又曰：諸祭文，寫出先生心事，渾是一段至誠。

祭菊坡像文

先生宋代之名臣，吾鄉之前哲。卷舒太空之雲，表裏秋潭之月。淮蜀委之而有餘，疑丞尊之而不屑〔三〕。故能效力於當年，而全身於晚節。猗歟先生，挺生南越，廣厚深沉，清通朗徹。藐予區區，心馳夢謁。稽首丹青，謦欬若接。取彼神丹，點兹頑鐵。庶幾百年，不遠途轍。秋菊之

〔二〕「弗」，高簡本作「勿」。

〔三〕「疑」，原作「凝」，據高簡本、蕭世延本改。按：疑，古官名，供天子諮詢之職。《尚書大傳》云：「古者天子必有四鄰：前曰疑，後曰丞，左曰輔，右曰弼。天子有問無以對，責之疑；可志而不志，責之丞；可正而不正，責之輔；可揚而不揚，責之弼。其爵視卿，其禄視大國之君。」見《景印文淵閣四庫全書》，臺北商務印書館，一九八六年，第六八册，第三九四頁。

芳，寒泉之洌，奠而薦之，用表貞潔。

祭羅一峯文

嗚呼一峯！爲道義先覺，爲仁義郛郭，爲士庶依托，爲當時醫藥，爲沛八表之雲而翔千仞之鸞，爲鼓萬物之風而架層空之閣。其心洞洞，其性落落。其文浩浩，其行卓卓。白日青天，泰山喬嶽。嗚呼一峯！九原不作，吾誰與歸？吾終從子於冥漠。

告羅一峯墓文

維成化十八年，歲次壬寅，十月某甲子，白沙陳某應徵起赴京，行過永豐，謹具酒果庶饈，告于亡友一峯羅先生之墓曰：嗚呼先生！今曷爲而往，始曷爲而來？處則畎畝之逸民，出則文章之鉅魁。其洞徹不欺之心，炳中天之杲日；而轟動出羣之氣，殷百蟄之春雷。知先生者，擬先生于北海；不知先生者，謂松柟弗類，反見目於榆槐。先生見賢必親，聞善必録，遇惡必摧；存而知亡，過而能裁，隨時變化，有闔有開。而平生念慮所存，其大者〔一〕，正朝廷、正三綱、正萬民、

〔一〕「其大者」後，高簡本、蕭世延本有「正君」二字。

正四方。皇皇之憂，耿耿之忠，則致死而勿頽。貧賤而不爲戚，患難而不以回。成化己丑之夏，予遇先生于南畿，盍簪之讙，忘形爾汝。既三宿而後别去，屢反顧而徘徊。先生贈予南歸之文，予處先生草亭之什。既而各申其戒，曰「我不枉己，君無鑿坏」。孰謂先生去官而死？曹溪之約不遂，麗澤之資何有？而今而後復仰望於何誰？於戲惜哉！宿草之墓，朋友弗哭，禮之常也，非予與先生之宜也。先生有知，歆此絜醅。尚饗。

祭先師康齋墓文

維成化十八年，歲次壬寅，十一月日，門人新會陳某被徵赴闕，道出劍江，謹具牲醴告于先師聘君康齋先生之墓曰：於乎！元氣之在天地，猶其在人之身，盛則耳目聰明，四體常春。其在天地，則庶物咸亨，太和絪緼。先生之生，孕三光之精，鍾河嶽之英，其當皇明一代元氣之淳乎！始焉知聖人之可學而至也，則因純公之言而發軔；既而信師道之必尊而立也，則守伊川之法以迪人。此先生所以奮起之勇、擔當之力而自況於豪傑之倫也。先生之教不躐等，由涵養以及致知，先據德而後依仁，下學上達，日新又新。啓勿助勿忘之訓，則有見於鳶魚之飛躍；悟無聲無臭之妙，則自得乎太極之渾淪。弟子在門牆者幾人，尚未足以窺其閫域。彼丹青人物者，或未暇深考其故，而徒摘其一二近似之跡描畫之，又烏足以盡先生之神？〔二〕某也生長東南，摳趨日少，三十而後立志，五十而未聞道，今也欲就而正諸，而悲不及先生之存。先生有知，尚鑒斯文。尚饗。

祭誠菴先生文

維成化二十二年，歲次丙午，冬十二月壬申朔，越初八日己卯，門人翰林院檢討古岡陳獻章，謹具牲醴粢盛庶品，遣子陳景雲致祭于誠菴老先生太子少保朱公之靈曰：於乎！昔我抱病，造公戎府。公曰：「時哉，毋戀衡宇。賢才用世，小大有補。長筇下山，可以撐拄。羣龍在朝，可以參伍。皇皇仲尼，與世爲矩。玂較不行，然後去魯。好高欲速，爲戒自古。」再拜謝公，不我色許。短疏叩天，歸寧老母。公曰：「嘻哉，不忘陟岵。」甲辰之春，公委齋斧。帝命還臺，以親四輔。炳如日星，衆目所覩。我貢尺書，傾竭心腑。公在廟堂，當爲砥柱。公去廟堂，當爲鴻羽。公攬臺綱，閱兩寒暑，或弛或張，或默或語。迹公所爲，誰奪誰予，萬石之鐘，千鈞之弩。我欲言之，猶懼莽鹵。胡天弗弔，禍來二豎。於乎公乎！是謂卷婁。豈惟門生，匹夫匹婦。遼哉郴陽，欺我疾苦。犬子執巵，往澆墓土。索紙題情，涕下如雨。於戲哀哉！

〔二〕「烏」，高簡本作「焉」。

奠丘閣老文

先生常謂忘己爲大，然觀此則似未忘者。文莊相業在一時，經濟垂百代，自載簡書。其于先生，抑所謂離之則雙美耳。

於乎！先生之志見於行事，先生之言存於著述，既大顯於當年，必有聞於異代。某一病多年，老於林下，足不至先生之門，目不睹先生之書。比歲得所遺《瓊臺吟稿》，纔一編而已，而何足以知先生之大全哉？於乎！有言依乎教，有行概乎道。行由教宣，言以道傳。没而有知，尚鑒斯言。尚饗。羅文莊《困知記》亦謂：「丘公雅不喜白沙，《衍義》中譏異學一處，似爲白沙發。其卒也，白沙祭之以文，意殊不滿。程子所謂『克己最難』者也。」

祭袁侍御文

思昔南京，傾蓋而語。垂二十年，君出我處。君由進士，宰邑太平，再莅宜興，廉惠有聲。遂簡霜臺，來巡敝省，未至而孚，姦吏縮頸。頃以公務，過於白沙，夜闌秉燭，相對咨嗟。君病未衰，我衰而病，進退存亡，必得其正。與君論《易》，托詩以宣，君口不言，豈不謂然？除虐救民，負荷以往，止于龍川，其勞可想。或云非也，無疾而萎，道路流言，將信將疑。惟君英明，夫誰敢犯。苟得其正，死亦無憾。君司風紀，寔茂才猷，天佑下民，而不少留。吁嗟君兮，民之司命。

君子之窮，小人之幸。兼素之訃，繼此亦聞。海内知己，存者幾人？烏虖哀哉！尚饗。

祭陶方伯文

樹立大者，不羈小節。其行翩翩，其光烈烈。公攘寇患，于嶺西東。百里大藩，勞貫始終。四十年來，枕戈卷甲。力能誅夷，威足鎮壓。公在嶺表，長城是依。公今逝矣，人胡不悲。某也於公，雅匪朝夕。東望仙城，有泪霑臆。昔者枉棹，扶病過予。笑語竟日，放步徐徐。將謂百年，精力猶在。别幾何時，忽此顛沛。乖厓將去，逸人復來。一訣萬古，豈偶然哉？世烈光前，錦衣裕後。俾公子孫，世享其有。死生一致，公何憾焉！有未厭者，六十五年。惟天命之，窮達壽夭。惟心安之，泰山毫杪。老病日益，跬步莫支。敬陳薄奠，以寫我私。尚享。

奠汪海北文

烏虖！天馬行空，步驟不凡。自然世外，衆莫能參。氣雄萬夫，德罔二三。予何人哉，爲公指南。修古日新，懷沙匪堪。譬彼嗜味〔二〕，甘其所甘。江門秋月，廬阜晴嵐。海北二年，朝諷夕

〔二〕「嗜味」，高簡本作「世味」。

談。如飲醇酒，無日不酣。從事數至，命我則慙。我賦白洋，句不待探。可以立懦，可以激貪。雖有百鈞，何足以擔？擴而充之，奚適不堪？烏虖！千古在前，萬古在後。上下四方，誰無宇宙？負大翼者，其風必厚。惡木道旁，往來莫覯。昔人之交，傾蓋如舊。蓋不待傾，金石亦透。天俾爾才，不俾爾壽。厥初受之，今也奚咎？尚饗。

祭丁知縣彦誠

嗚呼！登賢名於甲榜，與多士而並馳；試牛刀于小邑，稱庶物以平施。恥溷溷以希合，寧戚戚而謀私？嘗錚錚以陷獄，亦蹇蹇而忘危。故法不貸於豪右，而惠可及乎煢嫠。汛掃淫祠，綱維化典，載勸載懲，條章顯顯。雖小人之難化，亦向風而革面。兩考于兹，夙夜有常，殷憂成疾，一豎爲殃。方其在病，斯民皇皇。今其既往，行路涕滂。此見好惡之公出於人心之天不容已，君雖死而有光。念昔從游，禮崇信篤。旅魂何之？遺孩在目。扶護者誰？我力不足。生死交情，盡付一哭。想英爽之未亡，故焄蒿之可掬。烏乎哀哉！尚饗。

祭李磐石 此祭文，即如其人。

公，鄉之父兄行也，子弟輩事公于兹有年矣。公坦直而不華，約而有恒，其中舒舒。其於事，得喪無大欣戚，又不作富家翁樣，巾履雖極粗垢，不耻也。凡公之事如此，人之詭譎侈靡者，孰不笑之？然公以此賢於鄉人遠矣。烏乎哀哉！尚饗。

祭黃君朴文

於乎！逍遥乎半月之舟，留連乎澤垓之酒。面圭峯以放懷，唱竹枝而拍手。春月秋花，卷爲己有。何百年之未半，與衆木而同朽？大塊無心，孰夭孰壽？消息自然，匪物有咎。委變化於浮雲，達榮枯於疏柳。有肉在俎，有羹在豆，公死如生，薦滿一斗。

祭伍光宇文

嗚乎光宇！麗麗而强。其執則固，其謀則方。惟其篤於善也，不忘乎一飯之頃；故其向於道也，寖近乎數仞之牆。予觀之子久矣。子初爲人，烈烈亢亢，其味桂薑，人不敢嘗。世之病子者，謂子好伐，乖於和而軒於直，予獨畏子感激而慷慨。其才如此，故變而至善也，去故習如脱屣；而人之望之也，若斷鴻天路之翱翔。苟不纏於宿疾，限於短命，而肆其力於學也，又烏可量哉？使其辭煙霞而依日月，展股肱而佐廟廊，砥定海岳，燮調陰陽，下撫黎庶，上佐元良，吾不知子之究於用何如也。至若犯顔敢諫，正論堂堂，可以引裾批逆鱗之怒，可以折檻干刀鋸之芒。

直而不回，死而愈光。若是者，非子之望而誰望耶？【旁批】許之只此。古之榮於進者，聽其言若可信也，觀其色若可壯也，至於臨死生利害之變，鮮不回顧而彷徨。故士之可貴者，不于其身之彰，于其志之臧。不臧而彰，匪事之常；臧而弗彰，庸或何傷？古之豐于才而嗇于命者多矣，奚獨子哉？惟其不待生而存兮，故不待死而亡。夫既信其如此兮，又焉論其行藏？嗚呼光宇，其何可忘！

奠伍光宇文 不句不韻，乃是至情。

壬辰歲首月之二日某甲子，白沙陳某過亡友伍光宇尋樂齋，撫物興懷，潸然瀉涕，遂命子景雲持炙雞絮酒，奠于南山之廬而哭焉。烏虖光宇！遽至此耶？去年今日，版築尋樂，其聲登登，隱然在耳。手植庭蕉上牆，綠逐日新。光宇何之？斯文一縷千鈞，我輩三綱五典。左顧右盼兩壁間聯句，想見當時負荷一段精神，耿耿不滅。天道予善，斯人也而不永年。烏虖哀哉！尚饗。

告伍光宇文

成化壬辰夏六月戊寅，白沙陳某奉束于亡友伍光宇之靈曰：一死一生，乃見交情。某平生於光宇，至誠相與，無異骨肉。不幸光宇早世，某在，何敢以死生相背？凡百舉措，一如光宇存時。【旁批】光宇歿後，始爲成《尋樂齋記》。近日，家塾刊拙書真草百餘字與諸生臨寫，尚有板四隅，匡郭未整，欲借安仔刀斧一日。又所卜屋後山，近請得李立武來看，云此地三台落穴有氣，是可藏矣。敢告。新刊孔易《來鶴亭詩》并拙作數首，奉去冥覽。某再拜。

祭鄒汝愚文

鄒以星變言事，由庶吉士謫廣東石城吏目，因從先生游，卓有所造，卒年二十六。別號秋囦子。

嗟嗟汝愚，不括其囊，而晦其光，汲汲皇皇。不小其節，而畏其折，轟轟烈烈。昔在翰林，語默淺深，孰識其心？頃來南海，窮而不悔。乃見其介，業以時興，行以志成。君子之貞，貞德之幹，毋受天損，何命之短？已而已而，天道無知，哀此孤嫠。死不避險，生必就檢，是曰無忝。北風蕭蕭，雲旗搖搖，蜀道之遼。觴酒豆肉，盡此一哭，魂返無速。烏虖哀哉！汝愚從先生二載，《名臣録》中載其問學書一首、詩二首，則當時問答必多。獨先生與汝愚書，集中無一載者。又如與莊定山及李世卿書，只各載一首，賀克恭亦止二首，其編内數首乃補入者。可見其存稿僅十之二三也。

奠謝伯欽文

烏虖伯欽！知吾言否？六十年中，通家之舊。親我事我，栖栖自幼。情若兄弟，爲足爲手。吾行東西，不離左右。矢心靡它，乃君之厚。庭有佳植，雪霜爲寇。如何弗顧，身木已就。遺憂孔深，奚測奚究。積善餘慶，反躬可久。苟無令人，天損必受。誰其憂之，不負良友。於乎哀哉！尚饗。

祭容彦禮文

維弘治三年，歲次庚戌，冬十有一月己卯朔，白沙先生門人容彦禮之柩，以明日庚辰發引，將就窆于大田。先生許爲之墓銘而未具，乃命其子陳景雲持庶羞粢盛酒果，致奠於彦禮柩前而告之：烏虖！士而好奇，揆道則離；士而無奇，罔聞于時。【旁批】毋惑乎行怪之有述也。彦禮之生，五十五年于兹矣。彦禮之處乎宗族，行乎閭里，同不同者爲誰？彦禮之希慕乎古而取法於今，而誰與歸？觀其所與，而人之賢否可知。彦禮之墓，吾將徵於彼以銘之。烏虖哀哉！

奠容彦昭文

此非聖人心事不能言。近代好事儒者，獎借及門之徒，人人聞道，處處顔曾，視此亦可少愧矣。

白沙先生聞容生彦昭將歸窀穸，遣子景雲持炙雞之奠，告于彦昭之靈曰：烏虖彦昭！顔子之壽，過于彭祖。王公之樂，不如匹夫。彦昭居吾門，不可謂不久矣。四十一而亡，不可謂夭矣。已矣乎，吾將以悼彦昭者自悼而又以悼衆人乎！烏虖哀哉！尚饗。

奠容彥潛文

白沙先生聞容生彥潛之卒，遣其子陳景昜具隻雞酒果，致奠于容生柩前而告之曰：俯江流而嗚咽，望雲山而徘徊。歎一生而已矣，悵獨立以興哀。游好幾時，音容永謝。致奠一觴，有淚如瀉。尚饗。

告先妣林夫人文

維弘治十年，歲次丁巳，冬十月己巳朔，越廿又一日己丑，孝子陳某敢昭告于先妣林氏夫人：友人刑部主事蘭谿姜麟肅具香一束、帛一端，俾告夫人之墓，焚之以表哀慕之誠。謹以茶酒時饌用申虔告。

祭大忠祠文 代丁知縣作。

儼其堂堂，沛其洋洋，是謂正氣，至大至剛。上有青天，下有黃壤，不亡者存，君蒿悽愴〔一〕。

〔一〕「君蒿」，高簡本、蕭世延本作「焄蒿」。

維兹仲春，謹以牲帛醴齊粢盛庶品式陳明薦。尚饗。

禱雨祭五方土神文 代丁知縣作。

六月不雨，田苗將槁。愆伏爲災，孰非天造？探殃所由，誰實召諸？惟令不令，斯民何辜？神不有過，某敢辭死？願沛甘澤，以緩赤子。

白沙先生年譜

按：門人張廷實《行狀》、林緝熙《墓碣》，世罕傳。其傳者，惟甘泉先生《改葬墓銘》，見《詩教》卷末，又獨詳于學，不及其生平歷履，令誦讀其詩書者無從而論其世。世未遠而教已湮，生先生之鄉，可無責歟？爰據其可稽爲年譜，竊附于《文編》之後，即不能詳，其概可睹已。

宣德三年戊申十月二十一日，先生生于白沙里。

先是，望氣者言，黄雲、紫水之間當有賢人生。黄雲、紫水者，新會山川也。及先生生而身長八尺，目光如星，右臉有七黑子，如北斗狀。警悟絶人，兒時讀書，一覽輒記。嘗讀《孟子》「有天民者，達可行于天下而後行之者也」，自誓曰：「爲人必當如此。」〇按：先生之生也，父先卒一月，母太夫人林鞠之。先生性至孝，事太夫人以禮。有兄某，侍之如父，坐必隅。居閒許負，恥隨庸俗。間外出不慊意，歸輒對兄泣，不食。房婢偶露體，見，告太夫人，必黜乃已。蓋其性然矣。

正統十二年丁卯，舉廣東鄉試，時年二十歲。

正統十三年戊辰，會試中乙榜，告入國子監讀書。

景泰三年辛未，會試下第。

景泰五年甲戌，從學于吴聘君康齋，時年二十七歲。

康齋性嚴毅，來學者問，不對，令先治田，獨待先生優異，講究常竟夕，旁及經史百子之書。顧先生自謂「無得也」，居半載歸。遂棄去舉子，日閉户，博極羣書，徹夜不寢。久之，曰：「雜矣。夫學貴自得也，不自得，典籍于我何有？」始築陽春臺，日端坐其中，經歲足不踰閾外。其初志太鋭，幾致心病。久之，曰：「偏矣。夫道，該動静也。得之者，動亦定，静亦定。苟欲静，即非静矣。」于是隨動隨静，以求養其在我者。如是者又累年，乃得悟入。嘗曰：「自兹以後，日用間種種應酬，隨吾所欲，如馬之御銜勒也。體認物理，稽諸聖訓，各有頭緒來歷，如水之有源委也。」〇按：先生學問自得，始從静中來，故不諱言静坐，語具《與羅一峯書》。其于無欲見大，則實能知至至之，而終始不外乎一誠。總之，淵源濂洛者也。及觀《示黄昊》詩，乃濂洛所未發，乃是先生垂訓微言。

天順二年戊寅

是年康齋應聘入京，途次紀行，書寄白沙，見先生《跋張聲遠藏真蹟後》。觀此，則先生從游乃在康齋未應聘之前。

天順八年甲申，伍雲光宇來學白沙。

按：伍光宇年垂四十，從先生游，至成化庚寅，乃築尋樂齋于白沙，卒成化辛卯，年四十七。其時先生方四十四，光宇長先生三歲，則從游當在是年，此粵中及門最先者。然先生終始以友處之，不敢以聞道之先而廢長幼之序也。

成化二年丙戌，先生至京，國子監撥送吏部文選司歷事，與翰林四子定交。給事中賀欽克恭執弟子禮。

先生自從康齋游歸，絶意科舉矣，此又如京者，考先生語湛民澤曰：「吾嘗兩遭不測之變，幾陷虎口矣。不得已爲謁銓之行，所以避之，非出處本意也。」當爲此也。先生卒業成均，祭酒邢公某試以《和楊龜山此日不再得》詩，邢大驚服，嘆曰：「龜山不如也。」明日揚言于朝，以爲真儒復出，一時縉紳雲從景附，如羅殿撰倫、章編修懋、黄編修仲昭、莊檢討昶、賀黄門欽、謝□□元吉皆稱名人碩士，或師焉，或友焉，各自以爲見先生晚也。會章、黄、莊三公同上培養君德疏，疏草章出也，且上謀於先生，先生稱其疏簡切，且云：「入仕之初，此舉甚好。」既上，而三公者皆坐謫補外。前此，羅以疏扶植綱常落職，及是召還南京，尋謝病去。而賀既見先生，執弟子禮，亦即日抗疏解官歸遼東。于是海内之士始有以不仕責先生，至有指爲「妄人，率人于僞者」矣。○按：先生丙戌至京，卒業國子，至己丑始會試。故疏云「三試禮部」。或云七舉無成，豈徒數其鄉薦之年而未之考耶？其歷事吏部文選司，日至司中，捧案牘與羣吏雜立聽事下，旦夕不懈，諸曹郎皆勉令休，對曰：「分也。」侍郎尹某聞而賢之，遣子從游，力辭不納。其謹嚴如此。

成化五年己丑，會試下第，告回原籍，時年四十二歲。

先生當是時，猶能俛首入試，此乃先生自處最高，與獵較意同。學者能得其所存，庶幾于見大之意不遠矣。

何廷矩□□〔二〕、林光緝熙來學白沙。

何廷矩首率諸生事先生。成化辛卯，督學胡公榮甚重廷矩，及將秋試，謝去，督學不能留，則廷矩從先生遊，當在先生初歸之日。而林緝熙領鄉薦後始從先生。至壬寅先生被徵赴京，《次韻別緝熙》有「來往青山十五年」之句，則緝熙及門亦當在其時。蓋先生時年四十二，自是絶意仕進矣。

成化七年辛卯，廣東提學胡公榮至白沙。

是年秋九月以後，先生絶不作詩，至某年夏四月病愈復爲之，見《雜詩序》。其序詩年集不載。○按集，《示學者帖》《喻塾中帖》《與容一之帖》皆在辛卯、壬辰歲，當是及門之士方盛，而胡督學時時過白沙論學，有唱和諸詩，嘗寄至羅一峯，題曰「海天吟弄」，皆在此時。

〔二〕「何廷矩」，原作「何庭矩」，且其後爲二墨釘。按：《白沙先生文編》多次提到「何廷矩」，如卷六《何廷矩母周氏墓誌銘》。《明儒學案》卷六《白沙學案下》亦云：「何廷矩，字時振，番禺人。」可知「何庭矩」爲「何廷矩」之訛，因改。且知二墨釘或應爲「時振」二字。

成化八年壬辰，先生再娶羅氏。

見《與李宗書》。李字德孚〔二〕。

成化九年癸巳

是年莆田林舉人體英至白沙，居兩月歸。有示六絶句詩，見補刻。

成化十五年己亥，廣東左布政使彭公韶始疏薦先生。

疏見後。

新會縣知縣丁積彦誠至白沙，執弟子禮。

時知縣丁積以戊戌進士出宰新會，是年至縣，即師事先生。先生勸以教民間行四禮及毁淫祠，均徵輸。政行邑理，凡在邑六年，卒。又十有二年，而先生率士民祠之。

〔二〕所謂李宗字德孚，其説似非。據《白沙先生文編》卷六《封燕山左衛經歷張公墓表》，德孚應爲其友李禎之字。

成化十七年辛丑，江西藩臬二司聘主白鹿書院教，辭不往。

見《贈李劉二生使還江右詩序》。

成化十八年壬寅，部檄廣東布政司勸駕。

先是，方伯彭公韶疏薦先生。未幾而兩廣督府朱公英復疏，請如聘吴與弼故事。及是年，吏部移文布政司勸駕，而朱、彭二公尚在治所。先生以久病及母老辭不赴，而朱公逆意其辭也，具疏末云「臣已趣獻章就道矣」，則以告曰：「先生萬一遲遲其行，則予爲誑君矣。」先生不得已乃行。有《留别諸友》詩。九月，過南安，會張東海。十月，過吉州，祭羅一峯。十一月，過劍江，祭吴聘君。俱見編刻。

成化十九年癸卯三月，至京見朝，下部考試，先生屢以病辭。至八月，陳情乞終養兼理舊疾，許之。九月，奉旨授翰林院檢討，回家。時年五十六歲。

癸卯正月，過江浦，訪莊定山，留越月乃行，定山送至揚州。餘月日，具見《陳情》《謝恩》二疏。

成化二十年甲辰□月〔一〕，張詡廷實來學白沙〔二〕。

按：廷實登第後從先生六年，至弘治二年己酉廷實赴京，先生送之以序，則從遊歲月當在此。

弘治元年戊申夏四月，李承箕世卿自嘉魚來學，築楚雲臺于白沙。

見送行序并詩。按：先生之門，世卿似狂，克恭似狷，緝熙似宰我之徒，智足以知先生者。

賀欽克恭疏薦先生，不報。

克恭用閣臣薦，特授陝西參議。上疏辭且陳四事，内薦先生。疏見後。

弘治二年己酉，進士姜麟仁夫見先生于白沙，執弟子禮。

仁夫，蘭溪人，以使事如貴州。還，取道白沙，以師禮見。見與仁夫書并詩。

〔一〕「甲辰」後，爲一墨釘。

〔二〕所謂「成化二十年甲辰□月，張詡廷實來學白沙」，其説非是。據張詡《白沙先生行狀》，張詡來學白沙在成化十七年辛丑。見孫通海點校：《陳獻章集》，中華書局，二〇〇八年，第八六八頁。

庶吉士鄒智汝愚以言事謫石城吏目，師事先生。

汝愚以是年謫石城，至辛亥年十月卒。今《遺文》中載問學書數首，又《讀先生詩》有「豈是江山制夫子，秪緣夫子制江山」之句，先生亦常以文字相命，非師弟至誼不能如此。然考諸集，未見汝愚至白沙，豈其師慕雖殷，恐于官守碍耶？及卒，而先生臨弔，哭之殊哀，視諸門生，禮尤曲盡。具見祭文、哀詩。

弘治四年辛亥十月，與廣東右布政劉公大夏同至崖門。

見《慈元廟記》。按：前此大忠祠及此廟與某祀典，皆先生所議，而陶憲副魯、徐僉事紘與東山諸公後先共成之。

弘治六年癸丑，侍御、藩臬、郡守諸公共建嘉會樓于白沙里。

熊侍御逵倣洛陽故事〔二〕，欲建道德坊以風士類，先生力止不可，乃議創樓于江滸，爲往來之

〔二〕「逵」，應作「達」。按：阮榕齡編《編次陳白沙先生年譜》弘治七年條引阮元《廣東通志》云：「熊達，南昌人。弘治□年，任巡按御史」，並云：「達，字成章，蓋取『不成章不達』之義。諸本多作『逵』字，誤。」見孫通海點校：《陳獻章集》，第八五二頁。

所，名曰嘉會，先生乃許之。然觀《與顧別駕止建樓書》及《與何光禄子完書》，則知建樓終非先生本意。而李憲長又欲爲先生登記于莊定山，則益誤矣，宜先生之不欲也。○按：甲寅年六月，顧別駕來相地白沙，當于此年議建。

弘治七年甲寅二月，湛雨民澤來學白沙。

民澤舉壬子鄉試，至是來學，焚去會試部檄，先生遂以楚雲臺居之。○按：先生門人見集中，如李孔修、何時矩、何子完、袁暉、容一之兄弟，皆其著者，其從遊年月無可考。

弘治八年乙卯二月，丁太夫人林憂。

先生中歲多病，時太夫人年踰八十矣。常恐一旦身先朝露，不能終禮，每夕具衣冠，秉燭焚香，露禱于天，曰：「願身後死，得奉太夫人。」太夫人頗信浮屠法，及病，以佛事禱，先生從之。御史王鼎曰：「此見先生變通處也。」時太夫人已踰九十，先生亦且七旬，衰病中，居喪哭擗茹素，一如先王之禮。既服闋，絶不衣文繡，人問之，曰：「向者爲親娱耳。」○按：是年冬，曾率鄉人爲丁侯建廟。見《勾疏》及《與鄘知縣兄弟書》。

弘治十年丁巳，進士陳茂烈時周使廣東，見先生于白沙，執弟子禮。

時周，丙辰進士，出使當在其年。先生語以學須主靜一，退而作《靜思録》，終身服其教。後官御史，以母老乞終養，詔旌孝廉。見《名臣録》。

弘治十一年戊午，湖廣副使林俊疏薦先生。

按：見素公官楚，論時政，不待報而歸。當是時政中一事，其詳未考。

海北提舉汪某廷舉作懷沙亭于海上。

見《與汪提舉書》。

弘治十二年己未，按察使李某買園池一所于會城居先生，不受。

是時，地方有警，先生欲避之會城。李憲長破數百金買北門園池以居之，先生不欲受，封券至于三四往返。見《復白洲》及《與張廷實書》。○按：《與廷實書》曰：「近聞總督請于上，萬一東山復來，地方可以少安。」考東山兩廣之命在庚申歲，則辭園池當在其年。其年，有《江門釣瀨與湛民澤收管》詩。

兩廣都御史鄧公某檄有司歲致月米、人夫，不受。

鄧督府欲倣林逋故事以待先生，先生固辭，見《與督府書》。○按：《與張廷實書》望東山起用，乃鄧督府爲兩廣之時。

弘治十三年庚申二月十日，先生卒，年七十有三。

先生自戊午歲得疾，至是卒，見《改葬墓銘》。時知縣左某以醫來，病已亟矣，門人進曰：「藥不可爲也。」先生曰：「須盡朋友之情。」飲一匙，占詩遺之。

給事中吴世忠等疏薦先生入内閣，奉旨取用。

時省臣疏薦先生及尚書王恕、侍郎劉某、學士張元禎、祭酒謝鐸等八人，上嘉納，命未及門而先生卒，天下惜之。

御史費鎧疏不拘常例贈官、賜謚、諭祭，不報。

正德七年，巡按御史高韶建祠于新會。

尚書林俊有記，又助祭田若干。後都御史林富，御史黄如桂，提學副使歐陽鐸、林雲同前後撰文致祭，修祠增田，式崇禮祀。

嘉靖九年，巡按御史吴麟建祠于會城。

祠在越秀山下，與濂溪祠並祀。尚書湛若水記，御史洪垣扁曰「明代儒宗」。後御史蕭世延重修，布政張元沖記。

正德十四年〔二〕，行人薛侃疏請從祀孔廟，不報。

嘉靖十九年，御史呂光洵等疏請從祀，不報。

先師巾石呂先生曰：「某爲宫直時，議欲將道統正傳進之廟堂，系于四配下。時議祀典者

〔二〕據上下文意，「正德十四年」五字，應爲衍文。另據張廷玉等撰《明史》、饒宗頤撰《薛中離年譜》記載，薛侃疏請白沙從祀孔廟事在嘉靖九年。見張廷玉等撰：《明史》，中華書局，二〇〇三年，第五册，第一三〇〇頁；饒宗頤撰：《薛中離年譜》，收於《選堂集林》，臺北明文書局，一九八二年，下册，第一一四六至一一四八頁。

不一，奉旨下禮部議，竟寢。某意謂：國朝儒者不乏，若論學有自得，惟先生一人，當與宋二三大儒並崇，因前議不行，姑已之。他日必有知我者。」

隆慶元年十月，都給事中魏時亮，十一月，左副都御史鄭世威，後先疏請從祀。俱下禮部議。

議曰：看得都給事中魏時亮題稱乞要將翰林檢討陳獻章從祀，及乞催集議薛瑄、王守仁應否從祀，擬議定奪；左副都御史鄭世威題稱乞要將薛瑄、陳獻章從祀，王守仁未孚輿論等因。臣等謹按：翰林檢討陳獻章潛心實學，每多自得之真；勵志清修，卓有守身之操。據其一時端人正士如彭韶、賀欽輩，或稱其心術正大、識見高明，或稱其天性高朗、學問純正，則平生素履亦可概見矣。至于王守仁，應祀與否，不敢再議，合無一併敕下翰林院、詹事府、左右春坊、國子監，諸臣博訪詳議奏進，恭候聖明裁定施行。□廷臣覆議無可考〔一〕。至五年，只祀薛文清一人。

萬曆元年，御史李頤奏請行原籍崇祀，奉旨是。

按：是年五月，禮部一本爲議新建伯從祀事，内稱都御史徐栻、都給事宗弘暹、御史謝廷傑

〔一〕「廷臣」前一字漫漶。

則稱守仁「道本真傳，學由妙悟」，應請從祀；給事中趙思誠則論守仁「心術未正，學問未純」，所當罷請。衆論不一，遽難輕議。據此，乃專爲新建而發，不及先生。而前者禮部之議竟寢，豈李御史因見衆議之難同，故姑爲是請以有待耶？

遺事附

先生早歲慕宋丞相崔菊坡先生，迎像于家，爲文祭之。隅坐瞻仰，若弟子之于師然。

先生事太夫人，朝夕不離左右。先生不在，太夫人輒不食，即食不甘。先生在外，太夫人有念，輒心動，亟歸，果然。

先生北行，欲倣徐仲車故事，伯兄不可，乃止。

太夫人兄弟之子林某，幼無依。先生收而教育之，至成人，割田廬以樹其家。

嘗買婢，得邑人尹氏女，既而知之，命家人撫育如己女。及笄，擇壻嫁之。

程節婦，鍾氏子也，孀居二十七年，貧甚，先生歲時遺以布粟，表之以詩。

先生少時，鄰人有侵其屋地者，且曰：「吾見陳氏子，必途辱之。」及見，不覺自失。先生曰：「尺寸地，吾讓何難？」其人慚去。又有侵其田者，處之亦然。及後，其祖墓爲人盜葬，先生怒曰：「若不改，當訟之官，吾敢沽虛名而失大義哉？」盜葬者亟改，乃已。

先生在京師，居神樂觀，時北士粗鄙者數人約曰：「必共往困折之。」及見先生，氣沮口塞，反致恭而退。因語人曰：「果賢人，不可侮也。」

先生過定山，定山挐舟送至維揚。有一同行士人素滑稽，其日故肆談鋒，極衽席昵褻之語。定山怒形于色，明日恨猶未已。先生當其時，若不聞；既去，了無芥蒂。定山大服。

李世卿自嘉魚來學，鄒汝愚以言事謫居石城，先生待之一如子弟。

同知顧某守德慶，卒，事遭不測。先生獨任之，曰：「朋友之責也。」○其詳不可考。

都御史朱英卒，歸桂陽，爲文，遣子走千里奠之。尚書彭韶、修撰羅倫、御史袁道、經歷張黻之歿也，亦然。○按：羅與袁、張之訃，皆設位哭之，为之緦。于朱、彭二公，亦宜然。但缺載耳。

定山病，遺書求先生門人范規，規知醫而貧不能往。先生爲具行費，遣至定山。

先生精于數學，而平生不語。一日見門人陸之，曰：「汝有喜色。」對曰：「家報某婦昨舉一子。」先生欣然援筆，命名曰陽和，字藹然。連命五名，曰陽開、陽升、陽泰、陽生。皆字之，獨生不字。後之果舉五子，皆成立，獨生甫冠而夭。○何宗伯古林曰：「陸之，予外祖。曾謁諸舅，詳其事，手澤尚存。」

先生一夕與諸生坐碧玉樓上，夜分，謂諸生曰：「雨至矣，諸生且回。」既下樓，星斗燦爛，諸生私相語訝。須臾雲起，遠者未及門，雨水深盈數尺。

先生自製玉臺巾，直方而無襞幘，今天下用之。

先生自製茅筆，作大小書傳于世，莫有能效之者。

先生詩字雖工，非其所急。嘗言：「吾舍此，遂與世無交涉。」其初蓋不得已而爲之，其終乃各臻神妙，説者謂其資稟過人。

先生少嘗夢拊石琴，其音泠泠然，有一偉人笑謂曰：「八音中，惟石難諧，今諧若是，子異日得道乎！」因别號石齋。既老，更號石翁。

先生初年貧甚，常貸于鄉人。僉事陶魯遺以醎田若干，受而與鄧、馬、易三生共之。見《與陶方伯書》。

參政伍某、僉事戴某等各遺金，欲新先生之居，先生不可，乃爲營小盧山書屋，以處四方學者。

提舉汪某在海北，常常遣人起居，亦數以白金爲贈。至卒于官也，先生盡封還以爲賻禮。

知縣趙某遺白金數鋌爲太夫人壽，先生不得已受之，戒家人勿啓。後趙以贓去，先生追而還之，其人感泣。

行人左某出使外夷，以其師某意致白金三十兩，不受。○此一段，所謂左者，當即左廷弼；所謂師者，當即張東白；所謂三十兩，當即二十兩也。故《與張廷實書》曰：「東白販紙失利，故不欲受。」今按：東白問學之書，以義理須到融液、操存須到灑落爲言，及是又令門人遺先生金，可謂敬慕之至矣。其未盡合者，獨有詩寄先生，疑其逃禪。故羅文恭曰：「東白謂先生樂於退隱，此未足以概先生。」今《憲章録》引尹直《瑣綴録》中說：「先生至京，潛作詩十首頌太監梁方，而張元禎采入憲廟《實録》。」何其矛盾之甚也！或又謂憲廟《實録》乃丘文莊采入。按：文莊與先生同里，當先生應聘至京時，雖相傳以語言不合見訝，亦不宜至此。《實録》之載有無，未可據。即有之，豈其所謂十首者，直自爲之，又有甘爲直者故采之，而托于東白耶？先生之受誣勿論，東白之必爲君子昭昭也，又從而誣之也。故不可以無辨。

湖廣巡按都御史謝某遺先生壽木甚良。一日，知友陳某卒，遺言必得木如先生者。其子以告，先生即以畀之。林良者，時以畫名天下，嘗專意作一圖爲先生壽，會惠州同知某見而愛之，先生亦即畀，無難色。〇按：先生辭受嶄嶄，比之孟子，規模稍異，然可謂善學孟子矣。嘗曰：「名節者，道之藩籬。藩籬不固，其中未有能獨存者。」其嚴如此。

賀克恭爲給事中，聞先生議論，嘆曰：「至性不顯，寶藏猶霾。世即用我，而我奚以爲用？」即日抗疏辭官，執弟子禮拜跪，至躬爲之捧硯研墨。既別，肖小像于家，出告反面，有大事必白。

姜仁夫初舉進士，出使貴州，特假道至白沙，以師禮見。出語人曰：「吾閲人多矣，如先生者，耳目口鼻，人也；所以視聽言動，非人也。」至京師，有問之，輒曰「活孟子」、「活孟子」。

羅一峯召還，官南京修撰。先生謂曰：「子未可以去乎？」即日辭官去。

都御史朱英聞先生至，預約參隨官，俟先生至，掖之從甬道行。先生力辭，英曰：「古聖帝明王尊賢之禮，有膝行式車者，況區區乎！」

中貴某謁先生廬，至江滸，卻肩輿，走數百步，預質左右以進見之儀。

左布政周某初下車，即謁先生于白沙，欲請先生入會城南面坐，受拜咨問，以風一方。會先生病，不果。

按察使薛綱始疑先生，久之悔嘆，即願解官從學。

南京僧太虛，知名當世，以其學求證于先生。先生復書，以「逝者如斯夫，不舍晝夜」告之，曰：「我以此證也。」○按：國朝科目之盛，以羅一峯榜爲第一；人物之盛，以孝廟時爲第一。然多以從遊先生而知名。彼史遷謂「砥行之士，必附青雲以見」，誤矣。況先生居在嶺外，而一時名公後先畢集，未有不造其廬而各滿所欲以去者，雲龍風虎之會，亦近代所僅覩。是固諸公與先生之遇，而實吾道文明之日也。

彭惠安疏曰：「心術正大，識見高明，立志願學乎古人，榮辱不足以介意。」又曰：「潛心聖賢之書，實窺體要；洞達事物之理，有見精微。」又曰：「國以仁賢爲寶。臣等才德不及獻章萬萬，猶叨厚祿，顧于獻章醇儒，反未見用。誠恐國家坐失爲善之寶，請以聘吴與弼故事起之。」○都憲朱公疏，無可考。

賀克恭疏曰：「陳某天性高明，學術純正，有格君之德，有經世之才，是誠當世大賢，宜爲士夫矜式。臣在京師接人多矣，未見有出其右者也。伏望以非常之禮，起非常之賢，召之便殿，問以治平之大道，或任之内閣以參大政，或任之經筵使養君德，臣敢謂不三數年，而太平之治可立致也。緣陳某作止語默毫釐不苟，而世之樂放縱而惡拘檢者多嫉之；某以知而必行爲正學，而世之務口耳、尚詞章者多嫉之；某安于退處，不求聞達，而世之貪利禄、好奔競者多嫉之。仰惟察納臣言，不爲鄙夫俗儒之所遷惑，斷自宸衷，決而行之，則天下幸甚。」

林見素疏曰：「切見檢討陳某志尚古人，行高時輩，乞起爲學士，盛典一舉，海内嚮風矣。」

羅一峯曰：「白沙先生處南海者二十餘年矣，觀天人之微，究聖賢之藴，充道以富，尊德以貴。天下之物，可愛可求，漠然無動于其中者。」又曰：「富與貴，是人之所欲也；貧與賤，是人之所惡也。先生不欲富貴而一於貧賤者，何心哉？志其大而已矣。」又曰：「近世學者，自《小學》《近思録》始，陳公甫其人也。」

莊定山謂汪文光潛菴曰：「吾聞南海之山名玉臺者，有巨人焉，静而無欲，深知所謂潛之道者，子能不勩萬里而往問焉，當必有説。」

章文懿曰：「天下學者，做誠未至，動不得人。惟白沙動得人。」又謂：「當時人物以陳白沙爲第一。」又曰：「亦不免流于作詩寫字之間。」

羅文莊曰：「白沙學疑于禪。」又曰：「論學術不得不嚴，論人品不得不公。使白沙見用于時，做出來必有精彩。」

林見素曰：「白沙先生之崛起南海也，不階一命，甘韋布以老。薦書聯絡，[迫]部檄[一]，不得已起。起而又去，竟未嘗一日立于朝。無得于言，無所施于政，以收有尺寸之功。然而孤風遠韻，上溢旁流，盡一世而仰服之。身領者神降，聞風者意往。賢者式，不賢者愧以阻，且化椎埋、胠篋、脂貌、漆中之流。聽下風而馴素節，黜浮鎮雅，名儒高士後先焉。先生於名教，可謂雨澤枯木，風奪炎焰，其盛矣乎！」又曰：「先生澄瀅開朗，韻致極高，勾押煙霞，陶寫風月，堯夫之襟度；識量高洪，才慮深遠，有道之風致；而春容懿醇，孤特嶄絕，則叔度之雅與子陵之風焉。廣之風，所以大異于疇昔者，誰之功？天下之士稍知自立而不隨風以靡者，誰之力？」又曰：「嗚呼，元氣會而名世生，在我南服，楚春陵、閩建安，嘗載當其盛；而黃雲、紫水，亦宇宙川嶽元氣之會。意者其時先生蓋當之也。」

吴興沈度《送馬立夫遊嶺南序》曰：「比聞有陳氏某者倡學，而遊從數千指，聲光殷殷，戛摩霄漢，吾子去，乞爲扣所學來。」又曰：「天豈虛生此人耶？今士氣凋喪，浮華是習，名是實非，言從行戾。意者，天其復彝倫之序，假此人以興。孔孟之道，否而泰，邪而正，其數亦當斯時乎？」

〇沈能顔書，其人不可考。余于武林書坊鬻得真蹟舊本。此序在成化十五年八月，乃先生未應聘之前。

〔一〕「迫」，原無，據林俊《邑城白沙祠碑記》補。見孫通海點校：《陳獻章集》，第九三八頁。

李尚書承勛曰：「白沙之學，以自得爲宗，喫緊工夫全在涵養。喜怒未發而非空，萬感交集而不動。」

川南劉位曰：「先生德行文章、高風清節，所以被天下而名後世者，人或得其梗概；至於出處履歷之大、精神心術之微，非相與之久、見而知之者，孰能紀其實而信其傳哉？」

毛司寇愷曰：「天下之學有二：漸也，頓也。由士而賢而聖而天，由致曲而形著而明動而變化，漸學也。進此，則不由階級，直證道真，求之孔門，惟顏氏近之。故曰『顏氏之子，其殆庶幾乎』，言『幾乎』，頓也。又曰『一日克己復禮，天下歸仁焉』，一日，一旦也，言非有待于歲月也。其次莫若子貢。故夫子曰『予欲無言』，又曰『莫我知也夫』，又曰『予多學而識之者』，與其示之微且屢矣。子貢曰：『不言，何述何爲？莫知然非與？』蓋頓之機也。夫子因而決之，曰『天何言哉』、『知我其天』、『一以貫之』，可謂直指矣。乃賜也卒聞性天之奧，而曰『夫子之言性與天道，不可得而聞也』，非不可聞也，不容聞也。顏、賜没而頓學亡，至宋程明道曁我明陳白沙兩夫子者知之。程曰：『質美者，明得盡，渣滓便渾化。其次，惟莊敬持養之。』陳曰：『眇哉一勺水，積累成大川。亦有非積累，源泉自涓涓。』復申之曰：『夫學有由積累而至者，有不由積累而至者。』夫不由積累，非頓乎？其明得盡渣滓便渾化者乎！是涓涓之源泉也。由積累，非漸乎？其莊敬以持養之者乎！是成川之勺水也。故曰『中人以上，可以語上也；中人以下，不可以語上也』。然世之上智恒十一，中才恒十九，學者循序漸進，行遠自邇，登高自卑，其成功一而已矣。」

李世卿曰：「《詩》『《雅》《頌》各得其所』，而樂之本正；『可以興，可以羣，可以怨』，而詩之教明。孔子之志，其見於是乎！先生詩曰『從前欲洗安排障，萬古斯文看日星』，其本乎！『一笑功名卑管晏，六經仁義沛江河』，其用乎！『時當可出寧須我，道不虛行只在人』，其出處乎！所謂吟咏性情而不累於性情者乎！」又曰：「先生不著書。嘗曰：『六經而外，散之諸子百家，皆剩語也。』故其詩曰：『他年得遂投閒計，只對青山不著書。』又曰：『莫笑老慵無著述，真儒不是鄭康成。』」

林緝熙曰：「先生初築陽春臺，日坐其中，用功或過，幾致心病。後悟其非，且曰：『戒慎與恐懼，斯言未云偏。後儒不省事，差失毫釐間。』蓋驗其弊而發也。」又曰：「曾讀明道論學數語精要，前儒謂其太廣難入。嘆曰：『誰家繡出鴛鴦譜，不把金針度與人。』」

張廷實曰：「先生之學，自信自樂，其爲道主靜而見大，蓋濂洛之學也。久又大悟廣大高明不離日用，一真萬真，本自圓成，不假人力。其爲道也，無動靜、内外、大小、精粗，蓋孔子之學也。濂洛之學，非與孔子異也。誠者，天之道；誠之者，人之道。理本無二，天人之別也。」又曰：「先生以道之顯晦在人，不在言語也，絶意著述。或勸之者，對曰：『伏羲著述數畫耳，況畫前又有《易》乎？』」又曰：「先生之學，見諸日用，與百姓同也。至於不言而信，不怒而威，蓋有莫知其爲之者。」

湛文簡曰：「惟夫子有生乃異，始讀《孟子》，志于天民。二十年，舉于鄉。二十有七年，罷于禮闈，從學于吴聘君，聞伊洛之緒。既博記于載籍，罔攸得，又習靜于陽春臺十載，罔協于一。乃喟然嘆曰：『惟道何間乎動靜？勿忘勿助何容力？惟仁與物同體，惟誠敬斯存，惟定性無内外，惟一無欲，惟元公、淳公其至矣。』又語湛生曰：『久矣，吾之不講于此學矣。惟至虚受道，然而虚實一體矣；惟休乃得，然而休而非休矣；惟勿忘勿助，學其自然矣。』」又曰：「授檢討，不辭而去；自爾薦書歲至，不行；或勸之著書，不答。夫不辭，以嘗繫仕籍也，所以恭君命也。不行，達可行也，其夙志也。不答，著述之精，寄諸詩也。夫道，知語默進退而不失其正焉耳矣。」又曰：「昔者，水也聞諸夫子曰：『天下未有不本於自然，而徒以智收顯名於當時，精光射來世者也。』夫自然，則誠矣。是故夫子之生也，人榮之；其死也，人哀之，其誠之所爲乎。」又《祭文》曰：「昔者，夫子嘆莫我知，而下學上達，德與天齊，故知者惟天，而天德之妙固不可易易知也，其先生之謂乎！慨昔潔齊，扣趨講帷，首聞勿忘勿助之指、無在無不在之規，立乎大中至正之準，無爲而無不爲。然而世之俗儒之卑卑者，知有而不知無，則疑以爲窮禪；而禪伯之高高者，知虚而不知實，則又以爲下儒。若夫先生有無虚實之同體，誰則知之？至其知者，見先生之不仕，則以爲天民，殊不知先生三至禮部，拜官不辭，則亦未嘗不欲仕也。其不知者，見先生之吟咏，則以爲詩人，殊不知先生發乎性情，止乎禮義，則亦未嘗有所作也。若夫先生出處語默之時，誰則知之？是故説夢者，不可以與夫人之癡，而古今知德者之爲希也。」又遊衡山，築白沙祠，祭文曰：「嗟惟先生之學之功，自然爲宗，忘助兩絶，絲毫不容；先生之德，以無欲爲極，聖學主一，本虚形實；先生之風，峻潔自崇〔二〕，高山大川，鬱鬱融融；先生之志，乃遂衡祀，七十二峯，猿啼鶴唳；先生之靈，以歆以寧，五百年後，大道以明。」

羅文恭遊衡山，《祭文》曰：「某自幼讀先生之書，考其所學，以虚爲基本，以静爲門户，以四方上下、往古來今穿紐湊合爲匡郭，以日用常行分殊爲功用，以勿忘助之間爲體認之則，以未嘗致力而應用不遺爲實得。蓋雖未嘗及門，然每思江門之濱、白沙之域，不覺夢寐之南也。已而聞先生之言，以未至衡山爲念，至死而猶不忘。蓋雖未嘗出户，然每思祝融之巔、紫蓋之上，誠不覺神爽之西也。比來獨居，自懼無友，於是出遊三湘之上。蓋雖未嘗近先生之所居，而已得先生之所未至，然又思不知所謂至死而不忘者果何所爲，即悵望於七十二峯之間，無益也。先

〔二〕「峻」，原作「竣」，按此祭文即湛若水撰《白沙先生衡岳新祠告安神位祝文》，據此文改。此文見黄明同主編：《湛若水全集》，上海古籍出版社，二〇二〇年，第二十二册，第二七七頁。

生之祠，先一年而成；某之遊，後一年而至，豈果有待也耶？又自思力弱志卑，恐不足以承之也。先生其啓之否耶？」又《畫像贊》曰：「星應雪飛，呈見之奇；陽春端倪，斂聚之資。銜勒不遺，動靜之規；鳶魚自如，物我之宜。南斗金書，當時已莫測其神變；長空大海，流風猶足繫乎綱維。嗚呼！黄雲紫水，嘗聞其概，或若儀刑之可即矣；執鞭攀駕，幸非異代，又何憾此生之後時哉！」

彭惠安韶《贈行詩》曰：「大道本無外，此學奚支離。人己彼此間，本末一貫之。是以古人心，包徧無遐遺。卷舒初不滯，動止在隨時。白沙陳夫子，抱道真絶奇。林間三十載，於學無不窺。行周材亦足，知崇禮愈卑。珠玉雖固閟，山水自含輝。聲名滿四海，薦牘遂交馳。一朝徵書至，八十慈顔嬉。有司勸就道，束書敢遲遲？積誠動天聽，納牖契神機。治化淳以洽，轉移良在兹。」

莊定山《讀白沙先生詩》曰：「飛雲一卷遞中來，上有封題是石齋。喜把炷香焚展讀，了無一字出安排。爲經爲訓真誰識，非謝非陶亦浪猜。何處想公堪此句，絶無煙火住蓬萊。」又曰：「天然無句是推敲，詩到江門品絶高。幾處風花真有此，古來周邵本人豪。冥心水月誰堪會，浣手山泉我自抄。讀到鳥鳴春在處，江山垂老覺神交。」

羅文恭《門述詩》曰：「臨川聘君後，江門廣其傳。靜中見端倪，百年無兩賢。致虛本自然，此語夐無前。心理兩輳泊，如馬入轡轥。後來少解事，陽明堪後先。用舍雖異趣，門户能窺全。譬彼子克家，才力各有專。去世非遼遠，瞻望愧聯翩。」〇按：王、湛初論學相合，其後不無少異，乃其徒至于爭門户以角立，則其徒之過也。或曰「認天理即致良知」，或曰「天理則而微，良知醒而蕩」，或曰「良知致處亦天理，無深淺之别」，或曰「天理未易許湛，良知未易許王。跡其爲則王勝，宗其説則湛優。概之以大匠誨人之意，不過彼善于此」。吁！近之矣。陸氏曰：「夫子十五而志于學，今千百年無一人有志也。」若二公者可謂有志矣。其才術之工拙、聲教之遠邇不同，而流弊之有無大小亦畧相當。比而同之，不甚遠也。至羅文恭之論，往往齊陽明于先生。姑毋論先生之意何如，即陽明復生，能令其首肯乎？説見前編，兹不著。

附録二

唐伯元編次之《白沙先生文編》略述

——兼論黃宗羲《明儒學案・白沙學案上》之取材問題

唐伯元編次之《白沙先生文編》略述

——兼論黃宗羲《明儒學案·白沙學案上》之取材問題

黎業明

唐伯元（一五四一—一五九八），字仁卿，號曙臺，廣東澄海縣蘇灣都仙門里人。明代官員、理學家，湛若水門人呂懷之弟子，以反對王陽明入祀孔廟而知名。明嘉靖二十年（一五四一）十月初五，唐伯元出生於廣東澄海縣。嘉靖四十年（一五六一）秋，鄉試中式。萬曆二年（一五七四）登進士，觀政刑部，閏十二月任江西萬年縣知縣，次年十月改任泰和知縣。萬曆八年（一五八〇），陞南京户部主事，署郎中事。萬曆十二年（一五八四）十一月庚寅，萬曆皇帝下旨，「准王守仁、陳獻章、胡居仁從祀學宫」〔二〕。唐伯元隨即上《從祀疏》反對王陽明從祀，謂「六經無心學之説，孔門無心學之教，守仁言良知，邪説誣民」〔三〕。隨後，又上疏進呈其所註釋之《古石經大

〔二〕《明神宗實録》第一五五卷，見《明實録》，臺北「中央研究院」歷史語言研究所，一九六二年校印本，第五十四册，第二八六五至二八六八頁；另參談遷撰：《國榷》（張宗祥校點）卷七十二，中華書局，二〇〇五年，第五册，第四四九二至四四九四頁。

〔三〕《明神宗實録》第一五九卷，見《明實録》，第五十四册，第二九二二頁；另參談遷撰：《國榷》卷七十二，第五册，第四五〇〇頁。

學》，謂「如果此本可信，則望刊正舊本之誤；不然，則請遵依高皇格致之解，獨改一條以式多士，其古石經姑付史館，以存一種之書；又不然，則望敕諭天下士子，一遵朱註，不得背畔以從邪，其有輕毀朱熹者，乞照臣前疏所陳，以違制論」[一]，其旨亦爲反對王陽明。南京兵科給事中鍾宇淳特疏糾之。萬曆十三年（一五八五）三月，唐伯元被降職三級，貶謫爲海州判官，當年秋到任。第二年春，移保定推官，尋擢陞禮部儀制司主事。萬曆十五年（一五八七）夏，唐伯元告假回鄉省親，其間構築醉經樓，至萬曆十八年（一五九〇）始赴京復職。萬曆十九年（一五九一）春，受命爲皇太子選取宫人，事後上《宫人疏》；秋，任湖廣鄉試考官，入楚；十月，改任尚寶司丞[二]。萬曆二十年（一五九二），丁母憂。萬曆二十二年（一五九四），服闋復職。不久，陞吏部文選司員外郎，署郎中事，「佐尚書孫丕揚澄清吏治，苞苴不及其門」[三]。秩滿，當推陞太常寺少卿（一説太僕寺少卿），未得命；且當時吏部推補諸疏皆留中，唐伯元遂於萬曆二十四年（一五九六）七月，先後上《請告疏》《再請告疏》，乞回鄉養病。疏中有「乃至數月以來，則有一概留中不答者矣。臺省郎署方面，赴部候補者，動至經歲，多至盈庭；内外官俸，多至逾期，不得遷

[一] 唐伯元撰：《石經疏》，《醉經樓集》（朱鴻林點校），中華書局，二〇一四年，第一八九頁。
[二] 參談遷撰：《國榷》卷七十五，第五册，第四六六一頁。
[三] 張廷玉等撰：《明史》卷二百八十二《儒林傳一》，第二四册，第七二五七頁。

轉；各邊道事情緊急，無可代庖。賢愚同滯，朝野咨嗟，莫知其解」等語〔一〕，萬曆皇帝覽疏不懌，特允其去。萬曆二十六年（一五九八）四月廿七日，唐伯元病逝，享年五十八歲。對於唐伯元，《明史·儒林傳》謂其「清苦淡薄，人所不堪，甘之自如，爲嶺海士大夫儀表」〔二〕。據唐彬《乞賜易名疏》、周光鎬《明奉政大夫吏部文選司郎中曙臺唐公行略》、郭惟賢《明故奉政大夫吏部文選司郎中曙臺唐公墓誌銘》以及饒鍔、饒宗頤《潮州藝文志》記載，唐伯元著述頗豐，有《易註》《禮編》《古石經大學》《銓曹儀注》《陰符經註》《道德經註解》《二程先生類語》《白沙先生文編》《太乙堂草》《采芳亭稿》《愛賢堂集》《醉經樓集》《醉經樓續集》等〔三〕，然其中大多亡佚，現存者有《古石經大學》（附於《醉經樓集·石經疏》後）、《銓曹儀注》（五卷）、《二程先生類語》（八卷）、《白沙先生文編》（六卷，附録《白沙先生年譜》《遺事》）、《醉經樓集》（六卷）數種。此外，尚有

〔一〕唐伯元撰：《請告疏》，《醉經樓集》，第二〇六頁。

〔二〕張廷玉等撰：《明史》卷二百八十二《儒林傳一》，第二四册，第七二五七頁。

〔三〕唐彬撰《乞賜易名疏》、周光鎬撰《明奉政大夫吏部文選司郎中曙臺唐公行略》、郭惟賢撰《明故奉政大夫吏部文選司郎中曙臺唐公墓誌銘》，唐伯元撰：《醉經樓集》，第二一〇至二一三、二一五至二一九、二二〇至二二四頁；饒鍔、饒宗頤撰《潮州藝文志》，上海古籍出版社，一九九四年，第一五至一七、四〇至四一、六三至六九、一一八、一四九、二〇五至二〇六、二二五至二二七、三二五至三二六、四三七至四四二頁。又參朱鴻林輯《唐伯元著作目録》，見《醉經樓集》，附録三，第三三三至三五五頁。

唐伯元修、梁庚纂《泰和縣志》（十卷，今殘存五卷）。

兹不揣淺陋，僅就見聞所及，對唐伯元編次之《白沙先生文編》以及與此相關之《明儒學案·白沙學案上》之文本問題略加論述。

一

朱鴻林先生曰，在宋明理學大師中，唐伯元最服膺者爲宋儒程顥與明儒陳獻章〔二〕。然而，依據王弘誨《白沙先生文編序》所引唐伯元自述，其三十歲之前，對陳獻章（一四二八年生，一五〇〇年殁，字公甫，號石齋，晚號石翁，廣東新會人。因居江門白沙村，學者稱白沙先生）並不十分重視，其言略云：「吾年十五六，隨長者後，誦説江門夫子，頗知嗜慕。及取其書讀之，于應制無當也，置之；既舉于鄉，好爲古文詞，又取其書讀之，于剽麗無當也，置之。已而，再上春官不第，從燕趙吴越間得聆師友之訓，歸而妄意于學問也，然後能稍繹其書，則見其有言必依乎道，有行必概乎教，無所用于今而亦不必于用，殆孟氏子所謂立命者歟！而吾之年垂三十矣。」〔三〕相

〔二〕朱鴻林撰：《〈醉經樓集〉點校本前言》，唐伯元撰：《醉經樓集》，卷首，第三頁。

〔三〕王弘誨撰：《白沙先生文編序》，唐伯元編次：《白沙先生文編》，明萬曆十一年郭惟賢、汪應蛟等刻本，卷首，第一至二頁。

反，年輕時期之唐伯元，對王陽明更有興趣，其《從祀疏》云：「臣少時讀其書竊喜，蓋嘗盡棄其學而學焉。臣之里人，亦有以臣將爲他日守仁者。賴天之靈，久而悔悟，始知其自奇智解者，乃工於護短之謀也；其藉口一體者，乃巧於盜名之術也；終日招朋聚黨，好爲人師，而忘其身之可賤也。稍知廉恥之士所不肯爲。於是顏忸怩而心愧畏者累月。是以寧謝交息遊，不敢學媒妁之言以獎進人物；寧其中一無所有，不敢高闊其談以駭人驚世。」〔二〕唐伯元對白沙先生之重視，當在其三十歲之後。至於《白沙先生文編》之編次，在萬曆十年（一五八二），當時唐伯元已四十二歲，年過不惑。

萬曆十一年（一五八三），《白沙先生文編》由郭惟賢、汪應蛟等梓行。卷首爲王弘誨《白沙先生文編序》，卷一至卷六爲正文，卷末爲附録《白沙先生年譜》《遺事》。正文部分，卷一收録白沙先生詩三百五十七首（其中四言古詩五首、五言古詩七十六首、七言古詩二十三首、賦三首、五言絶句五十九首、六言絶句九首、七言絶句一百八十二首）；卷二收録白沙先生詩二百七十一首（其中五言律詩一百一十三首、五言排律二首、七言律詩一百五十四首、七言排律二首）；卷三收録白沙先生文四十四首（其中論六首、説三首、贊一首、銘二首、序二十首、記十二首）；卷

〔二〕唐伯元撰：《從祀疏》，《醉經樓集》，第一八一頁。

四收録白沙先生文八十七首（其中疏二首、書八十五首）；卷五收録白沙先生文一百一十一首（均爲書信）；卷六收録白沙先生文七十八首（其中題跋手帖與語録共四十一首、墓誌十一首、墓表一首，傳一首、行狀一首、祭文二十三首）〔二〕。在所選録白沙先生詩文、所附録白沙先生遺事中，唐伯元間或於部分題目之後略加評註，於若干語句之旁施以批點，於某些詩文之末附以案語。

唐伯元之編次《白沙先生文編》，無疑是要表彰白沙先生其人其學，爲白沙先生辯護。茲僅舉唐伯元爲白沙先生辯護之兩事。其一，是爲白沙先生被批評近禪事辯護。白沙先生《沈石田作玉臺圖，題詩其上見寄，次韻以復》一詩云：「到眼丹青忽自驚，玉臺形我我何形？石田雖有千金貺，老子都疑一世名。」在此詩之末，唐伯元加案語云：

沈周、林良皆工于畫者，而皆能慕先生，其胸次亦可想已。又按：羅文莊《困知記》云：「『無窮吾亦在』、『玉臺形我』，『吾』與『我』，註皆指爲道也，類于佛氏『天上地下，惟我獨尊』之説。」不知此是註誤，先生所謂「我」，不然也。又曰：「『至無』，無欲；『至近』，近思」，「『藏而後發』，是溥博淵泉時出；『養出端倪』，即孟子擴充四端」。此皆誤解，讀其全文自不類。蓋湛文簡後來主意與先生別，羅文莊未之考耳。獨其「金針」、「杖喝」之喻似

〔二〕參唐伯元編次：《白沙先生文編》，目録。

贅。或曰：「『活潑潑地』，程子亦不諱言之。孔孟以前未有二氏，如有之，或亦不嫌同辭也。『回也屢空』、『空中受道』、『聖人之心空空如也』，豈必避釋氏語而曲爲之釋耶？」〔二〕此所謂「羅文莊」，即羅欽順（一四六五年生，一五四七年歿，字允升，號整菴，謚文莊，江西泰和人）。羅欽順對白沙先生之批評，語見《困知記》及《答湛甘泉大司馬（庚子秋）》。其《困知記》云：「《白沙詩教》開卷第一章，乃其病革時所作以示元明者也。所舉經書曾不過一二語，而遂及於禪家之杖喝。何耶？殆熟處難忘也。所云『莫杖莫喝』，只是掀翻説，蓋一悟之後，則萬法皆空，『有學無學，有覺無覺』，其妙旨固如此。『金針』之譬，亦出佛氏，以喻心法也。『誰掇』云者，殆以領悟者之鮮其人，而深屬意於元明耳。觀乎『莫道金針不傳與，江門風月釣臺深』之句，其意可見。註乃謂『深明正學，以闢釋氏之非』，豈其然乎？『溥博淵泉而時出之』，道理自然，語意亦自然。曰『藏而後發』，便有作弄之意，未可同年而語也。四端在我，無時無處而不發見，知皆擴而充之，即是實地上工夫。今乃欲於『靜中養出端倪』，既一味靜坐，事物不交，善端何緣發見？遏伏之久，或者忽然有見，不過虛靈之光景耳。『朝聞夕死』之訓，吾夫子所以示人當汲汲於謀道，庶幾無負此生。故程子申其義云：『聞道，知所以爲人也。夕死可矣，是不虛生也。』今

〔二〕唐伯元編次：《白沙先生文編》，第一卷，第六〇頁。

顧以此言爲處老處病處死之道，不幾於侮聖言者乎！道乃天地萬物公共之理，非有我之所得私。聖賢經書明若日星，何嘗有一言以道爲吾、爲我？惟佛氏妄誕，乃曰『天上天下，惟我獨尊』。今其詩有云『無窮吾亦在』，又云『玉臺形我我何形』，『吾』也，『我』也，註皆指爲道也，是果安所本邪？然則所謂『纔覺，便我大而物小，物有盡而我無盡』，正是惟我獨尊之説。姑自成一家可矣，必欲强合於吾聖人之道，難矣哉！」〔二〕其《答湛甘泉大司馬（庚子秋）》云：「其以禪學爲疑，誠有據也。蓋白沙之言有曰：『夫道，至無而動，至近而神。』又曰：『致虚所以立本也。』執事從而發明之，曰：『至無，無欲也；至近，近思也；神者，天之理也。』凡此數言，亦既大書而深刻之，固將垂諸百世，以昭示江門之教，兹非可據之實乎？」〔三〕唐伯元案語中，所引述羅欽順批評白沙先生之語，或節録，或取其大意，非全文也。羅欽順之批評白沙先生近禪，主要理據是白沙先生之《示湛雨》《復張東白内翰》《答張内翰廷祥書，括而成詩，呈胡希仁提學》等詩文以及湛若水（一四六六年生，一五六〇年殁，字元明，謚文簡。初名露，字民澤，避祖諱改名爲雨，後定今名。廣東增城縣甘泉都人，學者稱之爲甘泉先生。白沙先生門人）之相關註解與詮

〔二〕羅欽順撰：《困知記》（閻韜點校），中華書局，二〇一三年，第五四至五五頁。
〔三〕羅欽順撰：《答湛甘泉大司馬（庚子秋）》，《困知記》附録，第一九三頁。

釋〔二〕，尤其是湛若水之註解與詮釋。羅欽順以爲，湛若水乃白沙先生之衣鉢傳人，其對白沙先生思想之註解與詮釋，理所當然應當符合白沙先生之本意，可以代表白沙先生之思想主張。其實，湛若水雖爲白沙先生傳人，然其思想主張與白沙並不完全相同，故其對白沙先生詩文之註解與詮釋，未必盡合白沙先生之本意〔三〕。職是之故，唐伯元回應羅欽順關於白沙先生近禪之批評時，一則曰「此是註誤」，再則曰「此皆誤解」，三則曰「蓋湛文簡後來主意與先生別，羅文莊未之考耳」，將人們疑白沙先生近禪之原因，歸咎於湛若水。唐伯元並不否認，白沙先生詩文使用禪語，謂「獨其『金針』、『杖喝』之喻似贅」。然而，他又説「『活潑潑地』，程子亦不諱言之。孔孟以前未有二氏，如有之，或亦不嫌同辭也」，即爲白沙先生開脱乾淨。

其二，是爲白沙先生因獲授翰林檢討而受誣事辯護。在《白沙先生文編》附録「遺事」之

〔二〕 湛若水對白沙先生相關詩文之註解與詮釋，見《白沙先生詩教解》《明故翰林院檢討白沙陳先生改葬墓碑銘》。（湛若水撰：《白沙先生詩教解》，《四庫全書存目叢書》，齊魯書社，一九九七年影印本，集部第三五册，第五三〇、五三三至五三四頁；湛若水撰：《甘泉先生文集》，《儒藏精華編》，北京大學出版社，二〇〇九年，第二五三册，第九〇〇至九〇一頁）

〔三〕 夏尚朴即以爲，湛若水之註釋白沙先生詩，「多非白沙之意」。其言曰：「聖賢之訓，明白懇切，無不欲人通曉。白沙之詩，好爲隱奥之語，至其論學處，藏形匿影，不可致詰。而甘泉之註，曲爲回互，類若商度隱語，然又多非白沙之意。」（黄宗羲撰：《明儒學案》，中華書局，二〇〇八年修訂版，上册，第七二頁）王世貞亦曰：「公甫詩，湛若水取爲詩教，妄加箋釋，真目中無珠者。固知陳氏之忠臣，必將鳴鼓湛生之罪矣。」（《明詩綜》第二十卷。轉引自阮榕齡《白沙叢考》，《宋明理學家年譜》，北京圖書館出版社，二〇〇六年影印本，第九册，第四一〇頁）

「行人左某出使外夷，以其師某意致白金三十兩，不受」條後，唐伯元加案語云：

此一段，所謂「左」者，當即左廷弼；所謂「師」者，當即張東白；所謂「三十兩」，當即二十兩也。故《與張廷實書》曰：「東白販紙失利，故不欲受。」今按：東白問學之書，以義理須到融液、操存須到灑落爲言，及是又令門人遺先生金，可謂敬慕之至矣。其未盡合者，獨有詩寄先生，疑其逃禪。故羅文恭曰：「東白謂先生樂於退隱，此未足以概先生。」今《憲章録》引尹直《瑣綴録》中說：「先生至京，潛作詩十首頌太監梁方，而張元禎采入憲廟《實録》。」何其矛盾之甚也！或又謂憲廟《實録》乃丘文莊采入。按：文莊與先生同里，當先生應聘至京時，雖相傳以語言不合見訐，亦不宜至此。《實録》之載，有無未可據。即有之，豈其所謂十首者，直自爲之，又有甘爲直者故采之，而托于東白耶？先生之受誣勿論，東白之必爲君子昭昭也，又從而誣之也。故不可以無辨。〔一〕

唐伯元所辯白者，乃白沙先生在成化十八、十九年（一四八二、一四八三年）應徵赴京獲授翰林檢討事。尹直《謇齋瑣綴録》云，陳獻章「以舉者言徵到京，吏部欲如例試而後授官，乃託病，潛作十詩頌鄉宦梁方太監，方言於上，授檢討。致仕，軒軒然自以爲榮。楊維新謂其既託病不能

〔一〕　唐伯元編次：《白沙先生文編》，卷末附録，第一四至一一五頁。

謝恩辭朝，乃即日乘轎出城，輒張蓋開道，不勝驕態，此豈知道義哉？後梁方以其所頌十絶刻梓示人，丘仲深遂采以載之憲廟《實録》中，亦可謂遺穢青史矣」〔一〕。薛應旂《憲章録》云：「（成化十九年）九月，授吏部聽選舉人陳獻章爲翰林檢討。獻章，廣東新會人，巡撫廣東都御史朱永等薦其學行可以追匹古人〔二〕，乞以禮徵聘。吏部謂獻章乃聽選舉人，非隱士比。遂移文取至京，欲考試授職。獻章奏言：『臣以舊疾未平，未能就試。母年七十有九，乞放歸侍養。』上特授以翰林檢討，聽歸。一時推尊之，目爲道學。尹直謂：『獻章初至京，潛作十詩以頌太監梁方，方言于上，乃得受職。』及請歸，出城輒乘轎張蓋，列槊開道，無復故態。楊維新、張弼輩皆贈言嘲議，張元禎采以載諸憲廟《實録》，且備述其矜持沽名之狀。雖尹直輩未能成人之美，豈亦獻章或有以自取云。」〔三〕尹直、薛應旂對白沙先生皆有所指責，以爲白沙先生獲授翰林檢討，乃因作詩奉承梁方而得；所不同者，尹直以爲將此事載之《憲宗實録》者，乃白沙先生之鄉人丘濬（一

〔一〕尹直撰：《謇齋瑣綴録》，鄧士龍輯《國朝典故》（許大齡、王天有等點校），北京大學出版社，一九九三年，中册，第一三二九至一三三〇頁。案：尹直（一四二七—一五一一），字正言，號謇齋，晚更號澄江，江西泰和人。

〔二〕「朱永」，爲「朱英」之訛。朱英，字時傑，明成化年間以右副都御史總督兩廣軍務。

〔三〕薛應旂撰：《憲章録》，《續修四庫全書》，上海古籍出版社，二〇〇二年，第三五二册，第三九〇頁。案：薛應旂，字仲常，號方山，江蘇武進人，明嘉靖十四年（一五三五）進士。

四一八年生，一四九五年歿，字仲深，謚文莊，廣東瓊山人）；薛應旂則以爲將此事載之《憲宗實録》者，乃白沙先生之朋友張元禎（一四三七年生，一五〇七年歿，字廷祥，號東白，南昌人）。唐伯元之辯白，一則曰張東白爲白沙先生之朋友，對於白沙先生「敬慕之至」，不可能作出如此有損朋友聲譽之事；一則曰丘文莊爲白沙先生之同鄉，「當先生應聘至京時，雖相傳以語言不合見訝，亦不宜至此」。表面上，唐伯元是爲張元禎、丘濬辯白，尤其是爲張元禎辯白；實際上，唐伯元是爲白沙先生之「受誣」辯白。

至於唐伯元所謂「《實録》之載，有無未可據」，經考證，《明憲宗實録》中雖無陳獻章獻詩太監梁方之類記載，然其中確有白沙先生獲授翰林檢討一事之記載，且對白沙先生頗有微詞。《明憲宗實録》「成化十九年九月甲午」條云：

授吏部聽選監生陳獻章爲翰林院檢討，許歸養其親。獻章，廣東新會縣人，由舉人入國子監，屢會試不中，歷事吏部，需選未及，回家授徒，不復就試。至是，廣東布政彭韶、巡撫都御史朱英皆言其學行可用，乞以禮徵聘。吏部謂：「獻章乃聽選之人，非隱士比，揆以祖宗法度，安用聘爲？」遂移文取至京，欲試其所學，量擬授職。獻章稱疾不就試。居久之，奏言：「臣以舊疾未平，未能就試，而母年七十有九，乞放歸田里，就醫奉母，俟母養獲終，臣病全愈，仍赴吏部聽用。」上以其爲巡撫等官前後交章共薦，而監生亦有親老願回侍養之例，遂特授以翰林院檢討而聽其回。獻章爲人貌謹愿，爲詩文有可取者，然于理學未究也。自領鄉薦、入太學，務自矜持以沽名。因會試不偶，家居海南〔一〕，不復仕進，一時好事，妄加推尊，目爲道學。自是，從而和之，極其贊頌，形諸薦奏者，不知其幾。以其所居地名白沙，稱爲「白沙先生」。雖其鄉里前輩以德行文章自負者，亦疑之，謂「獻章不過如是之人耳，何其標榜者之多也？」要之，皆慕其名而不察其實者。及授官，稱病不辭朝，而沿途擁騶從、列義槊，揚揚得志而去。聞者莫不非笑云。〔二〕

據《明憲宗實録》卷首所載「修纂官」姓名，監修爲中軍都督府掌府事太傅兼太子太師英國公張懋；總裁爲光禄大夫柱國少傅兼太子太師吏部尚書謹身殿大學士劉吉、資政大夫禮部尚書兼文淵閣大學士徐溥、通議大夫禮部右侍郎兼翰林院學士劉健；副總裁爲詹事府掌府事資政大夫禮部尚書丘濬、中憲大夫詹事府少詹事兼翰林院侍讀學士汪諧；纂修二十一人，其中有翰林院侍講承直郎梁儲、左春坊左贊善承務郎張元禎；纂修兼校正四人，其中有奉議大夫左春坊左庶子兼翰林院侍講學士李東陽〔三〕。其中，副總裁丘濬爲白沙先生鄉人，纂修張元禎、纂修兼校

〔一〕「海南」，應爲「南海」之訛。廣東地區秦代屬南海郡，故别稱「南海」。
〔二〕《明憲宗實録》第二四四卷，《明實録》，第二六册，第四一一八至四一三〇頁。
〔三〕《明憲宗實録》卷首，《明實録》，第二一册，第一至八頁。

正李東陽（一四四七年生，一五一六年歿，字賓之，號西涯，謚文正，湖南茶陵人）爲白沙先生朋友，纂修梁儲（字叔厚，號厚齋，晚號鬱洲，謚文康，廣東順德人）爲白沙先生弟子。究竟是何人將此有損白沙先生聲譽之事載之《明憲宗實録》，我們今日已無從稽考〔二〕；然而，張元禎、李東陽、梁儲諸人，或爲白沙先生朋友，或爲其弟子，居然没有阻止此事，且無相關之抗辯，則令人十

〔二〕 所可知者，除尹直之外，張詡、黄宗羲亦以爲，將此有損白沙先生聲譽之事載諸《明憲宗實録》者，爲丘濬。張詡《翰林檢討白沙陳先生行狀》云：「某，先生同省人也，素忌先生重名。及至京師，使人邀先生主其家。已而，先生僦居慶壽寺。某銜之。後因纂修《實録》，陰令所比誣先生。學士某見之，不平，爲削去」。（張詡撰：《翰林檢討白沙陳先生行狀》，徐紘輯《皇明名臣琬琰後録》，清《常州先哲遺書》本，第二二卷，第五頁）其中，「某」指丘濬；「學士某」，指張元禎。張詡所謂「學士某見之，不平，爲削去」，恐係臆斷，因其並未得見《明憲宗實録》所載相關文字。黄宗羲《白沙學案》「文恭陳白沙先生獻章」傳云：「文莊深刻，喜進而惡退，一見之於定山，再見之於先生，與尹直相去不遠。」（黄宗羲撰：《明儒學案》，上册，第八一頁）「文莊」，乃丘濬謚號。除薛應旂之外，王世貞亦以爲，將此有損白沙先生聲譽之事載諸《明憲宗實録》者，爲張元禎。王世貞《弇山堂别集》云：「《瑣綴録》謂，丘濬修憲廟《實録》，以陳獻章作十絶句媚梁芳，自是爲世所鄙。而《憲章録》因之，謂出張元禎筆。案：《實録》謂『獻章貌謹原，詩文亦有可取者，然於理學未究也。務自矜持以沽名。會試不偶，家居海南，不復仕進。一時好事，妄加推尊，目爲道學。自是，從而和之，極其贊頌，形諸薦奏，不知其幾。雖其鄉里前輩以德行文章自負者亦疑之，以不過如是耳，何標榜者之多也。及授官，稱病不辭朝，而沿途擁騶從、列仗槊，揚揚得志而去』。其詆陳公亦甚矣，第不載十絶句媚梁芳事。而所謂『鄉里前輩以德行文章自負者』，正丘文莊也。文莊，廣人，《實録》既舉之，則非文莊筆矣。元禎庶幾爲近。」（王世貞撰：《弇山堂别集》，中華書局，二〇〇六年，第一册，第四五三頁）而夏燮則以爲，將此有損白沙先生聲譽之事載諸《明憲宗實録》者，乃主自丘濬，而由張元禎、尹直二人秉筆。夏燮《明通鑑》云，「黄南雷《明儒學案》謂：『邱文莊喜 （轉下頁）

分困惑和訝異。

當然，唐伯元對白沙先生，並非全是表彰，並非事事辯護。如對白沙先生之《奠丘閣老文》，唐伯元於題下加案語云：

先生常謂忘己爲大，然觀此則似未忘者。文莊相業在一時，經濟垂百代，自載簡書。其于先生，抑所謂離之則雙美耳。〔二〕

唐伯元批評道，白沙先生常謂「忘己爲大」，然由其《奠丘閣老文》觀之，則白沙先生似乎也未能忘己。誠然，由《奠丘閣老文》觀之，白沙先生對丘濬極其不滿。羅欽順《困知記》云：「丘文莊公雅不喜陳白沙。《大學衍義》中有一處譏議異學，似乎爲白沙發也。然公之文學固足以名世，

（接上頁）進惡退，一見之於定山，再見之於白沙，與尹直相去不遠。』今按：尹直《瑣綴録》言：『邱濬修《憲宗實録》，謂「陳獻章作十絶句媚梁芳，自是爲世所鄙」。』予謂此即尹直平日以此誣白沙者，濬遂據而筆之《實録》中。又據王弇州引《憲宗實録》，謂『獻章貌謹厚，詩文亦有可取者，然於理學未究也。一時好事者妄加推尊，形諸薦奏，雖其鄉里前輩以德行文章自負者亦疑之。及授官歸，沿途擁騶從，列仗槊，揚揚得志而去』云云；薛氏《憲章録》謂：『此語出自張元禎之筆，不過因鄉里前輩之語，非出於濬之所自道。』然又安知非出於濬之所指授，遂筆之《實録》中？南雷見元禎極稱獻章，遂以爲尹直等之所爲。然元禎固力詆康齋者，而白沙則康齋弟子也。《憲宗實録》主自邱濬，而張、尹二人實秉筆焉，乃至藉代言之體，以逞其撼樹之誣，豈非昔人之所云穢史哉！」（夏燮撰：《明通鑑》，北京，中華書局，二〇〇九年，第三册，第一三〇九至一三一〇頁）夏燮謂「張、尹二人實秉筆焉」，但據《明憲宗實録》卷首所載「修纂官」姓名，尹直未參與《明憲宗實録》之纂修。

〔二〕 唐伯元編次：《白沙先生文編》，第六卷，第三九頁。

而未有以深服白沙之心。其卒也，白沙祭之以文，意殊不滿，此殆程子所謂『克己最難』者也。」〔一〕唐伯元於選録《奠丘閣老文》文末，節録羅欽順此段文字以爲案語〔二〕。唐伯元之批評白沙先生未能忘己，或許受羅欽順之影響。〔三〕

唐伯元之編次《白沙先生文編》，主要意圖是表彰白沙先生其人其學，並爲其辯護。然而，其另一意圖，則是要借此批評王陽明及其學説。是故，在《白沙先生文編》所加批語中，唐伯元對陽明及其學説多所批評。

在所選録白沙先生《伍光宇行狀》題後，唐伯元加案語云：「看伍之勇而篤信，董蘿石不如

〔一〕羅欽順撰：《困知記》，第五〇頁。案：丘濬《大學衍義補》卷七十二「明道學以成教下」按語云：「蔡淵曰：『或者但見孟子有「無他而已矣」之語，便立爲不必讀書窮理，只要存本心之説，所以卒流於異學。《集注》謂「學問之事非一端，然其道則在於求放心而已」，正所以發明孟子之本意，以示異學之失，學者切宜玩味。』竊考其所謂異學者，蓋指當時陸九淵也。至今學者猶有假之以惑世廢學，切宜痛絶」。（丘濬撰：《大學衍義補》，《景印文淵閣四庫全書》，臺北商務印書館，一九八六年，第七一二册，第八一九頁）羅欽順所謂「丘文莊公雅不喜陳白沙。《大學衍義》中有一處譏議異學，似乎爲白沙發也」，或指此段文字。

〔二〕唐伯元編次：《白沙先生文編》，第六卷，第三九頁。案：唐伯元之節録，略去「然公之文學固足以名世，而未有以深服白沙之心」兩語。

〔三〕唐伯元對羅欽順及其著作相當重視。萬曆七年（一五七九）六月，擔任泰和知縣期間，唐伯元將羅欽順之《困知記》加以重刊，並撰《重刊困知記序》。（羅欽順撰：《困知記》，第二四二至二四五頁；唐伯元撰：《醉經樓集》，第二四〇至二四三頁）

也。及門七年，先生始終以友處之。及其卒也，亦止于稱其志可以觀誠。」〔一〕在《伍光宇行狀》「及其卒也，十九無成，則亦慨乎歲月之已晚而其力之所及有未暇焉耳」句旁，唐氏加批語云：「張皇之夫，朝及其門，暮稱聞道，夸許可恥。」〔二〕在所選録《奠容彦昭文》題後，唐氏加案語云：「此非聖人心事不能言。近代好事儒者，奬借及門之徒人人聞道，處處顔曾，視此亦可少愧矣。」〔三〕這些議論，乃唐伯元對王陽明過於「奬借及門之徒」之抨擊。與白沙先生對待其門人頗爲嚴謹的態度不同，陽明之褒奬其門人確實較爲寬易。如王陽明《從吾道人記》云：「夫子嘗曰『吾十有五而志於學』，是從吾之始也；『七十而從心所欲，不逾矩』，則從吾而化矣。蘿石逾耳順而始知從吾之學，毋自以爲既晚也。充蘿石之勇，其進於化也何有哉？」〔四〕《祭楊士鳴文》云：「道無生死，無去來，士鳴則既聞道矣，其生也奚以喜？其死亦奚以悲？」〔五〕董澐（一四五八年生，一五三四年歿，字復宗，號蘿石，又號白塔山人、從吾道人，浙江海寧人）來學之初，陽明已

〔一〕唐伯元編次：《白沙先生文編》，第六卷，第三三三頁。
〔二〕唐伯元編次：《白沙先生文編》，第六卷，第三三五頁。
〔三〕唐伯元編次：《白沙先生文編》，第六卷，第四五頁。
〔四〕王守仁撰：《王陽明全集（新編本）》（吴光、錢明、董平、姚延福編校），浙江古籍出版社，二〇一〇年，第一册，第二六六頁。
〔五〕王守仁撰：《王陽明全集（新編本）》，第三册，第一〇〇八頁。

稱其「其進於化也何有」；楊士鳴從學陽明時間不長，陽明則稱其「既聞道矣」。難怪唐伯元批評陽明説：「張皇之夫，朝及其門，暮稱聞道，夸許可恥。」〔二〕

在所選録白沙先生《古蒙州學記》文末，唐伯元加案語云：「王文成與湛文簡以論學相善，豈非慕先生者？其後自立門户，進退前賢，獨於先生絶不掛口，將其所云心學有加於先生歟？抑欲掩前人之有也？或曰：文成只爲一體意重，先生卻宗自然。今觀《仁術》《敦仁》二論及《蒙州學記》，則先生言仁之旨可知，果與今之張皇一體者不類，無怪其不掛口也。」〔三〕在《白沙先生文編》附録「遺事」中有一條云：「羅文恭《閒述詩》曰：『臨川聘君後，江門廣其傳。靜中見端倪，百年無兩賢。致虚本自然，此語夐無前。心理兩輳泊，如馬入轡韉。後來少解事，陽明堪後先。用舍雖異趣，門户能窺全。譬彼子克家，人力各有專。去世非遼遠，瞻望愧聯翩。』」唐伯元加案語云：「王、湛初論學相合，其後不無少異，乃其徒至于爭門户以角立，則其徒之過也。

〔二〕　不久，唐伯元在《從祀疏》中亦指責陽明説：「守仁之獎借其徒，人人聞道，處處顔曾。如哀主事徐愛之亡曰『汝與顔子同德』，則是顔子在門也；别山人董澐之序曰『於化也無難』，則是自處已化也；指王畿心意知物善惡俱無之見爲明道、顔子不敢當，則是王畿過於明道、顔子也。臣之郡人楊氏兄弟僅及門，而一皆稱之爲聞道。此外，又有薛氏兄弟子姪之盛，又有毅然任道數十人之多，則是鄒、魯諸賢不足以當臣一郡也。獎人以所無之善，誘人以僞成之名，枉其心之公，賊夫人之子，惑世誣民，莫此爲甚。」（唐伯元撰：《醉經樓集》，第一七九頁。）

〔三〕　唐伯元編次：《白沙先生文編》，第三卷，第三〇頁。

或曰『認天理即致良知』；或曰『天理則而微，良知醒而蕩』；或曰『良知致處亦天理，無深淺之別』；或曰『天理未易許湛，良知未易許王。跡其爲則王勝，宗其説則湛優。』概之以大匠誨人之意，不過彼善于此。吁！近之矣。陸氏曰『夫子十五而志于學，今千百年無一人有志也』。若二公者可謂有志矣。其才術之工拙、聲教之遠邇不同，而流弊之有無大小亦畧相當。比而同之，不甚遠也。至羅文恭之論，往往齊陽明于先生。姑毋論先生之意何如，即陽明復生，能令其首肯乎？説見前編，兹不著。」〔二〕這些議論，乃唐伯元對王陽明於白沙先生「絶不掛口」之指責。唐伯元以爲，王陽明與湛若水「以論學相善」、「初論學相合」，由於湛若水爲白沙先生之衣鉢傳人，經由湛若水，王陽明對於白沙先生應當十分敬慕〔三〕。然而，陽明自立門户之後，由於其爲人高

〔二〕 唐伯元編次：《白沙先生文編》，卷末附録「遺事」，第二五頁。

〔三〕 唐伯元謂陽明十分敬慕白沙，並非虚言。正德六、七年（一五一一、一五一二年）間，湛若水撰《叙別》云：「甘泉生與友二人飲而別，其揚州推官鄭子伯興，毅而和；黄州推官朱子守中，通而正。……或曰：『二子之懿也，奚從焉？』甘泉生曰：『鄭子崇乎於白沙，而莫逆於予；朱子莫逆於予，而學自陽明。陽明崇乎於白沙。白沙得之周、程，故告南川也，渾然其理，示人一矣；粲然其分，示人殊矣』」。（湛若水撰：《甘泉先生文集》，《儒藏精華編》第二五三册，第五九九頁）其中言及「陽明崇乎於白沙」。

傲，並且其學説與白沙先生不同，故對白沙先生「絶不掛口」〔二〕。羅洪先（一五〇四年生，一五六四年歿，字達夫，號念菴，謚文恭，江西吉水人）往往齊陽明于白沙先生，若陽明復生，必難首肯。羅洪先似乎既不瞭解白沙，亦不瞭解陽明。

唐伯元以爲，王陽明所以對白沙先生「絶不掛口」，原因之一是陽明之學説與白沙先生不同；而陽明與白沙之不同，在陽明藉口一體、動稱心學，白沙則宗尚自然、求以自得。在所選録白沙先生《仁術》題後，唐伯元加案語云：「學在求仁，然必以自然爲宗，不則是意之也。憂深慮遠。」〔三〕在該文之末，又加案語云：「近代儒者盛宗一體之説以號天下，反疑先生引進後學頗少惓惓，不知其自落用意耳。」〔三〕在《古蒙州學記》「州亡州復在民，何關於公之一念？動於此，應於彼。默而觀之，一生生之機，運之無窮」數句之旁，唐伯元加批語云：「如此，方見自然與用意、用術、藉口一體者

〔二〕唐伯元《從祀疏》云：「守仁之學，實從湛若水而興。若水，獻章之徒也。所謂良知，豈能出獻章造悟之内？而生平論著滿車，曾不見掛口獻章一語。嗚呼！彼固上薄孔子，下掩曾、孟者，固宜其不屑爲獻章也！或者比而同之，過矣。推守仁之意，生不欲與獻章齊名，殁豈欲與獻章並祀？儻如守仁者而欲議祀典，則必巍然獨當南面，而孔子爲之佐享，如顔、曾、思、孟、周、程，猶得列之廊廡之間，彼程頤、朱熹而下，當迸棄之，不與同中國矣，豈能一日同堂而居也？嗚呼！此皆由守仁自任之太過，雖守仁或亦不自知其至於此也。」（唐伯元撰：《醉經樓集》，第一八〇頁）案：「曾不見掛口獻章一語」之「見」，據清鈔本《醉經樓集》補。（唐伯元撰：《醉經樓集》，澄海市博物館一九九八年據清抄本影印，第三册，第三六七至三六八頁）

〔三〕唐伯元編次：《白沙先生文編》，第三卷，第一頁。

〔三〕唐伯元編次：《白沙先生文編》，第三卷，第二頁。

不類。」〔一〕在《與羅一峯》「君子未嘗不欲人入於善，苟有求於我者，吾以告之可也。强而語之，必不能入，則棄吾言於無用，又安取之」句旁，唐伯元加批語云：「世之談一體者，反以爲不仁，可怪可怪。」〔二〕在《語録》「爲學莫先於爲己、爲人之辨，此是舉足第一步」條之末，唐氏案語云：「此與《仁術論》同意。世之學爲媒妁而自附一體者，不知其意何如也？」〔三〕在《語録》「『但得心存斯是敬，莫於存外更加功。』大抵學者之病，助長爲多，晦翁此詩，其求藥者歟」條之末，唐氏又加案語云：「世儒動稱心學，往往作弄精神，正坐求心之過。」〔四〕這些案語，乃唐伯元對王陽明藉口一體、動稱心學之批評。「萬物一體」學説，是王陽明始終持守之思想，可謂其思想之基本精神〔五〕。據湛若水説，其「萬物一體」學説，乃直接來源於宋儒程明道之「仁者渾然與天地萬物一體」之學〔六〕。同様服

〔一〕唐伯元編次：《白沙先生文編》，第三卷，第二九頁。

〔二〕唐伯元編次：《白沙先生文編》，第四卷，第四八頁。

〔三〕唐伯元編次：《白沙先生文編》，第六卷，第五頁。

〔四〕唐伯元編次：《白沙先生文編》，第六卷，第五頁。

〔五〕陳立勝撰：《王陽明「萬物一體」論：從「身—體」的立場看》，華東師範大學出版社，二〇〇八年，第一、二頁。

〔六〕正德元年丙寅（一五〇六），王陽明與湛若水論交。湛若水《陽明先生墓誌銘》云：「正德丙寅，始歸正于聖賢之學。會甘泉子于京師，語人曰：『守仁從宦三十年，未見此人。』甘泉子語人亦曰：『若水泛觀四方，未見此人。』遂相與定交講學，一宗程氏『仁者渾然與天地萬物同體』之指。」（王守仁撰：《王陽明全集（新編本）》，第四册，第一四〇九頁）湛若水《潮州宗山精舍陽明王先生中離薛子配祠堂記》云：「正德丙寅，與甘泉子初定交于京師兵曹清黄，語人曰：『吾從宦三十年，未見此人。』其時共尊明道『仁者渾然與天地萬物一體』之學，是矣。」（湛若水撰：《甘泉先生續編大全》，明嘉靖三十四年刻、萬曆二十一年修補本，第五卷，第一三頁）

膺程明道之唐伯元，對「萬物一體」學説在陽明思想中的地位，應當了然於心。然而，唐伯元對陽明之批評指責，似乎並非因其主張「萬物一體」學説，而是由於陽明藉口一體，以行其爲名之實。是故，唐伯元在《仁術》「昔周公扶王室者也，桓文亦扶王室也。然周公身致太平、延被後世，桓文戰爭不息、禍藏于身者，桓文用意，周公用心也。是則至拙莫如意，而至巧者莫踰于心矣」句旁，加案語云：「以扶王室比扶吾道，此是本意。奈何世儒之主張斯道者太勞也？毋乃借仁術以行其爲名之私乎！」〔二〕

與對白沙先生之表彰與辯護相同，在《白沙先生文編》中，唐伯元對王陽明及其學説之批評，

〔二〕　唐伯元編次：《白沙先生文編》，第三卷，第一頁。案：順便一言，在《白沙先生文編》所加案語中，唐伯元對王陽明及其學説之批評指責，可謂相當嚴厲。然而，唐伯元對王陽明之弟子王艮（一四八三年生，一五四一年歿，字汝止，號心齋，泰州人），不僅没有指責與批評，反而一再引用其言論。如在所選白沙先生四言古詩《示黄昊》（「高明之至，無物不覆。反求諸身，欛柄在手。」）題後，唐伯元有案語云：「誦此語十餘年不省，近見王汝止氏語録引此，贊云：『白沙此語，便是宇宙在手，萬化生身。』」（唐伯元編次：《白沙先生文編》，第一卷，第一頁）在白沙先生五言古詩《答張内翰廷祥書，括而成詩，呈胡希仁提學》「吾能握其機，何必窺陳編」句旁，唐伯元加批語云：「王汝止曰：『「吾能握其機，何必窺陳編」，先生之意有在，學者須善觀之。孔子時中，正在韋編三絶。』」（唐伯元編次：《白沙先生文編》，第一卷，第一二頁）唐伯元在《從祀疏》中，一方面強烈反對王陽明入祀孔廟，另一方面又主張將王艮（以及羅洪先）入祀鄉賢祠。其主張將王艮（以及羅洪先）入祀鄉賢祠之理據，爲「其平生行己大概，一以獻章爲師法，故其辭受進退，實有可觀」。（唐伯元撰：《醉經樓集》，第一八四頁）由《白沙先生文編》之案語觀之，唐伯元這一主張，可謂由來有自。

亦多以案語或批語之方式進行。受此方式之限制，其批評均爲斷語，並無詳細而充足之論證。

針對唐伯元在《白沙先生文編》中對王陽明之批評指責，江右陽明學者胡直（一五一七年生，一五八五年歿，字正甫，號廬山，江西泰和人）在《與唐仁卿》中回應道：「去冬承寄《白沙先生文編》，因思足下素不喜言心學，今一旦取白沙文表章之，豈非學漸歸原，不欲以一善名，其志力不大且遠哉？不穀昔嘗相期至再三之瀆者，固知有今日也。甚慰！甚賀！第今其間不共相究竟，則徒負平日。蓋先此有睹見是編者，謂『此書題評，雖揚白沙，其實抑陽明。即語不干處，必宛轉詆及陽明，近於文致』。不穀不肯信，已而得來編，讀之良然。如云：『近儒疑先生引進後學頗不惓惓。』嘗遍觀陽明語意，並無是説，不知足下何從得之？夫陽明不語及白沙，亦猶白沙不語及薛敬軒，此在二先生自知之，而吾輩未臻其地，未可代爲之説，又代爲之爭勝負，則鑿矣。歷觀諸評中，似不免爲白沙立赤幟，恐亦非白沙之心也。」[二]又云：「夫吾黨虛心求道，則雖一畸士，未忍以無影相加，而況於大賢乎？恐明眼者不議陽明，而反議議者也。《編》中云『良知醒而蕩』，夫醒則無蕩，蕩則非醒，謂醒而蕩，恐未見良知真面目也。又詆其『張惶一體』，吾人分也，觀今學者，只見爾我藩籬，一語不合，輒起戈矛，幾曾有真見一體，而肯張惶示人者哉！斯語

[二] 黄宗羲撰：《明儒學案》，上册，第五二六頁。又唐伯元撰：《醉經樓集》，附録，第三八七頁。

寧無亦自左耶？雖然，足下今之高明者也，昔不喜心學，今表章之，安知異日不並契陽明，將如文恭之晚年篤信耶？』〔二〕顯然，胡直對唐伯元之批評指責陽明，十分不滿。所可惜者，由於唐伯元回覆胡直之書信今已不存，我們無從得知其對胡直之來書，作何回應。

據唐伯元在《白沙先生文編》中所加案語、旁批，其在朝廷下令將王陽明從祀孔廟之後，隨即上《從祀疏》表示反對，乃屬理所當然之事。顧憲成《小心齋劄記》云：「丙戌，余晤孟我疆，我疆問曰：『唐仁卿伯元何如人也？』余曰：『君子也。』我疆曰：『何以排王文成之甚？』余曰：『朱子以象山爲告子，文成以朱子爲楊、墨，皆甚辭也，何但仁卿？』已而過仁卿，述之。仁卿曰：『固也，足下不見世之談良知者乎？如鬼如蜮，還得爲文成諱否？』余曰：『《大學》言致知，文成恐人認識爲知，便走入支離去，故就中間點出一良字；孟子言良知，文成恐人將這個知作光景玩弄，便走入玄虛去，故就上面點出一致字。其意最爲精密。至於如鬼如蜮，正良知之賊也，奈何歸罪於良知？獨其揭無善無惡四字爲性宗，愚不能釋然耳。』仁卿曰：『善。早聞足下之言，向者《從祀》一疏，尚合有商量也。』」〔三〕據顧憲成之記載，唐伯元在獲聞其言説之後，其

〔二〕　黄宗羲撰：《明儒學案》，上册，第五二八頁。又唐伯元撰：《醉經樓集》，附録，第三八九頁。

〔三〕　黄宗羲撰：《明儒學案》，下册，第一三八二頁。案：引文中所謂「丙戌」，爲萬曆十四年（一五八六），即唐伯元因上疏反對陽明入祀孔廟而被貶謫海州之第二年。

對陽明及其學説的態度似乎有所改變。其實，唐伯元在其晚年著作《醉經樓集》中〔二〕，依然不斷批評指責王陽明。如其《崇志樓記》云：「方今學士，動談一了，瀟灑乎自然之鄉，余既不敢；其藉口一體，招獎後進如捕亡羊，余又不暇。」〔三〕其《答叔時季時昆仲》云：「心學者，以心爲學也。以心爲學，是以心爲性也。心能具性，而不能使心即性也。是故求放心則是，求心則非；求心則非，求於心則是。我之所病乎心學者，爲其求心也。知求心與求於心、與求放心之辨，則知心學矣。夫心學者，以心爲學也。彼其言曰：『學也者，所以學此心也；求也者，所以求此心也。』心果待求，必非與我同類；心果可學，則『以禮制心』、『以仁存心』之言，毋乃爲心障歟？彼其源，始於陸氏誤解『仁，人心也』一語。而陸氏之誤，則從釋氏本心之誤也。足下謂新學誤在『知行合一』諸解，非也。諸解之誤，皆緣心學之誤也。」〔三〕其《答劉方伯（又）》云：「大抵一體與過

〔二〕 萬曆二十四年（一五九六）秋七月，李禎作《醉經樓集序》，其云：「吾友唐仁卿氏有憂之，自丁亥迄今歲，凡十年來所著，有《醉經樓》一集，曰詩、曰經解、曰序、曰記、曰書、曰雜著，凡六卷」。（唐伯元撰：《醉經樓集》，卷首，第一頁）除附刻之部分奏疏外，《醉經樓集》所收乃萬曆十五年（一五八七）至萬曆二十四年間唐氏所作詩文。唐伯元卒於萬曆二十六年，故《醉經樓集》可視爲其晚年著作。

〔三〕 唐伯元撰：《醉經樓集》，第八二頁。

〔三〕 唐伯元撰：《醉經樓集》，第九一頁。

化，實未易言。近世儒者，動稱一體而侈慕過化，此不可以欺人，止欺己耳。」[一]可見，唐伯元對王陽明及其學説之態度，始終未改變。

二

唐伯元編次《白沙先生文編》，並没有明確説明其所依據之底本。然而，我們可從其所選録之白沙先生詩文，窺探出其中若干端倪。經比較對勘，我們發現《白沙先生文編》所選録白沙先生詩文，其文字與林齊本《白沙先生全集》、蕭世延本《白沙先生全集》文字頗多相同。尤其是白沙先生《復江右藩憲諸公》一書，其「自文公殁至今垂四百載，仕於江右者多矣，其間有能一動其心於白鹿之興廢者，誰歟」句後，《白沙先生文編》所載尚有「修而復之，既去復顧，如吾鄉翟公、李公者，誰歟」十八字[二]。此十八字異文，既爲唐伯元編次《白沙先生文編》前梓行之高簡本《白沙子》所缺，亦爲唐伯元編次《白沙先生文編》後刊行之何熊祥本《白沙子全集》、黄之正本《白沙子全集》、何九疇本《白沙子全集》、碧玉樓本《白沙子全集》等版本所無，惟唐伯元編次《白沙先生

[一] 唐伯元撰：《醉經樓集》，第一三九頁。
[二] 唐伯元編次：《白沙先生文編》，第四卷，第一七頁。

文編》前梓行之林齊本《白沙先生全集》、蕭世延本《白沙先生全集》有此十八字〔一〕。（我們未得見羅僑本《白沙先生全集》，不知羅僑本是否亦有此十八字異文。然而，林齊本係根據羅僑本修訂而刊刻，蕭世延本又是根據林齊本增訂而刊刻，從版本源流角度言，羅僑本理應有此十八字異文。）就見聞所及，我們推測，唐伯元編次《白沙先生文編》所依據之底本，應爲林齊本《白沙先生全集》或蕭世延本《白沙先生全集》（由於蕭世延本《白沙先生全集》後出，當時比較易得，故唐氏所據底本爲蕭世延本之可能性較大。爲討論之方便，後文乃以蕭世延本爲參照）。此外，唐伯元在編次《白沙先生文編》時，對於其所據底本所無之詩文，或根據高簡本《白沙子》補充〔二〕，或根據其所藏、所見白沙先生真蹟添加。〔三〕

由於《白沙先生文編》中，有唐伯元根據其所藏、所見白沙先生真蹟添加之詩文，這些詩文

〔一〕　陳獻章撰：《白沙先生全集》，明正德三年林齊刊本，第四卷，第二一頁；陳獻章撰：《白沙先生全集》，明嘉靖三十年蕭世延刊本，第四卷，第二一四頁。案：孫通海先生點校《陳獻章集》時，曾以林齊本、蕭世延本爲校本，但未將此十八字異文校出。（參陳獻章撰：《陳獻章集》，上册，第一三八頁）

〔二〕　唐伯元在所選録白沙先生七言絶句中，有所謂「補遺」。於「補遺」後，唐氏加註釋云：「原集缺載，今查《白沙子》補入。」（唐伯元編次：《白沙先生文編》，第一卷，第五七頁）

〔三〕　唐伯元在所選録白沙先生五言絶句中，於「梅下有懷世卿」題後，有註釋云：「余家舊藏有真蹟，集不載。」在所選録白沙先生七言絶句中，於「寄李世卿」題後，有註釋云：「客有自惠州至者，曾見惠先生真蹟，因得此詩，原刻不載。」（唐伯元編次：《白沙先生文編》，第一卷，第三二、四四頁）

多不見載於以往刊行之白沙先生詩文集，可視爲白沙先生集外詩文。其中，詩賦十三首（賦一首、五言絶句一首、七言絶句八首、七言律詩三首），文二十九篇（書信二十二封、題跋手帖四篇、語録一組、祭文二篇）。兹按《白沙先生文編》原排列次序，連同唐伯元所加案語，略爲臚列於後。

潛軒賦

仰青天兮飛鳶，俯深淵兮潛鱗。一皆囿於形氣兮，或升或降；抑孰爲之主宰兮，乃一屈而一伸。反之吾身以求其端兮，初不外乎動静。非潛養以立其本兮，又焉察乎紛綸。蓋誠之不可掩兮，發雷聲於淵默。斯暗室之不可以或欺兮，達斯道於無垠。有天德者可以語王道兮，夫固繫乎慎獨。奉先哲之格言兮，有體用先後之相因。彼功業之塞乎天地兮，文章昭於簡策。賴此以爲根柢兮，至化而至神。惟乾之初九兮，不易乎世。苟有得於斯兮，固當韞櫝以自珍。以斯道兮覺斯民。亢之有悔兮，孰與初之勿用？彼龍蛇之蟄兮，以存厥身。〔二〕

〔二〕　唐伯元編次：《白沙先生文編》，第一卷，第二六至二七頁。

梅下有懷世卿 余家舊藏有真蹟，集不載。

我見梅花愁，人見梅花悦。去歲梅發時，持醪與君别。〔一〕

喜晴 余家藏有先生手書，原集缺，今補入。

春眠閉閤日沉冥，咫尺溪籬懶更行。卻愧枝頭子規鳴，千秋人國未忘情。先生豈忘世者，然亦習而安之矣。〔二〕

寄李世卿 客有自惠州至者，曾見惠先生真蹟，因得此詩，原刻不載。

去歲逢君笑一回，經年笑口不曾開。山中莫謂無人笑，不是真情懶放懷。〔三〕

〔一〕唐伯元編次：《白沙先生文編》，第一卷，第三二頁。
〔二〕唐伯元編次：《白沙先生文編》，第一卷，第四二頁。
〔三〕唐伯元編次：《白沙先生文編》，第一卷，第四四頁。

林君求余一線之引，示以六絶句

時時心氣要調停，心氣工夫一體成。莫道求心不求氣，須教心氣兩和平。

存心先要識端倪，未識端倪難強持。萬象森羅都屬我，何嘗真體離斯須。

收斂一身調息坐，要貪真静入無爲。脱然心境俱忘了，一片圓融大可知。

羣賢列聖無他適，百僞千邪向此消。須向一原觀體用，靈根着土發靈苗。

工夫須用寬而敬，魚躍鳶飛在此間。不用苦心求太迫，轉防日用自生難。

飽歷冰霜十九冬，肝腸鐵樣對諸攻。羣譏衆詆尋常事，了取男兒一世中。此詩原集缺，余嘗親見先生墨跡，書此詩并後小柬三通，共爲一卷，羅文恭公題其首曰「江門指南」。後跋云：「此詩自序在成化癸巳歲，是時，先生四十有六，蓋其自得久矣。顧收斂歸静，若初入室然者，晦不久則光不大，固先生進道之因也。今學者既乏静專，又易發露，欲與古人上下，烏可得哉？」又云：「此卷得之莆田林氏，林所立亦不凡。」謂林即見素公也。今按：見素雖亟慕先生，乃在出仕之後。先生寄之詩，及見素薦先生疏，皆應聘以後事。當成化癸巳，見素只可弱冠，未聞曾至白沙。據先生與胡提學書云，「舊歲，莆田有一舉人林體英來訪白沙，與語兩月，比歸，亦能激昂自進」，當即其人也。〔一〕

〔一〕　唐伯元編次：《白沙先生文編》，第一卷，第五六至五七頁。

揚州宿寶勝寺 傳有石刻，不知何時過此。集不載，今補入。

巢許夔龍不兩能，天涯去住任騰騰。他鄉此夜揚州月，春閣高歌寶勝僧。藥氣氤氲窗下枕，茶煙繚繞佛前燈。道人本是羅浮客，家在飛雲第一層。〔二〕

追次康節小圃逢春之作 余家藏先生墨跡，有此二首。諸□第三句以下皆逸誤，今正之。

時物紛紛共鬥妍，好春多在語鶯邊。緋桃圃裏偏愁雨，緑柳梢頭更着煙。詩酒逢春聊復爾，江山到老只依然。行窩十二家家到，拚盡浮生未了年。

小園風物正喧妍，白白朱朱遶兩邊。折翅病蜂斜墮水，尋香癡蝶亂迷煙。典衣沽酒由來爾，買地栽花大抵然。安得此身辭藥裹，東遊西泛也年年。〔三〕

在這十三首詩賦之中，需要稍加説明者，爲《追次康節小圃逢春之作》。此詩，孫通海先生點校之《陳獻章集》亦有收録，且題爲「追次康節先生小圃逢春之作二首」，第一首據何熊祥本

〔二〕唐伯元編次：《白沙先生文編》，第二卷，第五四頁。

〔三〕唐伯元編次：《白沙先生文編》，第二卷，第五六頁。

《白沙子全集》輯録，第二首據碧玉樓本《白沙子全集》輯録。第一首作：「時物紛紛共鬥妍，好春多在語鶯邊。傍花隨柳我尋句，剩水殘山天賜年。竹逕旁通沽酒市，桃花亂點釣魚船。而今我愛孫思邈，自古高人方又圓。」第二首作：「時物紛紛共鬥妍，好春多在語鶯邊。緋桃圃裏偏愁雨，緑柳梢頭更着煙。詩酒逢春聊復爾，江山到老只依然。行窩十二家家到，拚盡浮生未了年。」〔二〕其第一首，與白沙先生《次莊定山清江雜興韻》一詩(「家學華山一覺眠，圖書亦在枕頭邊。傍花隨柳我尋句，剩水殘山天賜年。竹徑旁通沽酒市，桃花亂點釣魚船。平生我愛孫思邈，自古高人方又圓」)〔三〕，僅第一聯不同，而其餘三聯無別；與《白沙先生文編》所收録者大相徑庭。其第二首，則與《白沙先生文編》所收録者相同。此詩應以《白沙先生文編》所收録者爲是。

與羅一峯

聖賢處事，無所偏主，惟視義何如，隨而應之，無往不中。吾人學不到古人處，每有一

〔二〕陳獻章撰：《陳獻章集》，下册，第五〇四頁。案：第一首輯録自《白沙子全集》，明萬曆四十年何熊祥刊本，第八卷，第七一頁；第二首輯録自《白沙子全集》，清乾隆三十六年碧玉樓刊本，第八卷，第四九頁。

〔三〕陳獻章撰：《陳獻章集》，下册，第四一四頁。

事來，斟酌不安，便多差卻。隨其氣質，剛者偏於剛，柔者偏於柔，每事要高人一着，做來畢竟未是。蓋緣不是義理發源來，只要高去，故差。自常俗觀之，故相雲泥；若律以道，均爲未盡。

二 先生謂羅才不及志，全引程子之言，爲此。

立志不可不遠且大。然於天下之事，亦須量力，爲之有漸。膽大心勞，力小任重，鮮不敗事。

三

君子未嘗不欲人入於善，苟有求於我者，吾以告之可也。強而語之，必不能入，則棄吾言於無用，又安取之？【旁批】世之談一體者，反以爲不仁，可怪可怪！且衆人之情，既不受人之言，又必別生枝節以相矛盾，吾猶不舍而責之益深，此取怨之道也，不可不戒。

四

莊孔暘家貧，既無以爲養，又其親命之仕，便不得自遂其志。應魁止於貧而已，若能進退以道，甚佳。至於甚不得已爲禄而仕，亦無不可，但非出處之正也。

五

孔暘承親之命而仕，不如此則逆親之命以全己志，殆非所安。尹和靖一日告伊川曰：「吾不復仕進矣。」伊川曰：「子有母在。」尹歸以此意告，其母云：「吾知汝以善養，安知汝以禄養乎？」尹遂得不仕。若孔暘之親能如尹母，則可以和靖責孔暘矣。

六

伊川先生每見人静坐，便嘆其善學。此一静字，自濂溪先生主静發源，後來程門諸公遞相傳授，至於豫章、延平二先生尤專提此教人，學者亦以此得力。晦庵恐人差入禪去，故少説静，只説敬，如伊川晚年之訓。此是防微慮遠之道。然自學者須自度量如何，若不至爲禪所誘，仍多着静，方有入處。若平生忙者，此尤爲對証藥也。說静字源流詳盡。

七

「學者先須理會氣象，氣象好時，百事自當」，此言最可玩味。言語動静便是理會氣象地頭，變急爲緩，變激烈爲和平，則有大功，亦遠禍之道也，非但氣象好而已。觀此，則先生學雖主静，于言動氣象上煞用工夫，所謂「隨動静以施其功」是也。〔二〕

在《白沙先生文編》中，收録白沙先生致羅一峯的書信八封，其第八封（即以「《大忠祠碑》皎皎烈烈，見先生之心矣」開頭那封），因白沙先生各種詩文集已經收録，兹不録。其實，在白沙先生各種詩文集中，大多僅僅收録《與羅一峯》書一封，即以「《大忠祠碑》皎皎烈烈，見先生之心矣」開頭那封。只有碧玉樓本《白沙子全集》，除收録上述這封外，還以「與羅應魁」爲題收録另外六封〔三〕，即《白沙先生文編》收録之第六、第一、第四、第五、第三、第七封，排列順序不同，文字亦略有差異。不知何故，碧玉樓本《白沙子全集》没有收録《白沙先生文編》所收録之第二封，也許碧玉樓本《白沙子全集》收録這些書信時，所依據之來源，並非《白沙先生文編》，而是另有所據。

〔二〕 唐伯元編次：《白沙先生文編》，第四卷，第四七至四九頁。

〔三〕 陳獻章撰：《白沙子全集》，乾隆三十六年碧玉樓刊本，第三卷，第八二至八三頁。案：孫通海先生點校之《陳獻章集》，據碧玉樓本《白沙子全集》收録此六封書信。（陳獻章撰：《陳獻章集》，上册，第一五七至一五九頁）

答張汝弼

康齋以布衣爲石亨所薦，所以不受職而求觀秘書者，冀得間悟人主也。惜宰相不悟，以爲實然，言之上，令就職，然後觀書，殊戾康齋意，遂決去。某以聽選監生薦，又疏陳始終願仕，故不敢僞辭以釣虚名，或受或不受，各有攸宜爾。〔一〕

此所謂《答張汝弼》書，最早之出處，爲張詡《白沙先生行狀》〔二〕。疑《白沙先生文編》即依據《白沙先生行狀》輯録。

與賀克恭

人要學聖賢，畢竟要去學他。若道只是個希慕之心，卻恐末梢未易湊泊，卒至廢弛。若道不希慕聖賢，我還肯如此學否？思量到此，見得個不容已處。雖使古無聖賢爲之依歸，我亦住不得，如此方是自得之學。

〔一〕唐伯元編次：《白沙先生文編》，第四卷，第五一頁。
〔二〕張詡撰：《白沙先生行狀》，《陳獻章集》，下册，第八七一頁。

二

人無氣節不可處患難，無涵養不可處患難。如唐柳宗元不足道。韓退之平日以道自尊，潮州一貶，便也撑持不住，如共大顛往來，皆是憂愁無聊，急急地尋得一個人來共消遣，此是無涵養。若坡老便自不同，【旁批】此只見一面耳。作《示虎兒詩》云：「獨倚桄榔樹，閒挑華撥根。謀生看拙否，送老此蠻村。」又云：「日啖荔枝三百顆，不妨長作嶺南人。」此皆是患難奈何不得氣象，何其壯哉！若加之涵養，則所見當又別。近見一儒者甚喜昌黎處大顛一節，謂其「合于夫子問禮之意」，未知然否。雖然，可以責昌黎而未可以準東坡。若説東坡不爲，恐蘇黄高處正在此，觀其平日交游、著作可見。看來白沙先生看得東坡詩熟，便極喜東坡；見昌黎往往蹈自好者，深避，不免隨聲薄之耳。嗚呼！孰謂先生學禪哉？孰謂先生學禪哉？

三

今日與克恭别，未知再會之期。若不發端言之，使克恭終身事業只是以名節結果，辜負了好美質、蹉過了好時節，如此則是某之罪也。

四

歸去遼陽，杜門後，可取《大學》《西銘》熟讀，求古人爲學次第規模，實下功夫去做。黄卷中自有師友，惟及時爲禱。按：先生後來勸克恭讀佛書，克恭不答；子訪之有書疑辨，先生亦未之答也。湛文簡問，先生曰：「克恭篤信謹守人也，别三十年，其守如昨。」又問，先生曰：「吾子不聞程子『謹禮者，可令讀莊、列之書』乎？」似與此不類。

五

比見克恭與人譎論，費力氣太多，鋒鋩太露，有德者似不如此逼切，更望完養，令深沉和平，乃爲佳耳。

六

心地要寬平，識見要超卓，規模要闊遠，踐履要篤實。能是四者，可以言學矣。

七

士大夫出處去就分明已占了好田地，更能向學，求向上一著，不枉費浮生歲月，豈不抵掌爲之三嘆乎？

八

接人接物，不可揀擇殊甚。賢愚善惡，一切要包他。到得物我兩忘，渾然天地氣象，方始是成就處。〔二〕

在《白沙先生文編》中，收録白沙先生致賀克恭的書信十封，其第九、第十封（即以「爲學須從静中坐養出個端倪來，方有商量處」、「離隔年多，彼此交夢，神亦勞止」開頭者），因白沙先生各種詩文集已經收録，兹不録。其實，在白沙先生各種詩文集中，大多僅收録此兩封。只有碧玉樓本《白沙子全集》，除收録上述這兩封外，還以「與賀黄門」爲題收録另外八封〔三〕，即《白沙

〔二〕唐伯元編次：《白沙先生文編》，第五卷，第六至七頁。
〔三〕陳獻章撰：《白沙子全集》，乾隆三十六年碧玉樓刊本，第三卷，第八〇至八二頁。案：孫通海先生點校之《陳獻章集》，據碧玉樓本《白沙子全集》收録此八封書信。（陳獻章撰：《陳獻章集》，上册，第一三三至一三五頁）

先生文編》已收録之第一至第八封，順序相同，文字則略有差異。

與謝元吉

謝與章楓山、羅一峯、賀醫閭同榜進士，有重名。其出處之詳不可考。

人心上容著一物不得，才着一物，則有碍。且如功業要做，固是美事，若心心念念只在功業上，此心便不廣大，便是有累之心。是以聖賢之心，廓然若無，感而後應，不感則不應。又不特聖賢如此，人心本來體面皆一般，只要養之以静，便自開大。

二

氣質美者固是美，然不純，所以又有學以填補之。如勇者多強其所不知以爲知，強其所不是以爲是，若能充之以廣大、養之以和平，去其勇之病，全其勇之善，何遠不至哉？

三

沮溺、接輿輩，後人溺於富貴者見孔子道他不是，卻以藉口，如何得他首肯？他雖偏過於高，後人偏淪於汙。他猶不失爲「漸」之上九，後來藉口者卻是「晉」之九四。一則鴻漸於逵，一則晉如碩鼠。鴻也，鼠也，何異雲泥之相隔耶？

四

先正謂無天下盡非之理。修己者當自點檢，直到十分是處，不可強執己見，惟在虚以受人。〔二〕

與何時矩

人須有遠大見識，方做得遠大事業。如爲學要積累，也須得二三十年，然後可望發越。若朝作而暮改、鋭始而怠終，方其發憤之初，意氣之盛，真若可以淩駕古今、平步聖途；及其衰也，志索氣餒，忽如墜千仞之淵，所守只是恒人。此無他，無遠大見識，又無積累歲月，平日激昂以爲之者，特一時好名之意氣耳，安能保其久而不衰耶？眼前朋友類此者多，其病在於心不寧静、無真實知見，故所學無味；亦是氣薄質弱、厭常喜新，其勢卒歸於廢弛。悲哉！〔三〕

〔二〕 唐伯元編次：《白沙先生文編》，第五卷，第九至一〇頁。

〔三〕 唐伯元編次：《白沙先生文編》，第五卷，第一〇頁。

在《白沙先生文編》中，收録白沙先生致何時矩的書信四封，其第二、第三、第四封（即以「宇宙内更有何事，天自信天，地自信地，吾自信吾」、「某慰言：四月二十五日，得黎三報，悲惋連日」、「禪家語初看亦甚可喜，然實是儱侗」開頭者），因白沙先生各種詩文集已經收録，玆不録。其實，在白沙先生各種詩文集中，僅收録此三封。又：此書信題目，高簡本《白沙子》、蕭世延本《白沙先生全集》、何熊祥本《白沙子全集》作「與時矩」，何九疇本《白沙子全集》、碧玉樓本《白沙子全集》作「與林時矩」。《白沙先生文編》則作「與何時矩」。此外，胡居仁（一四三四年生，一四八四年歿，字叔心，號敬齋，謚文敬，江西餘干人）《與羅一峯》云：「獲覩公甫《與何時矩》書，欣然喜其見道大意。然推之，其曰『天自信天，地自信地，吾自信吾』，又曰『微塵六合，瞬息千古』，只是一個儱侗自大之言，非真見此道之精微者，乃老莊佛氏之餘緒。聖賢之言平正切實，天雖知其所以爲天，而未嘗曰『天自信天』也。」〔二〕胡居仁引述白沙先生相關書信，亦作「與何時矩」。故應以題爲「與何時矩」爲是，以題爲「與林時矩」爲非。

〔二〕胡居仁撰：《胡文敬集》，《景印文淵閣四庫全書》，第一二六〇册，第一八頁。

復李世卿（二）王汝止所謂「萬化在手，宇宙生身」，正此意。

君子以道交者也，同明相照，同類相求，雲從龍，風從虎，聖人作而萬物覩。己不遵道而好與人交，惡在其能交也？孔子曰：「爲仁由己，而由人乎哉？」〔二〕

在《白沙先生文編》中，收録白沙先生《復李世卿》兩封，其第一封（即以「圭峯山靈，相候已久，何濡滯爾耶」開頭者），因白沙先生詩文集已經收録，茲不録。此其第二封，則是白沙先生詩文集所缺者。

示學者帖（二）

着些利害，不免開口告人，此淺丈夫也。伊川平生與東坡不合，【旁批】東坡當座客詬伊川，其後又極詆毀，此韓歐之徒不爲。至於成黨，自來未嘗向人道及，真無愧於斯言矣。觀伊川處東坡一節，卻似天地氣象，只此是百代之師。〔三〕

〔二〕唐伯元編次：《白沙先生文編》，第五卷，第二六頁。

〔三〕唐伯元編次：《白沙先生文編》，第六卷，第四頁。

在《白沙先生文編》中，收録白沙先生《示學者帖》兩篇，其第一篇（即以「諸君或聞外人執異論非毁之言，請勿相聞」開頭者），因白沙先生詩文集已經收録，兹不録。此其第二篇，則是白沙先生詩文集所缺者。

語録八條

此八條，非一時之言。以其切於學者，故附於《示學者帖》之後。

三代以降，聖學乏人，邪説並興，道始爲之不明；七情交熾，人欲横流，道始爲之不行。道不明，雖日誦萬言、博極羣書，不害爲未學；道不行，雖普濟羣生、一匡天下，不害爲私意。

爲學莫先於爲己、爲人之辨，此是舉足第一步。此與《仁術論》同意。世之學爲媒妁而自附一體者，不知其意何如也？

疑而後問，問而後知，知之真則信矣。故疑者進道之萌芽也，信則有諸己矣。《論語》曰：「古之學者爲己」。

夫道無動静也。得之者，動亦定，静亦定，無將迎，無内外。苟欲静，即非静矣。故當隨動静以施其功也。

善學者，主於静以觀動之所本，察於用以觀體之所存。

治心之學，不可把捉太緊，失了元初體段，愈尋道理不出；又不可太漫，漫則流於汎濫而無所歸。

「但得心存斯是敬，莫於存外更加功。」大抵學者之病，助長爲多，晦翁此詩，其求藥者歟！世儒動稱心學，往往作弄精神，正坐求心之過。

胡居仁執守甚堅，灑落不如莊孔暘；林緝熙氣質甚平，果決不如沈真卿。惟灑落有壁立萬仞之志，惟果決有真金百鍊之剛。它日造就擔當此道，孔暘、真卿而已。真卿，未有所考。〔一〕

在《白沙先生文編》所收録八條語録中，除第八條（即「胡居仁執守甚堅，灑落不如莊孔暘」條）外，其餘七條在楊起元纂輯《白沙先生語録》中，亦有收録。然而，這些語録，在《白沙先生語録》中散見於上、下卷，並非放在一起，且部分條目之内容亦略有不同。其中，「夫道無動靜也。得之者，動亦定，靜亦定，無將迎，無内外。苟欲靜，即非靜矣。故當隨動靜以施其功也」條，《白沙先生語録》乃摘引張詡《白沙先生行狀》相關段落，全文將近三百字〔二〕：「善學者，主於靜以觀動

〔一〕 唐伯元編次：《白沙先生文編》，第六卷，第五頁。

〔二〕 楊起元纂輯：《白沙先生語録》，萬曆二十五年孟夏楊起元序刊本（載日本藏明刊本《楊復所全集》，臺北「國家圖書館」漢學研究中心藏有複印本），上卷，第一三至一四頁。案：《白沙先生文編》中此條語録之「故當隨動靜以施其功也」句，《白沙先生語録》作「於是隨動靜以施其功」，與張詡《白沙先生行狀》相同。（陳獻章撰：《陳獻章集》，下册，第八七九頁）「於是隨動靜以施其功」，非白沙先生語，乃張詡對白沙先生之評論。

之所本，察於用以觀體之所存」條，《白沙先生語録》作「陳子曰：善學者，主於靜以觀動之所本，察於用以觀體之所存。動靜周流，體用一致，默而識之，而吾日用所出固浩浩其無窮也，俛焉日以孳孳，無入而不自得，其進不可量也」〔一〕，較《白沙先生文編》多出「動靜周流，體用一致」以下四十三字。

説繼芸軒 此是纂文。

人心之田方寸許。收其入，吾身之府庫充焉；出其餘，天下之沛澤隆焉。其有不能者，皆自棄耳。請以田事爲喻：方苗之始植也，鋤耰之，欲土之易，即吾心之放而收焉者也；苗之既植，其土未固，時而灌溉之，欲其生意之浹洽，即吾心之迷者復，日涵養乎義理之中以滋焉者也；及乎苗之向碩，穗既凝矣，益芟治其土使熟，而稂莠之支蔓遂絶，又非吾心既復之後，戒謹恐懼之不忘，使非僻勿得以干焉者類耶？自始至終，循其序而用吾力焉，無欲速之心，則耒耜之田與吾方寸之田一，施之無二道也。然盡力於耒耜之田者，其獲美

〔一〕楊起元纂輯：《白沙先生語録》，萬曆二十五年孟夏楊起元序刊本，上卷，第二七頁。

稼；盡力於方寸之田，其獲豈直美稼哉？孟子稱：「窮則獨善其身，達則兼善天下。」〔一〕

論詩

詩以道性情，故不論工拙，然亦當審其所發也。曾子曰：「出辭氣，斯遠鄙倍矣。」鄙則凡俗，倍則背理，二者有一焉，皆爲辭氣之病，非君子所安也。周子曰：「言之無文，行之不遠。」鏘然發之，如鳴鸞鳳，如調琴瑟，如奏金石，千載之下，聞者不知手之舞之、足之蹈之者，不在辭氣之間乎？得之非易，言之實難。資質美、德器深者，當默而識之耳。〔二〕

白沙先生《論詩》一文，又見於《白沙先生詩教解》附録之「詩教外傳」，且「詩教外傳」所收録此文之末，尚有「史臣贊堯曰『欽明文思安安』，贊舜曰『濬哲文明，温恭允塞』，子貢曰『夫子温良恭儉讓』。聖賢辭氣所發，當如何也」四十二字〔三〕。此四十二字，則爲《白沙先生文編》所無者也。

〔一〕唐伯元編次：《白沙先生文編》，第六卷，第九頁。
〔二〕唐伯元編次：《白沙先生文編》，第六卷，第一一頁。
〔三〕湛若水撰：《白沙先生詩教解》，《四庫全書存目叢書》，集部第三五册，第六一一至六一二頁。

贈彭惠安調謫别言

忘我而我大，不求勝物而物莫能撓。孟子云：「我善養吾浩然之氣。」山林朝市，一也；死生常變，一也；富貴貧賤夷狄患難，一也，而無以動其心，是名曰「自得」。自得者，不累於外物，不累於耳目，不累於造次顛沛，鳶飛魚躍，其機在我。知此者謂之善學，不知此者雖學無益也。〔一〕

白沙先生之《贈彭惠安調謫别言》，其較早之版本，見於黄瑜在弘治八年（一四九五）完成之《雙槐歲鈔》〔二〕，文字與《白沙先生文編》所收録者略有差異。而《贈彭惠安調謫别言》之較完整版本，則載於《彭惠安集》第十一卷附録，該版本在「不知此者雖學無益也」句後，尚有「先生貴州之行，章無以爲别，書此以代贈。先生行矣，世路多虞，伏惟珍重」二十八字。〔三〕

〔一〕　唐伯元編次：《白沙先生文編》，第六卷，第一六至一七頁。
〔二〕　黄瑜撰：《雙槐歲鈔》（魏連科點校），中華書局，二〇〇六年，第一九五頁。
〔三〕　彭韶撰：《彭惠安集》附録，《文津閣四庫全書》，商務印書館，二〇〇五年，第四一六册，第五三五頁。

祭羅一峯文

嗚呼一峯！爲道義先覺，爲仁義郛郭，爲士庶依托，爲當時醫藥，爲沛八表之雲而翔千仞之鸑，爲鼓萬物之風而架層空之閣。其心洞洞，其性落落；其文浩浩，其行卓卓。白日青天，泰山喬嶽。嗚呼一峯！九原不作，吾誰與歸？吾終從子於冥漠。〔一〕

祭鄒汝愚文

鄒以星變言事，由庶吉士謫廣東石城吏目，因從先生游，卓有所造，卒年二十六。别號秋囦子。

嗟嗟汝愚，不括其囊，而晦其光，汲汲皇皇。不小其節，而畏其折，轟轟烈烈。昔在翰林，默語淺深，孰識其心？頃來南海，窮而不悔，乃見其介。業以時興，行以志成。君子之貞，貞德之幹，無受天損，何命之短？已而已而，天道無知，哀此孤嫠。死不避險，生必就檢，是曰無忝。北風蕭蕭，雲旗摇摇，蜀道之遼。觴酒豆肉，盡此一哭，魂返無速。烏虖哀哉！汝愚從先生二載，《名臣録》中載其問學書一首、詩二首，則當時問答必多。獨先生與汝愚書，集中無一載者。又如

〔一〕唐伯元編次：《白沙先生文編》，第六卷，第三六頁。

與莊定山及李世卿書，只各載一首，賀克恭亦止二首，其編内數首乃補入者。可見其存稿僅十之二三也。〔一〕

白沙先生之《祭鄒汝愚文》，又見鄒智《立齋遺文》附録、賀復徵編輯《文章辨體彙選》〔二〕，文字與《白沙先生文編》所收録者相同。

我們所以要將《白沙先生文編》中這些白沙先生集外詩文，如此不厭其煩地輯録出來，並將碧玉樓刊本《白沙子全集》已經收録之《與羅一峯》《與賀克恭》一併輯録，一方面是想强調《白沙先生文編》之文獻價值；另一方面是爲後文證明黄宗羲《明儒學案·白沙學案上》，並非「從全集纂要鉤玄」，而是取材於《白沙先生文編》，略作一些準備。

三

黄宗羲（一六一〇年生，一六九五年歿，字太沖，號梨洲，浙江餘姚人）之《明儒學案》，是關於明代儒學思想史之名著，毫無疑問，亦是我們瞭解明代儒學思想及流派之重要著作。對《明儒學案》之取材，黄宗羲在其《明儒學案發凡》云：「每見鈔先儒語録者，薈撮數條，不知去取之

〔一〕　唐伯元編次：《白沙先生文編》，第六卷，第四四頁。
〔二〕　鄒智撰：《立齋遺文》，《景印文淵閣四庫全書》，第一二五九册，第四八二至四八三頁；賀復徵編輯：《文章辨體彙選》，《景印文淵閣四庫全書》，第一四一〇册，第七〇九頁。

意謂何。其人一生之精神未嘗透露，如何見其學術?·是編皆從全集纂要鉤玄，未嘗襲前人之舊本也。」〔二〕黄宗羲聲稱《明儒學案》「皆從全集纂要鉤玄，未嘗襲前人之舊本也」，乃言過其實之辭。據我們見聞所及，可以確定，其中《白沙學案上》即非「從全集纂要鉤玄」。

二〇〇四年，朱鴻林先生在《燕京學報》新十六期上發表《〈明儒學案·白沙學案〉的文本問題》（後收入朱鴻林撰《明人著作與生平發微》），對於黄宗羲《白沙學案》之文本問題，加以頗爲詳盡之考證、分析與論述。朱先生根據《白沙學案上》所選録之《與李德孚》書中，有「昔者，羅先生勸僕賣文以自活，當時甚卑其説，據今事勢如此，亦且不免食言。但恐欲紓目前之急，而此貨此時則未有可售者，不知如何可耳」一段文字，而嘉靖三十年蕭世延刊本《白沙先生全集》亦有此段文字，因此推斷《明儒學案·白沙學案上》所選録白沙先生文字，所依據者即蕭世延本《白沙先生全集》。然而，《明儒學案·白沙學案上》所選録白沙先生文字，其中有若干條（如《答張汝弼》《與謝元吉》《復李世卿》以及《語録》《贈彭惠安别言》），並不見載於明代刊刻之白沙先生詩文集，卻見於明萬曆年間楊起元（一五四七年生，一五九九年殁，字貞復，號復所，廣東歸善人）編纂之《白沙子語録》，因此朱先生以爲，這些不見載於明代刊本白沙先生詩文集之文

〔二〕　黄宗羲撰：《明儒學案》，上册，卷首，第一四頁。

字，當鈔録自楊起元編纂之《白沙子語録》。換言之，朱先生以爲，《白沙學案上》所選録之白沙先生文字，乃取材於蕭世延刊本《白沙先生全集》與楊起元編纂《白沙子語録》[二]。關於黄宗羲《白沙學案上》選録白沙先生文字之過程，朱先生曰：

白沙《學案》的選抄過程，可能是這樣的：黄宗羲先看《白沙子語録》，從中選録了若干條，爲了審慎而標注各條原來的題目，再將選録的文字和白沙文集比對（按：《語録》所載各條，不少没有題目，而多作「陳子曰」，《明儒學案》則除了「語録」七條之外，每條都有題目），補回題目，在這過程中，他又抄録了文集的其他文字（故此有《語録》所未見的文字），並且給這些抄録文字進行分類，變成「論學書」、「語録」、「題跋」、「著撰」四類。李承箕學案和林光學案，也都可能不是直接從他們的文集中取材的。這個選録過程道出了，《白沙學案》上下兩卷所載的各家文字，無疑地並不「皆從全集纂要鉤玄」地選取出來。[三]

朱先生以爲《白沙學案》所載各家文字，並非「皆從全集纂要鉤玄」，此説可謂正確無誤。然而，朱先生以爲《白沙學案上》所選録白沙先生文字，乃取材於蕭世延刊本《白沙先生全集》與楊起

〔二〕　參朱鴻林撰：《〈明儒學案·白沙學案〉的文本問題》，《明人著作與生平發微》，廣西師範大學出版社，二〇〇五年，第一二二五至一二三〇頁。

〔三〕　朱鴻林撰：《〈明儒學案·白沙學案〉的文本問題》，《明人著作與生平發微》，第一六八至一六九頁。

元編纂《白沙子語録》，則與事實不符。其所謂《白沙學案上》白沙先生文字之選抄過程，則缺乏有力證據。按朱先生之説法，我們難以解釋，何以《明儒學案・白沙學案上》會有蕭世延本《白沙先生全集》與楊起元編纂《白沙先生語録》所無之文字。例如，《白沙學案上》「章久處危地，以老母在堂，不自由耳。近遣人往衡山，問彼田里風俗，尋胡致堂住處。古人託居，必有所見。倘今日之圖可遂，老脚一登祝融峯，不復下矣。是將託以畢吾生，非事遊觀也。三年之喪，在人之情，豈由外哉？今之人大抵無識見，便卑闒得甚，愛人道好，怕人道惡，做出世事不得，正坐此耳。吾輩心事，質諸鬼神，焉往而不泰然也耶」一段文字，出自白沙與湛若水的書信，但蕭世延本《白沙先生全集》僅收録白沙先生《與湛民澤》書五首，其中並無此段文字[一]；楊起元纂輯《白沙先生語録》只有此段文字中「今之人大抵無識見，卑闒得甚，愛人道好，怕人道惡，做出世事不得，正坐此耳。吾輩心事，質諸鬼神，焉往而不泰然」數語[二]，而無「章久處危地」至「豈由外哉」八十餘字。朱先生撰《〈明儒學案・白沙學案〉的文本問題》時，似未得見蕭世延本《白沙先生全集》以及楊起元纂輯《白沙先生語録》，故未能將《白沙學案上》與蕭世延本《白沙先生全

〔一〕陳獻章撰：《白沙先生全集》，明嘉靖三十年蕭世延刊本，第五卷，第三六至三八頁。
〔二〕楊起元纂輯：《白沙先生語録》，萬曆二十五年孟夏楊起元序刊本，下卷，第八二頁。

集》以及楊起元纂輯《白沙先生語録》加以比對〔二〕，其相關説法，尚可商榷。

其實，黄宗羲《明儒學案·白沙學案上》選録之白沙先生文字，其取材與蕭世延本《白沙先生全集》以及楊起元纂輯《白沙先生語録》無關。《白沙學案上》之取材，乃來自唐伯元編次之《白沙先生文編》。爲論述之方便，兹將《白沙學案上》所選録之白沙先生文字〔三〕，在《白沙先生文編》、蕭世延本《白沙先生全集》、高簡本《白沙子》以及楊起元纂輯《白沙先生語録》之出現情形，表列如下：

篇名	《明儒學案》頁碼	《白沙文編》頁碼	蕭世延本《全集》頁碼	高簡本《白沙子》頁碼	《白沙先生語録》頁碼
復趙提學三則	八二至八三	四/二三至二四、二五至二七	四/三二至三四、三六至三八	二/二五至二七、二九至三一	上/八至九（案：語録無第三則）

〔二〕朱先生取以與《白沙學案上》比對者，爲乾隆三十六年碧玉樓刊本《白沙子全集》、中華書局一九八七年版《陳獻章集》以及康熙五十三年刊本《白沙子語録》。（參朱鴻林撰：《〈明儒學案·白沙學案〉的文本問題》，《明人著作與生平發微》，第一二一八、一三一至一三二頁）

〔三〕黄宗羲撰，沈芝盈點校：《明儒學案》卷五《白沙學案上》，中華書局，二〇〇八年修訂版，第七九至九四頁。

篇名	《明儒學案》頁碼	《白沙文編》頁碼	蕭世延本《全集》頁碼	高簡本《白沙子》頁碼	《白沙先生語録》頁碼
復林太守	八三	四／三二至三三	五／三	三／二至三	下／六二
與順德吴明府	八三	四／四〇	五／二四	三／一四	無
復張東白	八三至八四	四／四六至四七	四／一六至一七	二／一三至一四	上／三
與羅一峯四則	八四	四／四八至四九	無（案：蕭本全集僅收録「與羅一峯」書一首。）	無（案：高本白沙子僅收録「與羅一峯」書一首。）	上／二七至二八、七四至七五、上／一五、一九
答張汝弼	八四	四／五〇	無	無	下／六四至六五
與林君	八五	四／五一	無	無	上／一五
與林緝熙二則（原誤作一則）	八五	五／二至三、三	五／三四至三五、三三至三四	三／二二至二三、二一至二二	上／四、下／五八

續表

篇名	《明儒學案》頁碼	《白沙文編》頁碼	蕭世延本《全集》頁碼	高簡本《白沙子》頁碼	《白沙先生語録》頁碼
與賀克恭四則	八五	五／六、七至八	四／一八（即第四則，餘均無。案：蕭本全集收録「與賀克恭」書二首。）	二／一五（即第四則，餘均無。案：高本白沙子收録「與賀克恭」書二首。）	上／一〇、上／一五、上／二〇、上／一〇至一一
與謝元吉	八五至八六	五／九	無	無	上／二五至二六
與何時矩二則	八六	五／一一、一二	五／七〇至七一、七二	三／四九至五〇、五〇至五一	上／三、一九（第二則部分文字）
與張廷實五則	八六至八七	五／一三、一三、一五、一九、二二至二三	四／六二、六一、六四、七一、八〇	二／四八、四七至四八、四九至五〇、五三至五四、五八	下／八四、下／六八至六九、下／八四（語録無第二、三則）
復李世卿	八七	五／二六	無（蕭本全集僅收録「復李世卿」書一首。）	無（高本白沙子僅收録「復李世卿」書一首。）	下／七六

篇名	《明儒學案》頁碼	《白沙文編》頁碼	蕭世延本《全集》頁碼	高簡本《白沙子》頁碼	《白沙先生語録》頁碼
與崔楫	八七	五／三二至三三	五／六三至六四	三／四三	下／八六至八七
與李德孚	八七	五／三四至三五	五／六七至六八	三／四六至四七（白沙子無「昔者」以下文字，然留有四行空白。）	無
與湛民澤六則（原作七則，其中第四則分爲兩則）	八七至八八	五／三九、四〇、四一至四二、四二、四二	五／三七至三八、三八（即第三、五則，餘無。案：蕭世延本全集收「與湛民澤」書僅五首。）	二／又四二、又四三；三／二四至二五；二／又四三；三／二五；二／又四四	下／七一（第一則部分文字）、上／一四、上／一四至一五、下／八二（第四則部份文字）、上／一四、上／一四
示學者帖	八八	六／四	一〇／六六至六七	四／六三至六四	下／七九

續表

篇名	《明儒學案》頁碼	《白沙文編》頁碼	蕭世延本《全集》頁碼	高簡本《白沙子》頁碼	《白沙先生語録》頁碼
語録七條	八九	六／五	無	無	上／一八至一九、上／一三至一四（第四則，在所選張詡撰《行狀》，非單獨一條）、上／二七、上／二六至二七
書漫筆後	八九至九〇	六／九	一〇／七〇	四／六六	上／一八
次王半山韻跋	九〇	六／一五至一六	一〇／八〇	四／七五	無
贈彭惠安别言	九〇	六／一六至一七	無	無	上／五至六
題采芳園記後	九〇	六／一四至一五	一〇／七八至七九	四／七三至七四	下／七九

續表

篇名	《明儒學案》頁碼	《白沙文編》頁碼	蕭世延本《全集》頁碼	高簡本《白沙子》頁碼	《白沙先生語録》頁碼
仁術論	九〇	三/一至二	無	一/六八至七〇	上/二三至二四
安土敦乎仁論	九〇至九一	三/二至三	無	一/六七至六八	上/二一至二二
無後論	九一	三/三	無	一/六八	上/二四至二五
論銖視軒冕塵視金玉	九一至九二	三/三至五	無	一/六四至六七	上/一至二
禽獸説	九二	三/七	八/四八	四/四六	上/二六
道學傳序	九二	三/一八至一九	二/三一至三二	一/二三至二四	上/六至七
贈容一之序	九二	三/二〇至二一	二/三〇至三一	一/二二至二三	下/八三
贈張廷實序	九二	三/二二至二三	二/二三至二四	一/一五至一七	上/五

續表

篇名	《明儒學案》頁碼	《白沙文編》頁碼	蕭世延本《全集》頁碼	高簡本《白沙子》頁碼	《白沙先生語録》頁碼
城隍廟記	九三	三／三一至三二	三／五一之五二	一／四一至四二	上／四六至四七
雲潭記	九三	三／三四至三五	三／六二至六三	一／四九至五〇	下／七一至七二

説明：表格中，「／」前之數字或文字，表示卷次；「／」後之數字，表示頁碼；「無」，表示該書無《明儒學案》所選録之相關文字；「部分文字」，表示該書只有《明儒學案》所選録相關文字之一部分。

由表格可知，黄宗羲《明儒學案·白沙學案上》所選録白沙先生文字，其中有若干則，或爲蕭世延本《白沙先生全集》、高簡本《白沙子》所缺，或爲楊起元纂輯《白沙先生語録》所無。相反，《明儒學案·白沙學案上》所選録之白沙先生文字（包括《與李德孚》中「昔者，羅先生勸僕賣文以自活」那段文字），均爲《白沙先生文編》所有，而且這些被分爲不同類别的文字，在相同類别中之排列順序，亦與《白沙先生文編》之排列順序基本相同，其中僅「題采芳園記後」之順序有所後移。

此外，《白沙學案上》所選録白沙先生文字之題目，亦多與《白沙先生文編》一致。如「與林君」條〔一〕，蕭世延本《白沙先生文集》、高簡本《白沙子》均無；楊起元纂輯《白沙先生語録》則作「又曰：學勞擾則無由見道，故觀書博識，不如静坐。作詩鍊語，尤非所急，故不欲論」〔二〕，並無題目；其他版本則題「與林友」〔三〕，惟《白沙先生文編》題「與林君」〔四〕。又如「與何時矩」兩條〔五〕，蕭世延本《白沙先生文集》、高簡本《白沙子》均題「與時矩」〔六〕；楊起元纂輯《白沙先生語録》並無題目，語録開頭或作「子謂時矩曰」、或作「陳子曰」〔七〕；其他版本則題「與林時矩」〔八〕，

〔一〕黃宗羲撰：《明儒學案》，上册，第八五頁。

〔二〕楊起元纂輯：《白沙先生語録》，萬曆二十五年孟夏楊起元序刊本，上卷，第一五頁。

〔三〕陳獻章撰：《白沙子全集》，康熙四十九年（一七一〇）何九疇刊本，第三卷，第二五頁；陳獻章撰：《白沙子全集》，乾隆三十六年（一七七一）碧玉樓刊本，第三卷，第七九頁。案：黃宗羲卒於康熙三十四年（一六九五），不可能得見何九疇刊本、碧玉樓刊本。

〔四〕唐伯元編次：《白沙先生文編》，第四卷，第五一頁。

〔五〕黃宗羲撰：《明儒學案》，上册，第八六頁。

〔六〕陳獻章撰：《白沙先生全集》，嘉靖三十年蕭世延刊本，第五卷，第七〇頁；陳獻章撰：《白沙子》，嘉靖十二年高簡等刊本（上海書店一九八五年影印本），第三卷，第四九頁。

〔七〕楊起元纂輯：《白沙先生語録》，萬曆二十五年孟夏楊起元序刊本，上卷，第三、一九頁。

〔八〕陳獻章撰：《白沙子全集》，康熙四十九年何九疇刊本，第三卷，第二五頁；陳獻章撰：《白沙子全集》，乾隆三十六年碧玉樓刊本，第四卷，第三三頁。

惟《白沙先生文編》題「與何時矩」〔二〕。

黄宗羲《明儒學案·白沙學案上》所選録白沙先生文字，不僅相同類别文字之順序與《白沙先生文編》基本相同、題目基本一致，而且其文字亦多與《白沙先生文編》相同（不可否認，黄宗羲在選録相關文字時，有節略、改動原文之喜好）。如「示學者帖」條，其中「今區區以不完之行，而冒過情之譽，**毁者**固其所也」句〔三〕，蕭世延本《白沙先生文集》、高簡本《白沙子》、楊起元纂輯《白沙先生語録》均作「今區區以不完之行，而冒過情之譽，**毁**固其所也」〔三〕，惟《白沙先生文編》所録與《明儒學案》全同其所也」〔四〕；又「雲潭記」條，其中「夫氣，上蒸爲**雲**，下注爲潭」句〔五〕，蕭世延本《白沙先生文集》、高簡本《白沙子》、楊起元纂輯《白沙先生語録》均作「夫氣，上蒸爲**水**，

〔二〕唐伯元編次：《白沙先生文編》，第五卷，第一〇頁。
〔三〕黄宗羲撰：《明儒學案》，上册，第八八頁。
〔三〕陳獻章撰：《白沙先生全集》，嘉靖三十年蕭世延刊本，第一〇卷，第六七頁；陳獻章撰：《白沙子》，嘉靖十二年高簡等刊本，第四卷，第六三頁；楊起元纂輯：《白沙先生語録》，萬曆二十五年孟夏楊起元序刊本，下卷，第七九頁。
〔四〕唐伯元編次：《白沙先生文編》，第六卷，第四頁。
〔五〕黄宗羲撰：《明儒學案》，上册，第九三頁。

下注爲潭」〔一〕，只有《白沙先生文編》所録與《明儒學案》全同〔二〕。

黄宗羲《明儒學案·白沙學案上》所論及之另一人物，爲白沙先生弟子李承箕（一四五二年生，一五〇五年歿，字世卿，號大厓，湖北嘉魚人）。《白沙學案上》所選録李承箕文字，僅兩條。其一云：「《詩》，《雅》《頌》各得其所，而樂之本正；可以興，可以羣，可以怨，而詩之教明。孔子之志，其見於是乎！先生詩曰『從前欲洗安排障，萬古斯文看日星』，其本乎！『一笑功名卑管晏，六經仁義沛江河』，其用乎！『時當可出寧須我，道不虚行只在人』，其出處乎！所謂吟咏性情而不累於性情者乎！」其二云：「先生不著書。嘗曰：『六經而外，散之諸子百家，皆剩語也。』故其詩曰『他年得遂投閒計，只對青山不著書』，又曰『莫笑老慵無著述，真儒不是鄭康成』。」〔三〕其中第一條，按理應該取材於李承箕《石翁先生詩集序》；第二條，應該取材於李承箕《石翁陳先生墓誌銘》。經校勘，第一條文字，與《石翁先生詩集序》基本相同，惟「先生詩曰」

〔一〕 陳獻章撰：《白沙先生全集》，嘉靖三十年蕭世延刊本，第三卷，第六三頁；陳獻章撰：《白沙子》，嘉靖十二年高簡等刊本，第一卷，第五〇頁；楊起元纂輯：《白沙先生語録》，萬曆二十五年孟夏楊起元序刊本，下卷，第七二頁。
〔二〕 唐伯元編次：《白沙先生文編》，第三卷，第三五頁。
〔三〕 黄宗羲撰：《明儒學案》，上册，第九四頁。

句，《石翁先生詩集序》作「石翁先生詩曰」〔二〕；第二條文字，則與《石翁陳先生墓誌銘》出入頗大，《石翁陳先生墓誌銘》相關文字作「先生不著書。嘗曰：『六經而外，散之諸家百子，皆剩語也』」〔三〕，並無「故其詩曰『他年得遂投閒計，只對青山不著書』，又曰『莫笑老慵無著述，真儒不是鄭康成』」三十餘字；李承箕之其他詩文，亦無此三十餘字。經查證，這三十餘字，乃張詡《白沙先生行狀》中語〔三〕。然而，《白沙學案上》所選録李承箕此兩條文字，與《白沙先生文編》附録「遺事」中「李世卿曰」兩條文字，一字不差，完全相同。〔四〕

由上所述可見，黄宗羲《明儒學案·白沙學案上》所選録白沙先生文字，全部取材於唐伯元編次之《白沙先生文編》，與蕭世延本《白沙先生全集》以及楊起元纂輯《白沙先生語録》無關；《白沙學案上》所選録李承箕兩條文字，亦非取材於李承箕之《大厓李先生詩文集》，而是同樣取材於《白沙先生文編》。

〔二〕李承箕撰：《大厓李先生詩文集》，《四庫全書存目叢書》，集部，第四三册，第五九五頁。

〔三〕李承箕撰：《大厓李先生詩文集》，《四庫全書存目叢書》，集部，第四三册，第六〇六至六〇七頁。

〔三〕陳獻章撰：《陳獻章集》（孫通海點校），中華書局，二〇〇八年修訂本，下册，第八八〇頁。

〔四〕唐伯元編次：《白沙先生文編》，附録「遺事」，第二一〇至二一一頁。案：唐伯元將張詡《白沙先生行狀》「故其詩曰『他年得遂投閒計，只對青山不著書』，又曰『莫笑老慵無著述，真儒不是鄭康成』」之言，誤作李承箕語，實屬張冠李戴。黄宗羲《明儒學案》之相關文字，乃沿襲唐伯元之誤。

黃宗羲《白沙學案上》之問題，並不限於在選録白沙先生文字與李承箕文字時取材於《白沙先生文編》。其實，黃宗羲所撰寫之《白沙學案》小序、「文恭陳白沙先生獻章」傳，亦多取材於《白沙先生文編》；此外，《白沙學案上》中的若干重要史實錯誤，我們亦可據《白沙先生文編》加以辨正。

與《明儒學案》中其他重要學案相同，黃宗羲在《白沙學案》開頭，亦撰有一小序，其文云：

> 有明之學，至白沙始入精微。其喫緊工夫，全在涵養。喜怒未發而非空，萬感交集而不動。至陽明而後大。兩先生之學，最爲相近，不知陽明後來從不説起，其故何也？薛中離，陽明之高第弟子也，於正德十四年上疏請白沙從祀孔廟，是必有以知師門之學同矣。羅一峯曰：「白沙觀天人之微，究聖賢之蘊，充道以富，崇德以貴，天下之物，可愛可求，漠然無動於其中。」信斯言也，故出其門者，多清苦自立，不以富貴爲意，其高風之所激，遠矣。〔一〕

此小序文字，多取材於唐伯元編次之《白沙先生文編》。爲醒目計，我們不妨將其分別羅列如下：

〔一〕 黃宗羲撰：《明儒學案》，上册，第七九頁。

（一）、所謂「其喫緊工夫，全在涵養。喜怒未發而非空，萬感交集而不動」數語，乃取材於《白沙先生文編》附録「遺事」中李承勛（一四七三年生，一五三一年殁，字立卿，湖北嘉魚人，李承箕之從弟）對白沙先生之評語。《白沙先生文編》附録「遺事」原文作：「李尚書承勛曰：白沙之學，以自得爲宗，喫緊工夫全在涵養。喜怒未發而非空，萬感交集而不動。」〔二〕

（二）、所謂「至陽明而後大。兩先生之學，最爲相近，不知陽明後來從不説起，其故何也？」黄宗羲此説，恐與《白沙先生文編》中唐伯元之案語「王文成與湛文簡以論學相善，豈非慕先生者？其後自立門户，進退前賢，獨於先生絶不掛口，將其所云心學有加於先生歟？抑欲掩前人之有也？」有關。〔三〕

（三）、所謂「薛中離，陽明之高第弟子也，於正德十四年上疏請白沙從祀孔廟，是必有以知師門之學同矣」。黄宗羲將薛侃（一四八六年生，一五四五年殁，字尚謙，號中離，廣東揭陽人）疏請白沙從祀孔廟事，繫於正德十四年（一五一九），乃由於《白沙先生文編》之誤導。《白沙先生文編》附録「白沙先生年譜」中，有「正德十四年，行人薛侃疏請從祀孔廟」之説，其文云：

〔二〕唐伯元編次：《白沙先生文編》，附録「遺事」，第一九頁。
〔三〕唐伯元編次：《白沙先生文編》，第三卷，第三〇頁。

正德七年，**巡按御史高韶建祠于新會**。尚書林俊有記，又助祭田若干。後都御史林富、御史黄如桂、提學副使歐陽鐸、林雲同前後撰文致祭，修祠增田，式崇禮祀。

嘉靖九年，**巡按御史吴麟建祠于會城**。祠在越秀山下，與濂溪祠並祀。尚書湛若水記，御史洪垣扁曰「明代儒宗」。後御史蕭世延重修，布政張元沖記。

正德十四年，**行人薛侃疏請從祀孔廟**，**不報**。

嘉靖十九年，**御史吕光洵等疏請從祀**，**不報**。

先師巾石吕先生曰：「某爲宫直時，議欲將道統正傳進之廟堂，系于四配下。時議祀典者不一，奉旨下禮部議，竟寢。某意謂：國朝儒者不乏，若論學有自得，惟先生一人，當與宋二三大儒並崇，因前議不行，姑已之。他日必有知我者。」〔二〕

然而，據唐伯元「白沙先生年譜」之上下文意，其中「正德十四年」五字，應爲衍文（「正德十四年」爲「年」前，爲「嘉靖九年」條；「正德十四年」後，則爲「嘉靖十九年」條。可見，「正德十四年」爲

〔二〕 唐伯元編次：《白沙先生文編》，附録「白沙先生年譜」，見本書第六一三頁。

衍文）。黄宗羲作爲著名史家，居然對此不加考證，貿然將《白沙先生年譜》衍文所言，當做史實，采入其《白沙學案》小序之中，實在令人驚訝。據薛侃於嘉靖九年十月二十四日所上《正祀典以敦化理疏》、饒宗頤撰《薛中離年譜》，薛侃疏請白沙從祀孔廟事在嘉靖九年（一五三〇）。[一]

（四）、至於黄宗羲小序中所引述羅倫語，是否直接取材於《白沙先生文編》，我們不得而知；所可知者，黄宗羲所引述羅倫此段文字，乃出自羅倫《送白沙陳先生序》，《白沙先生文編》附録「遺事」亦有輯録。[二]

在黄宗羲《白沙學案上》「文恭陳白沙先生獻章」傳之中，有部分文字，恐亦係取材於《白沙先生文編》。例如：

先生之學，以虛爲基本，以静爲門户，以四方上下、往古來今、穿紐湊合爲匡郭，以日用常行分殊爲功用，以勿忘勿助之間爲體認之則，以未嘗致力而應用不遺爲實得。[三]

[一] 薛侃撰：《薛侃集》（陳椰編校），上海古籍出版社，二〇一四年，第一六八至一六九頁；饒宗頤撰：《薛中離年譜》，《選堂集林》，臺北明文書局，一九八二年，下册，一一四六至一一四八頁。

[二] 唐伯元編次：《白沙先生文編》，附録「遺事」，第一七頁。

[三] 黄宗羲撰：《明儒學案》，上册，第八〇頁。

尹直《瑣綴録》謂先生「初至京，潛作十詩頌太監梁方，方言於上，乃得授職。及請歸，出城輒乘轎張蓋，列槊開道，無復故態」。丘文莊採入《憲廟實録》，可謂遺穢青史」。《憲章録》則謂採之《實録》者，張東白也。按東白問學之書，以「義理須到融液，操存須到灑落」爲言，又令其門人餽遺先生，深相敬慕，寄詩疑其逃禪則有之，以烏有之事，闌入史編，理之所無也。文莊深刻，喜進而惡退，一見之於定山，再見之於先生，與尹直相去不遠。就令梁方之詩不僞，方是先生鄉人，因其求詩而與之，亦情理之所有，便非穢事；既已受職，乘轎張蓋，分之攸宜，攬之以爲話柄，則凡講學者涕唾亦不得矣。〔二〕

第一段文字，爲羅洪先《告衡山白沙先生祠文》之言〔三〕。《白沙先生文編》附録「遺事」，將羅洪先此文全文輯録。或許黄宗羲此所引述羅洪先語，即取材於《白沙先生文編》。第二段文字，與《白沙先生文編》附録「遺事」中唐伯元之相關案語，亦有部分相同。唐伯元案語云：「東白問學之書，以義理須到融液、操存須到灑落爲言，及是又令門人遺先生金，可謂敬慕之至矣。其未盡合者，獨有詩寄先生，疑其逃禪。故羅文恭曰：『東白謂先生樂於退隱，此未足以概先生。』今

〔二〕 黄宗羲撰：《明儒學案》，上册，第八一頁。
〔三〕 羅洪先撰：《羅洪先集》（徐儒宗編校整理），鳳凰出版社，二〇〇七年，下册，第九一一至九一二頁。

《憲章録》引尹直《瑣綴録》中説：『先生至京，潛作詩十首頌太監梁方，而張元禎采入憲廟《實録》。』何其矛盾之甚也！或又謂憲廟《實録》乃丘文莊采入。按：文莊與先生同里，當先生應聘至京時，雖相傳以語言不合見訝，亦不宜至此。《實録》之載，有無未可據。即有之，豈其所謂十首者，直自爲之，又有甘爲直者故采之，而托于東白耶？先生之受誣勿論，東白之必爲君子昭昭也，又從而誣之也。故不可以無辨。」[一]兩相比較，其中關於應當不是張元禎將有損白沙先生聲譽事采入《憲宗實録》之辯白，基本相同。可見，黄宗羲「文恭陳白沙先生獻章」傳中相關文字，即使不是直接取材於《白沙先生文編》，恐亦有參考過《白沙先生文編》相關文字之可能。

更爲令人驚訝者，乃黄宗羲在「舉人李大厓先生承箕」傳之末，云：「（李承箕）乙丑二月卒，年五十四。唐伯元謂其『晚節大敗』，不知何指，當俟細考。」[二]黄宗羲此説，真是千古奇冤，不僅誣衊李承箕、冤枉唐伯元，而且誤導後人[三]。其實，黄宗羲所引述唐伯元謂其「晚節大敗」

[一] 唐伯元編次：《白沙先生文編》，卷末附録，第一四至一五頁。
[二] 黄宗羲撰：《明儒學案》，上册，第九四頁。
[三] 朱鴻林先生曾根據黄宗羲此説，以爲唐伯元撰有「評論李承箕文字」，將其列爲其整理之《醉經樓集》附録之「佚文考」第一條。（唐伯元撰：《醉經樓集》，附録，第三五一頁）

一語，出自《白沙先生文編》所選録白沙先生《與世卿閒談，兼呈李憲副》詩之旁批。白沙先生《與世卿閒談，兼呈李憲副》詩共八首〔一〕，其第一首云：「風光何處可憐生，共把閒愁向酒傾。今日花非前日看，少年人到老年更。秦傾武穆憑張俊，蜀取劉璋病孔明。萬古此冤誰洗得，老夫無計挽東溟。」唐伯元於「今日花非前日看，少年人到老年更」句旁，加批語云：「李晚節大敗，或以此詩爲傳神。」〔二〕然而，所謂「李晚節大敗」之「李」，並不是指李承箕，而是指李憲副。所謂李憲副，即李士實。李士實，字若虛，號白洲，江西新建人。雷禮《國朝列卿紀》云，李士實「弘治六年升廣東按察使，九年升山東右布政使，本年升山東左布政使」〔三〕。李士實在廣東期間，與白沙先生交往頗爲密切，並在廣州北門購園池一所，欲贈予白沙先生，白沙先生最終没有接受；而在白沙先生詩文集中，則有《與李白洲憲副》書信六封，唱和、寄贈之詩多首。所謂「李晚節大

〔一〕唐伯元將八首詩均選録於《白沙先生文編》中，並於題後加註云：「觀前後次韻諸詩，真是天才可驅百代。而篇篇扶教警俗，不墮風花雪月圍，恐讀者未必能知，特全録於此。」（唐伯元編次：《白沙先生文編》，第二卷，第三三頁）

〔二〕唐伯元編次：《白沙先生文編》，第二卷，第三三頁。

〔三〕雷禮輯：《國朝列卿紀》，《續修四庫全書》，上海古籍出版社，二〇〇二年影印本，第五二三册，第四〇七頁。案：雷禮謂李士實「弘治六年升廣東按察使」，然白沙先生詩文中多稱李士實之官職爲「憲副」。憲副，即按察副使。似應以白沙先生所稱按察副使爲是。

敗」，指李士實在正德十四年，因依附寧王朱宸濠謀反而伏法事〔二〕。黄宗羲居然會將唐伯元在白沙先生《與世卿閒談，兼呈李憲副》詩旁批所謂「李晚節大敗」之「李」，誤認爲李承箕，實在令人困惑不解。

綜上，可見《白沙學案上》乃取材於唐伯元編次之《白沙先生文編》。因此，黄宗羲自詡其《明儒學案》「皆從全集纂要鉤玄」，可謂言過其實。

綜上所述，唐伯元編次《白沙先生文編》，其意圖是要表彰白沙先生其人其學、爲白沙先生辯護，並借此批評王陽明及其學説，故此書對我們瞭解唐伯元對陳白沙以及王陽明之態度、瞭解唐伯元思想均具有重要價值。同時，在《白沙先生文編》中，保留有數十首/篇白沙先生集外詩文，由於現存白沙詩文不多〔三〕，這些白沙先生集外詩文，可謂吉光片羽，彌足珍貴。此外，《白

〔二〕 關於李士實參與朱宸濠謀反而伏法事，可參閲《刑侍李士實傳》。（焦竑輯：《獻徵録》，上海書店，一九八七年影印本，第一九二一至一九二二頁）

〔三〕 張詡《白沙先生行狀》云：「今其詩文不下萬餘首。」（陳獻章撰：《陳獻章集》，下册，第八八〇頁）然而，據章沛先生統計，白沙先生全集共收文四六四篇、詩一九九七首。（章沛撰：《陳白沙哲學思想研究》，廣東人民出版社，一九八四年，第二一三頁）加上人們後來所輯之集外詩文，現存白沙先生作品，僅有詩二千餘首、文五百餘篇。

沙先生文編》還爲我們解決黄宗羲《明儒學案·白沙學案上》一些令人困惑之問題，證明《明儒學案》並非如黄宗羲所説「皆從全集纂要鉤玄，未嘗襲前人之舊本也」，提供了重要理據。是故，唐伯元編次之《白沙先生文編》，既具有頗爲重要之思想史意義，亦具有相當顯著之文獻學與歷史學價值。

圖書在版編目(CIP)數據

唐伯元集 / (明) 唐伯元撰; 黎業明點校. —上海:
上海古籍出版社, 2023.1
(嶺南思想家文獻叢書)
ISBN 978-7-5732-0562-9

Ⅰ.①唐… Ⅱ.①唐… ②黎… Ⅲ.①唐伯元(
1541-1598)—文集 Ⅳ.①B248.99-53

中國版本圖書館 CIP 數據核字(2022)第 233578 號

嶺南思想家文獻叢書
唐伯元集
(明) 唐伯元 撰
黎業明 點校
上海古籍出版社出版發行
(上海市閔行區號景路 159 弄 1-5 號 A 座 5F 郵政編碼 201101)
(1) 網址: www.guji.com.cn
(2) E-mail: guji1@guji.com.cn
(3) 易文網網址: www.ewen.co
上海惠敦科技印刷有限公司印刷
開本 890×1240 1/32 印張 23.625 插頁 2 字數 454,000
2023 年 1 月第 1 版 2023 年 1 月第 1 次印刷
印數: 1—1,100
ISBN 978-7-5732-0562-9
B·1300 定價: 89.00 元
如有質量問題,請與承印公司聯繫